文革史料叢刊第五輯

第五冊

李正中　輯編

只有不漠視、不迴避這段歷史，中國才有希望，中華民族才有希望！忘記歷史意味著背叛！

——摘自「文革史料叢刊・前言」

蘭臺出版社

巴金先生说在文革受尽火与血磨炼的人是不会沉默的

八十又五叟 李正中

著名中國古瓷與歷史學家、教育家。
李正中　簡介

祖籍山東省諸城市，民國十九年（1930）出生於吉林省長春市。
北平中國大學史學系肄業，畢業於華北大學（今中國人民大學）。
歷任：天津教師進修學院教務處長兼歷史系主任（今天津師範大學）。
　　　天津大學冶金分校教務處長兼圖書館長、教授。
　　　天津社會科學院中國文化研究中心主任、研究員。
現任：天津文史研究館館員。
　　　天津市漢語言文學培訓測試中心專家學術委員會主任。
　　　香港世界華文文學家協會首席顧問。
　　　（天津理工大學經濟與文化研究所供稿）
為加強海內外學術交流，應邀赴日本、韓國、香港、臺灣進行講學，
其作品入圍德國法蘭克福國際書展和美國ABA國際書展。

文革五十周年祭

百萬紅衛兵打砸搶燒殺橫掃五千年中華文史精華　可惜

中國知識分子慘遭蹂躪委曲求全寧死不屈有氣節　可敬

國家主席劉少奇無法可護窩窩囊囊死無葬身之地　可歎

內鬥中毛澤東技高一籌讓親密戰友林彪墜地身亡　可悲

2016年李正中於5.16敬祭

前言：忘記歷史意味著背叛

文學巨匠巴金說：

應該把那一切醜惡的、陰暗的、殘酷的、可怕的、血淋淋的東西集中起來，展覽出來，毫不掩飾，讓大家看得清清楚楚，牢牢記住。不能允許再發生那樣的事。不再把我們當牛，首先我們要相信自己不是牛，是人，是一個能夠用自己腦子思考的人！

那些魔法都是從文字遊戲開始的。我們好好地想一想、看一看，那些變化，那些過程，那些謊言，那些騙局，那些血淋淋的慘劇，那些傷心斷腸的悲劇，那些勾心鬥角的醜劇，那些殘酷無情的鬥爭……為了那一切的文字遊戲！……為了那可怕的十年，我們也應該對中華民族子孫後代有一個交代。

要大家牢記那十年中間自己的和別人的一言一行，並不是讓人忘記過去的恩仇。這只是提醒我們要記住自己的責任，對那個給幾代人帶來大災難的「文革」應該負的責任，無論是受害者，或者害人者，無論是上一輩或是下一代，不管有沒有為「文革」舉過手點過頭，無論是造反派、走資派，或者逍遙派，無論是鳳或者是牛馬，讓大家都到這裡來照照鏡子，看看自己為「文革」做過什麼，或者為反對「文革」做過什麼。不這樣，我們怎麼償還對子孫後代欠下的那一筆債，那筆非還不可的債啊！

（摘自巴金《隨想錄》第五冊《無題集・紀念》）

我高舉雙手讚賞、支持前輩巴老的呼籲。這不是一個人的呼籲，而是一個民族對其歷史的反思。一個忘記自己悲慘歷史和命運的民族，就是一個沒有靈魂的民族，沒有希望的民族，沒有前途的民族。中華民族要真正重新崛起於世界之林，實現中華夢，首先必須根除這種漠視和回避自己民族災難的病根，因為那不意味著它的強大，而恰恰意味著軟弱和自欺。這就是我不計後果，一定要搜集、編輯和出版這部書的原因。我想，待巴老呼籲的「文革紀念館」真正建立起來的那一天，我們才可以無愧地向全世界宣告：中華民族真正走上了復興之路……。

當本書即將付梓時刻，使我想到蘭臺出版社出版該書的風險，使我內心感動、感激和感謝！同時也向高雅婷責任編輯對殘缺不全的文革報紙給以精心整理、校對，付出辛勤的勞累致以衷心得感謝！

感謝忘年交、學友南開大學博導張培鋒教授為拙書寫「序言」，這是一篇學者的呼喚、是正義的伸張，作為一個早以欲哭無淚的老者，為之動容，不覺潸然淚下：「一夜思量千年事，人生知己有一人」足矣！

李正中於古月齋

2014年6月1日文革48周年紀念

序言：中國歷史界的大幸，也是國家、民族之大幸

張培鋒

李正中先生積三十年之功，編集整理的《文革史料叢刊》即將出版，囑我為序。我生於1963年，在文革後期（1971-1976），我還在讀小學，那時，對世事懵懵懂懂，對於「文革」並不瞭解多少，因此我也並非為此書寫序的合適人選。但李先生堅持讓我寫序，我就從與先生交往以及對他的瞭解談起吧。

看到李先生所作「前言」中引述巴金老人的那段話，我頓時回想起當年我們一起購買巴老那套《隨想錄》時的情景。1985年我大學畢業後，分配到天津大學冶金分校文史教研室擔任教學工作，李正中先生當時是教務處長兼教研室主任，我在他的直接領導下工作。記得是工作後的第三年即1987年，天津舉辦過一次大型的圖書展銷會（當時這樣的展銷會很少），李正中先生帶領我們教研室的全體老師前往購書。在書展上，李正中先生一眼看到剛剛出版的《隨想錄》一書，他立刻買了一套，並向我們鄭重推薦：「好好讀一讀巴老這套書，這是對「文革」的控訴和懺悔。」我於是便也買了一套，並認真讀了其中大部分文章。說實話，巴老這套書確實是我對「文革」認識的一次啟蒙，這才對自己剛剛度過的那一個時代有了比較深切的瞭解，所以這件事我一直記憶猶新。我記得在那之後，李正中先生在教研室的活動中，不斷提到他特別讚賞巴金老人提出的建立「文革紀念館」的倡議，並說，如果這個紀念館真的能夠建立，他願意捐出一批文物。他說：「如果不徹底否定「文革」，中國就沒有希望！」我這才知道，從那時起，他就留意收集有關「文革」的文獻。算起來，到現在又三十年過去了，李先生對於「文革」那段歷史「鍾情」不改，現在終於將其裒輯付梓，我想，這是中國歷史界的大幸，也是國家、民族之大幸！

前兩年，我有幸讀到李正中先生的回憶錄，對他在「文革」中的遭遇有了更為真切的瞭解。「文革」不僅僅是中國知識分子的受難史，更是整個民族、人民的災難史。正如李先生在「前言」中所說，忘記這段歷史就意味著背叛。李先生是歷史學家，他的話絕非僅僅出於個人感受，而是站在歷史的高度，表現出一個中國知識分子的真正良心。

就我個人而言，雖然「文革」對我這一代人的波及遠遠不及李先生那一代人，但自從我對「文革」有了新的認識後，對那段歷史也有所反思。結合我個人現在從事的中國傳統文化教學與研究來看，我覺得「文革」最大的災難在於：它對中華優秀傳統文化做出了一次「史無前例」的摧毀（當時稱之為「破四舊，立新風」，當時究竟是如何做的，我想李先生這套書中一定有非常真實的史料證明），從根本上造成人心

的扭曲和敗壞，並由此敗壞了全社會的道德和風氣。「文革」中那層出不窮的事例，無不是對善良人性的摧殘，對人性中那些最邪惡部分的激發。而歷史與現在、與未來是緊緊聯繫在一起的，當代中國社會種種社會問題、人心的問題，其實都可以從「文革」那裡找到根源。比如中國大陸出現的大量的假冒偽劣、坑蒙拐騙、貪汙腐化等現象，很多人責怪說這是市場經濟造成的，但我認為，其根源並不在當下，而可以追溯到四十年前的那場「革命」。而時下一些所謂「左派」們，或別有用心，或昧了良心，仍然在用「文革」那套思維方式，不斷地掩飾和粉飾那個時代，甚至將其稱為中國歷史上最文明、最理想的時代。我現在在高校教學中接觸到的那些八十年代、九十年代後出生的年輕人，他們對於「文革」或者絲毫不瞭解，或者瞭解的是一些經過掩飾和粉飾的假歷史，因而他們對於那個時代的總體認識是模糊甚至是錯誤的。我想，這正是從巴金老人到李正中先生，不斷呼籲不要忘記「文革」那段歷史的深刻含義所在。不要忘記「文革」，既是對歷史負責，更是對未來負責啊！

記得我在上小學的時候，整天不上課，拿著毛筆——我現在感到奇怪，其實就連毛筆不也是我們老祖宗的發明創造嗎？「文革」怎麼就沒把它「革」掉呢？——寫「大字報」，批判「孔老二」，其實不過是從報紙上照抄一些段落而已，我的《論語》啟蒙竟然是在那樣一種可笑的背景下完成的。但是，僅僅過去三十多年，孔子仍然是我們全民族共尊的至聖先師，「文革」中那些「風流人物」們今朝又何在呢？所以我認為，歷史是最公正、最無情的，是不容歪曲，也無法掩飾的，試圖對歷史進行歪曲和掩飾其實是最愚蠢的事。李正中先生將這些「文革」時期的真實史料拿出來，讓那些並沒有經歷過那個時代的人們真正認識和體會一下那場「革命」的真實過程，看一看那所謂「革命」、「理想」造成了怎樣嚴重的後果，這就是最好的歷史、最真實的歷史，這也就是巴老所說的「文革紀念館」的一個重要組成部分啊！我非常讚成李正中先生在「前言」中所說的，只有不漠視、不回避這段歷史，中國才有希望，中華民族才有希望！

是為序。

中華民族最黑暗的年代「文革」48周年紀念於天津聆鍾室

〔注〕張培鋒：現任南開大學文學院教授博士班導師

古月齋叢書7　文革史料叢刊　第五輯

打倒陈再道

第一輯

武漢三新(新华工、新湖大、新华农)
武漢新一冶革代会
天津基建系統无产阶級革命造反总部 联合印制
天津市紅旗印刷厂毛澤东思想12.16紅色造反队

1967. 7. 28.

目　录

最高指示

混进党里、政府里、軍队里和各种文化界的資产阶級代表人物，是一批反革命的修正主义分子，一旦时机成熟，他們就会要夺取政权，由无产阶級专政变为資产阶級专政。这些人物，有些已被我們識破了，有些则还沒有被識破，有些正在受到我們信用，被培养为我們的接班人，例如赫鲁晓夫那样的人物，他們現正睡在我們的身旁，各級党委必須充分注意这一点。

必須同时批判混进党里、政府里、軍队里和文化领域的各界里的資产阶級代表人物，清洗这些人，有些则要調动他們的职务，尤其不能信用这些人去做领导文化革命的工作，而过去和現在确有很多人是在做这种工作，这是異常危险的。

前　　言

我們怀着对伟大領袖毛主席和毛主席的无产阶級革命路线的无比热爱，怀着对带槍的刘邓路线、对武老譚——陈再道等一小撮混蛋的刻骨仇恨，滙編了这本关于陈再道在无产阶級文化大革命中的罪惡史。

武汉軍区司令員陈再道是个地地道道貨眞价实的大淫棍、大軍閥、大土匪、大惡霸、大流氓、大奸贼，是混进軍內的資产阶級代表人物。他对抗毛主席关于人民解放軍应該积極支持左派广大群众的最高指示，公开跳出来鎭压湖北、河南的无产阶級文化大革命运动，这决不是偶然的，这是阶級斗爭的必然規律。

陈再道是原湖北省委常委，文化大革命中，省委一切重要会議他都参加，去年湖北省委执行刘邓資产阶級反动路线，陈再道有不容推卸的罪責。但是因为他的特殊地位，而並沒有对他进行認眞的清算。当部队介入地方文化大革命后，他就怀着对革命造反派刻骨的仇恨，赤膊上陣了。他利用自己的特殊地位，更頑固地坚持已破产的刘邓路线，疯狂鎭压軍內外革命左派，欲置之于死地而后快。他盗用了伟大的中国人民解放軍的名义，利用人民解放軍在人民群众中的崇高威信，执行了一条带槍的刘邓路线。由伟大統帅毛主席亲手发动的文化大革命，在湖北地区几乎要葬送在他的手上，从武汉到专县，从工厂到机关、学校，整个湖北的无产阶級文化大革命都遭到严重的打击，在一度时期內，我省的文化大革命的熊熊烈火变成星星之火，全省存在着严重的資本主义复辟。他依靠的是黑武兵、三字兵、烏拉稀、大专兵、康小三等保守势力，打击的是工总、工造、新一冶、九·一三、新华工、鋼二司、新湖大、新华农、中学紅联等坚定的革命造反派組织，对新起的三司革联和紅卫兵革联实行经济封鎖和政治迫害，对敢于站出来亮相的革命领导干部进行打击迫害。更加惡毒的是縱容和唆使“联动”、“特动”、“黑烏龟”、“百万熊尸”制造武斗流血事件，策划大規模的反革命暴乱，疯狂围剿革命造反派。是可忍，孰不可忍！陈大麻子的滔天罪惡，罄南山之竹，書罪无穷，决东海之波，流惡难尽。陈大麻子是无产阶級文化大革命的罪人，历史的罪人，眞是罪該万死！

伟大的历史文件《通知》的发表，吹响了埋葬党、政、軍、文中的刘家王朝的号角，陈再道的末日快到了。但是，正如毛主席所說："敌人是不会自行消灭的。无論是中国的反动派，或是美国帝国主义在中国的侵略势力，都不会自行退出历史舞台。"我們要严陣以待，应付更大的反复，准备更大的牺牲，用鮮血与生命，迎接与陈再道的生死决战。

讓革命的暴風雨来得更猛烈些吧！

打倒陈大麻子！解放全中原！

无产阶級文化大革命万岁！

我們最最敬爱的伟大領袖毛主席万岁！万岁！万万岁！

第一部分　陈再道“三反”罪行

我們伟大領袖毛主席一再告誡我們：“混进党里、政府里、軍队里和各种文化界的資产阶級代表人物，是一批反革命的修正主义分子，一旦时机成熟，他們就会要夺取政权，由无产阶級专政变为資产阶級专政。”陈再道就是混进軍內的反革命修正主义分子，我們現在就揪他出来示众，看看他究竟是什么貨色。

一、一貫反对毛澤东思想，反对毛主席和林副主席

1，　公然反对毛主席，反对毛泽东思想

（1）陈再道作为軍区司令員、党委第二書記，从来沒有原原本本传达过毛主席的指示。党委中心組的学習制度遭到破坏，对中心組、机关和部队学習毛主席著作不过問，不检查。前几年陈再道連毛主席著作也沒有。

（2）66年5月，陈与某司令員去滨江飯店，一进房間就大发雷霆說：“房間里的山水画到什么地方去了？”服务員說：“那些是修正主义的东西，拿走了，換上毛主席語录和毛主席象。”陈破口大駡：“混蛋，挂風景画就是不学習毛主席著作？不要搞得那么紧张！”还气势凶凶地說：“人修嘛，东西也修了？”第二天陈把管理局的刘××叫去訓了一頓，結果又把这些画搞出来挂在房子里。看！陈大麻子对我們伟大領袖毛主席多么仇視！警告陈再道：誰反对毛主席，我們就砸烂他的狗头！

（3）陈明目张胆地篡改中央工作会議精神，抹煞毛主席关于阶級和阶級斗爭的內容。在十八級以上的干部传达中央工作会議精神的提綱中，公然抛出所謂“我軍在文化大革命中並未接受和貫徹資产阶級反动路线”的謬論，宣揚“阶級斗爭熄灭論”，公然反对毛澤东思想，企圖掩盖他們貫徹执行資产阶級反动路线的罪行，妄圖蒙混过关。

（4）武汉軍区党委特地轉发了王任重63年在湖北省委常委会上的講話，轉发了王任重提出的“学習毛澤东，超过毛澤东”極其反动的謬論（据說王任重因此問題在七千人的大会上作过检討，受过批判）。在文化大革命中，武汉軍区还要求学習思謙（王任重笔名）的文章（大毒草）。（按：对个人野心家、反革命修正主义分子王任重大加吹捧、極力宣揚。）

（5）在轟轟烈烈的无产阶級文化大革命中，在全国、全軍大学大用毛主席著作的新高潮中，陈于1966年11月召开軍区四級干部会議（在軍区礼堂），他主持会議却常忘了带毛主席語录。

（6）1966年2月，軍区党委开会学習和討論毛主席在七千人大会上关于民主集中制的極为重要的講話，作为第二書記的陈再道，宁可安居于湯池疗养院，而拒不回来参加会議。不仅他自己不回来，也不同意讓当时在农村“蹲点”的鐘汉华、孔庆德回来参加会議。

（7）1965年夏季，他同王任重一起上廬山避暑时，乱七八糟的古書籍塞滿了小汽車的后

仓，唯独不带毛主席著作。1966年夏天带着夫人、小姐以养病为名，周游北京、天津、北戴河等地。在此期間有几次跟他服务的秘書、副官、医生、护士正在学習毛主席著作，陈再道却通过他的夫人张××出面干涉："首長的皮鞋擦了嗎？針头消毒了嗎？还不去給首長讀报！……"毛主席著作的学習就这样被冲掉了。

（8）66年，一些女同志唱为毛主席詩詞譜曲的歌："……中华儿女多奇志，不爱紅裝爱武裝"。陈无恥地說："年輕的姑娘誰不爱。"肆意践踏毛主席的光輝詩篇。

看！陈再道就是这样頑固地抵制毛主席著作的学習，極力反对毛澤东思想。

2. 对抗林付統帅，反对突出政治，鼓吹技术挂帅

（1）陈大麻子在彭德怀被罢官后曾說："彭德怀是好人，为什么要罢他的官。林彪算老几，在朝鲜战场上，沒有彭德怀，林彪打得赢？"警告陈大麻子；誰反对林副統帅，我們就打倒誰。

（2）64年，陈带領大批人馬去×軍参加"四好"、"五好"积極分子代表大会，会議开了七、八天，他不参加会議，却把参加会議的所謂技术尖子挑出来大搞比賽。会議結束时，他作了長达几小时的講話，大講特講突出軍事訓練的过硬本領，却閉口不談要突出政治、坚持"四个第一"、活学活用毛主席著作。

（3）64年，陈又把他最欣賞的技术最过硬的××連調至步校专題訓練单、双杠技术，与林副主席的突出政治、坚持"四个第一"的指示相对抗。

（4）64年，当我們最敬爱的領袖毛主席和他的亲密战友林副主席指出：64年軍事冲击政治是方向、路线的錯誤。陈再道却对抗毛主席和林副主席的指示，在65年的一次报告（64年工作总結报告）中惡狠狠地說：对64年的問題，也要一分为二。並有一次陈当着林副主席面說："技术也要照顧一下。"公然与毛主席和林副主席唱对台戏。

（5）史无前例的无产阶級文化大革命开始了，某步校的革命群众紛紛起来揭发64年軍事冲击政治的罪惡时，陈百般阻挠，負隅頑抗，曾多次用电話和面談，迫使步校党委对64年的問題作出結論，並穷凶惡極地質問校党委說："你們为什么老是提64年的問題，領导也沒說你們轉向，要提轉向干嗎？"（按：这是陈再道之流慣用的欺下瞞上的手法，明目张胆地对抗毛主席和林副主席对64年軍事冲击政治的正确批評，企圖蒙混过关。）並說："你們的后台老板是孔庆德，那么孔庆德的后台还不是我嗎？"（按：陈再道为什么如此害怕揭发64年的問題，原因不是别的，正是因为从这里可追到他及他主子罗瑞卿的头上，击中他的要害。）

（6）賀龙、罗瑞卿軍事冲击政治的修正主义路线在軍区及时貫徹，而林副主席关于活学活用毛主席著作、突出政治的指示迟迟不执行，后来在形势迫使下才由某些人一手泡制了一个所謂学習毛主席著作积極分子（实际还是突出軍事的）。

（7）67年3月28日陈在一次講話中談到："那有不犯錯誤的我革命几十年了，王明統治时期，我跟着执行錯誤路线，罗总参在沒有揭发出来之前，还要按罗的办。对有些問題有怀疑，也不敢講。"（按：眞是不打自招，可見陈从来就沒有执行毛主席和林副主席的正确軍事路线。）

（8）67年元月4日，刘志坚被揪出来后軍区党委馬上召集会議，統一口径說："我們执

行了刘志坚的，也执行了軍委的、林总的。”（按：两条路线的斗爭是水火不相容的，旣然你陈大痲子执行了刘志坚的反动軍事路线，又怎么能执行林总的正确軍事路线？执行刘志坚的是眞的，执行軍委的、林总的是假的。）

（9）61年后，軍委、林副主席一再指示要防止高級干部特殊化，要反腐化墮落之風。而陈再道却把軍委、林副主席的指示当作耳边風，繼續搞特殊化，小病大休养，无病也休养；消極怠工，生活腐化，搞女人却非常积極)見第五部分）陈大痲子是什么人不是很淸楚了嗎？

二、陈大痲子是賀、罗篡軍集团伸进武漢軍区的黑爪牙

（1）63年陈再道派孔庆德到軍区某步校“蹲点”，大搞单杠过硬，軍事挂帅，陈也经常“亲临指揮”，罗瑞卿非常欣賞这一套，于是派八一电影制片厂人員把陈再道这套“经驗”拍成电影，流毒全軍、全国。

（按：陈大痲子不愧为罗的得意門生，忠实的走狗。）

（2）64年，大野心家、反党分子罗瑞卿搞全軍大比武，軍事冲击政治，首先是从武汉軍区搞起来的，並在武汉軍区、北京軍区設立試点，而对大軍区（沈阳、南京）都信不过。

陈大痲子是紧跟罗的，在一次軍委会上，反党分子罗瑞卿大談特談比武成績，陈随声附和道：“对比武成績也不能估計过低。”

（按：陈为主子罗瑞卿效劳大唱頌歌，故得主子重用。）

（3）62年反党篡軍头子罗瑞卿来汉到底与陈大痲子密謀些什么？陈为討好主子，当时組织专场舞会，陈摟罗妻，罗抱陈妻，翩翩起舞。

（按：何等亲热，他們到底有何奧妙的关系?!）

（4）当賀龙被揪出来后，陈惊恐万分，突然从北京打电話回来，叫××逼軍区党委对賀龙問題表态，暗中施加压力，想保自己过关。

（5）陈、孔、韓是徐向前的部下（直接），叶明也是的，楊秀山是二方面軍（賀龙）的。

（按：难怪陈、孔、韓与徐如出一轍，何其相似也！）

（6）陈再道是徐向前的老部下，陈再道自1927年混进紅軍以后，便一直在张国燾、陈昌浩、徐向前所控制的四方面軍，陈再道在这一段时間內連年高升，到了1933年便当上了师長，34年便当上了軍上，可見张、徐是非常重用和信任陈的。

（7）在无产阶級文化大革命中，徐、陈又勾結起来，破坏文化革命。今年2月，徐来汉亲自主持会議鎮压革命造反派，公然为陈再道之流撑腰。軍区副司令員孔××在2月×日的一次講話中說：陈司令員在北京开会，他們（指李迎希、张广才）說会已经开完了，已经回来了，使群众到处找。各大軍区都在保毛主席（显然是借口）。徐向前（当时在武汉）問：‘武汉軍区为什么停不下来？’我說：‘我們的腰杆子不硬。’徐向前說：‘反对面怎么办？’我說：‘抓？’徐向前說：‘对！各总部，各軍部都要抓’。

看！他們一唱一和，配合得何等好啊！

孔还說，徐向前副主席講：陈（再道）、鍾（汉华）有錯誤，但和李（迎希）、张（广才）不一样，不是三反分子。軍区文化大革命中，革命造反派揭发了陈再道不少严重問題，很多人，其中包括不少高級軍官也認为陈是三反分子，是无疑的。而徐却为之打包票，这說明

了什么問題？

（8）軍队无产阶級文化大革命开始以后，陈再道之流怕得要死，千万百計地想扑灭文化大革命的烈火，他們制定了两个黑七条。第一次是陈再道从北京打电話回来的七条黑指示，后来軍区党委根据这七条研究制定了另七条，內容有：取消軍区的一切組织；唐金龙、吕炳安事件由軍区組成調查团調查，其他任何人不得干涉；不准貼大字报；武汉軍区沒有犯方向路线錯誤等等。对于这样一个反毛澤东思想、破坏无产阶級文化大革命的黑指示，造反派奋起批判，而徐向前却質問李迎希：“黑七条黑在那里？”極力阻止对黑七条的批判，为陈再道推銷黑貨。

（9）在一次会議上徐向前說：“别的軍区有反革命（他認为反革命恰恰是造反派）。难道你們武汉軍区就沒有？我才不相信！要抓，你們还下不得手，不要怕，有武汉軍区作后台！”在徐向前这个黑指示下，支持造反派的李迎希副司令員和张广才副政委以及其他許多眞正支左的負責同志相繼被軟禁和靠边站了；軍区內的革命造反派政治干事、文化工作人員、秘書、司机等大批革命群众无辜地被关进监獄。可見，徐向前是陈再道的黑后台，陈再道是徐向前的黑爪牙。

（10）在軍委会議上，徐向前保陈再道，說陈“不是三反分子，是毛主席司令部的人。”而当徐向前靠边站的消息传到武汉后，陈再道急忙开动大批宣传車，在武汉三鎮大肆“辟謠”。这一切又意味着什么？主子保救奴才，奴才效忠主子。这一切不是淸楚地說明了陈再道的后台就是徐向前嗎？

（11）刘志坚在任中央軍委文革小組組長期間，执行的是一条資产阶級反动路线，陈再道就是这条反动路线的积極推行者。六五年五月与八月两个軍区党委会議紀要，完全是推行貫徹資产阶級反动路线，是按刘志坚的黑指示制定的。

五月——六月初，軍区党委会議紀要，按照刘志坚的黑指示制定了“所属人員包括領导干部在內，分期分批进行整頓”、“摸底排队”、“审查作品和教材”，抽調参加四淸人員的原則等等。都是轉移斗爭的大方向，把矛头指向群众的。

八月的紀要，規定了“誰有問題揭誰”，“动員家属职工給干部提意見”等等，竭力把矛头向下。

（12）陈再道和刘志坚早就是同伙，抗日战爭和解放战爭时期，陈曾任冀南东进縱队司令和冀南軍分区司令时，刘曾任政治部主任、副政委等职。陈对人講：刘志坚与陈再道是冀南的，有一次刘志坚被俘，陈再道下决心，打了一个伏击，把刘志坚搶回来了，刘念念不忘此事。

（13）1965年9月陈、鐘传达軍委一次办公会議时，宣传罗瑞卿一套折中主义的东西。說过去关于大保証，小保証的提法，还要研究。

三、招降納叛，結党营私，重用壞人，縱子叛国。

軍区1965年关于学習五項原則

（1）解放战爭时期，邓小平是二野的政委，陈再道是縱队司令，刘志坚是縱队政委，鐘汉华是政治部主任，王任重是行署主任，他們很早就是一个山头的人。（按：原来他們有如此奧妙的关系。）

（2）吹捧、包庇王任重，和王任重有千絲万縷的联系。

65年王任重兼武汉軍区政委时，陈、鐘大肆散布崇拜王任重的思想："王任重跟毛主席跟得最緊。"並在軍区散布："王任重是我們的好政委。"

在今年3月中旬，以陈再道为首的武汉軍区党委开会討論王任重、张体学的問題，党委一致認为王任重是三类干部，张是二类干部。

陈再道与王任重是老同事，在省委常委会上表态是紧跟王任重的（有記录可查，記录在軍区。）

65年陈和王任重同在廬山休养，66年又同在东湖休养。

（3）竇洪年与陈勾結密切，軍区无論什么会議总要竇参加，竇也說："軍区的指示一个字也不能錯。"（按：对党中央毛主席的指示却是阳奉阴违）64年春，刘志坚、陈、鐘将竇安插在高級步校，並任步校第二書記。

（按：竇何許人也？他前为步校政委，运动中，革命造反派揭发了他不少三反言行，准备斗爭，由于陈再道施加压力，至今斗爭会未开成）。

（4）6×年，三反分子黃克誠用飞机把三反分子譚政的地主父亲的尸体运往烈士陵园，以后軍委发覺追查时，陈公开与軍委对抗，压下不管，迄今未作处理。

（5）縱子叛国，罪責难逃。

62年3月15日，陈再道長子陈东平与敌台挂鈎，企圖叛国投敌，被我专政机关捕获，並依法判刑两年。可是身为軍区司令員陈再道不但不支持，反而百般刁难，横加阻拦，給专政机关施加压力，胡說什么："处理重了。"公然庇护長子叛国投敌的罪惡行为。叛国有罪，叛国犯之父該当何罪？

陈再道有罪，罪該万死！

最高指示

他站在反动的資产阶級立場上，实行資产阶級专政，将无产阶級轟轟烈烈的文化大革命运动打下去，顛倒是非，混淆黑白，围剿革命派，压制不同意見，实行白色恐怖，自以为得意，长資产阶級的威风，灭无产阶級的志气，又何其毒也！

第二部分　陈再道疯狂鎮压軍內文化大革命

陈再道在这场史无前例的文化大革命中，頑固地站在資产阶級反动路线的立场上，拚命对抗毛主席的革命路线，忠实地貫徹执行刘志坚的反动路线，大整革命群众的黑材料，挑起大規模的群众斗群众，破坏革命的大串联。当刘志坚被揪出来后，革命的熊熊烈火烧到了以陈再道为首的軍內一小撮走資本主义道路的当权派的身上，他們处于四面楚歌、朝不保夕的境地时，便狗急跳墻，孤注一擲，勾結社会上的牛鬼蛇神，盗用专政工具和中央軍委名义，赤膊上陣，大打出手，疯狂地鎮压軍事院校、文艺团体的革命造反派，把六批革命小将打成"反革命"、"牛鬼蛇神"、"个人野心家"，将軍內轟轟烈烈的文化大革命打了下去，何其毒也！

一、轉移斗爭目标，把矛头指向革命羣众

1．軍区党委常委在1966年8月27日的会議記录上公然提出了"有什么問題揭什么問題，誰有問題揭誰的問題，有多少問題揭多少問題"三句反动口号，在这一反动思想指导下，在团以上宣传、文化、报社、院校、文艺等开展文化大革命的单位，大揭、大整、大斗革命群众。

2．陈再道利用职权，抗拒軍委、总政关于軍队院校无产阶級文化大革命的紧急指示，鎮压軍事院校的文化大革命，××步校革命造反者揭发的事实就可說明这个問題：

（1）反对毛主席所倡导的革命大串联，規定外出串联的比例，限制外出串联的人数，审查外出串联人員的出身成分，历史問題及运动中的表現等等，不准学校派出联络人員駐京直接吸取各兄弟单位文化大革命的经驗和及时轉达中央有关指示。

（2）中央軍委三令五申，工作組被迫撤除之后，又派往步校三名"記者"。三名"記者"在步校神秘莫测，記黑名单，准备"秋后算帳"，他們专线向上联系，为了"保密"，躲到衣柜里打电話。在十月十七日还向体工队派出工作組，后又改为"工作員"以后又改成临时党委，頑固地对抗中央关于撤消工作組的决定。

（3）陈再道听到××步校革命造反派来軍区造反的消息后，百般刁难，九小时内拚主染电話进行阻止，責令当权派向革命造反派做思想工作，不准来汉；造反派来汉后，又采取軟硬兼施的手段，認人头、記人名，企圖进行政治迫害，並以“犯錯誤”“謹防政治扒手”等进行威胁；甚至布置警卫分队，不准革命造反派在軍內貼大字报揭发問題；同时陈慌忙打电話給步校副政委王万声，又慌忙召見該校的政委李党民、校長楊力勇，出謀献策，对領导干部进行恐吓，强迫写检查。

（4）篡改中央工作会議精神，抹煞毛主席关于阶級和阶級斗爭的內容。在給18級以上干部的传达提綱中公然抛出所謂“我軍在文化大革命中並未接受和貫徹資产阶級反动路线”的謬論，企圖掩盖其貫徹执行資产阶級反动路线的罪行。

（5）陈再道在四級干部会議上，公开批評步校殴制止职工去軍区送大字报，說：“若再来，你們就脫掉軍裝来見我。”

（6）院校和文化系統广大群众，揭发了党內一小撮走資本主义道路的当权派的罪惡事实，軍区本应大力支持和向上反映，而陈再道却以“这些事，領导干部搞不好会伤害感情，不好繼續工作”为理由，不讓上送，经多次催促，也不上报，这是为什么？說穿了，就是因为这些人与陈再道等人有瓜葛，有牵連，怕报上去露了自己的馬脚。因此，就把广大群众揭发的大量材料打入“冷宫”。

为了掩盖自己和包庇各单位党內走資本主义道路的当权派，就实行对下压制，实行“愚民政策”，元月份就提出来所謂“八不准”：不准看大字报，不准看传单，不准翻印传单，不准貼大字报，不准議論地方文化大革命等等，企圖扑灭文化大革命的熊熊烈火。

步校党委委員之間，互相写大字报揭发問題，这本来是应該的，而陈再道等人却怕得要死，专門打电話加以制止。在这种高压政策下，文化大革命曾一度出現冷冷清清的局面。

（7）在陈再道的指使下，軍区后勤工作总队一部队职工提出改成現役軍人，軍区党委未经总部批准就私自决定了。工程总队全部职工也紛紛要求改成現役軍人，陈还擅自批給某些战斗組织予汽車和几十輛自行車、批准某医院半工半讀班六十多人单独成立一个学校，給两輛汽車，批准机关某部門人員到北京串联等等，企圖用经济主义收买腐蝕群众的革命精神，破坏无产阶級文化大革命。

（8）賀龙之事，唐金龙向叶×講了的，事后唐就死了。唐金龙、呂炳安之死，充分暴露了軍区党委存在着極其严重的問題。唐、呂死后，陈再道不仅不把現场保护好，而且未经充分調查研究，就草率作出“畏罪自杀”的結論。以后，在革命群众的压力下，被迫同意由各革命造反組织协商，成立調查委員会，同时又两面三刀，出尔反尔，在革命組织之間，制造摩擦，挑起武斗，轉移斗爭大方向，使調查唐、呂之死的事迟迟不能进行。

（9）当革命群众起来批判軍区內資产阶級反动路线时，起初陈再道竭力詭辩，說什么“軍区党委是革命的、正确的，是跟着毛主席路线走的”。一月四日，刘志坚被揪出来，他还說：“我們执行了刘志坚的，也执行了軍委、林总的。軍区是否执行了資产阶級反动路线还不能定。”当各院校文艺团体和軍区机关起来造反时，大揭軍区阶級斗爭的盖子的时候，他們又躲避群众，节节抵抗，甚至采取群众斗群众的手段，轉移目标，掩盖自己。一月28日軍委八条命令下达后，軍区党委在陈授意下，匆忙制定了七点指示，篡改軍委命令，出了决定：解散各机关革命群众战斗組织，收回已貼出的大字报，由党委包办唐、呂之死的調查，到軍区造反要派代表並经允許才能去等等，掀起資产阶級反动路线的新反扑，妄圖扼杀軍事院校和文艺团体的无产阶級文化大革命。

二、駭人听聞的武裝鎮压，殘酷迫害革命小将

在二月黑風中，陈再道之流抓住革命小将的缺点不放，借“鎮压反革命”、“粉碎反革命逆流”为名，从2月27日开始，分三批对軍事院校、文艺团体等革命造反派进行了極端残酷的武裝鎮压。据不完全統計，二十四个革命造反組织一律解散，非法逮捕175名革命群众，宣布行政管制43人，监督檢查的2009名，提出警告的更是不計其数，逼迫自杀4人（2人被救未死），开除軍籍1人，上台示众的有1025人。（見附表）

陈再道之流实行武裝鎮压，采取突然袭击，深更半夜重兵包围，多至3团少至2个加强連。陈再道之流赤膊上陣，亲临現场指揮，架起迫击炮、重机槍，带上火焰噴射器、收发报机、繩索、手銬等，刺刀上槍，子弹上膛，層層包围疯狂捕人。如为了抓两个仅16岁的青年学員，对造反派仅有60余人的空軍护校竟然出动了二十四輛大卡車的全付武裝战士，冲进去后将革命小将从被窝里揪起来，戴上手銬，架上車就走，就連十九岁的女学員也被戴上了手銬，送进了监獄，每到一地捕人的同时宣布通令：

“1. 我們請示軍委：徐向前副主席批准，××組织为反动組织，立即解散。
2. 徐副主席講：陈、鐘首長不是三反分子，如炮轟陈、鐘首長就是炮打无产阶級司令部，就是反革命，徐（向前）副主席說：李迎希、张广才是大野心家，大阴謀家，××組织与李迎希、张广才勾結阴謀篡軍。
3. ××組织是反动組织，所有成員是专政对象，在沒有解放之前，不能叫同志，只許規規矩矩，不許乱說乱动。
4. 立即交出反动綱領，反动传单，反动材料，交出一切文化大革命用品，否則查出严加处理。
5. 任何人不得外出，外逃人員三天不回来，开除軍籍，不能改头换面，成立組织，老老实实，低头認罪，反省交待，违者以紀律論处。”

对一些軍事院校还专門派飞机散发传单和散发解散××組织的通令。

三 殘酷鎮压軍区內的文化大革命

1. 打击迫害張竟等軍区內的革命派

张竟同志是湖北軍区副政委，貧农出身，积極响应伟大領袖毛主席的伟大号召支持左派广大群众。在軍队介入地方文化大革命后，他一直在搞支左工作，工作中，他遵循毛主席的教导，深入調查研究，走群众路线，尊重群众的首創精神，坚决支持新华工、新湖大、鋼二司、新华农等革命造反派組织，深入新湖大調查研究。可是他却于3月17日曾一度失踪，后停职反省、检討，对他进行政治迫害，他軟禁起来，不准会客，不准与造反派联系

2. 鎮压了軍区大院內的无产阶級文化大革命，鎮压軍区革命造反派

陈一手把軍区大院里最早的造反組织，如“古田”、“老三篇”、“捍卫毛澤东思想战斗团”打成“反革命組织”，逮捕了这些組织的勤务員及一般战士，軍区里的造反組织全部被整　，未捕的成員受到监視。

三月份，在武汉軍区大礼堂召开了文工团、体工队、軍乐队的大会（这次沒有政治部），宣布他們的罪行后，又抓了六个同志，其中四个男同志，两个女同志，当时两个女同志說：“我沒罪，我不去。”士兵就推他們、拉他們，她們高呼口号：“毛主席万岁！”望着台上的毛主席象痛哭。会議主持者就命令拉上幕布遮着毛主席画象，演員們和被捕的人都流着泪高呼：‘我們要見毛主席！我們要見毛主席！”一时悲壮的口号声震撼着礼堂，最后士兵用繩子将两个女同志五花大綁拖走了……。留下的同志含泪目送着他們，咀里不断呼喊着：“保护八条，不許打人……”。請看反革命修正主义分子陈再道就是这样对待我們軍区的革命造反派的。

3. 对胜利文工团的革命小将的政治迫害

胜利文工团（包括歌舞团）共220人，“核爆炸”、“造反有理”、“12.26”等革命造反組织，共130人。

2月24日軍区通知造反派到軍区礼堂听报告，一个人也不准缺席，不准外出，会场上造反派被保守派包围，台上架有机关槍，一个連的战士負責警卫戒备森严。陈再道又指使副司令員孔××、叶×、韓××亲自主持大会，会上孔××把几个革命組织打成反革命組织，說他們是“反革命小将”、“小牛鬼蛇神”等，把莫須有的罪名强加他們头上。随后軍区副司令員叶×、韓××都控訴、訓斥革命造反派为“假左派，真右派”、“紙老虎”等等、当时就有十几个人被揪上台示众，斗后就当场抓走三个同志，有一个老同志要求公布被抓人的罪状，一个保卫科長跑上去就打了他两耳光。当场的一些造反派战士十分气憤，高喊“要按軍委八条办事”，“政策和策略是党的生命，各級領导同志务必充分注意，万万不可粗心大意”，他們硬是不听。会后，造反派不肯走，坚持在会场、院子里演出，好多战士看了演出的节目都感动得哭了。

在文工团共开了六次控訴造反派的罪行的大会，小会检討，請罪不計其数，文工团共抓22人，大会斗爭时坐土飞机，带手銬，大会“亮相”187人次，行政看管2人，警告5人。

下面举几例說明：

①話剧团的李××同志是三代貧农的后代，本人出身工人，很早就参加了革命工作，在团內一貫表現好，共青团員。在文化革命运动中，“敢”字当头，坚定站在以毛主席为代表的无产阶級革命路线一边，支持軍內造反派。在这次資本主义复辟的反革命逆流中，这个普普通通的話剧演員就被陈大麻子关押了一个多月。

② 歌舞团的“造反有理”战斗队的张××，此人系貧农出身共青团員連續几年都被評为五好团員、五好战士，曾任团支部書記，評为学習毛著积極分子。在文化大革命中因为造了党內一小撮走資本主义道路当权派的反，在《湖北日报》“三·四社論”后，他叫該队播送了一次两次也被非法逮捕、关押起来了，被打成“現行反革命”，在此期間还斗爭了多次，最近才释放。释放后，仍然被老保监視，拒絕为之平反。

③ 直到現在胜利文工团还有2人沒有释放，这两人根本沒有問題，只因为他們掌握了

武汉部队内部的大量材料。如果放出来，武老譚的日子就不好过了。

4. 鎮压空政文工团的文化大革命：

空政文工团共100多人，有“縛花龙”、“先鋒”、“从头越”、“紅到底”、“紅色战士”等造反組织共60多人。自从开展文化大革命以来，受压制很厉害。文化大革命以来，矛头一直是对准党内一小撮走資本主义道路的当权派，对准陈大麻子，揭发了陈大麻子的不少問題，于是陈再道之流就将“縛花龙”等革命造反派組织打成“反革命組织”，說他們都是小資产阶級（因为他們都是学生），“有其反动性一面”，“是学生型的牛鬼蛇神！”，“要把他們打倒！专他們的政！”等等。

2月14日空司派一营战士抓了两人（他們原有广播台在空司），李××关了十四天，陈××（勤务員）关了四十天。

将“縛花龙”等組织打成反革命組织后，大搞請罪活动，人人过关，开控訴大会等等。有一次文工团在×工厂演出时喊了一句“支左不支保！”結果工厂里老保对此提出抗議。回校后还挨了批評，並写了检查。

5. 陈再道对揭发他的材料的人，怕得要死，恨得要命，对他們进行残酷迫害，武汉軍区逮捕了六个秘書，原因是为他們系統地揭发了陈再道的一批材料的“罪惡”而被逮捕。

四、在軍事院校搞白色恐怖，大斗、大捕軍內革命造反派

1. 高級步校的“紅旗”、“紅色”等革命造反組织在文化大革命中一直把矛头对准軍区党委內以陈再道为首的一小撮走資本主义道路的当权派，揭发了軍区的許多問題，特別是陈大麻子的材料，陈再道就对高步的革命造反派恨之入骨。

二月二十一日一时許，在陈大麻子的策划下，派軍区副司令員楊××，副政委叶×亲自带領二十多个連的兵力、五十輛大大小小不同的軍事車輛，还有囚車，配有輕重机槍、大炮、高射炮等大型武器，在夜色的掩盖下，突然袭击高級步校，围剿“紅旗”、“紅色”等革命造反組织。先后捕人十六个，第一个被逮捕的人高呼：“毛主席万岁！”刚喊一声就有人鉗住这个战士的喉头，口里强行塞进手拍，然后，五花大綁，慘不忍睹。楊××、叶×公开宣布紅色造反团、紅旗为“反动組织”，宣布黃×、郑×等二十五人为“反动組织”骨干，除逮捕的人外，其余都交群众监督，对一般人員大搞人人过关，个个检查，原“紅旗”、“抗大职工造反团”、“反修”、“滿江紅”等战斗队都得交代跟着“紅色”、“紅旗”所干的坏事，副司令員楊××在二月二十三日全校人員会議上公开盜用中央軍委的名义，炮打中央軍委，鎮压群众运动。他說：“軍区采取这么大的行动，你們想軍委不知道嗎？軍区調动一个連的兵力都要经过軍委批准！”，“黃×、郑×是軍委点名要抓的”、这是天大的謊言，最无耻的手段。

2. 空字×××雷校革命派被鎮压

該校原有师生1,300多人，参加“紅色造反总部”的为1,100多人，占全校总人数93.3%，三結合的班子已基本形成，絕大部分革命干部都站在“紅总”一边，足見“紅总”是一个无可非議的革命左派組织。在被鎮压的前两三天軍区一要人也不得不假惺惺地說：“現在整風

靠你們，将来軍区文化大革命还要靠你們”。陈再道这个反革命的两面三刀的傢伙不到三天（2.21）就指派空軍部队副司令員×××亲自挂帅上陣，带領两千名全付武裝人員並配备各种輕重武器，突然包围“雷校”，当场逮捕了18人，並宣布“紅总”为“反革命組织”。对各級勤务員进行残酷斗爭，大会轟，小会斗；被斗的160人，共336人次被斗，請罪检討的不計其数。該校未参加“紅总”的只有180多人，他們进校后为了“鎮反”就出謀献策，把这些人扶植成立一个所謂“临委会”，这个保守組织成立后在校大搞“鎮反”，大整革命群众。就这样，一个个革命造反組织被无辜地鎮压下去了。

3. 武字×××部队护士学校被鎮压的情況

原来有“叢中笑”、“鉄軍”，“105紅色造反团”等六个組织，就是因为支持二司，並抄了軍区孔副司令的家，被打成“反革命”，而勒令解散，其中一負責人被开除軍籍（現已恢复）。

二月二十四日凌晨，陈大麻子派出二十多輛軍車，大批全付武裝人員，把护校围得水洩不通，大門、小門、窗口都布滿了带槍的崗哨。当场逮捕十余人，事后派进工作組，糾合保守势力成立“护校指揮部”，在“鎮压反革命逆流”、“整頓护校”的口号下，对革命群众大整大斗，开批判“二·八声明”流毒大会时，也要派专車到关押的地方把“犯人”拉到会场示众、斗爭。三月十日老保們又召开了“憤怒声討紅色造反队大会”，会上老保在台上控訴，当点到一个造反派战士的名时，台下老保狂叫：“拉上去！”，这位战友被迫拉上台示众、斗爭，老保疯狂叫喊：“低头認罪，低头，……”，这位战士不低头，当时由陈大麻子派去的軍区副司令員楊××竟然挑衅地說：“你們后勤不能搞温良主义呀！”肆意挑起武斗，又說：“好一个反革命骨气，要低头不低头，你們好大的胆子，……給我捆起来！”当场楊××副主任就宣布：“根据群众的要求，把×××依法逮捕！”馬上就把这位战士的軍大衣剝下，領章、帽徽被拉掉，繩子勒到勒下，一低头气都透不过来，老保們高呼：“打倒×××！”那天还捆了另外七位同志，其中有十七、八岁的女同志，都戴上了手銬，就是这天陈大麻子，副司令員楊××、叶×及政治部、后勤部政委、正付主任都去了，在陈大麻子的指使下，軍区副司令員楊××說：“……你們（指革命造反派）把軍区搞得好苦啊，把这个拉出来斗，那个拉出来斗，跟你們說好話都不行，……专搞打、砸、搶，抄我們的家，……不是不报，时候未到，現在就是要报，不是秋后算帐，而是春前算帐！”×××部長还駡道：“你們什么事都干了，就是沒强奸妇女，还想强奸妇女?!”还威胁革命造反派說：“搞土改的时候，就象砍包菜一样（指杀人）！”

陈大麻子指使手下的人，一方面扶植保皇势力，另一方面将所有干部官复原职，連一个跳楼自杀的，一个問題严重的干部也不例外。而革命造反派被监視、看管。有一个学員写了一张条子：“坚持下去，我們一定会取得胜利！”就被戴上手銬监禁三天，另有一个教員說过：“我知道軍区的問題”而被打成“野心家”捆了起来，这些活生生的事例說明了陈大麻子不是执行資产阶級专政又是什么?!

4. 某部卫生学校共一百多人，在三月黑風中，被抓走的竟达30余人，連十六、七岁的小姑娘也被誣为要篡夺軍权，被打成“反革命”。总之不管你人多人少，年紀大小，只要你反对我陈大麻子，你就跑不了。

5. 后字248部队“紅司”最早支持地方的无产阶級革命派，在武汉三鎮影响很大，陈再道对此恨之入骨，于二月廿三日派8201部队一个加强連分乘四輛卡車，槍上刺刀，車头架上机槍，長驅直进后字248部队。美其名“帮助整風”。进校后，校內部执行軍事管制，接管广播台，到处三步一崗，五步一哨。会场每个門都站了哨，大門第一排逼着刺刀，第二排則架起机槍，校內外来往断絕，白色恐怖籠罩着全校，当时被逮捕的达九人，后被打进劳改队，由带着刺刀和冲鋒槍的战士看守，連上厕所也有人跟哨，完全失去了人身自由。

6. 总字×××部队（炮校）革命派受迫害。

該校有一个紅色革命造反团由于支持二司，因此在3月22日后就被打成反革命組织，並勒令解散了。3月22日軍区派的工作組进校，上午抓了11人，（4月5日放了五个，17日（全放）下午就开控訴“紅总”罪行大会，在会上×司令員講話說：“紅总是一个反动的坏組织，我看应解散。”控訴会把所有参加过“紅总”的四五十人都拉上台，站了一大排，並将帽徽，領章都統統取下了，喝令低头，合脚，否則就用武斗，踢脚，完全把这些人当敌人看待，比斗黑帮还厉害。这个“控訴”会一直持續了一天半。因此以后“紅总”的人一律不准外出，校內貼滿了“請罪書”，校內並組织了一个控訴“紅总”的罪行展覽。直到4月23日以前，支持过“紅总”的亮相較早的干部孙××还在請罪，写出長达21张紙的請罪書，上了綱还被認为是假的。

7. 通訊兵学校原来有一个革命造反組织，“紅总”在3月中旬被解散了。这个組织在“二·八”声明上也表过态，沒有叫大香花，也无辜被解散。解散时还把該組织的大小头头四十余人叫上台去，进行斗爭，后行动受到限制，星期天外出都要受到比例限制。

8. 陆軍医院的革命派也受到打击迫害。

該院有一个造反兵团，占全院人数80%，只因支持过二司，被打成反革命組织，被勒令解散了。該組织五个負責人抓了四个，現已放了3个，另一个女的还未放，据悉准备判刑，五个領导人中有四个党員四个貧农出身一个下中农出身，一个主要領导人李××还是65年才从学校畢业的，此人虽未抓去，但已被斗了几次。

9。信阳空字005部队文化大革命被鎮压情况：

陈大麻子鎮压武汉軍事院校革命造反派时，又指使河南軍区的何××鎮压河南軍区內外的文化大革命，为了实現陈大麻子全面的資本主义复辟的阴謀对河南还不放心就亲自派軍区的付司令員孔××亲自赴豫监督鎮压革命造反派，孔××带着陈大麻子的黑指示于三月九日由武汉乘直升飞机专程来到信阳，大搞白色恐怖，孔××一来就宣布該校“紅色造反团”为反革命組织，剝夺“紅色造反团”二百人的一切政治权，实行資产阶級专政。

三月十一日，率領部队在信阳学校大量抓人，宣布两个組织为反动組织，同时宣布該校校長和政治部主任为“右派分子”。

三月十一日晚和三月十二日（星期天）全校戒严，“紅色造反团”人員一律不准外出。上午八点左右，大約三个营的兵力武裝包围，在九点鐘开大会。在大会上，孔××說：“我是代表毛主席、林副主席来挽救你們的，你們犯了罪”，並宣布“紅色造反团”是“反动組织。又說：“有人說是江青来了，不是的，是我来了，你們把我怎么样？”“这次运动就是要整你們这些牛鬼蛇神，跳出籠来登台表演，你們現在表演够了，該我們表演了，如果你們不老老实实，就杀你們的头肥田，这就是无产阶級专政！这就是革命不是請客吃飯，現在是专你們政的时候了！今后一律不准上街，如再去就用手銬銬起来，沒有繩子用被包帯子捆，跳出一个捆一个”孔××还說：毛主席著作关于《湖南农民运动考察报告》一文，主席是在几十年以前写的，是对地主劣紳講的，現在已经不适用了。”在他的黑报告講完后，就疯狂地围剿革命小将。3月12、14、17日連續三次共捕十四名，拘留二十九名，看管九名，还有二十五名在抓、捕之內，抓、捕、拘留的拉到大街上去游街示众。以后陈大麻子又派武汉空軍司令員×××到該校安队整頓，造成人人請罪，人人过关，逼迫上綱，除去哭声就是“不老实，頑固到底，死路一条”的斥駡声，許多人徹夜不眠，面向毛主席象哭。有的逼得想自杀。

五、搞新阴謀，对抗軍委命令，企图蒙混过关

1．当武汉的革命造反派要揪資本主义复辟的急先鋒时，陈大麻子怕得要死，恨得要命，为了保自己过关，对部队强行造武汉沒有譚震林的輿論。如布置呼口号問題都作了交待：“打倒譚震林”，“揪出武汉的譚震林”这类口号是把矛头对准解放軍的，不能呼。四月十八日在新华路体育场开会时，所有解放軍均不能呼这些口号，連“打倒資产阶級保皇派！”之类口号也不呼，这显然是陈大麻子統一布置的。

2．对抗軍委十条命令。

对軍事院校革命造反派进行压制，限制其外出，也不許各地方革命造反派与軍事院校造反派联系，象高級步校等院校“不准串联”，进去会客找人也受到监視。对高級步校中两个被打成“反革命組织”的不平反，还說：“对高級步校的造反組织不存在什么平反不平反的問題，根据“八条”解散他們，取消他們“反动”二名是根据十条。軍委十条和补充規定下达后，在形势所迫下，不得不释放被捕的革命闖将，但是陈大麻子仍在玩弄反革命两手。对放的人講：“根据八条，拘留是对的，現根据十条，教育释放。”放了的革命群众不公开平反，不公开承認錯誤，另外还有一些革命闖将仍被关押，象陆軍医院被打成“反革命組织”的也不平反。这充分地暴露了陈大麻子頑固地坚持反动路线，对抗軍委指示、炮打无产阶級司令部的眞面目。

3．軍委十条命令下达后，軍事院校、文工团体的革命造反派又一次冲杀出来，但陈大麻子千方百計企圖把他們打下去，进行各方面的迫害。

例如：在五月初一个支左人員×××在新湖大講革命左派怎样識別，保字号的特点怎样，当时被另一支左人員发現，立即派了値勤战士三人来抓，由于被革命学生当场反对才未抓。

五月下旬××文工团的战士在新湖大門口看大字报，当时群众叫：“打倒陈大麻子！”他鼓了掌，武汉部队的宣传車上的人碰巧发現了，即跳下来抓这位战士，因被革命学生所阻拦才未成。諸如此类的事经常发生。

4．外地軍事院校革命派来汉受迫害。

陈大麻子不仅压制本地軍事院校造反派，对外地来汉点火的解放軍，陈大麻子也进行迫害，一方面不准在汉，赶外地解放軍走，另一方面只要发表不同意見就随便捕人。

（1）西安212部队紅总赴汉調查团住在長江飯店，由于他对外打电話被偷听，該店的軍管人員就监視他，赶他走，沒有办法，調查团只好另找地方院校住下。

附表：

类别 数字 名称	革命組织人数	解散組织 反动	非法	逼迫	逮捕群众	行政看管	上台示众	监督检查	开除軍籍	被迫自杀	至今未放	镇压兵力	镇压时間	拘留群众	镇压者
高級步校	450	2			13	12	123	9		2		五营	2月20日	6	陈再道、楊××、姚× 叶×、赵×、鐘××
武汉卫校	150	6			16	15	18	22	1		5	三連	2月24日	31	陈再道、楊××、叶× 姚×、孔××、綦××
胜利文工团	119	2	1		19		328人次	102				二排	三月上旬		
軍区軍乐队					1	1	27								
空字006	1100	1			18		160				2	三团	3月21日	3	傅××、张×
空字005	891	1					80	891		2（未死）		三营	3月11日	34	孔××、傅×
总字243	800			2			148人次	720				一营	3月22日	3	楊××
空軍护校	80	2			2	5	17	32			2	24輛卡車	2月24日 3月13日		朱××
总字151	210	1	1		11		41	210				三营	3月23日		姚×
后字248	170	3			13	5	50	23				一加强連	3月23日		叶×
信阳步校	400		3		2	5	33	2				一加强連	3月10日	2	孔××、叶×
总計		20	5	.2	97	43	1025	2009	1	4	9			78	

說明：此表是五月中旬的調查材料

（2）六月七日，外地赴汉斗罗筹备处的解放軍借一輛宣传車在支左門前宣传毛澤东思想，由于反对陈大麻子泡制的 六·四公告 这株反毛澤东思想的大毒草，陈大麻子对这些解放軍的宣传看成是眼中釘，肉中刺，竟然出动解放軍包围宣传車，給这些宣传的战士扣上了“进行了反宣传”的帽子，就围攻宣传車，非法拘留斗罗筹备处的解放軍达十人。

諸如此类的事发生多次，这仅几例說明了陈再道是頑固不化的执行了带槍的刘、邓路线。

备　注：

一、逮捕：

宣布为反革命分子，被五花大綁，带上手銬，有的剃光头，每天向毛主席請罪多次，关在牢房非人待遇，残酷斗爭。

二、拘留：

关押多天，强迫請罪。

三、行政看管：

除不綁不銬外，其余同捕。

四、上台示众：

上台低头認罪，或有武裝人員强行压头，宣布由群众监督，勒令請罪、检查。一个学員写血書四分。

第三部分　陈再道与王任重、张体学一小撮狼狽为奸，相互勾結，鎮压无产阶級文化大革命

一、革命小将炮轟湖北省委，陈大麻子为王任重大唱贊歌

正当首都南下革命小将点燃了武汉地区文化大革命的熊熊烈火，革命群众奋起揭发湖北省委的問題时，陈再道四处奔走，八方游說，为湖北省委大唱贊歌。

仅从去年9月12日到9月16日的五天內，陈再道先后五次出席张体学安排的“庆祝会”“欢迎会”，如9月12日庆祝武大新校庆，9月13日庆祝毛主席視察武鋼八周年，9月16日“欢迎首都紅卫兵大会”等等。

在这次大会上，陈再道公开地亲自給保省委得力及抓一小撮有功的老保們論功行賞，以示鼓励。在这些大会上，陈不遺余力地吹捧湖北省委，吹噓王任重、张体学說他們領导“正确”，是“高举毛澤东思想伟大紅旗的”，湖北省委的文化大革命“旣轟轟烈烈，又扎扎实实”等等。

这还不算，陈再道在省委会上也是为湖北省委歌功頌德，多次肉麻地吹捧“省委領导运动总的方面是好的，是经得起考驗的，运动是正常的，也取得了胜利，有些歪風，我們还是頂住了”。胡說什么“省委本身沒有多大問題，”紧跟中央走的，主席的旗帜总在举，到底举得

高不高，有时举得高有时不高，省委沒多大問題。”

竇洪年曾正式传达过：“陈再道，鐘汉华亲自說过，武汉軍区同湖北省委在文化大革命問題上关系处理得最好。既坚持了原則，又照顧了团結。”这句話的后面，不就充分看出，陈再道之流同以王任重、张体学为首的原湖北省委狼狈为奸，相互勾結，鎭压武汉地区文化大革命的罪惡活动嗎?!

二、常委会上出謀划策，充当王、张狗头軍师

很少参加常委会議的陈再道，在文化大革命中一反常态，活动頻繁，出点子献計謀。不仅是会議的积極参加者，而且是湖北省委在文化大革命中一些重大問題的决策者。为了整垮革命造反派，陈再道是狠得了心，下得了手，眞是黑心烂肝。

1．“任重同志的五点指示我全完同意”

反革命修正主义分子王任重为了达到保自己，保刘、邓，鎭压革命群众的罪惡目的，曾給湖北省委下过五点黑指示。（即：省委的驕傲自滿的問題；对待南下同学的問題；省委不作检討；保护省委的問題；……）在66年12月2日的一次省委常委会議上，陈說：“任重同志的五点指示我完全同意。”（按：陈与王是一丘之貉）

2．“多数派也要依靠”

66年10月份，中央及中央文革明确表示，支持革命的少数派，依靠革命的少数派。可是陈在这以后还說：“少数派要依靠，对大专兵也要依靠。”（按：与中央精神唱对台戏，混淆两条路线斗爭实質，混淆“革”与“保”的界线，支持保守組织，压制造反派。）

3． 千方百計阻挠封閉原修字号的《湖北日报》

当武汉地区的无产阶級革命派要封原修字号旧《湖北日报》时，陈再道在12月27日省委常委会上向张体学献計：“光与他們談……把他們拖住，不要占《湖北日报》，（按：企圖拖、拉，用馬拉松談判战术来麻痹、瓦解革命造反派的斗志。）“鬧得不出版这个風不好。”（按：不准对革命造反派的革命行动进行污蔑。）“不成功就拖住！”（按：这是在66年12月10日常委扩大会討論《湖北日报》新生問題时講的。陈再道这样搞，使旧《湖北日报》迟迟不能新生，使广大讀者，特别是《湖北日报》的訂戶看不到报紙，从而向造反派施加压力，用心何其毒也！）

4．“要有足够的思想准备”

“現在主要省市方面紧张，要有足够的思想准备……有了准备什么都不怕。”（按：給小嘍囉吃定心丸。此話是66年12月5日常委扩大会議上講的）

5．“敌人还沒有出来”

66年9月30日，陈在省委常委会上講：“現在还鬧得不厉害，敌人还沒有出来，他們是唯

恐天下不乱。”（按：同反革命修正主义分子王任重的引蛇出洞同出一辙）

三、革命造反派炮打一小撮，麻司令死保难兄弟

1. 死保王任重

王任重与陈再道是老同事，同时也是一丘之貉。去年11月份，陈再道就說：“王任重的問題，不要說得太死了，免得被动。”到了12月29日，陈在十七級以上干部会議上繼續給王任重打包票：“王任重同志老是我們的政委，犯了錯誤，主要是覚悟較迟。”今年元月份陈再道講：“王任重的問題，不要太肯定，讓同学們揭发。”

今年元月中旬，武汉軍区党委开会討論王任重、张体学問題，党委一致認为是三类干部，甚至到了今年4月，中央把王任重定为三反分子，並撤了王的軍区政委的职务，陈再道、鐘汉华、姜一給王写信时，开头还称王为同志，信中語气也根本沒把王看成三反分子。在对黑武兵的一次講話中談到：“对王任重、张体学，因为目前社会压力大，因此我們暂时不提他們是什么性質，尽量避免被动。”

陈不光是嘴上保，实际行动也是如此，眞可謂“表里如一”也。

66年9、10月，陈、鐘等人生怕王、张受惊，被造反派揪住，于是利用职权，指示湖北軍区每天派出干部到王、张家中去値班，以絕对保証王、张两家的“安全”。

去年年底，武汉毛澤东思想紅卫兵10人押送王任重乘民航二級专机返汉，省委得信后立即于上午在东湖甲所召开常委会，研究接王任重的問題。由张体学提出，陈、韓同意，确定飞机在××軍用飞机场降落，絕对保密。会議途中，省委楊銳給武汉軍区副政委廖冠賢打电話，告訴接王一事，廖立即告訴空軍調度室，此时調度室已知此事，並专派参謀長张以誠去机场亲自組织保卫工作。

飞机着落机场之后，王立即被送到机场招待所並对外封鎖消息，断絕了机场与外面的联系，廖专給机场总机布置，机场門口有毛澤东思想紅卫兵詢問消息，被門卫挡住，並派出机场干部解释，撒謊說：“王沒有回来。”

中午，韓东山从省委开会回来，陈打电話給他，要他代表軍区去机场代表陈再道向王任重問好。以后韓东山对別人說：“这里不方便。”（按：心里有鬼，見不得人），只等了一个多小时便走了。下午大約六点鐘左右，廖請示陈再道后，也到机场見到了王任重、张体学、张华等人，廖为其布置了吃飯，取暖，並研究如何走等問題。飯后廖催张等离开机场。张体学提出：“門口已被毛澤东思想紅卫兵堵住，出不去。后溜到高級步校，晚上八点左右跑到滨江飯店。而王任重一直在机场等到晚上十点，街上沒有什么人了，才由毛澤东思想紅卫兵押送出去。廖应张体学要求，本想到汉口空軍医院之內科备一高級单人病房藏王任重，因毛澤东思想紅卫兵不放，才未能到此医院。后王任重被送进璇宫飯店。这就是陈再道之流死保王任重之鉄証。

2. 将軍区作为党內走資本主义道路当权派的防空洞，避难所

当省委內一小撮走資本主义道路当权派被革命群众打得落花流水，惶惶不可終日之时，陈再道在去年12月31日半夜将张体学、王树成、刘惠农等二十余人窩藏到滨江飯店，达半月

之久，妄圖保护他們，逃避群众斗爭。怕漏了風声，陈再道还命令其心腹爪牙，对滨江飯店工作人員进行威胁，規定工作人員不得外出，有急事要外出者，必須二人同行，实行連环保，若有洩密者，揚言要“按組织紀律論处”。

67年元月11日在洪山宾舘韓东山同张体学談話一小时，关怀备至，韓临走时，还向飯店負責人說：“这些同志（指张体学）辛辛苦苦，叫他們休息休息，不要被（革命群众）发現目标”。

这还不算，为了哄騙群众，陈批准把张体学的地方汽車牌照改换成軍用汽車牌照。

借保存机密为名，行窝藏黑材料之实。省市委內一些黑头目借陈批准接管省办公厅直属单位的文件档案为名，将大批黑材料塞进軍区，軍区全盤接受，甚至私人的金銀首飾，蔣匪头象，伪幣日鈔，裸体象画，他們一概收下。在陈再道的操縱下，軍区成了省市委內一小撮走資本主义道路当权派的防空洞，成了黑帮窝藏黑材料的保管所。

湖北省机关党委的文件，档案，黑材料是陈再道的老婆张双群送到武汉軍区去的。

仅湖北軍区就为省直十八个单位保存了×箱，×捆，×包，文件材料，其中不少是黑材料，今年1月8日由省直造反派查封，18日才取走。

元月20日，革命造反派紅卫兵从軍区接管的省委办公厅的文件档案，淸出了29袋，两皮箱黑材料，其中王任重的4箱黑貨也寄藏起来了。

刘惠农藏在軍区的財物及反革命罪証（見附录）

謝滋群窝藏在軍区某部長家中的（見附录）

附录：

刘惠农窝藏在軍区的財物及反革命罪証：

a）窝藏在某部队的：

①鸚鵡牌半导体收音机一个　②玫瑰牌手电筒一个　③刘惠农私章一个
④維生素B一瓶　⑤新軍单褲一条　⑥新軍棉衣一件
⑦毛线褲一条，尼大衣一件　⑧汗衫、衬衣各一件，围巾一条
⑨小皮盒內藏有粮票100.5斤、人民幣105元，及放另一处50元。
⑩戒指十个半（金的九个半，翡翠的一个，金鐲子一对，百錢三个，銀元（袁大头）五个(光緒)二个。

b）窝藏在軍区某部：

①人民幣200元，滿州国全圖一本　②玉石13塊，日本幣2个　⑧公債57元，苏軍鈔票90元
④伪关金10元，伪中央銀行鈔票100元　⑤蔣介石象片2张
⑥笔記本若干，照片不計其数

謝滋群窝藏在軍区某部長家中：

①現金1205元，金条45根　②高丽参6根　③照象机一架　④高級衣服一件
⑤高級衣料8塊　⑥長純玻璃絲光袜5双

第四部分　疯狂鎮压地方无产阶級文化大革命

一、“二·八声明”前

陈再道一直参与地方文化大革命。去年8、9月份，他经常出席湖北省委常委会議，十分卖力地为王任重、张体学执行資产阶級反动路线出謀献策。早在去年文化革命开始，陈再道就抽調大批軍队干部充当省委工作組，仅武汉地区就抽調242名。在中央8月发出撤消工作組的决定后，陈竟然还把参加工厂清的378名干部在四清結束后留在原单位，鎮压群众运动。在中央决定撤消工作組后，陈还抽調空軍干部600多名集訓准备派往各院校充当“三員”，当有的同志向軍区党委和省委提出批評要求按中央指示办事时，竟遭政治迫害。

去年9月13日，在参加毛主席視察武鋼八周年的大会上，张体学要求陈讓湖北軍区派十名干部，以《解放軍报》記者身分到南下串連的同学中去窺察情况，陈馬上照办了。当露了馬脚被革命师生識破其詭計之后，陈再道慌了手脚，急忙下达命令：“此事不准涉及省委、张体学，湖北軍区造一个假报告直接承担責任算了”。看陈大麻子为資产阶級反动路线卖命又何其毒也！陈大麻子是破坏中国人民解放軍崇高声誉离間軍民血肉关系的罪魁禍首。

今年元月底，伟大統帅毛主席号召人民解放軍支持左派广大群众，陈大麻子也乘机以合法身分更加残酷地鎮压地方无产阶級文化大革命。远在元月20日他就伪造国务院中央軍委命令，突然强行接管了湖北人民广播电台，为其实行資本主义复辟制造輿論准备。

林付主席在中央工作会議早就指出，支左人員不能是保守派，而应是左派，但是陈再道所安插的支“左”人員尽是些什么人呢？請看：

刘××：空軍支左办公室付主任，原武汉外专的“三員”，曾被群众批斗过。

楊××：空軍支左办公室人員，原武工工作組成員，后又作过三員，被群众批斗过。

齐××：空軍支左办公室負責人，原湖艺工作組付組長，与臭文革有深厚感情。

王××：支左办公室資料員，原东湖中学专門整理学生黑材料的材料員。

牛××：空軍支左办公室人員，原华师政治系工作組成員，后为三員。

张××：湖北軍区支左办公室要員，原华师工作組付組長，被群众斗爭过。

黃××：空后支左办公室要員，原华工工作組付組長，曾被批判过，后又为武机工作組成員。

王××：空軍支左办公室，原为三員。

…………

这些压制群众运动頗有经驗的人員，現任支左的要职，陈再道安的什么心就很清楚了。

二、从“二·一八”到“三·廿一”

今年二、三月間，全国普遍出現了資本主义复辟的反革命逆流，在湖北武汉地区，以陈再道为代表的走資本主义道路的当权派充当了資本主义复辟反革命逆流的急先鋒。

1. 残酷鎮压无产阶級革命派

首先他利用"二·八声明"这个大圈套，把所有的革命造反派組织全打下去了。陈再道在二·一八严正声明中揚言"二·八声明是党內一小撮走資本主义道路的当权派精心策划、亲手泡制的"，但是，在两个多月的"大批判"中，他始終沒有揪出这个泡制者，4月下旬，武汉造反派在北京找到陈再道，当面要他交出二·八声明泡制者，陈大耍賴皮，說什么"我們正在調查"。这不但証明陈再道反毛澤东思想——他的結論得出于調查之先——而且充分暴露出他借批判二·八声明之名，行鎮压群众运动之实的眞实面目。

陈再道鎮压群众的如意算盤是这样的，先整垮工总，再搞臭二司，紅教工，最后再整新华工、新湖大等，这样，保守派自然而然起来。实际上在三月初到四月底，他的第一步已完全实施，第二步正在进行，第三步也开始了。

(1)陈大麻子对工人总部的残酷鎮压。

陈再道曾对紅武兵的头头講："对工人总部，我們在作报告写文章时都要注意，不明显提反革命組织，但群众可以說。有了輿論准备之后，我們再把他們打成反革命，把二司打成比工总更坏的反革命。

他又說："在战斗队員中，只提一小撮，实际上我們不能这样，而应該讓他們靠边站，不給任何权力。如果有誰提出相反的意見，就說是'二·八声明'的流毒沒有肃清。"

陈再道还說过："工人总部号称四十万，被反革命分子掌握了。工总九个头头，七个是严重不純分子、干了很多坏事，破坏了文化大革命。""工总、二司把省委扣起来，实际上是把省委保起来。"

3月15日陈再道在全市"抓革命，促生产"动員大会上，为"三·二一通告"出籠作最后的輿論准备，他宣称："当前一股反革命逆流被粉碎，无产阶級革命派正在实行大联合，右派組织正在土崩瓦解，党內一小撮走資本主义道路当权派篡夺的权正在被夺回来，无产阶級文化大革命形势大好。"

在这些顚倒是非，混淆黑白，極其露骨的黑話之后，"三·二一通告"終于出籠了，这个混蛋通告竟丧心病狂地勒令工总所属的組织一律解散，揚言工总被"一小撮反革命分子"操縱了，然后就开始了蓄謀已久駭人听聞的大規模逮捕，在半个月时間里，仅在武汉地区就逮捕了三千人以上。例如在电信分部1,070人中，逮捕4人，拘留12人，軍事登記100多人，在那段时間內，夜間四出捕人，一片白色恐怖。有一次，陈大麻子"参观"井崗山大楼，大楼总指揮梅传和正被迫写检討，陈大麻子看見他后，出門时惡狠狠地說："这种人眞該槍斃！"于是梅馬上就被捕了。

在这种反动势力沉重压迫之下，并未正式宣布解散的九·一三、紅教工等也被迫解散了，武汉地区无产阶級文化大革命受到严重摧残。

(2)陈大麻子对二司政治迫害。

陈大麻子对二司的問題曾有过四点指示：

1. 二司过去做了一些事情，但后来大方向錯了，特别是把矛头指向解放軍。
2. 二司犯了严重錯誤，曾和工总互相勾結，做了許多坏事，要把反革命分子揪出来。
3. 二司的头头要对二司所犯的錯誤負責，要徹底揭发批判，要做出深刻检查。要把反动思想和反动分子揭发出来，办了坏事，要公开講、到处講，公布于众，表現出自己的革命精神，才能得到人民的信任。

4. 二司的群众，絕大多数是好的，都是青年，积極性高，他們有的犯了錯誤，也是受蒙蔽的，难免的，他們会覚悟的，会回到毛主席的革命路綫上来的。

如果說，这些話还只是公开講的，还比較客气（当然仍可以嗅出其中的杀气），那么在暗地里就更加杀气騰騰了：“工总干了的，二司干了，工总沒干的，二司也干了”。这么一来，二司是十惡不赦的反革命組织必无疑了。

三月黑風中，在陈大麻子指示下，支“左”办公室经常通令二司負責人去軍区交待問題，軍区经常恐吓二司，說要拋二司的材料。並以帮助二司整風为名，派出大量宣传队，做基層組织分化瓦解工作，並要二司整風办工室把二司負責人拉出来斗。

在陈大麻子的授意下，一些保字号組织空前活跃，四出調查，收集二司材料，收集二司同学在工厂，农村串連时的情况，企圖进行第二次秋后算帐。

两个多月血淋淋的事实証明，陈大麻子执行的带槍的刘邓路线比不带槍的刘邓路线更残酷，更狠毒。

（3）陈大麻子对新华工等坚定革命造反派的惡毒打击。

有些糊塗人，以为陈大麻子眞的分什么“香花派”、”毒草派”，其实他根本不管这些。对保守派，他就拼命扶植，对造反派就残酷鎮压。例如：“八·一七”在“二·八声明”上是毒草派，陈大麻子仍不客气把它解散了。对新华工等造反派，他大耍两面手法，明里說要依靠，背地里要打倒。

（4）对各专县革命派的血腥鎮压。

1. 天門：全县造反派人数达七十余万，現所有造反組织被解散，打成反革命組织，一共逮捕了1,365人，輕者五花大綁，重者脚鐐手銬。

該县通告是在武汉部队“3.21通告”后出来的。

2，汉川：“汉川县仅有一个最大的农民造反組织”毛澤东思想紅卫軍汉川县革命造反委員会，达六万人之多，軍区派出的支左指揮部去后不几天，就与武裝部日（3.28通告后）发出通告，宣告为反革命組织，不准改头换面，化整为零，由武汉去的7250部队（空軍的）成立了支农办公室，专門对付汉川县革命造反委員会。在全县实行白色恐怖，逮捕300余人。未逮捕者均被請罪和游街、斗爭。先鋒区平均每大队斗爭三人。由武裝部毛部長亲自带一批人去主持斗爭大会。当我們与支农人員談时，他們回答說：“我們都是经过軍区了的，向上級滙报了的，不会錯”。

3. 黃石市：黃石市共30个革命造反組织，其中革命职工紅色造反联絡总部、学生二司、三司、小教紅色造反团是全市最大的革命造反組织（达三万人），均被打成反革命組织，其他則被勒令解散。

武汉軍区付司令員韓东山在全市群众大会上講：“武汉有个屌‘工人总部’，黃石又有个屌‘联絡总部’，不管你几十万，我一个通令叫你完蛋”。自然白色恐怖就不言而諭了。

2. 大力扶植保守勢力

堂堂武汉軍区付司令員韓东山3月26日在黃石一次講話中說：“什么保皇派，都是好同志”。这几句話代表了被陈大麻子控制的軍区支左的意見。陈大麻子对造反派恨之入骨，对保守派却亲如家人，請听他的高論：

"紅卫兵（指三字兵）在运动初期，他們和你們一起大破四旧、大立四新还是有成績的"。（与新湖大、新华工的一次談話）"大专兵起来，不是什么資本主义复辟，他們的前途大得很"。"大专兵成份好，听話，积極分子多，不要整他們，有时还要依靠他們。造反派对大专兵采取的态度是錯誤的。我們的支左方針沒有变，只是更明朗，对紅卫兵（即三字兵）的看法沒有变"。

4月19日，陈大麻子要鐘漢华从北京打电話給軍区，竟盗用江青同志的名义，胡說什么"紅卫兵"不解散，中学紅卫兵与大专院校紅卫兵不同等等。

武汉軍区支左就是根据陈大麻子这些話作为支持保守派的指导方針。他們还指示武裝部出面，自上而下地組织了一个什么"紅武兵"，使得原职工联合会得以改头换面，死灰复燃。

三、"六·四通告"的前前后后

一、陈大麻子負隅頑抗，伺机反扑

尽管陈大麻子利用他手中控制着一部分軍权，大搞資本主义复辟，但他終于抵抗不上毛主席的革命路线。四月初，中央发表一系列反复辟文件，敲响了陈大麻子的丧鐘。陈大麻子見势不利，慌忙改变策略，推脫罪負，企圖蒙混过关。

陈再道放屁說："我是打倒之列么？""我从来就不是在打倒之列，敌人总是想打倒我。""你們造反派就是想当官，你們把我整垮，讓你們来当司令員，"——这是硬的。

陈再道又"亲热"地說："你們(指三新)都是革命左派，你們怀疑我們不依靠你們，不依靠你們依靠誰呢？什么事情不是都同你們商量嗎？"——这是軟的。

軟硬兼施不能奏效，他就来个金蝉脫壳，往下推。他4月20日与二司在京辯論时說："我沒叫他們（指保守派）搞你們，这是群众下面搞的。"

最后，陈大麻子为塞住造反派的口，公然炮打无产阶級司令部，他說："我执行了毛主席的路线，也执行了刘志坚以主席名义发下来的錯誤东西。"陈大麻子尽造謠言，眞是罪該万死！

二、打击亮相干部，破坏革命的三結合

1. 設立伪抓办，搞資本主义复辟：

湖北省抓革命，促生产的領导班子的名单，是王任重，张体学推荐並亲手拟制名单，並与陈再道商量道，"抓办"，原来提六人：姜一、张旺午、夏世厚、林木森、江汉华、徐立三（这六个人都是张体学信得过的人），因夏世厚民憤太大经过省委革命干部三次談判才将夏从"抓办"中拉出来，后又把张体学的心腹許道琦、韓宁夫、李夫全、閻鈞、陶澤东拉进"抓办"。韓宁夫原被軍区定为打倒对象，只因张信得过他，也拉进"抓办"。姜一的問題很严重，却是陈再道亲自点名进"抓办"的。夏世厚的民憤極大，可是陈再道一再为他打包票。3月下旬，陈再道、韓东山对省人委造反派組织負責人說："你們不要夏进抓办，不太对吧！我看夏世厚同志沒多大問題，他很有干勁。"还說什么："夏年紀都五、六十岁了，不会再搞女人的了，再不出来就只能退休了。"

更令人气憤的是，陈大麻子对张旺午这个大叛徒也是百般庇护，極力往他脸上貼金。在一次接見中，陈大麻子对代表說：张旺午脑子很活，能力强，湖北省十几年来的計划数字，都背得出来，是个活算盤。”湖北軍区付司令戴×，在一次会議上說：“刚才請上台的，（指韓宁夫、許道琦、张旺午、姜一）都是站出来革命的，你們都得听他們的，他們还是你們的領导，他們怎么說，你們就得怎么做”。这实际上是代表陈大麻子講这番話的。此外，很多人問題非常严重。这些进抓办的人好象进了一个保险箱，他們吃住都在宾館，只抓生产，不管革命，根本不可能亮相。

陈大麻子曾說：“現在形势要求我們抓一下生产，在抓革命促生产中做出成績，才能得到中央的支持，才能争取群众。”一句話泄露了天机。

除了省級抓办外，其他各級情况相似，都是原班人馬上台，他們上台之后，对革命造反派实行反攻倒算，气焰極其嚣张，資本主义复辟在湖北武汉是非常严重的了。

2. 以各种手段，打击亮相干部：

陈大麻子一面向省委干部施加压力，搞个什么64人集体亮相；另一方面用各种方法，打击亮相到革命造反派一边的領导干部，出来一个打击一个。

年迈花甲的老干部孟夫唐同志，前不久，明确表示支持造反派，給陈大麻子極大的威胁。故他迫不及待地擅自几次公开点了孟夫唐同志的名，把实行資本主义复辟的罪名推到孟头上。在武汉部队五·二一文件中公开点孟夫唐的名說：“……目前省市委內以反革命修正主义分子王任重为首的一小撮走資本主义道路的当权派和一些别有用心的人，如孟夫唐之流已经赤膊上陣了，他們在幕后煽阴風，点鬼火，进行了一系列的阴謀活动。”在五月下旬陈在一次內部講話中声嘶力竭地叫嚷：“刘眞、孟夫唐要公开点名，这是逆流！什么对解放軍提意見？就是逆流！要公开批判。”明目张胆地炮打周总理，伪造四点指示，企圖将孟夫唐同志一棍打死，以杀鷄吓猴，压制其他革命干部，出来亮相。

任爱生、刘眞、张华等同志出来亮相之后，也不断遭到陈大麻子的迫害。在陈大麻子指使下，特动分子多次抄他們的家，还把任爱生同志强行綁架，残酷毆打，非法审訊，逼得他跳楼自杀，生命垂危。

薛朴若同志最近毅然辞去市“抓办”副总指揮之职，坚决支持造反派，更击中了陈大麻子要害，于是又对薛施加压力，却找不到什么借口，便企圖对薛下毒手，有一次，几十个特动分子去抓薛朴若同志，幸亏薛不在家，才得以幸免。

但是威胁、恫吓、抄家、綁架、白色恐怖，吓不倒眞正的革命領导干部，在广大造反派支持下，革命領导干部的队伍日益壮大。

3. 陈大麻子賊心不死，垂死挣扎。

陈在五月下旬一次內部会議上說：“現在問題是我們对七条（注：指新公校与鐘汉华签訂的七条协議）采取什么态度，如果承認了，他們就繼續进攻。”看陈再道对革命造反派是寸步不讓，寸利必争。那么，我們就应針鋒相对，寸土必争，寸权必夺。

六月四日，陈大麻子盗用武汉部队名义，抛出一个臭名旋著的“六·四公告”，公然为自己开脫罪責，并且以攻为守，变本加利，更猖狂地向造反派出击。“六·四公告”是挑起大規模武斗黑風和反革命暴乱的黑色信号弹，在“六·四公告”的背后，陈大麻子唆使《百碗熊屎》有組织、有計划地糾集黑武兵暴徒配合专政机构袭击革命造反派，并公然派出整連整遠的解放軍全部化裝穿便衣到郊区农村用金錢收买、物質利誘等可恥手段組织不明眞相的农民拿起大刀長矛、冲担等屠杀我革命小将、革命造反派战友的鮮血染紅了江城。这是多么触目惊心的景象！陈大麻子認为可以用屠杀的办法来消灭革命，他以为杀人越多，革命力量就会愈小。但事实正相反，我們有毛主席和林副主席，有党中央，有光焰无际的毛澤东思想，我們在反革命的围剿和屠杀面前决不会被吓倒，被征服。我們揩干淨身上的血迹，掩埋好同志的尸体，又坚强地战斗了。紅司令毛主席指出："当着天空出现烏云的时候，我們就指出：这不过是暫时的現象，黑暗即将过去，曙光即在前头。"天快亮，路更黑，陈大麻子在作垂死的挣扎，他的末日到了。胜利一定属于我們！

第五部分　生活腐化，驕侈淫逸

我們的伟大領袖毛主席指出："为了維护社会秩序和广大人民的利益，对于那些盗窃犯、詐騙犯、杀人放火犯、流氓集团和各种严重破坏社会秩序的坏分子，也必須实行专政。"陈大麻子長期以来生活十分墮落腐化，多年来严重的破坏党紀国法，侮辱奸淫妇女达数十人次。陈再道已是一个徹头徹尾的蛻化变質大流氓，破坏了中华人民共和国宪法。对陈大麻子必須实行无产阶級专政。

一、揮金如土，大建别墅

1. 揮霍人民血汗，大建"中将"别墅

陈再道这个反革命修正主义分子，任意揮霍人民血汗，不惜花費千金，利用給离职休养干部修建住房之机，混水摸魚，盗用经費，为自己大修別墅，慷国家之慨，行修正主义之实。

根据陈再道的黑指示，已在洪山修建七戶"中将"級标准的房屋，每戶营具費达3000元，建筑面积达330平方米，造价每平方米高达160元之多，按此标准七戶共需建筑面积2,981平方米，经費406,484元。在修建时不按标准办事，任意扩大面积增加经費，結果建設面积比原来超过111平方米，经費則多用82,604元。但这七戶房子除唐金龙一戶外，其余六戶至今均未住人。

他还指出："在茶港再修十几戶，在小洪山再修五、六戶，之后他又說："是否在曹家花园門前也修一些，将来有休养干部住休养干部，沒有休养干部住就住客人。"他就是这样揮霍国家財产。

2. 抗拒中央禁令，大修楼堂舘所

更为严重的是，在我国遭受暫时困难时期，毛主席、党中央、国务院曾三令五申不許修建楼堂舘所。而陈却对抗毛主席指示，一九六一年曾亲自带領人馬要在东湖修一座象广州軍区珠江宾舘那样的高級招待所，后有人反对，未成。但他并不死心，又指揮他的亲信武

汉軍区副司令員姚×等人大兴土木，赶修“曹家花园”招待所購置高級設备，花了百余万元。在此前后，在总医院修了漂亮的高干病房，在麻城龟峰山修了七栋闊气的別墅，在湯池、鶏公山、龟山、紅卫山（珈珞山）、滨江飯店等地都有他的专用別墅，在湯池还修了非凡的高干病房，……大量揮霍人民的血汗。

直到六六年六月他还指示要扩建茶港俱乐部，扩建“曹家花园”招待所。这个无所用心的黑司令却全然不顧干部宿舍的拥挤，甚至开会沒有场所，他却大盖招待所，养老別墅，其心何其狠也！

二、荒淫无耻，流氓成性

1. 无视党紀国法，一再强姦女性

六二年，陈大麻子去北京开会住三座門招待所，要随同护士×××去他臥室打針时，兽性发作，将其姦汚，使其精神受到很大摧残，痛苦流涕。

有一次在北京开会，陈大麻子要三座門招待所的一护士給他打針，在打針时陈对护士进行侮辱，在其身上乱摸，由于护士反抗奸汚才未成。当时該招待所的工作人員知道后都十分气憤，上告中央軍委，中央軍委派了一位元帅专門为此事找陈再道談了一次話，严厉批評了陈的流氓作風。

一次将×医院护士孙××叫到他房間鎖上門，干了些什么可想而知。

又一次把开封市文工团女队長李××引入滨江飯店，进行奸汚。一九六四年夏，陈去河南参加比武期間，曾以看戏为名派人接×炮校副政委的老婆，到房間里，关門达两个多小时，戏也沒有看，又把她送回家。干了些什么勾当，不言而喻。

一九六×年的一个下午，陈大麻子将三个少女（都只十六、十七岁。分别在武汉部队的不同单位工作）叫到他的办公室里斥退左右人員，于是命令（他慣于这样滥用其“司令員”的职权）这三个女子脫光衣服，三个女的不敢不从，被迫将衣服脫得精光，然后他就在長沙发上发洩他的兽欲，同时要另两个女子扶住他的身体。仅这三个女子就先后被他姦汚过四次。

2. 为遮姦淫丑态，实行政治迫害

惡根淫夫陈大麻子与媬姆刘××发生不正当关系后，将其解雇。刘××到处告状；鬧得滿城風雨。陈为了遮盖丑惡的灵魂，叫直政部出面給这个媬姆加上“地主婆子”、“誣告首長”等罪名，将她送回湖南原籍，进行劳动管制，实行政治迫害。

××护士給陈打針，被陈奸汚，使該护士精神上受到極大的刺激，不久，就把这个护士和她爱人一起調离武汉。

3. 兽性未能得逞，仍然贼心不死

六〇年，在洪山飯店开党委扩大会議时，陈对門診护士×××百般調戏，要求发生两性关系，遭到严詞拒絕后，陈仍贼心不死，以后又经常糾纏不放，指名該护士調茶港医务所工作。

六二年春，某話剧团在广州巡回演出，某天晚上广州軍区俱乐部主任张××来邀該团部

分女同志去伴舞，並要一个党員同志去参加，参加舞会的全是部队高級首長。舞会进行到半夜时，該団两位女同志去找×××說："陈司令員今夜要我們去他住的地方玩，当场被我拒絕。"第二天該团長、党支部書記×××对×××說："陈再道这个老騷貨，老病不改，昨天晚上和我团女同志跳舞时說，'他要离了婚，就跟她結婚……这象什么話?!'还說，'跳舞要腰細一点的，有曲线的，跳起来才美，才舒服……，'眞下流！"

六三年春，陈带大批人員去鄂西北"巡視"工作，陈指名要×××护士随同，在外期間，陈耍尽流氓手段，百般侮辱調戏。同时陈在跳舞时，認識一名地方医生，並多次要×××去找这女医生，被×××拒絕，使陈的兽性未才得逞。

六四年陈去河南×軍参加会議，本来也带了一大群侍候人員，但还不滿足，又从×××医院調一名护士侍候他，晚上洗澡时，还要这名女护士給她洗澡擦背。在此期間，还給某院打电話，要过去与他有不正当男女关系的×××护士長去玩，当这位护士長同几位女伴去看时，他竟然无恥地說："我叫你一个人来，为什么带这么多人来呀！"后来还把这位护士長从开封調来某院工作。

六六年，××护士給陈当特护，有一次給陈打針，陈迟迟不打，陈对护士說："你穿那么干凈干什么，把衣服脫了吧！"陈边說边关上了門，抱住她的腰，該护士惊叫，陈的秘書赶来，这个护士才免遭姦污。

陈住在滨江飯店，经常将女招待員抱在怀里，拥抱，乱扭乱摸，丑态百出。陈滿口里的仁义道德，肚子里裝的却是男盗女娼。他经常指名要护士，专挑漂亮的，他经常光着屁股，躺在床上叫护士去打針；在洗澡时，脫光衣服后，叫护士給他放水，拿肥皂……从言論上調戏更是不計其数，他竟厚顏无恥地对女同志說："女同志要長得窈窕一些，好摟着跳舞。"所以門診部的女护士都不敢去茶港工作和跟陈外出。陈大痲子侮辱奸淫护士、医生等骯髒的丑事太多，在这里仅談几例。尤其是61、62、63、64年强姦女性不断发生，受害者也不断上告，群众也非常憤怒，軍区党委才不得不在63年召集軍区党委常委会議，专門批評陈的生活作風問題。陈在大家批評中也检討了，但他一面检討，又背着乱来，六四年又发生陈强姦的罪惡，軍区党委又召开常委会，陈在会上检討，同志們又提出了尖銳的批評。由大量事实証明陈再道是一个屡教不改的大流氓，必認对这个大流氓实行无产阶級专政，依法处理，才能保証社会主义的治安秩序。

4. 老子淫夫"英雄"儿子姦污"好汉"

陈再道的第二个儿子，在中学时就慣偷东西，調戏女学生三、四十人，眞是老子"英雄"儿"好汉"。有一次陈南平的妹妹在洗澡，他从門孔里看見了，从他媽媽房里拿来鑰匙将門打开連他妹妹也沒放过。陈再道知道了这件事也不管，后来还把这个不齿于人类的东西塞到空軍后勤部工作。又有一次，陈南平因腸胃不舒服，到总后医院，强姦护士，陈再道却把这个連野兽都不如的敗类拉入党，用欺人之手段盗窃了学習毛主席著作积極分子的荣誉，並搞了录音到处放。陈南平六〇年入伍，飞黃騰达，青云直上，現在是連級以上的干部了。可見，这完全是裙带关系，用人唯亲。

三、花天酒地，游山玩水

1. 陈、罗妻妾，翩翩起舞，关系密切

陈再道是一个紅綠灯的舞迷，凡是軍区、省委搞舞会从不缺席，是舞场中的活跃分子。六二年反党篡軍头子罗瑞卿来汉后，陈为之組织了一场舞会，陈摟罗妾，罗抱陈妻，翩翩起舞。舞会上准备了大批糖点水菓，还亲自批給伴舞、乐队每人四角錢的夜餐費，半斤粮票，并专車迎送，大肆揮霍国家財产。六五年，陈去159医院，刚到就要院領导給他組织专场舞会，医院領导說："沒有跳舞的"，陈大发雷霆，院領导沒法，只好动員一些护士去陪他跳舞，他要求别人"作为一項政治任务来完成"。事后，有一名姓謝的电工說："这眞是修正主义，丑态百出。"結果，这个电工挨了斗，說他把軍区首長說成了修正主义，是反动言論。

2. 魚塘釣魚，农民阻止，調兵抓人

陈大麻子平时爬山釣魚、游泳样样都不落后。釣魚一坐就是数小时，特别是去釣魚总是派两輛車，带上秘書、护士、警卫、电台、沙发等，而且专門到别人魚池里去釣。有一次，他在武昌某地养魚池里釣魚，当地公社农民不認識这个"麻子司令"，就不許他釣，找他扯皮，他竟利用职权，打电报給軍区調来几車解放軍把农民抓到軍区。

釣魚时还要女服务員陪同，吃飯要女服务員送到手，头发也要女服务員梳，热了叫女服务員打扇。

3. 游山玩水，养尊处优，揮霍浪費

陈再道飽食終日，无所用心，小病大休养，无病也休养，到处游山玩水。陈一貫东游西逛，他的夫人、小姐也随同他飞机、火車来来往往，为了侍奉陈及其一家，除随行的秘書、副官、医生、护士外，每到一处，接待单位还要給他配备炊事員、服务員、保卫人員，游覽响导、汽車司机，……，浪費的人力、物力、財力之巨可想而知。一九六六年六月起，陈以养病为名，六月在北京，七月至天津，八月赴北戴河，后又返回天津。在此之前，曾到福州、廬山、上海。六五年借肝大一公分，去廬山休养，不作工作，然而游泳勁头十足，一游就是上千米。

陈大麻子沒有事干，专門想些歪点子来打发日子，他有一套汽車打兎法，夜間把輛車开到南湖机场，叫随从人員在地上，他坐在車上，打开車灯，滿场飞跑，追捕兎子，发現兎子就随手乱指，叫随从人員去捉住給他，以助玩乐。陈長期不干工作，六一年以来，陈到某营搞了四天演講，去河南搞了一次大型視察外，从来未到下面去蹲点和作調查研究。

4. 保命专家，貪得无厌

身为軍区党委第二書記的司令員陈再道原是副兵团級，現为行政六級，他爱人张双群是行政十三級，收入已经够多，生活水平已经够好了，但他貪得无厭，仍对定級不滿。他爱人曾以質問的口吻說："你們部队有无福利費？为什么对首長无表示？"軍区政治部的当权派为了迎合他資产阶級生活方式的需要，为他搞保健补助和困难补助，从一九六二年起給陈的保健

补助达900余元，为他搞“困难”补助400元，五年共計1300元，仅六五年下半年和六六年，他去广州、上海、北戴河等地所謂疗养，給他买高級点心、水菓等共花去人民幣149.14元，供他花天酒地，吃喝玩乐。他每月“补助”只要送去，从不拒絕，他薪金那样高，还厚顏无恥地說：“这是我应享受的，送来給我，我就收。”仅福利費这一笔开支就如此惊人，他到处“疗养”，游山玩水所花去的国家的经費数目就更使人吃惊。他六五年在廬山疗养时，来汉时要派人去看他，給他送东西，他还不滿足，大发雷霆地說：“某某軍区司令員疗养时，干部部長、管理局長等都来看他，我还不是軍区司令員……。”

陈为了貪圖享受 竟利用职权要他的老部下卫生部長陈××，将医疗費中为总医院購买的价值 2,500 元的意大利冰箱送給陈私用，陈用藥尽管是有求必应，但每年还要照顧什么大笔保健費，公开要保健費每次数百元，把要得来的保健費却用来購置千元以上的金手表和价值数百元的半导体收音机等高級用品。

陈穷奢極欲，从廬山打电話要軍区管理局×科長专程去景德鎮买了一套高級餐具，从南昌买了四把塑料椅。并指示武汉軍区給他做一个四面玻璃的柜子，把他家中的古懂都放在里面运往廬山。以上花了人民幣 300 余元，均由公家报銷。

陈经常吃养精神藥、人参、鹿茸，以及进口的多种維生素，長得膘肥肉壮。

可是对一般干部、战士、职工的眞实困难，陈再道是如何“关照”的呢？軍区福利委員会根据实际情况，提出困难大的，要給予定期补助。然而提出的补助标准被陈否定了，而他則提出：住大城市每人每月按十二元，住中小城市按十元，农村按八元計算的标准，并說：“鐘政委的司机每人每月平均七元，生活过的很好。”他的标准下去后，基本上沒有补助对象，眞是两种截然不同的态度。

66年陈要茶港医务室給其拿克劳酸藥吃，医务室沒有，后经多方联系，从后勤卫生部取来一千片，陈当卽罵道：“卫生部应受处分，为什么把藥放起来不讓吃，現在又沒有皇帝了，不給我吃給誰吃？”眞是胆大包天。

四、軍閥作风，毆打部下

陈大麻子这个独夫，还有一个劣性，就是軍閥作風，下面一例說明。196×年有一次某师在黃陂搞軍事演習，他去巡視，用飞机偵察出一点問題，他就頓时暴跳，立卽下令全体官兵紧急集合，当众打那个师長两个耳光，并罵道：“他媽的，你是吃干飯的，……”陈对师長都是如此，那么他对下級一般干部就可想而知了。

打　　倒

大阴谋家、大野心家、大军阀

彭德怀

（二）

首都紅代会北京工业学院紅旗公社編印

一九六七年八月

最 高 指 示

庐山出现的这一場斗爭，是一場阶級斗爭，是过去十年社会主义革命过程中資产阶級与无产阶級两大对抗阶級的生死斗爭的继续。在中国，在我党，这一类斗爭，看来还得斗下去，至少还要斗二十年，可能要斗半个世纪，总之要到阶級完全灭亡，斗爭才会止息。

目　　录

一、大阴谋家、大野心家、大军阀彭德怀罪恶史

最 高 指 示

混进党里、政府里、軍队里和各种文化界的資产阶級代表人物，是一批反革命的修正主义分子，一旦时机成熟，他們就要夺取政权，由无产阶級专政变为資产阶級专政。

中 央 首 長 講 話

“以彭德怀为代表的这些反党分子，都是民主革命中带着资产阶级要求加入党的。”

“这儿年来彭德怀所参加和带头的两次反党联盟，是我们在进入社会主义时代的阶级斗爭在我们党內的反映。”“党內有些堅持资产阶级世界观、顽固地保存资产阶级意识的人，在阶级斗爭表现尖銳的某种时机，就是往往要从无产阶级政党內部进行分裂活动。”

“建国以来，我们这里出现两次企图分裂党的活动的事件，不是别的，正是反映了资产阶级对社会主义的反抗。彭德怀、黃克诚、张闻天等都是高饶反党联盟的参加者，而彭德怀正是这个反党联盟的一个头头。高饶反党活动已被揭穿了，被粉碎了，但彭德怀、黃克诚、张闻天并沒有死心，他们并沒有悬崖勒马，继续走上了高饶的道路，资产阶级复辟的欲望，资产阶级个人主义的野心，驱使他们，冲昏了他们的头脑，斗爭是他们挑起来的，但结果是：他们搬起石头打自己的脚。党在这次斗爭中赢得了伟大的胜利。象高饶反党联盟的命运一样，彭德怀、黃克诚、张闻天、周小舟等人的反党联盟又被粉碎了。”

——陈伯达

編 者 的 話

彭德怀是混进党內的资产阶级代理人，是军內最大的走资本主义道路当权派，是一个大野心家，大阴谋家，是地地道道的伪君子，是一个反革命修正主义分子。彭德怀同王明、刘少奇，邓小平、高岗、饶漱石、彭眞、罗瑞卿、陆定一、杨尙昆等都是一丘之貉，都是混进党內的资产阶级代表人物，是一小撮走资本主义道路当权派，是我们最危险的敌人。

为了更充分地揭露反革命修正主义分子彭德怀的反革命，右倾机会主义咀脸，为了更好地搞好革命的大批判，把反革命修正主义分子彭德怀斗倒、斗垮、斗臭，我们根据各方面材料，编辑反党篡军分子、大野心家、大阴谋家、彭德怀的罪恶史。以供大家批判。

各单位、各革命组织有补充材料可与我们联系。

首都红代会《北工红旗》581部队

1967年8月

彭德怀：一八九七年生于湖南湘潭彭家围子，家庭出身富农。原名叫彭德华，据他本人供认，意思是要整个中华为他个人所得。他曾是国民党员。

家庭成员：

前妻刘坤沫，是登报自首的叛徒。

后妻浦安修，大右派浦熙修的妹妹，彭贼罢官以后，她混到师大二附中当付校长，是文化大革命中被揪出来的反革命修正主义分子。

妻姐浦熙修，毛主席亲自点名的原文汇报的大右派。

妻姐夫罗隆基，臭名远扬的大右派。

彭德怀的反动履历

（一）十年土地革命时期

（1925——1935）

1915——1928　从一九一五年起，彭德怀17岁参加国民党军队，在湖南旧军阀混战中，由于替军阀卖力，得到赏识，由士兵提到付团长。一九二〇年，他当排长时，就与土豪劣绅打得火热，接受宴請，叫歌妓陪酒，过着荒淫无耻的寄生腐朽的生活。

1928年7月21日黄公略同志为首先在平江起义。

1928年7月22日下午两点，在湘平独立师第一团工作的共产党员邓萍、李灿、王纯等同志起而响应。彭德怀当时在国民党军队中长时间沒有混上一个团长，心中十分不满，经我地下党员黄公略同志多次争取，彭贼带着往上爬的个人野心抱着入股的思想，才参加的起义，从此混入革命队伍。

1928年10月，平江起义后，彭贼窃取了红五军军长职位，黄公略为付军长，政委腾代远，彭德怀违背了红五军党委关于放弃平江城，将起义部队分散到北乡和东乡，发动群众的决议，调回黄公略的七团，死守平江七天，与敌人硬拼，使军队损失很大，主席要他向井岗山靠拢，与红四军会师，毛主席与当时红四军政治部主任陈毅商量决定，将红五军与红四军合併。朱德任军长彭德怀任付军长。彭贼对此十分不满。

1928年12月，白露村会议，毛主席亲自带红四军下赣南扩大游击根据地，并委派彭德怀任红四军付军长留在井岗山，主席下山不久，彭贼又拉起红五军旗号，自封为军长。根据当时情况，完全能守的住，彭贼贪生怕死，不执行防守的命令，带着队伍离开了井岗山。

1929年3月，彭贼带着队伍到了瑞金。受到主席严厉批评，并派他重返井岗山。

1929年6月，彭贼又回到了井岗山。为了扩大个人的势力，以野蠻的军阀手段，併吞了在井岗山坚持斗爭的王佐、袁文才同志所率领的红军，后又离开井岗山到处乱打游击。此后彭贼给王佐、袁文才捏造了“叛变”的罪名，骗他们集结永兴，调遣三个纵队，将王、袁的部队解决，袁文才同志被杀害，王佐同志被逼跳水自杀。结果大大增加了坚持井岗山革命根据地斗爭的困难。

1930年3月　彭贼二下井岗山。

1930年4月　彭德怀在左倾冒险主义的指导下，第一次攻打长沙，企图为左倾冒险主义的立三路线找实际根据。从此立三路线更加猖狂。在峡江会议上，彭贼骂毛主席是“机会主义”。

1930年6月　彭德怀到中央苏区后，忠实执行立三路线，所以在成立湖南苏维埃时，李立三任主任（未到职），彭任付职。

1930年6月—9月　彭贼主张二次攻打长沙，毛主席（当时是总前委书记）不同意，他就写信给一军团的林彪同志企图拉拢林彪同志反对毛主席，遭到林彪同志的坚决反对，林彪同志把信交给了毛主席。彭贼在二次攻打长沙时用"火牛阵"使部队和群众损失很大，杨开慧烈士就是在这次被军阀逮捕牺牲的。彭贼反嫁嫡于四师师长卢义才，未完成任务，骂他是"托派"，后枪毙了他。

1930年底—31年9月　毛主席运用"诱敌深入"的作战方针，粉碎了国民党一、二、三次围剿。

1932年2月　三次反围剿胜利后，王明路线占统治地位，他们提出夺取中心城市以实现一省数省首先胜利的冒险主张。彭德怀指揮红军攻打赣州，就是王明路线夺取中心城市的军事冒险主义开始的主要一仗，使红军受到很大损失，王明，彭德怀非但不认错，反而召开宁都会议，大反所谓毛泽东"机会主义""游击主义"。

1932年4月　苏区中央局在江西赣州附近江口召开会议，彭在会议上反对毛主席提出的集中红军向赣东北发展的正确方针，并对毛主席对他的批评怀恨在心。

1932年8月19日　彭贼顽固执行左倾机会主义路线，打击当时的第八军政治委员邓干元同志，邓干元同志对左倾冒险主义给予了严励的批评。在8月19日，在平江长寿街召开的五、八、十六军党代表会上，邓干元再次致信给代表大会，坚持"攻打长沙是军事冒险的拼命主义"立場，彭贼给他加以"坚持他的个性""坚持个人主张"等罪名，决定察看三个月，令其脱离红军交给特委"训练"。

1932年6月—1933年夏　第四次反围剿时，毛主席被排挤出军队，但毛主席的战略布署已下达到基层，军队已掌握，因而取得了胜利。歼敌两个师，打死师长一人，活捉一人。

1933年10月　蒋介石又发动了对根据地的第五次围剿，正在此时发生了福建事变，国民党第十九路军反蒋。按毛主席的作战方针应联合同盟军共同反蒋，但彭贼只与他们订立了一个互不侵犯条约，使得蒋介石得以各个击破。

1933年10月后　彭德怀忠实执行王明左倾机会主义路线，在军事上执行李德路线，与毛主席的正确路线相对抗，尽管有、有利条件，但第五次反围剿还是失败了。（注：李德是德国人，和铁托一样的人物，也是第一次世界大战被沙皇军队俘虏送集中营，后提拔起用。中国的教条主义者，从第三国际把他請来，连斯大林都不知道。）

1934年1月　由于彭德怀积极推行王明路线，王明，博古在中央苏区就抓住他作为依靠力量，34年1月党的五中全会上，彭被提拔为中央委员。而当时党内许多很有威望，作出许多贡献的同志，都被排挤在外。

1935年1月　遵义会议确立了毛主席对全党全军的领导，挽救了红军。彭贼对毛主席的军事思想很不满意，坚决反对，借口部队在长征中疲劳，散布所谓"军事领导的错误"，煽动一些人反对毛主席。当时张闻天也经常到三军团串门，议论"军事领导的错误"，并恶毒攻击毛主席是"瞎指揮"，并说不愿干了。

1935年7月——8月　红军进入草地，一、四方面军会合。张国涛搞分裂主义，打电报要徐向前阻止红四方面军北上。叶××把上述情况报告了毛主席。这时彭贼主张火拼四方面军，并要逮捕徐××和程昌浩，被主席制止。

1935年9月　毛主席带一军团（林彪同志为军团长，聂荣臻同志为政委）、三军团（彭为军团长）北上，后来主席主张一、三军团合併，组成陕甘纵队，把三军编入一军团取消三军团，彭当总指揮，毛主席兼政委，林彪为军团长，彭贼大为不满，并造谣说：“一军团杀了三军团的干部。”并扬言要“继续长征，进到蒙古，背靠苏联。”充分暴露了他闹个人独立的野心。

1936年12月　双十二事变以后，毛主席在陕北红军大学讲演《中国革命战争的战略问题》，彭当时气势汹汹地说：“毛泽东为什么这个时候讲这个问题？有什么必要？”

（二）八　年　抗　战　时　期

（1937年7月——1945年8月）

1935年—1940年　彭德怀长期坚持同党相对抗的纲领，在抗日战爭一系列言论中表达了资产阶级的观点，当时彭离开了党中央的所在地，把他所主持的华北根据地，当成自己的独立王国，放肆地宣扬他的错误主张。

1937年8月　陕北红军改为八路军，朱德任总指揮，彭德怀任付总指揮。在党中央的洛川会议上，毛主席指示，在华北要放手发动群众，独立自主地开展游击战爭，建立根据地。但是，彭德怀却发出军分会的小册子，（军分会为党中央军事委员会前方分会的简称。彭德怀是军分会付书记。小册子指一九三七年十月八日《军分会对目前华北战爭形势与我军任务的指示》）提出“运动游击战”的错误方针。

一九三七年十二月，毛主席指出，军分会小册子是错误的，彭德怀拒不接受批评。并且公开说：“独立自主的山地游击战是不好的，我们改为运动游击战。”

1937年12月党的12月会议上彭贼露骨地推行“一切通过统一战线”一切通过国民党的投降主义路线，并为国民党涂脂抹粉喊宠叫屈说“平型关战斗应该是我军和友军的共同胜利，对友军的过份责备是不对的。”并恶毒地攻击林彪同志。

1937年冬八路军部队驻临汾、洪洞一带，派出大批工作队，发动群众，扩大队伍。閆锡山汚蔑工作队抓人，彭贼知道了，怕得罪了閆匪，怕破坏了统一战线，马上下令，限三天內把工作队全部撤回来。

1938年毛主席发表了《论持久战》光辉著作，彭对此恨的要命。一次有人去看彭，彭正在看这本书，来人问他看什么书谁写的？彭答：“他写的、”来人又问“他是谁？”彭狂妄地回答：“老毛！”并恶毒地攻击说：“他还要出版哩！”并说：“个人写书不能用中央名义，只能用个人名义发表。”妄图贬低毛主席这一光辉著作的作用。

1938年　彭贼在延安与浦安修结婚。

1940年8月—12月　抗战已进入战略相持阶段，彭贼伙同朱德等发动了“百团大战”。当时日冦兵分数路进攻西安，昆明，重庆。彭德怀坚决执行王明路线，公开提出要“保卫大后方”“保卫重庆”“保卫西安”，实际上是要保卫坐镇于重庆的蒋介石。彭德怀急于保蒋，拒不执行毛主席提出的，在战略相持阶段，我军“基本的是游击战，但不放弃有利条件下的运动战”的方针，背着毛主席，和朱德、杨尚昆、彭眞、邓小平等商量，大搞冒险主义、拼命主义，先后调集了105个团，共四十万兵力，在正太同浦线等长达五千里的战线上、全线出击，打攻坚战，消耗战。彭贼保蒋卖力，得到了蒋介石的欢心，蒋介石很快去电嘉奖：“朱付长官，彭付司令员：选电均悉，贵部窥此良机，断然出击，予敌甚大打击，特电嘉奖……中正”。百团大战，根本就不符合毛主席的战略布署和作战方针，硬打硬拼，使我军用蘑菇战术，将敌磨的精疲力竭，然后消灭之”的英明指示，两次打榆林，结果均未成功，扰乱毛主席的战略部署。由于毛主席亲自在陕北指挥作战，彭的错误才沒有带来严重的后果。

1947年秋　彭德怀又违背毛主席关于集中优势兵力歼灭敌人的方针，企图在同敌人兵力相当的情况下，在延长同敌决战，后由于毛主席去电批评，他才勉强停止，但却很不服气。

1948年　彭贼带兵攻打宝鸡，本来就不该打，他却为了发敌人的洋财，因为宝鸡是敌人战略攻击点，有些仓库。这仗打的很危险，彭贼自已差点当俘虏。后来，他把责任推到王世泰身上（当时的四军军长，现在水利部工作）把他骂的狗血喷头。

1948年—1949年　毛主席在陕北时，战斗都是毛主席亲自指挥的。如清化砭，沙家店战役。48年—49年，毛主席离开延安，他就到敌人心脏去打，冒危战斗，损失很大，又未报告主席，又一次暴露了他的军阀本性。

(四)抗美援朝时期

(1950年10月—1953年7月)

1950年　全国解放以后，彭贼还贩卖刘少奇的黑货“和平民主新阶段”的谬论，提出“保护富农经济”鼓吹“与资产阶级阶级搞合作。”等。

1950年10月—51年5月　美帝国主义发动侵朝战争，第一、二、三、四次战役，中国人民志愿军按毛主席作战计划打的，一直打胜仗。但由于彭德怀多次不执行毛主席的命令，影响了战果的扩大。例如：

第二次战役：毛主席命令调一个军到朝鲜××方面，志愿军下面的同志也有这个建议，但彭却拒不执行主席命令，以致大大影响第二次战役战果的扩大。

第一次战役后：毛主席根据当时的国际形势和敌我情况，作了许多指示，命令彭要组织第三次战役。主席说“第三次战役政治意义很大。”但是，彭说：“第三次战役沒有政治意义。”并借口部队疲劳，需要休整，而擅自提出“过冬休息”的错误口号，后经主席三次指示，指出整个冬季不打是不对的，并批评了“过冬休息”的错误口号，彭才勉强执行。

第三次战役后，毛主席指示将部队撤到“38线”附近休整，以誘敌上来，消灭其有生力量，但彭仍不执行这一指示。

1951年5月

第五次战役时：彭违背毛主席关于“在第一时期可以专打伪军”的指示，而把重点放在打美英军，由于准备仓促，口张的过大，追击过远，向右转移时缺乏周密组织与可靠掩护，致使某些部队遭受不应有的损失。毛岸英就是在这次战役中牺牲的。

第五次战役后：彭德怀又拒不执行毛主席提出的“零敲牛皮糖”的作战原则，和坚持“三八”线，采取持久作战，积极防御的正确作战方针，相反，彭却准备“第六次战役”要打“规模比任何一次要大的歼灭战”并下了命令，交待了任务，后经毛主席制止，而未实行。彭德怀在朝时期，表现大国沙文主义，对金日成发火训斥。彭说：“抗战时期，我是八路军的付总司令，而金日成是抗日联军伪师长。”使中朝关系很紧张，至使让苏修钻了空子。在我国反修、反大国沙文主义时，赫秃与謝列平就趁机渔利。

抗美援朝胜利后，彭贼胡说什么“抗美援朝归功于两个麻子”，50%归功于高麻子（高岗），50%归功于后勤洪麻子（洪学智）。

1951年：彭贼对聂总和总参的工作十分不满，他要人转告中央和主席要高岗到总参工作。中央下达“关于加强民兵建设的指示。”

1952年当中国人民志願军代表回国时，带来一面感謝祖国的錦旗，旗的下款只写了彭德怀一个人的名字，充分表现出彭贼的狼子野心。

1953年4月彭德怀针对“关于加强民兵建设的指示”，强迫民兵按人口减少10%——30%，提出今后再不要强调普遍民兵制。

1953年高岗、饶漱石猖狂进行反党活动，妄图实行资本主义复辟。彭德怀是高饶反党集团的一员干将。高饶反党集团，实际上是以彭德德怀为首的反党集团。

(五) 主持軍委工作

(1953年——1959年8月)

1953年7月——59年8月　毛主席宽宏大量，尽管彭历次犯有很多错误，还让他主持军委工作，但彭贼疯狂地反对毛主席，反对毛主席的军事路线。

①否定毛主席的建军路线，全盘学苏修一套，准备取消党委制，搞一长制，还准备取消政治委员，搞了军衔制，与毛主席的“一是革命化，二是现代化”的建军路线相对抗。

②否定毛主席的建军路线，反对人民战争思想，坚决反对大搞民兵，与赫秃子一个调，认为“民兵是一堆肉”全搞苏修那一套。

③国防前线的布置，按旧军队军阀的一套布防，花了很多的钱，危害极大。

④彭德怀利用职权，私自与黄克诚，洪学智秘密藏起××亿人民币军费，想搞军事政变，并把他的亲信派往三大部，控制起来。如总参谋长黄克诚，总后勤部长洪学智，总政治部主任谭政，东北军区邓华，装备部长万毅。

1953年以后　彭贼经常发骚牢，污骂毛主席，说：“我老了，主席不喜欢我了，不重视我了，青年人上来了，我不要挡道了。我打倒了蒋介石，打倒了帝国主义，平生志愿完成了，可以回家种地了，不喜欢就不喜欢吧！”

1953年6月——12月　彭贼擅自决定“以予备役代替民兵，取消民兵，收缴枪枝，防止出问题”，因而造成了1954年到1956年民兵工作的严重损失和混乱。

1953年：彭贼不执行中央的决定，擅自利用职权建立“予备师”。未经中央批准，就擅自坛加军队数量。

1953年：彭德怀反对党的过渡时期的总路线，抗拒社会主义革命，伙同高岗、饶漱石进行篡夺党和国家最高权利的阴谋活动，彭贼是高、饶反党联盟的首领。

1954年：彭贼在国防建设中，执行消极防御的方针。他指示，××地区必须设防坚守，并扬言：“如其离失所，不如拼掉”的谬论。

1955年：彭贼参加华沙条约国会议后路过莫斯科，与赫秃会谈三个多小时，赫把准备去南斯拉夫訪问的讲话稿给彭贼看，彭当即建议不要批评铁托是非马列主义。赫鲁晓夫很欣赏，接受了这个意见。可见铁托、赫鲁晓夫、彭德怀是一丘之貉。

1955年：彭贼与苏国防部长朱可夫会谈，曾说：“中国是个六亿人口的大国，你们要慢慢消化。”

1955年：彭贼支持其他反革命修正主义分子大砍农业合作社。55年冬彭贼对留苏学生说："国内农业合作社由初级社向高级社发展太快了，要砍掉。"

1955年：彭贼视察××地区，要求设防、大修工事，把"敌人堵住"。到××地区视察时，强迫干部大修工事，并威胁说："我彭德怀别的不行，但斩马稷还是行的。"

1956年：苏修借反个人迷信，大反斯大林，在我国彭贼与刘邓紧密配合，大反毛主席、反对唱东方红，不要喊毛主席万岁，反对军人在誓词上写忠于毛主席，还不让在军事要地修建毛主席塑象，如不让在军事博物馆修建毛主席铜象，并恶毒地说："建它干什么？现在建了，将来还得搬掉。"

1956年7月：有一次反革命分子写信污蔑毛主席，说：挂象、喊万岁、唱歌都是个人崇拜。彭贼特别欣赏，很快把此信转给黄克诚，并要其转给别人看。

1956年9月。党的八次代表大会上，彭贼公然反对把毛泽东思想作为我们党的指导思想写入党章。结果与刘邓合伙在党章上砍掉了"毛泽东思想。"

1957年4月11日：彭德怀在南京军事学院召开旧军官教员座谈会上，大肆放毒，胡说什么："过去国民党军官对共产党那么恨究竟为什么？我看是沒有目的的。"认敌为友地出卖党和国家的机密。以讨旧军官的欢心。同时还别有用心地煽动他们向党进攻说："有宗派主义你们要斗争啊！"。这些旧军官在彭贼的指使下，壮了狗胆，在大鸣大放中向党狂猖进攻，许多人都是右派分子。

1957年5月：彭在××会议上说："毛泽东同志提出了建军的一般原则，但沒有系统化。"

1957年7月22日：彭贼一直反对"八一"作为建军节，要把他参加的平江起义作为建军节，为自己树碑立传。彭贼看见军旗，就骂是"女人的例布"。57年7月22日，彭为了给自己贴金，要在三座门召开一次平江起义座谈会，并要记者写东西，为平江起义三十年做宣传，还要报社出平江起义专号。

1957年11月彭德怀率领中国军事代表团访问苏联，对赫秃说："苏联一年来外交，內政有很大的胜利，党的政策同人民利益结合起来，党的政策的胜利，代替了过去的个人威信。"吹捧的肉麻至极。

1957年11月27日：赫秃在我军事代表团告别宴会上，捏造事实，攻击毛主席。我军事代表团的同志们，对此极为愤慨，彭贼却一言不发表示默认和支持。

1957年：彭贼里通外国，当年赫秃未经邀請突然来到中国，妄想控制我们，提出什么"联合行动"，这其中彭贼搞了不少鬼。当即被毛主席戳穿了他们的阴谋，顶了回去。赫秃走后，毛主席下令，炮打金门，这是对苏修有力的回答，而彭贼对此极为不满。毛主席亲自指挥这一重大军事行动，而彭贼却借故视察偷偷地溜了。

1958年4月：彭德怀疯狂反对党的总路线和三面红旗，4月，彭到广州，召见空军×师政委，劈头就问："你知道多快好省总路线吆？这是毛主席总结出来的呀！"接着他公开攻击毛主席说："主席老是讲多快好省眞啰嗦，老讲干什么？"接着又问："你们对总路线是什么派？"×答："是促进派。"彭讽刺他说："嘿！你们是促进派，那比我进步呀！我是中间派。"实际上是地地道道的反对派。

1958年：彭到兰州说："大炼钢铁是老牛拉破车，劳民伤财。"

1958年8月：彭贼到哈尔滨说："我看大办民兵师和人民公社，两个东西总有一天要垮掉一个。"

1958年8月：彭德怀对苏联付总顾问格列洛夫说："苏共二十次大会开得好，我们拥护。”“对赫鲁晓夫也拥护。”

1958年12月：彭德怀在湖南韶山公社大肆污蔑大跃进，大炼钢铁“将如大革命时期醴陵、平江拆屋、烧房子一样犯了“左”倾冒险主义。”

1958年：彭德怀参加中央成都会议时，攻击毛主席，他说：毛主席，在莫斯科念多快好省，象念经一样，我们又不是不知道。他诬蔑毛主席，说毛主席反“冒进”是为了树立个人威信。眞是狗胆包天。

（六）庐山会义前后

（1959年—1960年）

1959年2月：彭贼在全军科学研究工作会议上，违犯中央指示，完全按他的意图，划分我军历史时期，极力贬低秋收起义的意义，搞平江起义。说什么：“南昌起义以后的革命低潮，平江起义是革命低潮的停止，革命高潮的信号！”还说：“建军节究竟是‘八一’还是‘九一’还值得考虑。”（编者按：意思是要以平江起义作为建军节。）

1959年初—4月：彭贼到湖南去，与周小舟联合，阴谋反毛主席。安排周小舟、黄克诚、谭政、张闻天等反革命修正主义分子收集毛主席的黑材料、三面红旗的黑材料，为他反毛主席准备炮弹。

1959年3月：彭贼在上海会议上反对毛主席亲自挂帅。胡说什么：挂帅就是把政治局常委抛开。他对主席对他的批评十分不满，诬蔑毛主席在上海会议上的讲话是“挑拨”。

1959.4.24—6.13　彭德怀率领军事代表团到苏修等七个修正主义国家访问，向赫秃提供大跃进缺点的情报，赫秃子为彭回来反毛主席打了气。彭大肆放毒说：“欲速则不达”又说什么：“取得政权后，主要是‘左’倾，影响党的总路线的是‘左’倾机会主义，”彭贼还公开反对别的国家“以毛主席的名字命名工厂”，反对唱“岁万！毛泽东”的歌子，说什么“这是个人崇拜。”

1959年7月14日　彭德怀在庐山会议上，抛出了恶毒攻击毛主席，反党的修正主义纲领，黑“意见书”。攻击毛主席是“小资产阶级狂热性”、“脑子发热”，“浮夸”，把国内形势讲的漆黑一团，叫嚷“要发生匈亚利事件”“要請苏联红军来”等等。

1959年8月　毛主席亲自主持召开庐山会议，罢了这个反党、篡军、篡政分子老右倾机会主义分子彭德怀的官。彭贼以为时机已到赶到庐山，看到会议快结束了，便丧心病狂地骂道：“你们在延安×了我四十天的娘，现在庐山才×了你十八天的娘，就不让×了，不行！”反党分子周小舟，黄克诚，谭政，张闻天也紛紛跳了出来大反毛主席。这时毛主席下定决心，召开中央全会，彻底揭开彭黄反党集团的盖子。邓小平一看借腿有病溜了，黄克诚则公开声称“毛主席搬救兵，我是叛兵”，而彭贼后台刘少奇则持沉默，最后也装模作样地说了“领袖和群众”的作用，给彭贼小骂大帮忙。

1959年8月　庐山会议罢了彭贼这个海瑞的官，他不但不认罪，反而怀恨在心恶毒地说：“无官一身轻”，“我今年（59年）62岁了，枪毙杀头也不算命短。

1959年9月30日——10月5日　赫鲁晓夫从美国带回“戴维营精神”赶到中国在人大会堂大骂我们“以武力去试探美国帝国主义是愚蠢的”是“好斗的公鸡”受到我们伟大领袖毛

主席的严厉回击。会后，赫秃带来了一份厚礼要送给彭德怀，并吹捧他是中国党内“最有骨气，最勇敢，最正直和最敢讲话的人”，还不知耻的要见彭贼。

七、彭贼被罢官以后

（1960—1962年）

1960年　彭贼被罢官以后，开始周游列省，到湖南江苏等地私访，找生产队长等，用小恩小惠进行拉拢，收集阴暗面材料，继续进行反党活动，用了许多时间（60—62年）写他的反攻倒算的“万言书”。

1960年　彭德怀在高级党校时，同杨献珍勾结，继续散布反党谬论进行反党活动，积极准备翻案，说什么“从国际经验看，要纠正路线错误，非改组领导不可。”

1961年11月　彭德怀借口回乡调查，实质为自己翻案，搞了所谓五个“调查报告”，即《乌石大队的调查材料》《金星、新坪、乌石三个大队手工业工人情况》（花石区黄荆坪集市貿易的情况》《乌石公社金星大队今年全面增产》，《一个减产队的调查报告》这些报告都印发各省委一份，带回北京一份，还有一个关于征购情况调查材料。彭在这些材料中恶毒地攻击党中央、毛主席，攻击三面红旗。他还露骨地说：“我看总路线应该改。”这时，彭贼还搞了什么反动词如：“谷撒地，葛叶枯，青壮炼铁去，收禾童与姑，来年日子怎样过？請为人民鼓与胡。”

1962年 9 月在国家经济困难中，彭贼配合刘邓的反革命资本主义复辟逆流大刮“翻案风”在党的八届十中全会上，大叫“我不沉默了，我要当海瑞”，公然抛出了他准备了二年之久的反攻倒算的八万多字的“意见书”。

1962年底毛主席为了最后挽救彭德怀，派他去抓三线工作，任三线工作付总指挥。”

1966年12——1967年 1 月彭德怀抛出了名为“自白书”，实为反攻倒算书，叫嚷：“我写信动机是好的”，“毛主席说我的信是招兵买马，有野心、伪君子，我怎么能接受的了呢？”又极力为自己辯解说：“我主持军委工作时认识不够，”“毛泽东思想学习不够，毛泽东思想红旗举的不够高。”还说什么“不能说我是屠杀群众的刽子手”“我可是一半对一半，有错误也有功劳”眞是可恶之极，猖狂之极。

1966年12月红卫兵革命小将把反党篡军分子彭德怀揪出来了。

1967年 1 月，姚文元同志发表《评反革命两面派周杨》的文章，指出：“自命为海瑞的右倾机会主义反党集团，在庐山会议上，提出了一个彻头彻尾的修正主义纲领，梦想推翻以毛泽东同志为首的党中央领导，把我国拉回资本主义的黑暗道路上去。”彭德怀看了以后，十分不满，给姚文元写了一封信，大骂“如果照这样宣传有益，就这样宣传吧！如果需要实事求是一些，我就可以提供一些材料。”

首都红代会北京工业学院

红旗公社 581 部队

1967.8.

二、彭德怀庐山会议前后的反党活动

前　　言

毛主席教导我们：

“混进党里、政府里、军队里和各种文化界的资产阶级代表人物，是一批反革命的修正主义分子，一旦时机成熟，他们就会要夺取政权，由无产阶级专政变为资产阶级专政。”

大阴谋家，大野心家，大军阀彭德怀的一生，是反革命的一生，是一部攻击毛主席，反对毛泽东思想的一部臭史。彭贼和王明、刘、邓、高、饶、彭、罗、陆、扬是一丘之貉，都是混进党内的资产阶级代表人物，都是反革命修正主义分子，都是党内走资派，都是我们不共戴天的仇敌。彭贼反党反社会主义反毛泽东思想的罪恶活动，在一九五九年庐山会议前后，达到了高潮。他公开叫嚣要发扬“海瑞精神”，纠集张闻天，黄克诚、周小舟等反党分子组成反革命的军事俱乐部，向党向社会主义向三面红旗向我们最敬爱的领袖毛主席发动了极其猖狂的进攻。

（一）“农村调查”，搜集进攻“炮弹”

我们伟大的领袖毛主席教导我们：

“除了党的领导之外，六亿人口是一个决定的因素。人多议论多，热情高，干劲大。从来也没有看见人民群众象现在这样精神振奋，斗志昂扬，意气风发。过去的剥削阶级完全陷落在劳动群众的汪洋大海中，他们不想变也得变。”

1958年，毛主席提出了建设社会主义总路线，全国人民意气风发，掀起了社会主义革命和社会主义建设的新高潮，全国各地都呈现出一片欣欣向荣的景象。帝国主义，现代修正主义，国内外反动派对此一片惊慌，极端仇视，十分害怕，它们联合起来向我们发动了猖狂进攻。三反分子彭德怀以为时机已到，便蠢蠢欲动，以调查为名，到全国各地去收集攻击三面红旗，攻击毛主席的黑材料。彭贼自己说：“五八年我可忙了，全国到处跑，干什么呢？五八年大跃进，工农业齐进，但完成生产产量上，我是有怀疑的，可我没作声。”彭贼真的没作声吗？不是！他是到处放毒，暗地搜罗死党，准备和毛主席、党中央大干一場。彭贼过去是不太愿作报告的，但58年他却一反常态，到处作报告：南昌三次，兰州一次，东北某军事学院一次，西北柴达木一次，延安一次，玉门一次……在这些报告中他煽阴风，点邪火，对我们的伟大领袖毛主席和三面红旗发动了猖狂的进攻。

在一九五八年南宁会议和成都会议上，彭贼攻击毛主席反对反“冒进”是为了建立个人威信，不注意集体领导。在成都会议上，他恶狠狠地说：“毛主席在莫斯科老是念多快好省、象念经一样，多快好省我们又不是不知道。”当主席批评下面对中央封锁消息时，彭说：“有材料不看，怪谁？”

一九五八年三月上海会议期间一当主席讲到：这一次我亲自挂帅时，彭贼恶毒地攻击说：“过去还不是你挂帅！”在这次会议上，西北小组会上有个决议，决议上写着“根据毛主席指示起草这个文件。”彭竟说：“说根据毛主席指示我不同意。”彭还恶毒地攻击毛主席“对整个历史不起作用。”

一九五八年铁道兵积极分子和空军代表会议期间，空军首长见到彭对他说：“代表们都想见毛主席”彭甩着手扬长而去，边走边说：“老头子，有什么好看的！”彭贼还狂妄地对他老婆说：“毛主席戳了我一下，我也戳了他一下，他可以戳我，为什么不可以戳他。”彭贼疯狂反对毛主席，是可忍，孰不可忍。彭贼在五八年就丧心病狂的攻击三面红旗，说什么：“炼钢铁得不偿失，用那么多的人，花那么多钱，帐不算是不行的。”“大炼钢铁是小资产阶级狂热性。”“劳民伤财”等等。说什么“人民公社办早了，高级合作社的优越性沒有使用完，苏联搞农业公社早已失败，我们偏偏不接受人家失败教训，还要重复。”“我看人民公社和民兵总要垮一个。”“人民公社那么大，一定会出乱子。”为此，彭贼还作了一首极端反动的诗：

“谷撒地，葛叶枯，青壯炼铁去，收禾童与姑。来年日子怎过？請为人民鼓与胡”。

彭贼恶毒地攻击诬蔑大跃进和人民公社，眞是反动透顶。

彭贼不仅自己恶毒地攻击三面红旗，而且煽动群众，士兵起来反三面红旗。八届六中全会后，彭到湖南某高校，学校的负责人谈到“学员说公社不错。”彭马上说：“我看你们也和我一样，沒有很好地摸一摸。西北有的部队到公社参观，一看，问题很多。”1958年4月彭到广州某师，他问：“你们对总路线是什么派？”答：“促进派。”彭别有用心地说：“总政搞支援合作化，捐献拖拉机，要拿出××万元，你们有意见可以顶回去吗！”眞是疯狂到了极点。

彭德怀不但自己到处放毒，搜集阴暗面，而且暗地搜罗死党结成反党联盟。在湖南时，周小舟陪彭贼调查了三天，专看不好的。在重庆本来可以直接回北京，但他硬要由贵阳到长沙找周小舟暗中策划布置。彭还让黃克诚收集材料，提供炮弹，可见他们的反党活动，由来已久：是有准备，有计划、有组织的。

（二）　勾結苏修阴謀篡权

我们的伟大导师毛主席说：

“绝对不可以背着祖国，里通外国，同志们开了会的，批判了这个东西……我们也决不可背着中央去接受外国的挑拨。”

反革命修正主义分子彭德怀在一九五九年4—6月间访问了苏联，东欧等国，出国以前他作了充分的准备，看了大量的黑材料。他利用出国的机会，同赫鲁赫晓夫修正主义集团秘密勾结串通一气，阴谋反对以毛主席为首的党中央，阴谋篡夺领导权。他在赫秃面前公开表露，他反对我党的总路线、大跃进和人民公社，反对毛主席和党中央，他给赫秃提供了大量的反华“炮弹”。说大跃进是“沒办法的办法”“付作用很大。”“人民公社有错误”人民公社“阻碍农业及工业发展，欲速不达”“市場紧张”“钢铁生产设备，运输、炼焦、洗焦有困难，机械工业赶不上，所以不得不减下来。反对别的国家以毛主席的名子命名工厂，反对唱：“万岁！毛泽东”的歌子，说什么“这是个人崇拜”。污蔑毛主席和党中央“脱离群众”“犯政治路线错误”“工作上官僚主义作风”等等。彭贼还对我使馆人员和留学生大量散布反党反毛主席反三面红旗的言论，说什么：“去年大跃进有些浮夸，影响了党在人民中的威信。”“你们不要把国內大跃进想的那么好，刮了一阵共产风，所有制方面有问题，市場供应紧张，连火柴肥皂都买不到，所以，在国外不要吹。……还有什么发明，是夸大的，有的是偷人家的东西。”“要讲眞话，老老实实，不要装模作样！妄想煽动我大使馆人员和留学生对毛主席对党中央的不满，但是他这是白日作梦，痴心妄想，用毛泽东思想武装起来的外交人员是不会上当的。

五八年、五九年，彭贼在国内也加强了外事活动，一些活动本来不要他参加，但他一知道消息，就要去接见，請客吃饭，利用此机会他散布了大量流言蜚语，例如他对外国驻我使馆一武官说：“我们很多同志，不看是什么风，见了风就跟他走，不加分析，多数是盲人……去年的风大家都有一份责任，主要谁负责，我现在不讲。”又说：“大革命时期，陈独秀沒有予见，也就不再领导，死与活的关键是能不能工作，不能工作，死也可以。……万岁，万寿无疆，有什么用处”彭贼这样丧心病狂地反对毛主席，罪该万死！

正是由于彭贼反党反社会主义反毛主席有功，得到了赫秃对他搞反革命政变的直接支持，赫鲁晓夫大叫大嚷的说什么“我们同他们（彭率领的代表团）进行了愉快的会见和谈话。”公开宣称彭德怀是“正确的、勇敢的”是他“最好的朋友”。要彭贼“取而代之”。可见三反分子彭德怀是赫鲁晓夫反革命修正主义集团在我党內的代理人，他是个可耻的叛徒，民族的败类。

（三）登台表演　猖狂向党进攻

我们伟大的统帅毛主席说：“资产阶级，小资产阶级，他们的思想意识是一定要反映出来的。一定要在政治问题和思想问题上，用各种办法顽强地表现他们自己。要他们不反映不表现，是不可能的。”

1959年二月，庐山会议前夕，彭贼就摩拳擦掌，说什么：“我们多少党员还不如海瑞，不敢讲眞心话。”五九年的方法，得到了赫鲁晓夫修正主义集团的大力支持，他觉得有了资本，有了后台支持。访苏回来，他就纠集他的同伙张闻天、黄克诚、周小丹之流，积极准备，摆出一付与毛主席为首的党中央大干一場的杀气腾腾的架式。

彭贼访苏回来的第一件事，就是看黄克诚为他准备的攻击三面红旗，攻击毛主席的黑材料。他几次和反党分子张闻天密谈，胡说：“去年九月后的错误，情况严重”，“中央要作检查”“会发生匈牙利事件”要“請苏联红军”他们还一块儿大谈特谈大炼钢铁的缺点。

一九五九年六月三十日，彭贼和三反分子贺龙，张闻天同车往庐山开会，他们在车上共同密谋在庐山会议上如何向党向毛主席进攻。彭德怀对贺龙说：“如果不是中国工人，农民好，我们也会出匈牙利事件。”甚至险恶地对张闻天说：“只要我们一起来，大家一响应，苏联一出兵，就成功了。”眞是反动透顶，罪该万死！

在庐山会议期间，彭贼在中国最大的走资派刘少奇，邓小平的暗中支持和慫恿下，上窜下跳，与张闻天，黄克诚、周小舟等反党分子密谋策划下，进行了一系列的罪恶活动。彭贼煽动性的对周小舟说：“少奇同志当了国家主席不好说话，恩来、陈云过去犯过错误，不敢讲话，朱德同志看问题不够清楚，不便讲话；林彪同志长时间沒管事，情况不熟，小平同志不便讲话。”意思是说常委里面只有毛主席一个人说了算。还说：“政治局、中央只有我还可以同毛泽东同志讲话”“讲了以后，可能被撤职，撤职以后，黄克诚当国防部长。”彭还对张闻天说：“毛主席的晚年象斯大林的晚年一样，个人说了算，别人不能提意见，”“中国皇帝一般第　朝是厉害的，因为他不厉害就搞不起来。”

在庐山会议上，彭贼把矛头指向我们伟大领袖毛主席，丧心病狂地大骂“你们在延安×了我四十天的娘，现在庐山会议才×了你们十八天娘，就不让×了，不行！”他攻击毛主席“胜利冲昏头脑”“骄傲了”“滥用职权”他诬蔑毛主席“相信浮夸，只喜欢听好的。”他恶毒地造谣说：“毛主席自己犯了错误，不认帐，不检讨，反而责备别人；送给他材料，他不看，还埋怨别人。”他恶毒地攻击毛主席是“独断专行”“一人说了算”“不民主”“只建立个人威信”。他还攻击以毛主席为代表的党中央犯了“路线错误”，叫嚷要“大家脱裤子，毫不例外”。“人人有责，包括毛泽东同志在內”。他还大叫大嚷“要防止斯大林后期的危险。”他胡说毛主席被“大跃进的成绩和群众的热情所迷惑，“左”的倾向有了相当的发展。”彭德怀恶毒地攻击我们心中最红最红的红太阳毛主席，罪该万死！

在这次会议上彭贼疯狂反对三面红旗，他攻击总路线是“左倾冒险主义”，是“抢先”诬蔑大跃进是“违反客观规律”，“头脑发热”、“小资产阶级狂热性”，“搞假报告”。还大肆造谣说“浮夸风吹遍了全国各地各部门”、“国民经济比例失调”。攻击大炼钢铁是“得不偿失”、是“有失有得”失是主要的。胡说人民公社“办早了”、“搞糟了”，要“垮掉”。眞是混蛋透顶。彭贼还反对突出政治，反对政治挂帅，大喊政治和经济“两者必须并重不可偏重偏废”。

总之，彭德怀在庐山会议期间的发言和经过精心策划在7月14日抛出的“意见书”，是一个反党反社会主义反毛泽东思想的修正主义纲领。正象毛主席所说：“彭德怀的意见书，不是偶然的个别错误，而是有目的、有准备，有组织，有计划的，……是一个右倾机会主义的反党纲领。”

彭贼抛出向党向毛主席进攻的纲领后，得意洋洋对反革命修正主义分子张闻天说：“我在信中放了几根‘刺’”，要“刺”一下毛主席。猖狂到了极点。紧接着他又和张闻天、黄克诚进行密谋，商议了张闻天的发言。7月21日张闻天马上在大会上做了三个多小时的攻击毛主席的发言，彭德怀极力为张打气，说“你讲的比较完备”。接着黄克诚也对毛主席进行了恶毒的攻击，中国的赫鲁晓夫刘少奇也遥相呼应，在会上叫嚷“与其你篡党，还不如我篡党。”整个庐山，一时妖雾迷漫，乌烟瘴气。彭、黄、张、周结成了反党联盟，向毛主席，向毛主席的革命路线，向三面红旗，发动了全面的，猖狂的进攻，把我们国内形势描写得漆黑一团，叫嚷要改变党的路线，改组党中央领导，妄图和赫秃里应外合颠覆我国无产阶级专政，他们准备上台，眞是“蚍蜉撼大树可笑不自量”。“‘搬起石头打自己的脚，’这是中国人形容某些蠢人的行为的一句俗话”，好景不长，一九五九年七月二十三日，毛主席发表了重要讲话及时戳穿了彭、黄、张、周阴谋篡党篡国篡军的罪恶阴谋，粉碎了他们的猖狂进攻，这些纸老虎一个个很快地显了原形。庐山会议把彭、黄、张、周等反党分子揪出来，罢了他们的官，撤了他们的职，保卫了以毛主席为代表的党中央的正确领导，保卫了毛主席的无产阶级革命路线，使我们的社会主义革命和社会主义建设继续胜利的前进，正如毛主席指出的：“庐山出现的这样一場斗爭，是一場阶级斗爭，是过去十年社会主义革命过程中资产阶级与无产阶级两大对抗阶级的生死斗爭的继续。”

（四）罢官后、贼心不死、瘋狂反朴

我们的伟大舵手毛主席教导我们：“敌人是不会自行消灭的。无论是中国的反动派，或是美国帝国主义在中国的侵略势力，都不会自行退出历史舞台。”庐山会议以后，彭德怀被罢了官。但他的反动本性未改，一直伺机反扑，狂妄地叫嚣："脑袋砍掉也可以，开除了党籍还可以劳动生产。"还恶狠狠地说："无官一身轻，我今年六十二岁了，枪毙、杀头也不算短命。"以发泄他心中对党、对毛主席的刻骨仇恨。

一九六〇——一九六二年正当我国国民经济面临暂时困难时期，在国际上掀起了一股嚣张一时的反华高潮，国内牛鬼蛇神也乘机纷纷出笼、兴风作浪。在扩大的中央工作会议（六二年七千人大会）前夕，刘邓及其黑爪牙，迫不及待进行了所谓"农村调查"和"畅观楼黑会"，为六二年初扩大的中央工作会议提供向我们心中最红最红的红太阳毛主席和以毛主席为首的党中央猖狂进攻的"炮弹"。老牌反革命分子彭德怀在主子的指使下，就到湖南、江苏等地"私访"，借"下乡调查"之名，在农村煽阴风、点鬼火，大肆进行反党活动，攻击三面红旗。并收集材料，妄图为自己翻案。收集社会阴暗面，为其反革命复辟，寻找理论根据。彭贼胡说什么"人民公社办早了"、"大跃进得不偿失"、"炼钢铁是劳民伤财"、"炼钢炼钢，山里炼得光光的。"造谣诬蔑说："现在农村树木都砍光了，要恢复需要十年""五八、五九、六〇年的损失，全国人口一年不吃饭也退赔不清。""社员吃糠巴巴""生活水平太低了"、"讨饭的就是这两年有了。"彭德怀散布谣言，恶毒攻击三面红旗和社会主义制度，罪责难逃。彭贼还攏络人心，煽动干部群众到公社、县去闹事。要干部"顶住征购"不卖余粮给国家，继续进行反党活动。在"调查"中，彭德怀利用各种机会，自我表白，吹嘘自己，为其反党行为辨护，把他反党、反社会主义、反毛泽东思想的滔天罪行，说成是"我的错误是只要群众有饭吃"是"为了党的事业"是"知无不言，言无不尽"并煽动群众给他"平反"，用心何其毒也！更不能容忍的是，彭贼以各种借口攻击我们伟大的党和我们心中最红最红的红太阳毛主席。说什么"这几年党的威信不高，农村沒有要求入党的""沒有人喊毛主席、共产党万岁了。"攻击我们党"犯了官僚主义""产生了骄傲自满情绪"说刮"五风"主要是中央和毛主席負责。诬蔑毛主席"反别人的右，反过来又影响自己怕右"，并借赫鲁晓夫骂毛主席"沒有民主，压得厉害"。彭德怀恶毒攻击党和毛主席。是可忍，熟不可忍！

一九六二年是国内外阶级斗爭异常尖銳、激烈的一年，是马列主义与修正主义你死我活的大决战的关键的一年。有了经过精心策划所整的大批黑材料，刘少奇自以为条件成熟，复辟的美梦即将实现，便亲自出马，赤膊上阵。在六二年召开的扩大的中央工作会议上（即七千人大会）刘抛出了他苦心经营的所谓"工作报告"。这个"报告"恶毒地攻击三面红旗，全面为右倾机会主义分子翻案，向党、向社会主义，向我们伟大的领袖毛主席发动了总攻。在这次会议上，刘少奇公开出来替彭德怀翻案，叫嚷，"仅仅从彭德怀同志的那封信及信中所说到的一些具体事情，至少还是符合事实的""并不是彭德怀的这封信写错了。""和彭德怀有相同观点的人""可以翻案"。等等。就在这时，为彭贼歌功颂德。为右倾机会主义分子喊冤叫屈的"海瑞骂皇帝""海瑞罢官"等大毒草纷纷出笼。在主子的号令、鼓励和喽啰的锣鼓声中，彭贼又钻了出来，在八届十中全会上抛出了八万字的反攻倒算的宣言书，并说什么他在庐山会议上沒有"搞反党派别活动"，给毛主席的信动机是"拥护总路线、大跃进、人民公社"的，认为他有阴谋篡党是"莫须有的罪名"。紧接着彭德怀反党集团的主要成员张闻天也跳出来写了一封信攻击大跃进，攻击毛主席，大谈大跃进的阴暗面。就这样他们又暗地配合，向毛主席为首的无产阶级司令部发动了猖狂的进攻。

但是，历史的车轮不会倒转，敌人毕竟是敌人，他凶恶，但也是愚蠢的。在我们伟大的领袖毛主席提出的"千万不要忘记阶级斗爭"的伟大号召下，全国人民对这次猖狂反扑给予了

堅決的回击！

虽如此，彭德怀的贼心不死，直到这次无产阶级文化大革命，他还跳出来伸手要兵权，大骂无产阶级革命派，恶毒攻击毛主席，大肆为自己翻案。我们要牢记毛主席的教导："凡是反动的东西，你不打，他就不倒。"奋起毛泽东思想的千钧棒，发扬"痛打落水狗"的革命精神，把历次反党集团的头子彭德怀批深、批透、斗倒，斗臭，让他遺臭万年，变为不齿于人类的狗屎堆。

首都红代会北工红旗 581 部队

一九六七、八

附件一

彭德怀的意見書

主席：

这次庐山会议是重要的。我在西北小组有几次插言，在小组会还没有讲完的一些意见，特写给你作参考。但我这个简单人类似张飞，确有其粗，而无其细。因此，是否有参考价值請斟酌。不妥之处，烦請指示。

甲、一九五八年大跃进的成绩是肯定无疑的。

根据国家计委几个核实后的指标来看，一九五八年较一九五七年工农业总产值增长了百分之四十八点四，其中工业增加了百分之六十六点一，农付业增长了百分之二十五（粮棉增产百分之三十是肯定的），国家財政收入增长了百分之四十三点五，这样增长速度，是世界各国从未有过的。突破了社会主义建设速度的成规，特别是象我国经济基础薄弱，技术设备落后，通过大跃进，基本上证实了多快好省的总路线是正确的。不仅是我国伟大的成就，在社会主义阵营也将长期的起积极作用。

一九五八年的基本建设，现在看来有些项目过急过多了一些，分散了一部分资金，推迟了一部分必成项目，这是一个缺点。基本原因是缺乏经验，对这点体会不深，认识过迟。因此，一九五九年就不仅沒有把步伐放慢一点，加以适当控制，而且续继大跃进，这就使不平衡现象沒有得到及时调整，增加了新的暂时困难，但这些建设，终究是国家建设所需要的，在今后一两年內或者稍许长一点时间，就会逐步收到效益的。现在还有一些缺门和薄弱环节，致使生产不能成套，有些物资缺乏十分必要的储备，使发生了失调现象和出现新的不平衡就难以及时调整，这就是当前困难的所在。因此，在按排明年度（一九六〇年）计划时，更应当放在实事求是和稳妥可靠的基础上，加以认眞考虑。对一九五八年和一九五九年上半年有些基本建设项目实在无法完成的，也必须下最大决心暂时停止，在这方面必须有所舍，才能有所取，否则严重失调现象将要延长，某些方面的被动局面难以摆脫，将妨碍今后四年赶英和超英的跃进速度。国家计委已有了安排，但因各种原因难予決断。

一九五八年农村公社化，是具有伟大意义的，这不仅使我国农民将彻底摆脫穷困，而且是加速建成社会主义走向共产主义的正确途径。虽然在所有制问题上，曾有一段混乱，具体工作出现了一些缺点错误，这当然是严重的现象。但是经过武昌、郑州、上海等一系列会议，基本上已经得到纠正，混乱情况基本上已经过去，已经逐步的走上按劳分配的正常轨道。

在一九五八年大跃进中，解决了失业问题，在我们这样人口众多的、经济落后的国度里，能够迅速得到解决，不是小事，而是大事。

在全民炼钢中，多办了一些小土高炉，浪费了一些资源（物力、财力）和人力，当然是一笔较大損失，但是得到对全国地质作了一次规模巨大的初步普查，培养了不少技术人员，广大干部在这一运动中得到了鍛炼和提高。虽然付出了一笔学费（贴补20余亿）。既在这方面也是有失有得的。

仅从上述几点来看，成绩是伟大的。但也有不少深刻的经验教训，认眞地加以分析，是必要的有益的。

乙、如何总结工作中的经验教训：

这次会议，到会同志都正在探讨去年以来工作中的经验教训，并且提出了不少有益的意见。通过这次讨论，将会使我们党的工作得到极大好处，变某些方面的被动为主动。进一步体会社会主义经济法则，使经常存在着的不平衡现象，得到及时调整，正确的认识“积极平衡”的意义。

据我看，一九五八年大跃进中所出现的一些缺点错误，有一些是难以避免的。如同我们党三十多年来领导历次革命运动一样，在伟大成绩中总是有缺点的，这是一个问题的两个方面。现时我们在建设工作中所面临的突出的矛盾是由于比例失调而引起的各方面的紧张，就其性质看，这种情况的发展已影响到工农之间、城市各阶层之间和农民各阶层之间的关系，因此也是具有政治性的。是关系到我们今后动员广大群众继续实现跃进的关键所在。

过去一个时期工作中所出现的一些缺点错误，原因是多方面的。其客观因素是我们对社会主义建设工作不熟悉，沒有完整的经验。对社会主义有计划按比例发展的规律体会不深，对两条腿走路的方针，沒有贯彻到各方面的实际工作中去。我们在处理经济建设中的问题时，总还沒有象处理炮击金门、平定西藏叛乱等政治问题那样得心应手。另方面，客观形势是我国一穷（还有一部分人吃不饱飯，去年棉布平均每人还只十八尺，可缝一套单衣和两条裤叉）二白的落后状态，人民迫切要求改变现状。其次是国际形势的有利趋势。这些也是促使我们大跃进的重要因素。利用这一有利时机，适应广大人民要求，加速我们的建设工作，尽快改变我们一穷二白的落后面貌，创造更为有利的国际局面，是完全必要和正确的。

过去一个时期，在我们的思想方法和工作作风方面，也暴露出不少值得注意的问题。这主要是：

1．浮夸风气较普遍地滋长起来。去年北戴河会议时，对粮食产量估计过大，造成了一种假象，大家都感到粮食问题已经解决，因此就可以騰出手来大搞工业了。在对发展钢铁的认识上，有严重的片面性，沒有认眞地研究炼钢，轧钢，和碎石设备，煤炭、矿石、炼焦设备，坑木来源，运输能力，劳动力增加，购买力扩大，市場商品如何安排等等。总之，是沒有必要的平衡计划，这些也同样是犯了不够实事求是的毛病。这恐怕是产生一系列问题的起因。浮夸风气，吹遍各地区各部门，一些不可置信的奇绩也见之于报刋，确使党的威信蒙受重大损失，当时从各方面的报告材料看，共产主义大有很快到来之势，使不少同志的脑子发起热来。在粮棉高产，钢铁加番的浪潮中，舖张浪费就随着发展起来，秋收粗糙，不计成本，把穷日子当富日子过。严重的是相当长的一段时间，不容易得到眞实情况，直到武昌会议和今年一月省市委书记会议时，仍然沒有全部弄清形势眞相。产生这种浮夸风气，是有其社会原因的，值得很好的研究。这也与我们有些工作只有任务指示，而缺乏具体措施是有关系的。虽然主席在去年就已经提示全党要把冲天干劲和科学分析结合起来，和两条腿走路的方针，看来是沒有为多数领导同志所领会，我也是不例外的。

2．小资产阶级的狂热性，使我们容易犯左的错误。在一九五八年的大跃进中，我和其他不少同志一样，为大跃进的成绩和群众运动的热情所迷惑，一些左的倾向有了相当程度的发展，总想一步跨进共产主义，抢先思想一度占了上风，把党长期以来所形成的群众路线和实事求是作风置诸脑后了。在思想方法上，往往把战略性的布局和具体措施，长远性的方针和当前步骤，全体与局部、大集体与小集体等关系混淆起来。如主席提出的“少种、高产、多收”、“十五年赶上英国”等等号召，都是属于战略性、长远性的方针，我们则缺乏研究，不注意研究当前具体情况，把工作安排在积极而又稳妥可靠的基础上。有些指标逐级提高，层层加码，把本来需要几年或者十几年才能达到的要求，变成一年或者几个月就要做到的指标。因此就脱离了实际。得不到群众的支持。诸如过早否定等价交换法则，过早提出吃飯不要钱，某些地区认为粮食丰产了，一度取消统销政策，提倡放开肚皮吃飯，以及某些技术不经鉴定就冒然推广，有些经济法则和科学规律轻易被否定等，都是一种左的倾向。在这些同志看来，只要提出政治挂帅，就可以代替一切，忘记了政治挂帅是提高劳动自觉、保证产品数量质量的提高，发揮群众的积极性和创造性，从而加速我们的经济建设。政治挂帅不可能代替经济法则，更不能代替经济工作中的具体措施。政治挂帅与经济工作中的确切有效措施，两者必须并重，不可偏重偏废。纠正这些左的现象，一般要比反掉右倾保守思想还要困难些，这是我们党的历史经验所证明了的。去年下半年，似乎出现了一种空气，注意了反右倾保守思想，而忽略了主观主义的方面。经过去年冬郑州会议以后一系列措施，一些左的现象基本上纠正过来了，这是一个伟大的胜利。这个胜利既教育了全党同志，又沒有损伤同志们的积极性。

现在对国内形势已基本上弄清楚了，特别是经过最近几次会议，党內大多数同志的认识已基本一致。目前的任务，就是全党团结一致，继续努力工作。我觉得，系统地总结一下我们去年下半年以来工作中的成绩和教训，进一步教育全党同志，甚有益处。其目的是要达到明辨是非，提高思想，一般的不去追究个人责任。反之，是不利于团结，不利于事业的。属于对社会主义建设的规律等问题的不熟悉方面，经过去年下半年以来的实践和探讨，有些问题是可以弄清楚的。有些问题再经过一段时间的学习摸索，也是可以学会。属于思想方法和工作作风方面的问题，已经有了这次深刻教训，使我们较易觉醒和体会了。但要彻底克服，还是要经过一番艰苦努力的。正如主席在这次会议中所指出的：“成绩伟大，问题很多，经验丰富，前途光明”。主动在我，全党团结起来艰苦奋斗，继续跃进的条件是存在的。今年明年和今后四年计划必将胜利完成，十五年赶上英国的奋斗目标，在今后四年內可以基本实现，某些重要产品也肯定可以超过英国。这就是我们伟大的战绩和光明的前途。

顺　致

敬　礼！

彭德怀

一九五九年七月十四日

附件二在庐山会議西北小組会議上的发言摘录

七月三日上午

一九五七年整风反右以来，政治上，经济上一连串的胜利，党的威信高了，得意忘形（这句话太重了点），脑子热了点。把这些经验总结一下，不要丢掉了，但不要埋怨。毛主席家乡的那个公社，去年搞的增产数，实际沒那么多，我去了解实际只增产百分之十六。我又问了周小舟同志，他说那个社增产只有百分之十四，国家还给了不少帮助和货款。主席也去过这个社，我曾问主席，你了解怎么样，他说沒有谈这个事，我看他是谈过。

七月四日上午

去年忽视了工作方法六十条中的一切经过试验，吃饭不要钱那么大的事，沒有经过试验。。总之，大胜利后容易热，就是熟悉的经验也容易忘记。

我犯过四次错误；打赣州，百团大战（还沒有作结论）西府战役打宝鸡，朝鲜第五次战役。西府战役打宝鸡，大家都要求打，决定后第二天，出发前下大雨，我有点动摇打电话给廖汉生，他还主张打，最后搞得狼狈不堪，几乎全军复沒。虽然我动摇，不想打，当然还是我负责任，因为我下的命令我签的字。

无产阶级专政以后容易犯官僚主义（当然不是铁托所讲的制度上的问题）因为党的威信提高，群众信任，因此行政命令多。马克思在巴黎公社问题上曾讲，无产阶级专政要防止官僚主义，防止的办法有两条：一是工作人员经过选举，群众有随时罢免之权；二是工资等于最高的技术工人的工资。这次在外国跑了一趟，对这一点体会最深，与人民利益相一致的事情，我们可以做到，如除四害，但与人民利益相违背的事（如砸锅），在一定的时候也可以做到，因为党在群众中的威信高。

要找经验教训，不要埋怨，不要追究责任。人人有责任，人人有一分，包括毛泽东同志在内。

七月六日上午

谈到指标的宣传问题时，他说：裤子要自己脱，不要人家拉，江西现在还讲去年增产百分之六十七，这是脱了外裤，留了衬裤，要脱一次脱光，省得被动。

从北戴河会议以后，搞了个"左"的东西，全民办钢铁这个口号究竟对不对？全民办工业，限额以下搞了一万三千多个，现在怎么办？每个协作区，省要搞个工业系统，不是一、两个计划的事情。

无产阶级与资产阶级合作容易产生右的错误，与资产阶级决裂容易犯左的错误。我们党内总是"左"的难纠正，右的比较好纠正。左的一来，压倒一切，许多人不敢讲话。成績是伟大的，缺点是一个短时间（九至十一月）发生的。而影响不只三个月，换来的经验教训是宝贵的。要把问题搞一致，就团结了。

七月七日上午

人民公社我认为早了些，高级社的优越性刚发挥，还沒有充分发挥，这公社化，而且未经过试验，如果试上一年再搞，就好了。这也不是说等他衰老。居民点上半年才修下，下半年就拆，把战略口号当成当年的行动口号，公社沒一个垮的，但象徐水那样的公社却垮了。

过日子，国家也要注意风景区，人工湖可以慢点搞，浪费很大。好多省都给毛主席修别墅，这总不是毛主席让搞的。

七月八日上午

政治与经济各有不同的规律，因此思想教育不能代替经济工作，毛主席与党中央在中国人民中的威信之高，是全世界找不到的，但滥用这种威信是不行的。去年乱传主席的意见，问题不少。

错误的东西一定要反对，北戴河会议不批判"吃饭不要钱"，结果普遍推广了。

七月九日上午

农村四个月不供油，事实上办不到，这完全是主观主义。我一回国看到这个电报，就打电话提出意见，你们提了意见沒有？（各省同志：中央已有文件，改变了原来的规定）你们抵制过沒有？

什么算暇派，观潮派……等帽子都有了，对于广开言论有影响，有些人不说眞话，摸领导人的心里。

七月十日上午

基层党组织的民主问题要注意，省、地的民主是否沒有问题呢？现在是不管党委的集体领导的决定，而是个人的决定，第一书记决定的算，第二书记决定的就不算，不建立集体威信，只建立个人威信，是很不正常的，是危险的。

解放以来，一连串的胜利，造成群众性的头脑发热，因而向毛主席反映情况只讲可能和有利的因素。在大胜利中，容易看不见、听不进反面的东西。

（注：这是彭德怀在西北小组会上发言记录的摘录，不是全部发言，其中有些话，只记了大意，但经过几次校对——庐山会议记录组。）

附件三：彭德怀在党的八届八中全会上的发言（摘录）

△我首先检讨历史上犯过的几次路线错误：

在第二次国內革命战争时期，由于我们对以毛泽东同志为代表的正确的政治路线和军事路线不理解，不理解中国革命战爭就是共产党领导下的农民战爭，特别是不理解建立农村革命根据地，以农村包围城市，最后夺取城市的战略思想，加上我从旧军队带来了浓厚的单纯的军事观点，认为军队作战主要是攻打城市。这就显然沒有了解中国革命战爭的长期性和人民战爭的特点，也沒有了解中国个体农业经济和手工业经济相结合的潜在力，因此也就不能了解在共产党领导下，经过长期游击战爭是可以逐步壮大革命军队，取得最后胜利。也就是不能认眞的依靠人民群众。因此就很容易的接受了当时“左”倾机会主义的错误路线。

立三路线时期，我执行了错误的立三路线。原来红五军军委在毛泽东同志建立农村根据地思想的影响下，曾在一九二九年冬向中央提出过在幕阜山区（卽湘鄂赣边区）开辟根据地的建议，但是受到了当时中央的批评，不仅沒有完全实现，而且轻易地抛弃了正确路线，毫无抵抗的接受了错误路线。又看到军阀混战，敌人后方空虛，给攻打城市提供了便利条件。这样三军团前委就决定先攻占鄂南数县和湖南的临湘、岳阳等城。后来又在粉碎何健部队对平江的进攻以后，在追击中攻占长沙。这次战斗在军事上虽然是个胜利，但是在政治上是个错误的，不仅沒有利用有利时机扩大和巩固苏区，而且过早暴露了红军的力量，引起军阀对红军的极大注意，促成军阀战爭的停止，并加紧对红军的进攻，一、三军团汇合成一方面军以后，在袁州会议上，三军团仍坚持要打南昌。我这时沒有坚决支持毛泽东同志提出的不打南昌的正确主张。这次爭执，几乎造成一、三军团的分裂。在这件事情上我当时不顾一、三军团的分裂，但对打南昌也抱有怀疑，对三军团內部团结也有顾虑，又沒有理由说服别人，这种矛盾的心里状态，在当时就表现摇摆不定。在一军团打下吉安以后，在毛泽东同志为首的总前委领导下，三军团渡过赣江，避免了一、三军团的分裂。在第一次王明路线时期，我执行了攻打赣州的错误决定，结果伤亡很大，攻城未克，又丧失了发动群众，扩大红军，准备粉碎敌人新进攻的有利时机。这不仅是战役战术上的错误，也是路线错误。赣州战役后不久，毛泽东同志在汉口会议上，提出了向赣东北发展的正确主张，我对这个方针仍然不理解，表示反对，同意了中央局一些同志错误的意见、特别错误的是同毛泽东同志爭吵态度很不好。并从此种下了对毛泽东同志极端错误的个人成见。

抗日战爭时期，同样由于我对毛泽东同志提出的抗日战爭的战略问题理解的很迟。抗日开始后，我对国民党军队的力量和进步性估计过高沒有眞正理解只有发动群众，才是抗战胜利的基本保证，对毛泽东同志在洛川会议上提出了正确路线和纲领发生抵触，贯彻不力。首先表现在一九三七年十月军分会的决议上，提出了与“基本的游击战，但不放松有利条件下的运动战”相违背的错误的作战方针，其次当王明的错误路线的纲领提出时，我又接受了这个错误纲领，并在一九三八年春，在临汾作了传达。在这种右倾机会主义思想影响下，民族义愤模糊了阶级立場，这就不可能眞正认识到发动群众的重要性，太行地区的群众运动，在一段相当长的时期內就作得不好，从反右到反“左”，三起三落，其中我是应当负主要责任的。但我并沒有接受这一教训。一九四〇年的百团大战，在组织上说来未請中央批准，擅自决定是严重的无组织无纪律行为，在政治上也是错误的。过早地暴露了自己的力量，把日本军队主力从正面战場吸引过来，有利于国民党，而给敌后抗日根据地带来了严重的困难。这很显然是民族义愤，模糊了阶级立場。在新民主主义论出版后，我沒有认眞组织讨论，而且错误的宣传了法国卢梭的全民政治——自由、平等、博爱，也就是模糊了阶级观点，混乱思想战线的又一表现。

现在，检查我这次所犯的右倾机会主义错误

我在庐山会议的小组会上，特别在七月十四日写给毛泽东同志的信上，发表了一系列右倾机会主义的谬论。向党的鼓足干劲，力爭上游，多、快、好、省地建设社会主义总路线进行了攻击。同时打击了广大群众和干部的积极性，損害党中央和毛泽东同志的威信，现在我了解这是一种罪恶。七月十四日的这封信，实际上是反对总路线反对党中央和毛泽东同志的。

同志们已经对这封信的右倾机会主义观点，进行了彻底的揭发和批判。我认为是非常正确和必要的。因为这些右倾观点不仅我个人有，在党內还有一部分人也有。另外有一些人，则表现认识模糊经过这場严肃的思想斗爭将会使这些人头脑清醒过来，右倾情绪和右倾错误将会得到更快地纠正，这对于社会主义建设事业的继续跃进，是有利的。

我的右倾观点，主要表现在：把党所领导的广大群众建设社会主义的高度热情，说成是“小资产阶级的狂热性。”从资产阶级的立場出发，对轰轰烈烈的建设社会主义的群众运动，大泼冷水，横加指责，伤害群众和干部的革命干劲和建设热情。把已经纠正和正在纠正的缺点，片面扩大，说成是“左”的倾向，政治性的错误，把个别的、局部的缺点，夸大为一般的、普遍的缺点。把九千万大炼钢铁的巨大意义，说成是“有失有得”。人民公社化运动本来是适应我国工农业大跃进而出发的，是人民群众的自发性的运动。北戴河会议经毛泽东同志提出，作出决定加以推广，为全国人民欢欣鼓舞地接受和拥护。我却抱着消极的看法，认为搞早了一些。把由于比例失调而造成局部的暂时的紧张，并且这种紧张已在逐渐缓和，说成是引起了阶级关系紧张，等等。更错误的是采用了含沙射影的手法，攻击毛泽东同志，損害毛泽东同志的崇高威信，引起党內的思想混乱，破坏党的团结。

这次攻击，正是在党处于內外夹攻的情况下发起的，这就增加了严重的危害性。如果这些谬论传播出去，将成为敌人打击我党的有力武器，将助长那些反对总路线的人们的气焰，将使那些本来不坚定的人，更加动摇，对广大干部和群众来说，将起到极坏的泄气作用。这些结果汇合起来，就会取消鼓足干劲，力爭上游，多快好省地建设社会主义的总路线，使我国的社会主义建设事业处于冷冷清清，少慢差费的局面。从这些分析来看，我的右倾机会主义的言论，是从资产阶级立場出发，反对无产阶级事业的，我事实上成为资产阶级在党內的代理人。

这次错误的严重性，还因为它不是我一个人的偶然错误，而是一种有准备，有组织的行动，毛泽东同志所指出的“军事俱乐部”就是发动这次进攻的“司令部”。具体事实就表现在我和张闻天、黄克诚、周小舟等同志的关系上。

现在我来简单交待一下我和张闻天、黄克诚、周小舟等同志的关系：

张闻天同志在北京有时来我处，次数不太多。这次我出国回北京后一两天，他到我家来我谈了东欧各国的情况。他向我谈了毛泽东同志四月二十九日的“党内通讯”说：这封信起了好作用，但是也树立个人作风。我当时不仅沒有表示不同意见，而且也有相同的看法，这次来庐山后，住地相邻，来往较多，谈问题也比较多了，谈了对小土高炉的看法，他说是得不偿失，损失很大。还谈了一千三百万吨钢，三亿四千万吨煤难以完成计划。也谈了他七月二十一发言中的某些观点。他谈到庐山会议压力大，只能讲好，不能讲坏。政治局会议只是一些大的报告会，沒有集体讨论，我对此不仅表示同感也交谈了一些紧张情况，特别谈到甘肃情况出人意外。他提到毛泽东同志很英明，整人也很厉害（大概是指反教条主义）与斯大林晚年一样。我当时抱同情态度，并向他说毛泽东同志对中国历史比党內任何同志都熟悉，历代的王朝第一个皇帝总是厉害的英明的。我七月十四日的信写出草稿后，张闻天同志恰巧来了，我念给他听，他未听完就走了。张七月二十一日发言，我事先不知道，那天晚饭后在门前散步碰到了，他说讲了三个小时，我说“讲了些什么，看一下你的发言。”当天晚上他秘书送来提纲，我要参谋念了一遍，第二天早上他来时带走了。毛泽东同志二十三日讲话后，又见过一次，彼此心情都很紧张，他说不能讨论了，我说讨论一下弄清一些模糊思想也好。沒有谈什么其他问题。

从上述情况来看，我和张闻天同志都存在着右倾思想并且事先也有过交谈。而且由于我两人都对毛泽东同志心怀成见和不满，这就促成我们一起向党发起了攻击。虽然这种攻击沒有什么具体计划，但是两人心心相印，互相配合，确是很明显的。

我和黄克诚同志相处很久，工作上接触很多。上海会议后，回到北京时，我向他谈了毛泽东同志在会上主要批评了我，还向他说了毛泽东同志讲的挂帅问题，我认为应从一九四二年整风运动算起，不是从现在才挂帅。我说，不知道党委同志们怎么看法？当时黄就向我提出不要到处乱讲，从现在看来，由于我对毛泽东同志有成见，怀疑毛泽东同志推卸责任，曲解了毛泽东同志的意见。这次从国外回来，我向黄谈了东欧各国一般情况和在毛泽东同志那里所谈相同，黄向我谈了国內情况，提到有些地区严重，特别是甘肃情况严重。他在谈这些问题时也表现有火气，人民公社搞早了一些观点。另有一次谈到庐山会议。我要黄来，我因出国回来疲劳想休息，他不来，我只好去，我七月十四日写给毛泽东同志的信，黄事先完全不知道，……我们的右倾观点相同，过去交谈中相互有影响，因此两人都发表了反对大跃进和人民公社的谬论，这绝不是偶然的。我不愿当国防部长和主持军委日常工作问题，对他谈过多次他认为我提出这些问题不对，而且中央已做决定不要再提。

联系地点：北京工业学院主楼322房间

电　　话：89.0321转296（或502）

罗瑞卿罪行录

（楊成武同志揭发材料摘录）

天津一业中印制

一九六七、八、

坚决捍卫伟大的毛泽东思想，彻底粉碎罗瑞卿篡军反党的阴谋！

杨成武

罗瑞卿的错误，不是一般性质的错误，不是偶然性质的错误。不是个别问题的错误，不是局部性质的错误，而是路线错误，是反党、反社会主义、反毛泽东思想，阴谋篡军、阴谋搞颠复的严重罪行。他妄想用资产阶级世界观来改造我们军队。他企图通过各种阴谋手法达到篡军反党目的。我们和他的斗争，是党内军内一场尖锐的阶级斗争，是两条路线的斗争，是革命不革命的斗争，是一场大是大非的斗争。

罗瑞卿擅自决定大比武，反对突出政治，反对毛泽东思想，反对毛主席的军事路线，推行资产阶级的军事路线的错误，很多同志已进行了系统的揭发和批判。大量确凿的证据，事实俱在，铁证如山，罗瑞卿不管如何狡辩，也是抵赖不了的。

罗瑞卿不但在政治上犯了路线错误，而且在组织纪律方面也犯有严重错误。最严重的是他向党伸手，进行篡军反党活动。多年来，他目无组织，锋芒毕露，横行霸道，个人独断。他不尊重毛主席、党中央、军委和军委常委同志，对于毛主席、党中央、军委和林彪同志所提出的许多方针政策和重要指示，不是阳奉阴违，任意歪曲，就是公开唱反调，拒不执行。许多重大问题不请示，不报告，不传达，擅自决定，一意孤行，对上对下实行封锁，一手遮天，为所欲为。特别阴险恶毒的是，他公然反对伟大的毛泽东思想，诬蔑仇视我们敬爱的领袖毛主席。他千方百计地反对林彪同志，排挤林彪同志，向党伸手，逼迫林彪同志让贤，让权。至于他工作上极不负责任，作风上横行霸道，压制民主，愚弄群众，指手划脚，欺侮人等等，就更不待言了。大量事实说明，罗瑞卿是一个根本没有无产阶级感情的人，是一个根本没有党性的人，是一个野心家，阴谋家，伪君子，是我们党内军内的极端危险分子。

凡是有野心的人，都是不老实的人，都是要进行投机活动，搞两面手法的人，都必然向党闹独立性，必然向党伸手，这是一个历史规律。罗瑞卿当然也不例外。

现在，对罗瑞卿在组织上的滔天罪行和伸手夺权等问题分述如下。

第　部份

私自改变毛主席、党中央、军委关于东南沿海对敌斗争的方针

关于东南沿海对敌斗争，多年以来，毛主席、党中央、军委反复的教导我们说，台湾海峡的斗争，不单是对蒋匪的斗争，主要是对美帝的斗争，不单是军事问题，主要是政治问题，它是个包括政治、外交、军事、经济和宣传的错综复杂的斗争，因此，对蒋匪采取的一切作战行动，都必须从政治上、战略上加以全面的考虑，由党中央根据[illegible]，[illegible]未经党中央批准，任何人不得自[illegible]

妄动。就是党中央、军委批准的计划，在执行的过程中，也要事前请示，事后报告。林彪同志说："打第一枪、第一炮、一个班、一个排的第一次动作，不是小问题，都是战略问题，只有最高统帅才能下决心。因为这个问题同对外斗争紧密联系在一起，同各国的政治态度联系在一起，政治统帅军事。"这些精神，在军委多次颁布的海边防守则中有明文规定。罗瑞卿不是不知道，不懂的，相反的他还常常以此为理由批评过许多人，可见他对待这些问题是非常清楚的，但他自己却违背毛主席、党中央、军委的这些规定。一九六×年×月他对福州军区付参谋长向到飞同志讲，今后海上作战，军区可以根据情况，积极主动的打击敌人，"为了不失战机，可以边打边报告"。罗的这些作法，不仅完全违背了毛主席、党中央、军委规定的方针政策，而且是个人私自布置的，总参有关付总长和有关业务部门，对这件事毫无所闻。党中央、军委领导同志，也没有人知道，直到福州军区请示如何执行罗瑞卿这个指示时才知道。党中央、军委认为罗瑞卿的这一作法，是非常错误的，非常危险的，以后军委纠正了这个错误。

第二，在民兵工作三落实问题上和毛主席唱反调

毛主席自一九六二年六月以来，对民兵工作三落实作过四次重要指示。一九六二年六月曾两次指示说："民兵工作要作到组织落实、政治落实、军事落实。民兵组织一定要搞好，班、排、连、营编组好，要有强的干部。"一九六四年六月又进一步指示说："民兵工作首先要搞组织落实，要把民兵好好查一下，一个组织，一个政治，一个军事。"六五年四月更进一步明确指示说："搞四清，要把民兵搞好。首先是组织落实，有没有队长、班长、组织起来没有？首先是有没有？然后讲政治。民兵一是组织落实，二是政治落实，三是军事落实。"

罗瑞卿对毛主席的指示，公开唱反调。他在一九六四年九月军委办公会议第七次扩大会议上说："民兵三落实，首先是政治落实，在政治落实的基础上再做到组织和军事落实。"一九六四年十月在民兵政治工作会议上，他又进一步说："民兵三落实，首先是政治思想落实，组织和军事才能落实。"如果政治上搞不好、思想上搞不好，那组织不落实还好一点，越落实，越被坏人夺去了领导权，或者被坏干部掌握住了，那个越落实就越干坏事。所以还是政治第一，要把关系搞清楚。"

罗瑞卿这些做法，不仅篡改了毛主席关于民兵三落实的指示，而且是公开的"教训"起主席来了。指责毛主席把民兵三落实的关系没有搞清楚，这是何等狂妄。

第三，不执行毛主席关于建立地方武装的指示

毛主席早在一九六〇年就明确指示，要从主力军中抽出若干个师给沿海各省，作为地方武装的骨干。毛主席这个指示是一个重大的战略决策，是恢复我军传统体制，即主力军，地方军，民兵游击队相结合的体制的大问题，是贯彻人民战争的大问题，也是使主力军能更好机动的问题，罗瑞卿对这一指示，即不传达也不布置执行，竟然拖了近五年之久，总参有关付总长和业务部门谁都不知道，直到一九六四年六、七月，毛主席又连续两次在会议上提出这一问题，并且指定要从正规部队中拨出××个师，给沿海各省，同时对罗进行严厉批评之后，罗才被迫布置，但是他是怎么布置执行的呢？在一九六四年九月

军委办公会议第七次扩大会议上，他一方面推卸责任说，主席在九年前就讲了，就是没有落实，这是我们这些人的责任，当然我们也放松过，就是优柔寡断，议而不决，决而不行。另一方面，他又告诉大家，毛主席的指示还可以打折扣，他说："究竟抽调完整的建制师，还是抽调一部份建制部队补充一部份新兵，或者是补充新民兵和现成的地方武装合併组建，还可以研究。"罗瑞卿的这种作法和毛主席的指示精神是不相符合的，对毛主席的指示可以拖不执行，可以马马虎虎，仅从军事纪律来说也是决对不能允许的。

第四．不准传达总理和军委常委关于检查昆明军区作战问题的指示（略）

第五　不尊重军委和军委常委各同志

一九六〇年二月广州军委扩大会议，和一九六二年一月中央七千人大会时，林彪同志代表军委曾经多次明确提出：新军委实行集体领导下分工负责的原则，宣布军委常委各同志的分工并说："新的军委会组织了常委，重大问题集体讨论。"但是罗瑞卿不仅不尊重军委和军委常委各同志的领导，还经常借题发挥，讽刺挖苦。

《　》许多重大的军事的行动和作战计划，不向军委常委请示报告。如一九××年拟制的××地区作战计划，和一九六五年九，十月在中印边境的两次军事自卫行动，罗瑞卿均未向军委常委请示报告。罗瑞卿极力分辩说，军委常委的同志，外出的外出，开不成会，但是这种分辩是无用的。处理这几件事时，恰好军委常委的多数同志都在北京。退一步说，即使军委常委的同志不在北京，也应在电话上或者派人，或者亲自去请示报告。用这样的话作为不向军委常委请示报告的理由，是根本站不住脚的，也许罗瑞卿还会狡辩说，这些事都报告中央了，军委常委可以不必开会研究，同时当时无法个别向军委常委同志请示报告，但这种辩解也是无用的，那时罗瑞卿既然有时间去跳舞，钓鱼，看戏，看电影，接见文工团等等，难道向军委常委全老汇报一声就没时间？都没有可能，都没有必要？退后一步说，即使事前来不及请示报告，事后也应该报告吗？可是有些事，事后也没有报告

《二》有时军委常委开了会，作了决定，但一不合罗瑞卿的意，他就发脾气，顶回去，例如××年×月，军委常委开了会，讨论了中印边界斗争和军工生产两大问题，常委同志要作战部向罗瑞卿报告一下常委的意见，请他考虑决定。罗瑞卿听了以后就大发雷霆，当着很多人的面，连声说："不要迷失战略方向""请问什么地方影响了军工生产"这显然是公开对抗军委常委。

《三》罗瑞卿对军委常委各同志是很不尊重的，经常借题发挥，讽刺挖苦。当然，他对军委常委各个老总不尊重的程度和表现方式是有区别的，但不尊重是共同的。例如：××年×月×日，罗瑞卿在国防工业会议上说："军代表制度是不相信党不相信群众的表现，是违反毛泽东思想的。"聂荣臻同志知道这件事后，曾于七月七日当面告诉他："此制度的改变应该慎重考虑。"七月八日林彪同志也曾两次指示，他完全同意聂荣臻同志的意见，军代表制度在未清楚情况以前应该暂时不动。然而×年×月×日，罗瑞卿在全国科技交流与保密工作会议等

备会上，却气势凶凶的说："有人说取消军代表制度是彭、黄思想我就要冒这个风险。"

××年×月，军委××会议结束后，作战部起草以军委的名义向毛主席、党中央的综合报告稿中，曾提到林彪同志根据毛主席关于战略问题的指示精神，在会议期间所作的许多重要指示，对大家正确理解毛主席指示的精神统一思想，统一认识，启发很大，教育很深。这个报告草稿送罗瑞卿审查时，他要秘书邓丁同志告诉作战部说："是军委向毛主席、中央的报告，写这么多林付主席，不好，你们再考虑考虑。"作战部在接到这个电话后，经过反复研究认为还是应该写上。並认为，林彪同志再次强调突出政治和反复提醒大家一定要有大打备队思想，这两个问题必须具体写上。作战部写好后又送罗瑞卿审阅，他却把"林彪同志"改为"我们"。稿退后作战部认为"我们"两字不太准确，因为一定要突出政治和一定要有大打备队思想，这些观点本来就是林彪同志在这次会议上强调提出的，而且有鲜明的针对性，为什么不能写呢？

××年×月，罗瑞卿在国防工业会议上攻击国防科委说："我对国防科学技术工作想起了一付对联，从资料到资料，从设计到设计，横额是一事无成。"並且说，这横额是他儿子替他想的。实际上这也是对×××同志的恶毒攻击。

一九六四年十二月，罗瑞卿在讨论他在人代会上的发言稿时，当着很多人说："×××的工作，主席不大满意，当然有些也是满意的。""×××是老犯教条主义错误的人。""×××作过一些好事，既在过草地时反对过张国焘要红军打红军的主张。"言外之意是×××同志除了这件事以外，再没有办过好事了。

第六　封锁

罗瑞卿对军委甚至对党中央、特别是对林彪同志，是实行封锁政策的。林彪同志由于罗瑞卿长期进行封锁，从一九六一年起，曾对他多次进行批评教育，希望他通气，希望他改正错误，但他仍然不改，许多重大问题自己不报告请示，也害怕和不准别人去报告，去请示，例如：

《一》一九六五年四月，林彪同志对于干部工作作了明确指示，说今后军级以上干部和总部各部部长的任免，要先请示报告军委常委各同志，然后再上报党中央审批。根据林彪同志的指示，向罗瑞卿和军委办公会议及总参，总政作了传达。但罗瑞卿对林彪同志的指示置若罔闻。一九六五年五月，全军中将以上干部的定级，罗瑞卿未请示报告林彪同志和军委常委，即擅自决定用军委的名义上报中央书记处，等到中央书记处批了以后，才送给林彪同志传阅。事后，罗瑞卿还说，干部定级的报告，是一个技术性问题，不是政治问题，不是原则问题，用不着一个一个请示，罗瑞卿的这种辩解是根本站不住脚的，因为：(1)毛主席早就说过"政治路线确定之后，干部就是决定的因素。""领导者的责任，归结起来，主要的是出主意，用干部两件事，"(2)这些干部都是军队的高级负责干部，须要慎重考虑。(3)林彪同志刚刚打了招呼，罗瑞卿这样做是明知故犯的。(4)罗瑞卿事后说的这些话，也是违反组织纪律的。

《二》一九六五年一月，中央工作会议以后，在谈到通气问题时，罗竟然向林彪同志说："问题是在于作得对不对，不在于请示不请示。"这是何等狂妄的态度，是他坚持封锁、毫无组织纪律观念的自供。

《三》罗瑞卿经常以照顾林彪同志和军委常委各位同志身体为名，不准别人去请示工作和汇报情况，谁若去请示工作和汇报情况，他就训斥、攻击。例如一九六五年九月，林彪同志由××去××之前，在北京住了三天，罗瑞卿主动向×××同志打招呼说："林总今天已到北京，身体不好，叶群同志在电话上和我说：林总什么人也不见。"并说："我不去看林总了，你们也不要去。"

《四》一九六五年四月十三日半夜。即我国第二颗原子弹爆炸的前夜，杨成武同志看到最后决定原子弹爆炸的时间的文件后，将这一文件亲手签封，交作战部的参谋送罗瑞卿的宿舍，罗的[illegible]

很不高兴地对作战部的参谋说："不是讲过了吗？军委传阅文件我负责。总参范围传阅的文件由他（杨武成同志）负责，他管总参内部文件就行了，又搞无效劳动。足见罗瑞卿垄断和封锁到了何等程度，这里还要说明的是，罗瑞卿在原子弹暴炸的问题上捞了不少资本，但实际上他对原子弹爆炸的事是很不负责的。第 颗原子弹暴炸时他在济南看大比武。第二颗原子弹暴炸时，总理等领导同志，昼夜值班，他却照样睡他的大觉。

《五》一九六五年十一月二十八日，罗瑞卿去林彪同志处，总理托他向林彪同志传达几个重要问题，他根本没有转达，林彪同志问他现在毛主席在什么地方？罗瑞卿说："我不知道，只知道主席坐火车到很远很远的地方去了。实际上他是刚刚送毛主席到××去的。

《六》罗瑞卿身为中央书记处书记，军委秘书长，总参谋长，但他向来没有正式地系统地向干部传达中央会议的精神，和毛主席、党中央的指示，有时他虽然也传达一点，但很少原原本本地讲述，而且常常同他个人的话搅在一起，使大家搞不清究竟哪些是毛主席、党中央的指示，哪些是他个人的东西。

真幼稚，不说谎能当官？

第七　散谎、造谣、挑拨、抵赖

罗瑞卿是一个最喜欢最善于散谎、造谣、挑拨、抵赖的人，他已散谎成性，而且情节极为恶劣。例如：

《一》六四年十二月，罗瑞卿在修改他个人、在人代会的发言稿时，当着很多人说："汪东兴同志说，主席讲四个第一中人的因素第一这句话缺乏阶级分析、人有好人，坏人；有这个阶级的人，有那个阶级的人。"我们长时间对这种说法迷惑不解，因为决定战争胜负的因素是人，不是物，这是毛主席一贯的军事思想，林彪同志所说的人的因素第 ，就人和武器的关系来说的是就政治思想工作来说的。根本不涉及人的阶级关系问题，而且据我们所知，毛主席对林彪同志四个第 的提法，是评价很高的。例如：一九六三年十二月十六日，毛主席写给林彪、聂荣臻，肖华诸同志的信中说：解放军的思想政治工作和军事工作，经林彪同志提出四个第一、三八作风之后，比较过去有了一个很大的发展，更具体化了，更理论化了，因而更便于工业部门采用学习。”六五年二月十二日，毛主席在接见海军干部工作会议，〔解放军报〕编辑，记者会议和第三批战士演出队时，又明确的指示说：“四个第一好，这是一个创造，谁说我们中国人没有发明创造？四个第一就是个创造，这是个发现。”但是我们过去都没想到罗瑞卿竟敢假借毛主席的名义，也不便去查对，最近查对了一下，证明罗瑞卿说的这些话完全是假的。毛主席根本没讲这些话，可见罗瑞卿借假毛主席的名义，来贬低四个第一的伟大意义，又打击林彪同志，并妄图以此来挑拨毛主席和林彪同志的关系，这是个大阴谋。

《二》罗瑞卿担任公安部长时，有一次对罗荣桓同志说：“主席横渡长江，我组织人作保卫工作，主席大发脾气，把我骂了一顿，说：“我再也不愿见到你罗瑞卿。”罗说时还表现出很“难过”的样子。显然，这是在罗荣桓同志面前，造毛主席的谣。散布对毛主席的不满。

《三》罗瑞卿一九五六年曾到林彪同志处说：“毛主席不信任他、因横渡长江和派警卫车等问题毛主席批评了他，因此他想到上海当市长、早点离开毛主席。林彪同志当即严厉批评了他。以后国庆天安门主席未要他陪同，到××开会毛主席未让他一道坐飞机去。罗瑞卿又说毛主席不信任他，要整他，可见他对毛主席的怀恨不满是由来已久的。他和林彪同志谈这些事，也是无组织无纪律的行为，据说他对罗荣桓同志也说过这事。

《四》六五年十月二十二日，在军委办公会议第九次扩大会议上，罗瑞卿谈到“解放军报”办的不错时，别有用心的说：“毛主席不喜欢看“人民日报”蒋介石也从来不看“中央日报”显然，他把毛主席和蒋介石相提並论，是对毛主席的恶意诽谤。

《五》一九五九年庐山会议后，毛主席党中央曾规定罗瑞卿、肖华、杨成武三同志不能同时外出，至少要留一人在北京。但是去年肖华同志和杨成武同志都病了在外地休养，只有罗瑞卿一人在北京，而且在中印边界局势非常紧张的时候，罗瑞卿跑了出去，先到广东，以后又到广西，云南，按照他原订的计划，还要在昆明住一个时期，以后再到四川去，他对周总理和林彪同志都只说到广东，如有可能再到广西去 下，根本没有提到过云南和四川的事，这不仅是一种严重的无组织、无纪律行为，不执行毛主席党中央的规定、也骗了周总理和林彪同志。

《六》罗瑞卿多次造谣污蔑林彪同志，挑拨林彪同志和其他领导同志的关系，例如他先后向杨成武同志说，罗荣桓同志病危的时候，想见一下林彪同志，但林彪同志托病不见，等到罗荣桓同志逝世后，林彪同志又去向死人鞠躬，去送葬、这是补过 也是给别人看的。这是彻头彻尾的造谣和挑拨。

《七》六五年五月，邱创成、方强等同志调到工业部工作时，罗瑞卿 方面告诉总政干部部门研究他们的转业问题，一方面又在军委办公会议第250次会议讨论，总政根据他的指示所写的报告时说："这些人的转业问题，按着林付主席的指示办，愿转的就转，不愿转的可以不转。"实际上林彪同志根本不知道这回事。

第八　　伸手

罗瑞卿为了达到篡党篡军反党的目的，已公开向党伸手，这可从以下几个方面的材料中清々楚々的看出来。

《一》一九六四年国庆节后，罗瑞卿到林彪同志处，在谈到干部问题时公开要林彪同志交位"让贤"，他借题发挥，声色俱厉地说。"病号嘛！就是养病、还管什么事，病号，让贤、不要干扰"他走出屋子后，还在走廊里说"不要挡路"。

《二》××同志说，一九六五年一月十七日、八日即人代会后，罗瑞卿到上海，对×××同志说："没想到这个人（指林彪同志）东山再起了，可见林彪同志任第一付总理兼国防部部长，他是很不高兴的，也是出呼他意料之外的，这时罗瑞卿知道再继续逼林彪同志"让贤"、不行了，就 了上改变手法 故意向×××同志说"我这次以定了，跟定了、今后弹打不飞，棒打不走，我罗瑞卿死了烧成灰，都忠实于林总。"并托×××同志把这些话报告了林彪同志。二月二十二日，罗瑞卿又到上海，先和×××同志谈了半天，第二天上午去见林彪同志，表示他今后更相信林彪同志的领导，更拥护林彪同志的领导，跟定了林彪同志。林彪同志表示，应该跟毛主席、党中央，我一贯拥护毛主席、党中央，对自己有信心。我万一犯了错误，你可以走开，不但是你，就连我的妻子儿女也一样要他们走开，因为多一个革命的，总比少一个革命的好，如果我们没有工作关系，一百年不来也没有关系，你是总参谋长，我既然担任国防部长，一点情况不了解怎么办，耽误了工作我要负责的。"并要他改变以前的一些想法好好工作，林彪同志还批评罗瑞卿，不应和×××同志去谈那些不应该谈的话，罗瑞卿通过×××同志和自己亲自向林彪同志讲的这些话，完全是为了骗取林彪同志的信任，以便为通过×××同志劝林彪同志让权创造条件。这完全是权术，罗瑞卿二月二十三日上午讲了更加相信更加拥护林彪同志的话，下午坐飞机一到广州，就又对林彪同志大造谣言了，如在林彪同志和罗荣桓同志的关系问题上，对林彪同志进行造谣污蔑，都是罗瑞卿到广州后说的。

《三》一九六五年二月十四、五日，罗瑞卿要×××同志向叶群同志讲了四条意见，希望他劝林彪同志接受。这四条是：1 一个人早晚要退出政治舞台，不以个人的意志为转移，不出也要出、林总将来也要退出政治舞台的。2.要好好保护林总的身体，这一点就靠你们了。3 今后林总再不要多管军队的事了，由他们去管好了，军队什么都有了，主要是落实问题，不要再去管了。4 一切交给罗去管，对他多尊重，放手让他管。×××同志并对叶群同志讲，罗总长说只要你办好了这件事，罗总长决不会亏待你的。叶群同志当即对×××同志说"这样大的问题，你和我讲是不合适的，你要说，请你直接和林彪同志说好了。"叶群同志回家后，立即把×××同志说的四条意见，报告了林彪同志，二月十九日，×××同志到林彪同志处，亲自向林彪同志又说了上述四条意见的大意。要林彪同志多尊重罗，要相信罗 军队的事情放手要罗去管。林彪同志严厉地批评了×××同志，並向×××同志说明了一九六一年以来罗瑞卿的思想情况和恶劣倾向，以及几年来对罗进行批评的过程。×××同志表示他过去受了罗瑞卿的骗，上了罗的当，並说："罗是没有改造的地主阶级，我是贫农的儿子，我太单纯了。"这次谈话长达三个小时左右，过了几天，×××同志又把叶群同志找了去，边哭边说："我上了罗瑞卿的当，被他玩国了。前几天我讲的那些意见统统收回，我错了。"叶群同志回家后，又把×××同志的这些意见报告了林彪。

《四》一九六五年四月十九日，杨成武同志到上海去看×××同志病的时候，×××同志已几天不吃饭了，脾气特别大，我劝他好好休养，×××同志脾气很大的说："姓罗的是什么东西？什么家伙！我上了他的当，我什么都给林总讲了。我再不上他的当了。"杨成武同志当时还劝×××同志说，你不要急躁，希望你好好养病，把病养好。×××同志的脾气特别大。

《五》利用中央常委接见軍委××会议人员的机会，给中央常委、特别是给林彪同志出难题。一九六五年五月××下午，中央常委在人民大会堂接见了参加軍委××会议的全体同志。在接见之前，罗瑞卿曾布置各小组选出代表和他一块向中央常委提意见。在接见中，罗瑞卿代头提出要求大量增加部队定额和合併軍区的意见。这些问题，罗瑞卿事前并未报告林彪同志和軍委常委其他同志，完全是"突然袭击"。他发言后，就要各軍区的同志发言，妄图造成 种声势，逼着中央常委马上表态。罗瑞卿的这一恶劣做法，当即受到林彪同志和中央常委其他同志的严厉批评，本来，罗瑞卿提出的合并軍区、把兵种领导机关变成总参谋部业务部门和大量增加部队定额的意见，林彪同志多年来是一直不赞成的，並且向毛主席作了汇报，毛主席完全同意林彪同志的意见，这一情况罗瑞卿非常清楚，但他不仅不坚决贯彻执行，向各軍区加强軍委××会议的同志作解释说服，反而有计划地，别有用心地向中央常委和林彪同志出难题。如果中央常委同意了他的意见，他就在各军区同志面前，显示他的功劳，又达到打击林彪同志的目的。如果中央常委不同意他的意见，他就可以挑起各军区对党中央和林彪同志的不满。这是一个阴谋。也许罗瑞卿会辩解说，我是利用中央常委接见的机会向党中央请示吗？但这是无用的。1：你既然知道主席和林彪同志不同意这些意见，为什么还要在大庭广众之中去提？2：你即使要提，为什么不先向林彪同志和中央常委请示，得到同意以后再提？3：你即使请示中央常委，为什么要采取这种方法？

第九 反对学习毛主席著作，极力贬低毛泽东思想的伟大意义

毛主席是我们的伟大领袖，是当代国际共产主义运动的伟大领袖，是活的马克思、列宁、他不仅创造性的继承了马克思列宁主义，而且大大的发展了马克思列宁主义，把马克思列宁主义推进到新的高峰、毛泽东思想 就是当代最高最活的马克思列宁主义，中国要兴旺，要靠毛泽东思想。世界革命要胜利，也要靠毛泽东思想，这是全党、全国人民和世界革命人民公认的真理，对毛泽东思想采取什么态度、是真革命或假革命、革命和反革命，是真共产党员和假共产党员的试金石，是衡量共产党员党性的首要标志。我们对国际革命运动，最重要最有效的援助是支援毛泽东思想，而不是武器、弹药，物资和金钱。我们每一个革命者，共产党人、对于伟大的毛泽东思想，都应该热爱他，坚信他，依靠他，学习他，宣传他，保卫他。但是罗瑞卿却相反他反对学习和宣传毛主席著作、极力贬低毛泽东思想的伟大意义，例如：他不同意把毛主席的书当作我们全军各项工作的最高指示。一九六五年十一月，林彪同志提出关于突出政治的五项原则后，罗瑞卿于一九六五年十一月二十八日，在XX对林彪同志说："把毛主席的书当作我们全军各项工作的最高指示，不符合我们国家的体裁。"

他不同意说毛泽东思想是当代最高最活的马克思列宁主义，是当代马克思列宁主义的顶峰。一九六五年六月二十九日，在讨论再版《毛主席语录》前言时，总政在前言中写了"毛泽东思想是最高最活的马克

思列宁主义。”罗瑞卿说：“不能这样讲，最高难道还有次高吗？难道不能再高了？最活难道还有次活的吗？内部讲还可以　对外讲不行。”这样，他就把上面　句话去掉了。在讨论中他还说：“毛泽东思想是当代马列主义的顶峰，这句话也不能这样提对外国影响不好。”一九六五年七月，《解放军报》社论中所写的“毛泽东思想是当代最高最活的马克思列宁主义，”也被罗瑞卿统统改掉了。

他不同意毛泽东思想的形成，包括有毛主席“个人天才”的因素。一九六　年十二月，讨论林彪同志在七千人大会上的发言稿时，叶群同志提出，稿中“在党和人民集体斗争中形成毛泽东思想。”这句话的意思不完备，应加上“个人天才”的因素。罗瑞卿不同意这个意见，并说：“现在没有人再提个人天才了！坚持不准写上。

他不同意给民兵布置学习毛主席著作的任务。根据林彪同志指示，在民兵中学习毛主席著作的活动，许多地区已经开展起来，收到很好的成果，罗瑞卿却不同意这样的作法。在军委办公会议修改民兵工作会议纪要时，罗瑞卿主张民兵学习毛主席著作，只能发动，不能组织。在　九六五年十月军委办公会议第九次扩大会议上他又讲：“不要单独给民兵布置学习毛著任务。

他不同意向外国人介绍和宣传，“读毛主席的书、听毛主席的话，照毛主席的指示办事、做毛主席的好战士”这四句话。一九六五年十一月二十三日，总参党委扩大会议正在批判肖向荣不准向外国人介绍和宣传毛泽东思想时，罗瑞卿要秘书打电话给主持总参党委扩大会议的王新亭同志说“林付主席讲的，读毛主席的书，听毛主席的话，照毛主席的指示办事，做毛主席的好战士”这四句话是对我们自己说的，对外国讲要“策略”点，实际上他就是不同意向外国人讲这四句话。

以上事实，分析说明罗瑞卿反对学习毛主席著作，贬低毛泽东思想的伟大意义是由来已久的。这些事都是有人证物证的，事实胜于雄辩。现在揭发出来的材料，已经很清楚地告诉我们：一．罗瑞卿擅自决定大比武，极力反对林彪同志突出政治的指示，是他资产阶级思想和资产阶级军事路线的大暴露，他企图用他资产阶级军事路线，来篡改我们以毛泽东同志为代表的无产阶级军事路线，以他的资产阶级世界观来改造我们的军队。

为什么说罗瑞卿推行的是资产阶级军事路线呢？这不仅从大比武从反对突出政治中可以看出来，而且还可以从其他许多方面看出来，为了明显起见，我们不妨比较一下。

在军队建设问题上：

无产阶级军事路线告诉我们，军队中各项工作必须突出政治　政治是统帅，是灵魂，人的因素，政治思想因素是我军战斗力诸因素中的首要因素，政治工作是我军的生命线，军事要服从政治，罗瑞卿却反对突出政治，削弱政治工作，搞什么单纯军事技术的大比武，说什么反对"空头政治家"，说什么軍事政治并重、或者宣扬什么政治和业务的辩证关系。等々，实际上是政治服从军事。

无产阶级军事路线告诉我们，军队必须置于党的绝对领导之下，军队是无产阶级革命和专政的重要工具之一，只能是党指挥枪，而决不允许枪指挥党，罗瑞卿却妄图把军队和党对立起来，毛主席的指示，党中央、軍委和林彪同志的指示，他可以不执行，唱反调。或者阳奉阴违，许多重大问题不请示，不报告，个人独断，显然，他是向党闹独立性，搞独立王国，在他看来军队乃是他向党伸手的工具。

无产阶级军事路线告诉我们，军队要实行民主集中制，要充分发扬民主作风，实行群众路线，实行官兵一致、上下一致　军民一致的原则，罗瑞卿却处处搞个人独断。对上不尊重，对下无民主、对人对事不讲原则、常々是以自己的喜怒哀乐为转移，一言堂，训斥人，打击别人，抬高自己，完全破坏了党和军队的根本制度——民主集中制。

无产阶级军事路线告诉我们，人民军队的体制应该是主力军、地方军和民兵游击队相结合、军队的体制应该服从人民战争的要求，罗瑞卿则只看到主力军，而对地方军和民兵的建设极不关心。

无产阶级军事路线告诉我们，"一切行动听指挥"是我军三大纪律的第一条，罗瑞卿则破坏纪律，不听指挥。

在作战问题上：

无产阶级军事路线告诉我们，人民军队不是单纯地为打仗而打仗，一切军事行动，首先要从政治上、战略上加以考虑，要服从政治，外交斗争的需要，政治统帅军事，罗瑞卿则是单纯的从军事上，从战术上考虑问题，他对东南沿海作战的错误指示，就是明显的例证。

从上述两条路线的比较中、完全可以清楚的看出，如果按照罗瑞卿这样的军事路线去办，我们的军队，少则几年，多则几十年，就会变质，就会成为一支愚昧无知的，只懂得单纯军事技术的，只懂的盲目服从官长命令的，资产阶级职业军队，就会变成个人野心家的工具革命的军队就会变成反动的军队，这是何等危险的大事呀，当然，我们的军队是毛泽东同志亲手缔造和培育起来的无产阶级的革命军队。是在党绝对领导下的革命军队，是有坚强政治工作传统的革命军队，是久经考验的伟大军队，罗瑞卿要实现他的篡军反党阴谋，是绝对办不到的。

二罗瑞卿是一个极端的资产阶级个人主义者，是一个无组织无纪律的人，是一个典型的投机分子。在很多问题，他不是按党的原则办事，而是投机，看风使舵。凡是对他有利可图，有名可占，有权可夺的事，他就抢着干，什么接见呀，照相呀，登报呀！抢版面呀！写文章呀！发表演说呀！大比武呀！"工作归口"呀！等等，他特别积极，特别感兴趣，但当某件事对他不利，或者没有油水可捞的时候，他就推卸责任，嫁祸于人。别人只能受他的驱使为他抬轿子，决不能批评他的缺点和错误，决不能说一个不字，他的人生哲学，是非常典型的实用主义者和唯我论者。

三　罗瑞卿是个人野心家，阴谋家，伪君子是我们党内軍内的极端危险分子，是一颗"定时炸弹"。他近几年来所以特别仇视林彪同志，折磨林彪同志，集中力量攻击林彪同志，並不是他和林彪同志有什么私仇宿怨，而是由于他的地主阶级本能和个人野心所驱使的，他想从这里打出一个篡軍反党的突破口；因为林彪同志是党中央付主席，軍委付主席，第一付总理兼国防部长，是坚决贯彻毛泽东思想，是毛主席最亲密的战友，是在軍内、党内有高度威望的领导者，又是罗瑞卿的直接老上级，是他实现个人野心最大障碍，罗瑞卿要搞个人野心，就非攻击林彪同志不可，他妄想把林彪同志攻倒。如果能够把林彪同志攻倒，不仅軍队大权可以落入他手，而且为他进一步篡党篡軍作好了准备，因此他反对林彪同志，就是篡軍，就是反党，反毛主席、反中央。他不仅集中力量攻击林彪同志，还直接反对毛主席。他反对学习毛主席著作，极力贬低伟大的毛泽东思想，他对毛主席的怀恨不满，对毛主席的指示对抗。对毛主席的造谣污蔑，和对党中央、軍委其他领导同志的攻击，完全证明他是一个反党分子。毛主席反复地教导我们说：軍队是无产阶级专政的重要工具之一，请同志们永远要记住这一条。在軍队里头煽动来反对中央，破坏党的团结，这是不许可的。无论那年，无论那个时候，都是不许可的，绝对不许可的。

四、罗瑞卿篡軍反党活动的特点是打着红旗造反。他的主要理论是折衷主义，也就是机会主义和修正主义。他的主要手法是阴谋权术。他反对突出政治的几篇讲话，是最典型的折衷主义（即机会主义）的观点，到处都是阴阳话，从形势上看是正面的，实际上是反面的；看起来好象是辩证法，实际上是诡辩论，猛然一听好象是全局观点，仔细一想都是折衷主义。至于他的言行，那就是说的一套，做的一套，当面一套，背后一套。罗瑞卿为什么要这样转弯抹角的？这是时代特点所决定的。因为二十世纪六十年代是世界革命斗争空前高涨的时代，毛主席、党中央和林彪同志，在群众中威信极高，罗瑞卿知道，在这个时代，要公开反对毛主席、党中央和林彪同志，马上就会身败名裂。因此，只要把自己装扮起来，打着红旗造反，或者象列宁在《唯物主义和经验批判主义》一书中所说的，甚至是"跪着造反"但也正因为他打着红旗反红旗，它的欺骗性就更大，危害性也更大，因为"打着红旗造反，叫人不易看穿。"所以，更要引起我们的高度警惕。

罗瑞卿犯错误是偶然的吗？不。他犯错误是有其深刻的思想根源，社会历史根源和阶级根源的。

首先，罗瑞卿是一个地主家庭出身的，是一个旧知识分子。他组织上入了党，思想上并没有入党，资产阶级思想在他脑子里是很深的。为了个人得权得势他什么坏事都可以做得出来。什么手段都可以使得出来。

其次，目前国际形势正处于一个大动荡、大分化、大改组的时期，是革命与反革命力量进行大较量的时期。帝国主义、修正主义和各国反动派正在拼命进行挣扎，正在拼命搞反华大合唱，把他们的战略矛头主要指向中国，我国国内的社会主义革命更加深入，阶级斗争更加尖锐。这些国际国内的阶级斗争，自然要反映到党内军内来。我们越是要突出毛泽东思想，越是要突出政治，阶级敌人就越害怕，越感到没有藏身之地，就越要挣扎，越要反抗。罗瑞卿近几年来所以拼命的反对突出政治，反对毛泽东思想，拼命地搞篡军反党活动，就是这个道理。

再次，罗瑞卿很可能还错误地估计了形势，近几年来，由于毛主席、党中央、军委和林彪同志的英明领导，由于全党全国人民对军队无比关怀和大力支持，由于全军同志的共同努力，由于大学毛主席著作，突出政治，坚持四个第一，大兴三八作风，开展四好运动等等，军队各方面工作都取得了显著成绩。毛主席、党中央又号召全国都要学习解放军。罗瑞卿就贪天功为己功，把解放军工作成绩的功劳完全挂在他的账上。加上近几年来他的名誉越来越大、职位越来越高，权力越来越集中，不仅军队归他管，国防工业归他管，而且很多地方工作、党的工作，他也横加干涉，不仅国内的事可以管，国际上的事他也很有说话和插手的机会，因此，他很可能自以为很高明，自以为了不得、自以为很有本钱，于是，他就迫不及待地向党伸手、公然进行篡军反党活动了。真是利令智昏，其实，他完全打错了算盘，在伟大的毛泽东时代，谁敢搞篡军反党的阴谋活动，只能遭到可耻的失败。

罗瑞卿的错误，是反对突出政治，反对毛泽东思想，反对毛主席军事路线，推行资产阶级军事路线的错误，是资产阶级个人野心家、阴谋家篡军反党的错误，是阴谋搞反革命政变的严重罪行。我们和他的斗争，不是一场可有可无的斗争，不是某一个具体问题上的斗争，不是对某一个偶然犯错误的斗争。而是一场维护革命利益、捍卫毛泽东思想，捍卫毛主席军事路线，反对资产阶级军事路线，反对资产阶级个人野心家篡军反党阴谋的大是大非的斗争。是颠覆反颠覆、夺权反夺权的斗争、是一场严重的阶级斗争，也是一场不可避免的斗争。阶级斗争是尖锐的、无情的。在这场斗争中，我们必须高举毛泽东思想伟大红旗，坚决与罗瑞卿进行斗争，彻底粉碎他的阴谋诡计，为捍卫毛泽东思想，维护党的利益而奋斗。我们党和军队，我们的革命事业，在粉碎了罗瑞卿的篡军反党阴谋之后，一定会更加兴旺、飞跃前进。坏事必将变为好事。

在这场斗争中，我们又受到一次最深刻、最生动、最实际的毛泽东思想的教育，使我们更加深刻的认识到，必须认真地学习毛泽东思想，坚决地按照毛主席的指示办事，把毛主席的书当作我们各项工作的最高指示，彻底地改造自己的思想，全心全意地当一辈子老实人，当一辈子党的驯服工具，这是最重要、最迫紧的任务。

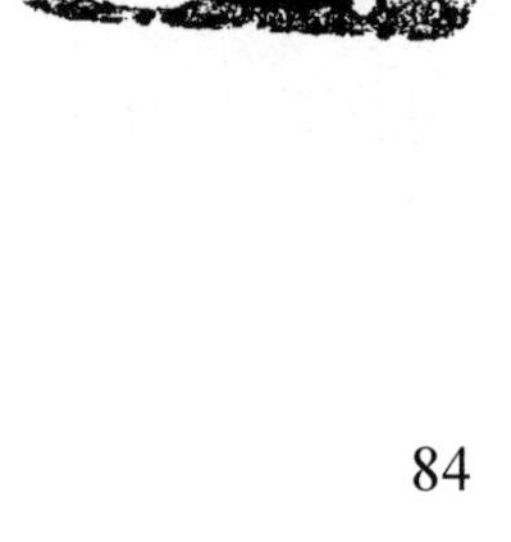

在幕后……
古月斋藏：
这是清华大学
造反派用章回小说体写的
揭发的材料具有史料价值。

清华大学 井岡山兵团 印 67

天津纺织机械厂毛泽东思想战到底翻印 67.5

目录

第一回 王门女认贼拜干亲 刘某人纳宠容败类

词曰 清华傀儡，背后有扒手，这个出场那个走，全把群众当阿斗。两万师生员工，岂容丑类逞凶，四卷雄文在手，长缨誓缚黑龙。

这首《清平乐》说的是清华大学文化大革命中两条路线斗争的苏彬。

话说清华、北大 不仅是著名的学府 而且是历来阶级斗争的重要阵地 学生运动的中心。于是在这次由我们伟大领袖毛主席亲自发动和领导的轰轰烈烈的文化大革命中，一些大大小小的政治扒手少不免就闻风而来了。北大的暂且不说，单把清华园内的扒手叙述一番。读者们切不可以为他们到清华园就是想在这里显显身手，那就把复杂的阶级斗争看得太简单了。扒手的后面还有大老板。如今全國革命群众都在鸣金击鼓，下定决心，要把大大小小的扒手和他们的后台大老板统统揪出来，正是

宜将剩勇追穷寇，不可沽名学霸王。

先说说清华园内第一号大扒手。这人可是大有来头，有诗"赞"曰

王门千金女，蒋特小干亲。叛徒知音友，刘家老板娘。

原来第一号大扒手姓王，小名光美，天津人氏，其父为有名的大资本家，名王槐青，以擅长剥削发家著称。王氏从小娇生惯养，中学时代在蓝衣社控制下的志诚中学念书，是有名的"校花"。以后又混到辅仁大学去 和一帮公子哥儿，神甫大亨打得火热，成为地道的"交际花"。其人又拜倒在王叔铭门下，认作干女儿。读者，你道王叔铭是何许人也？不说则已，一说要吓人一跳。原来王叔铭在当时是蒋匪空軍副司令兼参谋长。五二年又升任蒋匪空軍司令兼参谋总长，六四年任蒋匪帮驻联合国军事参谋代表团首席代表。怪叫！怪在如此一个"王门千金女，蒋特小干亲"，居然成了"刘家老板娘"，这当然与一伙"叛徒知音友"的拉拢撮合分不开了。且容慢慢说来：

却说抗日战争胜利后，一九四六年初，在北平有一个军事调处执行部。在这里，王光美当时是我方雇用的英文翻译，可不是我方的干部。她当时的打扮确实和我方人员大不相同，满身香风臭气，奇装异服，局外人真要以为她是蒋方或美方人员。再则我方人员外出，都怕有人钉梢，唯独那王光美"无所畏惧"，大摇大摆。人家都住集体宿舍，她虽然也有一个床位 可是总也不在这里过夜 每天骑着女式洋车，上班即来，下班即去。她对上级，倒是能够阿谀奉承，人情味十足，而对一般工作人员，则以白眼相待，爱理不理 一副十足的臭小姐架子。当时大家都十分纳闷，是谁把这样一个活宝贝招进来的？

一九四六年七月，蒋匪在美帝帮助下，积极进行了针对我解放区的军事部署后，发动了全国规模的反革命内战。随着 我方代表团撤返延安。当时对于一般雇员，为了他们的安全起见 如果本人愿意，也可以随同西行。至于王光美，她本人当时就有去美国留学

们打标，她老子有财又有势，更有如此得力的干爸爸，安全问题怕个啥？如此娇气的资产阶级小姐，怎么会选择延安的道路？可是没想到，她果然去延安了！这又使大家十分纳闷，是谁把这个活宝带到延安来的？

到了延安，她被安插到外事组。大家也纳闷，是谁把这个活宝安插在这么重要的岗位上？

现在，谜底初步揭开了！原来叛徒安子文，反党分子徐冰、杨尚昆等人对王光美的赏识，真所谓"物以类聚，人以群分"也。但是妙事还不止于此，妙事还在后头呢。

花开两朵，话分两头。话说当时有个刘某人，专爱"吃小亏占大便宜"，而且有点"寡人好色"的毛病。四十三岁时，自称只有三十二岁，以极卑劣的手段诱骗了一个十六岁的女护士为第三任夫人。直到一九四五年，人家才知道他比自己大二十六岁，而且已经有了三个孩子了！骗了就骗了吧，反正生米已煮成熟飯，俗话说"嫁鸡随鸡，嫁狗随狗，嫁给猴子满山走"。无奈刘某色性难改，喜新厌旧，为了达到另娶新欢的目的，他对妻子百般打骂、凌辱，政治上竟不关心，嘲笑她为"小党员"。其妻子不堪虐待，于四五年提出离婚。过不久，因怀孕在身，不得已而复婚。复婚后虐待如故，四八年初又第二次离婚。

话说王光美四六年秋天到了延安，通过安子文等人的拉扯，不久结识了刘某。刘某自找王密谈过一次，自然王氏受宠若惊了。刘某离婚后，两人过从更密。王氏经常借故单独到刘家。当时刘涛等人方两三岁，王氏居然以保姆為己任，混熟之后，居然让刘涛等称她为"媽"。这样"大方"的姑娘世界上可真不多呀！即然这样，干脆两人就结婚了吧！但事情也不那么简单。那王光美是那么一个资产阶级味道的小姐，在机关内是入不了党的，而刘某人又是如此显要人物，怎能随便与她结婚呢？所以好事未谐。而刘某人于四八年春夏之间与一个姑娘结了婚，但是出乎意料之外，不几天就宣布离婚了。此后，外事处就展开了一个紧张的争取吸收王光美入党的活动。无奈一般党员不买账，可是重压之下终于是通过了。入党介绍人之一就是反党分子徐冰。不久，刘某便以第六次结婚娶了王光美为第五任夫人。由于臭味相投，婚后两人倒也夫妻和睦，言听计从。虽然按刘某的标准说，王光美也不过是一个"小党员"，可是刘某没有按"小党员"给予其妻那样的待遇。反之，凡有军机国事，刘某一一告诉王氏。没想到这一来，差点儿耽误了民族前程。原来我党决定了四九年初解放北平的计划后，王氏曾托反党分子范长江携两封信到北平给她的资本家父母兄弟，信中除了说她已经嫁给"一个很受大家爱戴的人"，又"少奇　　"如何如何夸女婿的把戏之外，竟还暗示了我军于春节前后解放北平的计划和企图暴露党在北平的地下工作人员，幸而范长江稀里糊涂没把她的家信放在心上，一直忘记了，直到去年给他治罪时才搜出这两封信来。否则，天晓得我们解放军同志要有多少人头落地？我们的解放事业会有多大的影响？现在回想起来，也是够人寒心的。

解放后，王氏更享尽了荣华富贵。且不说她在国外大出风头，紧身的旗袍，内々发光的项链，做作的表情，与大流氓苏加诺拉拉扯扯，作尽下流丑态，丢尽国家和民族的尊严。在国内，却也是"一人得道，鸡犬升天"。你看，经反党分子徐冰的推荐，王氏成了全国人民代表大会代表，这且不说。连她的大资本家哥々王光英也掛了一长串头衔：天津市人民代表大会代表，河北省省委委员，河北省政协委员，天津市政协副主席……。刘少奇甚至企图把他拉入党内来，据说是给资本家作个榜样，证明"时势造英雄"云云。王父生前也当了北京市文史馆々员，连王母也成了北京市政协委员了。大吸血鬼王槐青死后，王光美居然立了个大墓碑，以尽孝道。好在这次文化大革命中，该狗碑已让红卫兵小将给砸了个稀巴烂，真是大快人心！所以有人将王光美比作杨贵妃，套《长恨歌》以嘲之，好在汉皇本来就姓刘，所以套起来颇为现成：

汉皇重色思倾国，梦想多年求不得，王家有女早成长，抛头露面人人识。天生媚质难自赏，一朝选在寡人侧。矫揉造作百媚生，四任裙荆输颜色。

父母兄弟皆列土，可怜光彩生门户。遂令某些父母心，不重生男重生女。……

这是从大字报抄来的，可惜下面残缺不全了。只是依稀还认得最后两句仍然是"天地长久有时尽，此恨绵々无绝期"大概是说他们绝没有好下场的意思吧。要知究竟他们下场如何，请看下文分解。

第二回　刘王氏来不怀好意　清华园内如此三同

话说王光美嫁得乘龙快婿之后，早已"一登龙门，身价百倍"飞扬跋扈，言听计从，而刘某人早有野心，对抗毛主席，自己搞一套。读者还可记得，一九六三年该王氏在老刘的指使下，到桃园大队蹲点四清，专门"扎根串连"，搞得神々秘々，冷々清々，专整社员群众和基层干部，放走了牛鬼蛇神，任人唯亲，包办代替，结果炮制了一个"桃园经验"到处散布，流毒全国，以对抗毛主席亲自主持制定的"前十条"造成一九六四年的形"左"实右歪风，破坏四清运动。

今天，毛主席亲自点燃了无产阶级文化大革命的火焰，刘家却看中了清华园这块肥肉，又想炮制个什么"经验"之类的东西，对抗以毛主席为代表的无产阶级革命路线，破坏文化大革命。于是蠢々欲动，刘门女将就派将进来了。

六月十九日，王氏乘一辆时髦小汽車直抵清华校门口，你道汽車内除了王氏一伙人之外，还有什么？还有自行車一辆，读者一定要问：哪里不能修理自行車，非要送到清华园不可？而且修理一辆自行車也用不着堂々贵夫人亲自出马呀！其实，这辆自行車并不是坏的。只见汽車刚到校门口便"嘎"的一声停下来，王氏戴着别致的草帽和雪白的手套下得車来，便骑着自行車进校门去也。

当天晚上，王氏故意在学生食堂慢慢吃饭，二两大的馒头足足吃了一个多钟头，逗引得不少同学纷纷来看热闹。王氏在众目睽睽之下显得神态自若，不断向围拢来的"好奇"者微笑示意，霎时间食堂围了个水泄不通。王氏见时机已到，说时迟，那时快，登上饭桌子，发表大概多少有点准备的"即席"演说："……我不是下车伊始……，少奇同志让我关心一下清华的无产阶级文化大革命。……如果同学们欢迎的话，我愿意来清华参加工作组的工作……"这样，她赢取了满场的掌声和口号声，准备要班师回朝了。好心的工作组员请她坐汽车回去，王氏婉言谢绝了。你道王氏是坐汽车坐惯的，为什么这回坚持不坐呢？王氏是会要手腕的人，她不是要下自行车"伊始"吗？这当然是想要"上自行车伊始"了。她心里明白，围了那么多人，骑自行车是走不出去的，半路上还得上汽车，万一骑得出来，那也须多骑到校门口，就可以不要这个洋罪了。果然，王氏在校园内招摇了半天，惹来了一大堆看热闹的人，路上挤得几乎连自行车都推不动，接着王氏就熟练地钻进早就准备好了的汽车内去了。王氏这时还觉得意犹未尽，说道"这简直象在拉哈尔一样！"于是周围的平民百姓们猛然大悟：我们高贵的刘夫人是出口用的呀！如今当临我们这儿了，而且听说要和我们一块儿搞文化大革命，我们多么幸福啊！正是：

旧时王谢堂前燕　　飞入寻常百姓家。

话说王氏六月十九日到清华园要了一通权术，二十一日果然就偷偷溜进清华园来了。她学了那拉氏的一套"垂帘听政"的方法，把个工作组长叶林当傀儡使唤，霎时间把清华园闹得乌烟瘴气，此话暂且不表。先说说王氏当一个"普通工作组员"是怎么"三同"的。

这个王氏果然来头不小，她的蹲点是"三点式"的：中南海——万寿园——清华甲所。读者要问，这么大的三角形，王氏怎么走得过来？原来人家有小汽车，而且是专用的，所以十分方便。从六月廿一日到七月廿八日，也就是王氏成为"普通工作组员"的整个时期，她从来没有在学校食堂里吃过饭。到吃饭时间，登上汽车上万寿园或者回家吃去。实在懒得坐汽车了，自有保卫人员从万寿园或中南海用饭盒把饭送将过来。导演斗学生时，她老人家喝水和盛水用的杯子都还是特别准备的呢。难怪王氏在清华蹲了一个多月的点，有几个高干子弟中"扎根串联"，而平民老百姓全都蒙在鼓里呢。

以上只说王氏"同吃""同住"的光景。至于"同商量"，就更高明了。你道她不出房门不离汽车怎么知道运动的情况？原来有两名秘书专门替她看大字报，每日午时过后便向她汇报，于是她就根据这些人嚼过的"馍"着手研究"清华的问题"了。当然研究时少不免与老刘打电话，领取"圣旨"。到得晚上夜阑人静，一溜烟钻进甲所，召开工作组会议，只见王氏一手插腰，一手比划，真是"指挥若定，一座皆惊"，一讲就是几个小时，那容你小小工作组长多嘴，不信有打油诗为证：

一从扒手入清华　　三点巡洄有沉车。
颇佳"圣旨"靠电话　五面组员尽听她。

闲话休提，书归正传。话说刘王氏六月二十一日插手清华文化大革命运动以后，唯恐天下不乱，第二天就制造了耸人听闻的"六·廿二电话事件"。原来清华有个化九二班，班上有个蒯大富。这个蒯大富曾经在六月十六日贴出一张《工作组往哪里去？》的大字报，尖锐地指出工作组压制群众，工作组大方向有问题，"无限信任工作组"的口号是错误的。这些问题正好打中了资产阶级反动路线的要害。那王氏既然奉命而来，自然要把老蒯开刀祭大旗了。那时候老蒯是班上的文革小组长，工作组一天告诉他："王光美要参加他们班上的讨论会"，让他好好准备准备。顿时使那班上小伙子一个个高兴得不得了，准备材料的准备材料，收拾会场的收拾会场……。眼看开会时间已到，这时趁同学纷乱之际，一位工作组员以非正式的方式对几个同学道：王光美不来了，接着从门边走来两个妇女，颇像一个举足轻重的人物和她的秘书似的，同学们不好多问，正是：

假作真时真亦假，　　得骗人处且骗人。
要知来的什么人物，且看下回分解。

第三回　电话事件小试刀锋　镇压群众大打出手

话说化九二班听说王光美要来参加他们的会，但后来却来了两个妇女，没有王氏的容貌，却有王氏的架式。她们的尊姓大名，只是递上条子请她们亮明身份。这两个却象一对哑巴，只字不吭，只在一旁记呀记的。好容易到了散会，那个颇有身份的才说："我是强斋秘书组的 ××。"然后扬长而去了。这班小伙子心起疑团，他们怕上了叶林的当，连晚到强斋追问王光美要来是怎么回事，没想到这一追问反倒真正上了王光美的当了。正是：

欲避暗枪逢冷箭　　拼将热血辩谎言

当下化九二一班人马，由老蒯率领，找到工化系工作组副组长时茵薇。时说是接强斋电话听说的，而且只说过"王氏可能来"，没说一定。大家觉得里面大有文章，要求找接电话的人对质，回答却是"具体的工作人员不可接见"。小将们一气之下，跑到强斋要求叶林澄清。

却说那王氏，本来就秘密藏在清华园中，她在那里翻手作云，覆手作雨，来个不来，谁个晓得？莫道时茵薇解说不通，叶林也照样无奈她何。况且工作组早就定下了蒯大富是反革命的调子，早就在收集老蒯的大字报和其他材料了，对于"反革命"岂能接见？于是，小将们在强斋一直坐了四个多小时的冷板凳。无奈何，几个人连夜写了一张大字报贴出，题曰《叶林同志，这是怎么回事？》翌日，该大字报轰动全校。血腥镇压的序幕拉开了。正是：

雪压冬云白絮飞，　　万花纷谢一时稀。

却说那工作组长叶林，接受了王氏的密计，在六月二十四日下午召集各系文革委员到强斋开会，指出："……今天晚上要揪蒯大富出来，最好在大礼堂开大辩论会。……礼堂的设备要事先准备好，一进去就可以用。但又不要让人看出是事先准备好的，要搞成一个遭遇战的样子……"于是会后贺鹏飞等人指使同学围攻蒯大富，挑起辩论。达到晚上在礼堂开会辩论的目的。

在晚上辩论大会上，同学要求陈茜薇澄清事实。但见陈雪薇语无伦次，颠三倒四，以前说过"具体工作人员不可接见"，这回却又承认电话是她接的，电话里没说王光美要来，是她猜想王光美可能要来等等，三番五次澄清，但是越澄越不清。无奈何，叶林和周赤萍二位组长只好亲自上阵，一个大喊"我们的方向就是毛主席指定的方向"，一个大呼"我们是代表毛泽东思想的"，没想到这一下落得满场嘘声，搞得工作组狼狈不堪。这可急坏了幕后指挥的王氏，连夜将一些文革委员接到刘府去汇报。心里虽然不是滋味，少不免也得给手下众喽罗们打打气。心中却暗想："可恨那叶林太不中用，下一步棋看来还得老娘自己来。"

那王氏说干就干。此后她亲自策划了几次斗学生的大会，每次斗学生的预备会，审稿会她都亲自参加，对于每篇发言稿都仔细研究，逐个上纲，唯恐帽子不大，甚至亲自修改同学的发言稿。斗争会一开场，王氏担当了艾知生（清华党委副书记，镇压文化大革命的刽子手）在六二四会议中的角色，坐在甲所遥控。叶林嘛，可以掌握会场，至于谈话指令，还得通过电话一一传达。

话分两头。再说叶林不中用，也太冤枉。为了扭转"六·廿四"以后的狼狈处境，他也费尽心机了。六月二十五日，他巧妙地利用传达[illegible]六月二十三日报告机会，把群众按照对工作组的态度分成若干等，分期分批去听，礼堂门口，甚至窗口底下，也都警卫森严，造成一种很神秘的白色恐怖气氛。一些对工作组不太跟得紧的人，开始觉得大难要临头了。果然，正如叶林之所洋洋自得地说："三类传达，六类见报，十二类压倒优势。"六月二十六日，通过一些工作组员的示意，由"积极分子"倡导，在我校出现了一个全校性的"自发的"拥护工作组的示威大游行。"无限信赖工作组"，"无限信赖以叶林为首的工作组"的口号响彻云霄，看来工作组的胜券是稳拿了。

且说王、叶二人，一个扒手，一个傀儡，一搭一档，倒也得心应手。斗了蒯大富，又斗王铁成，再斗李[illegible]忠。这个检讨，那个交代，张三揪批，李四揪斗，搅得大家惶惶不可终日。今天你批判别人，明天不知道谁会来整你？一时间风云突变，清华园内万马齐喑。大家只是敢怒不敢言。重压之下，有写血书的，有卧轨的，有投河的，有服毒的。但是那"小小的蒯大富"们却怎么也压不服。好恼人也。有人偷得鲁迅诗两句，凑成一绝，赞曰：

万家墨面没蒿莱，敢有歌吟动地哀。
怒指强斋灯影处，看谁得笑到头来。

却说清华园内扒手之多，是别处比不得的。第一号扒手对付蒯大富不大灵光，第二号扒手就粉墨登场了。诸位要知第二号扒手是什么人物，请看下回便知端的。

第四回　薄老头三入清华园　刘家将中策成泡影

且不说王光美伙同叶林把清华轰轰烈烈的文化大革命镇压下去，对革命群众进行白色恐怖，把运动搞得冷冷清清。却说蒯大富等，他就整不服。自必有一些扒手同行、师兄师弟，前来帮忙助威。

你道叶林是哪里来的？原来他是国家经委副主任，自然是顶头上司薄一波亲手派遣来的。说起那位老薄，在清华园有个浑名叫胖老头，大字报上也有称他为"万吨水压机"的。大概是为了纪念他老人家在文化大革命前的"功绩"吧！

闲话休提，书归正传。话说世上也有无巧不成书，胖老头第一次光临清华和刘王氏第一次光临清华园都是同一个六月十九日。正是：

风云际会龟蛇动，　安排还需幕后人。

却说胖老头第一次进得清华园，便和老蒯辩论了一番。免不了放些什么工作组是正确的、是党中央派来的等等之谈，当然说不服对方，却又使出招降纳叛的手法，道："希望你站在革命群众中来，站到工作组一边来，不要做左派中的"左派"，如果左派中的左派也就是右派了，一个圆分成左半个圆和右半个圆，如果过左了就成了右！--------我希望你今天学习以后，明天贴一张大字报，表明一下自己的态度，颠倒一下结论。-----"说话时手舞足蹈，在空中画了几个圈，以势压人，不可谓不凶也。

及至六月廿七日刘王氏导演了一出反蒯大会之后，清华园内反蒯达到了高潮。正在这时，于八月三日，"万吨水压机"又开进清华园了。是日也，天气炎热，胖老头手摇纸扇，嘴里说个不停："蒯大富，十九日我说你是牛鬼蛇神，那天是开玩笑，但是说对了……----蒯大富英雄当不成了，只能当什么？-----他不过是一个到处奔走的小卒罢了，没有什么了不起的。----清华现在的大小辩论会很好，只准蒯大富攻击，不准左派起来反击是不行的，左派起来斗争嘛！--------大富是有后台的，你们要好好保护这个反面教员，-------要多做蒯大富和跟他走的人的工作------文检不杀-----"

同学们听了胖老头一席长谈，有心人还作了记录，抄成大字报，工作组御用的"大字报编委会"还唯恐其流毒不广，大力推荐，重抄，于是一份"首长讲话"出笼了。可怜谬种流传，清华的文化大革命又向歧路迈进一大步。从此以后，清华大学的"反革命分子"象雨后春笋一样冒出来。读者可别见笑，有一些积极为工作组效劳的人，写出了一些攻击、讽刺、批判蒯大富的文章、漫画，只是一词之差，一笔之误，就被打成"别有用心"、"向阳生"、"蒯二富"------于是检查，批评、斗争，纲越上越高，自由度也越来越小了。正是：

敌我不分兴杂伐，　人妖颠倒乱弹琴。

俗话说，善有善报，恶有恶报，不是不报，时候未到。你道这些人横行霸道，能有好下场吗？七月中旬，我们伟大的领袖、伟大的统帅、伟大的导师、伟大的舵手将要回京，他们这些斗群众正在得意忘形之时的人物，从老扒手到傀儡走卒，顿时都慌了手脚。七月十七日，胖老头第三次入清华园，这次可不敢招摇过市了，只找得叶林等几个正副组长计议道："——前一段反干扰是对的，只不过让蒯大富给拖住了——现在转向打黑帮是对的，你们要把蒋南翔拉回来斗，一次要不回来，二次三番地去要——"还是同一个七月十七日，刘王氏火淄进甲所，召集一伙文革委员说道："根据中央精神，不要学生斗学生——但蒯大富没有斗错。"然后故作镇静地说："斗完了蒯大富就止，这是上策；现在斗完了王铁成，这是中策；再斗李小忠就成了下策了。——已经准备了李小忠的斗争会，也不要在全校搞了，要开，你们自己去开，其他系可以派人参加。"紧接着叶林召集了工作组核心开紧急会议，由刘王氏传了"圣旨"，大意云："现在马上转入斗黑帮，一天也不要等了，斗群众的扫尾工作也不要做了。"

读者当然要纳闷，怎么两个扒手都在六月十九日来到清华，一个月之后，又都在七月十七日手指挥转打黑帮，调子都如此雷同呢：这可是天机不可泄露，痴人不可妄语。这且不提，单表一番斗黑帮的"盛况"。

却说工作组斗群众斗得那么凶，想来斗黑帮一定更凶了，其实不然，有诗为证：

横眉冷对孺子牛，不与黑帮结怨仇。
问渠那得清如许，彼此一家同胞情。

话说这个形势，黑帮不能不斗了，行动也果然迅速：七月十八日，叶持召集前党总支以上干部,楊侍蒋部長作了"失慌城下"式的讲話,七月十九日各系也上行下效,纷纷找小黑帮头目谈話,令日"放下屠刀立地成佛"。七月廿日終于在斗争大会斗黑帮了,以后又开了几次斗争大会,可会上只有少數人发言,絕大部分群众是来捧场的人们,說这是"召之即来,来之即斩,斩完就走"。有些黑帮干将,居然也在登台演戏,唾沫横飞,趾高气扬,同学怒目而視。副組長楊天放居然鼓掌叫好,更有甚者,斗争之前,副組長周志萍給黑帮头子吃了"定心丸",对他們說"什么群众向你什么问題,你们不要頂撞,否則以后我们不好說話了"。

于是黑帮們在斗争会上回答问题总是千篇一律,同学们这个"我說过这是反党反社会主义的,我有罪",大家听了以后不禁啞然失笑,好事者嘲之曰:

早家祖宗施恩惠　　何依說我有罪"

定案由他来作主　　管你小民气炸肺

花开兩朵,話分兩头。场上斗黑帮正在热闹的时候,背后内部有思說是工作組是推行資产阶級反动路線的工具,马上要完蛋了,啊呀呀,这怎么办?个要时间急坏了刘王氏。七月廿六日,陈伯达、康生、江青同志在北大发表了重要講話,指出工作組是絆脚石,北大工作組犯了方向路線的错誤,東风吹到清华园,顿时大家笑逐颜开,群众又纷纷辩論工作組的大方向问题,又一次革命大风暴来临了。七月廿七日清晨竟又有人斗胆贴了工作組的大字报,立即轰动全校。正是:

野火燒不尽,　　春风吹又生。

要知此人是誰有此胆量，請看下回分解。

第五回　日暮途穷　抱头痛哭
　　　　抛头露面　哗众取宠

話說我們最々敬愛的領袖毛主席七月中旬回到北京，立即揭出工作組犯了方向路線錯誤，決定撤銷工作組，把文化大革命运动扭转到正确的軌道上来。革命的风从北京吹到清华，清华"文"震动了，老百姓又受骗了。七月廿七日王小平贴出了〃給中央文化革命小組的一封信〃，指控工作組不依靠群众，不該長期包辦代替的問題。王小平的名子震动了全校，一跃而成为"左派"，最后还挤到了临筹会方面去了。王小平竟是何人，如此高瞻远瞩，却还有一番奥妙，这是后話，按下不表，单表刘王氏在这段时间又干了些什么鬼把戏。

却說七月廿八日王氏回到家里，和老刘、刘涛等家人会聚，这一家人在四面楚歌中互訴衷情，越訴越伤心，最后刘、王二人竟然抱头痛哭起来，老刘也万分激动，不停地从客厅这头踱到那头，一家人直至第二天凌晨四点多钟还没睡觉。最后老刘做出决定："没有认識到就不能检討……"下了顽抗到底的动员令。正是：

沉舟侧畔千帆过，　　病树前头万木春。

但没想到王氏则把这丢掉，第二天就在关於工作組大方向問題的一片辩論声中，溜进清华园。这回可不是象以前那样故作神秘了，而是有意往同学堆里钻，还破天荒第一遭跑到第一员工食堂吃晚飯，师生员工纷々围了上来，于是又出現了象六月十九日那样的

絶○牙保堂子，加遍华夫以学救生她。莱，其面是報，亲动
討組，十她礼系何间，施普清同可大了学什么好，衰，一不字就感
詩作，将大的茶派个在奇 的着到越消的勺，可大人芬
話工要开在"天叔次一我少的 的庄榜，绝为殊所么菜，的两菊
講的需阻，她会林大造是、和命颂为勺，特。什动着》着刘
了华的劝，叶中命我同我草功，以菜粟，越堂。汤捏你见》接把
去清上以意辩，声革，不于是歌，起收以食其酒"人。意，可
发是晴加会的指掌向校大由不组验，舒款所个加一"动真误子
自就战次涛们一它窗宝光""是作灵，收：三者，"感提错下
并且于多刘我么一企们与""美工个補助的了或然"感志认这
笑她企图是加这在，你华，光给真国和看换豆当真同承！
假成氏意底参来，粉在清说""，手赵是人却土，可美不呢
是表王的到走氏堂抹自，不""天 图都别但尼呢面光表亲
文要会她。王札腊 的在，二这步务给，两点场王子，还
吴是设会对美"。得涂就簇现我节看服做次添一这《给子清
吴非辩体意光来到已她成，重，眼进学是三来快。了条刘
是无开不生王々氏自开有法尊果氏更同只"了过得意贴个比
又到在林发请妈王为自是看很效王是道她务舒卖不午了象
氏觉正时完"请。也世一还的家具。于你来"服再能首上递好
王查秀秦以个"去，月组我大有来，者尻只她还真的氏夫
刘易礼无末一所堂子六作有，然赵喜读？共了，文学芬王看
况容大番起读甲礼澗从工我系果加为。样一好师同菊给，
盛人也一菽俩到大定"我……，关这增状了一，她盛，何刘堂来
的心目漏"屏晴活到大么……天的"她转"去不，父她々叶食起
式有是表所上电她组什员多上，善，务人看师有频个在抱
尔"容。合甲台打让作说组世活味是草"服刑你是没了那就捆零
合内了上到席而好々力作作生验就酯厅和信就 不，午她沸
"拉的贞想"集"主时只为压々々有考幹命饭却不也实少吗下热到

于是从此以后，怪事就越来越多了，刘菊芬自动跑去在自控系主革的"良"，引起校内一场不小的骚动。而不久却又自封为清华大学红卫兵(保守派的)"的大头目，成为赫赫有名的"八.一九"、"八.二四"两起反革命事件的直接策划和指挥者，这且慢提。却说王氏在清华园招摇九次，赢得一些吹鼓手的一片颂扬声后，却从此销声匿迹了。

原来，以毛主席为代表的革命路线不断取得新的胜利使已经暴露了扒手傀儡等成了过街老鼠在革命师生一片喊声中那里还敢再到清华园内招摇撞骗呢？别說王氏不会自己来就是按規定群众要是有意見的前工作組是随叫随到可偏偏她就是請不动在革命师生的強烈要求下无奈何才趕十月十日抛出一篇很不象样的书面检查正是：

千呼万唤不出来　　假做检查来书面

讀者且不要以为清华园内就那两个扒手更不要以为这些扒手就那么点伎俩好戏后面还有
要知还有扒手是何人且看下回分解。

第六回　两面派书记施淫威　革命者家志受围攻

阶级斗争是十分复杂的，清华园内王蒯两黑手刚々被群众所识破，又来了第三只黑手，此人是鼎々有名的王任重，读者一定惊奇：王任重是中央文革副组长，怎么也成了黑手呢？此事说来话长，正是

阶级斗争浪激浪　历史起伏说规律

话说王任重原本是湖北省委第一书记。此人颇有文才，精通历史，癖好读书。王书记文爱贾长沙，武爱秦始皇，可惜这两个人都没有好下场，王书记深为这两人惋惜。对于刘邦的雄才大略，对贞观的励精图治（这人都享有荣华富贵），他最为推崇，奉为楷模，不仅自己精心学习，还推荐别人一起学。

王书记虽精四史、通五经，但最反对礼记，因王书记生性坦率，从来不拘小节，即使在有人向他汇报的场合，他也非常随便：高兴时座着，累着便躺下抽烟喝茶，敞露胸怀，脱鞋抓痒，随心所欲，从来不摆什么书记的架子。这是题外话，暂且按下不表。

且说王书记本领很大，最擅长的一手要算两面三刀了。此话怎讲？举一个例子你就明白了。

因王书记酷爱历史，而且还写了不少书评。终不免和老历史“权威”吴晗、翦伯赞一样，也犯了不少错误。这次文化大革命高潮将到之时，王任重自是聪明人，来了一个“自我清理”，装了一个高姿态表现，少不免也说些“欢迎批评”之类的话。按常人理解，这是王书记暗示的，大家都要自己“清理一番”罢了。偏有一个青年叫相家志的，是武汉大学经济系三年级学生，下中农出身，共青团员，血气方刚，生性耿直，不会拐湾抹角。他本来对党、对毛主席一片忠心，这次他当真相信了王书记的客套之言，真个写了一封批评王书记的长信，寄给了王书记，这下不打紧，可激怒了王书记。王书记见信后勃然大怒，拍案而骂道：“我乃湖北省第一号人物，从来说一不二，谁个不知，谁个不晓？就是中南局书记陶铸也要让我三分。你相某人何许人也，竟如此大胆，要在老虎身上拔毛？今日不给你点厉害看々，实难消我心头之恨也！”于是就对部下如此如此，这般这般的吩咐一下。正是

虎落平原被犬欺　　龙游浅水遭虾戏

书记发怒下令，部下自然要效劳一番。相家志当时本在咸宁地区搞四清，当工作队员，这下子，四清工作全都停下，全体工作队员又声讨这个“反革命”了，从此后，相家志成了新的“牛鬼蛇神”，在咸宁斗了，又在武大斗；大会斗、小会斗，最后被开除团籍，送去劳改。要不是毛主席批判了资产阶级反动路线，解放了革命小将的话，相家志事件就要成为“千古奇案”，永世不得翻身了。

然而所谓“叛”搞得也很妙，相家志在北京南下串连同学的帮助下，于8月29日，身穿单衣，只身冲破重々阻拦，来到北京，8月31日，相家志见到了心中最红最红的红太阳毛主席。啊，心里多么激动，两

眼充满了泪花。王任重知道骗不过去了，就于九月八日接见杨家志
又是体贴。又请吃饭，好不亲热，王书记道"我要向你检讨，请你原
谅。-----这没有什么不可原谅的，我并没有要威宁地委去斗争，他们
那样做了，这是错误的。-- 你回去。我让社教总团给你平反。------你
表现不错嘛！谁把你当黑帮，我坚决和你站在一起作斗争。"正是

两面三刀任重手　　口蜜腹剑王贼心

类似这样的事例还有不少，一言难尽。有兴趣的话，读者可到
武汉去走上一遭。

不过书记这套"两面三刀"的手法，确也一度骗得了许多群众的拥
护，也骗取了中央一时的信任，这次文化大革命一开始就跃升为中
南局第一书记，兼任中央文革的一位副组长。对于这椿事，王书记
的心情十分复杂，又是喜来又是愁。你知道这是为何？

原来，王任重身兼两职，地管南北，按书记的大智大勇来说，
那还足以胜任的。但现在是文化大革命时间，却有不少为难之处。
你看：在北京，要支持革命少数派，但王某却在武汉要引蛇出洞
打"要枪打出头鸟"，打击革命造反派，这岂不是阳奉阴违吗
在北京要支持革命造反派，但王某却在武汉指示要"大抓南下
小撮"，对南下串连同学下逐客令，这岂不是明从暗抗吗？

因此王任重又是喜来又是愁。喜的是自己两面派手法果然触
效，而得平步青云，用任重自己话来说，正是"壮志已成大业"也。

同时，书记心里也明白，在武汉搞的一套是与中央精神对抗
要则湖北是他的独立王国，但安能一手遮天?! 旦戳穿了两面派
真面目，岂不身败名裂，千日之功，付诸东流？想到这里，岂不发

无奈何也只得硬着头皮上任，把这两面派耍到底了，到那时
是你搞你的，我搞我的，不向中央文革小组汇报情况就是了，何
还有顾虑作后台呢！正是

新官上任左右难　　旧法还是阴阳脸

读者看到这里就可以明白，王任重之所以成为扒手，事出有
决非一日之功。在王任重到北京以后，尤其在清华、北大大展其
其扒术之高、用计之好，远为一号扒手刘王氏和二号扒手薄老头

不及，可以说是前无古人，达到古今权术之高峰。要知王任重如何施展其权术，且听下回分解。

第七回 父女搭档各显神通 "三临"齐唱"秋后算帐"

前面已经提到，在工作组欲撤未退之时，有一个叫王小平的，贴了一张《给中央文化革命小组的一封信》的大字报，竟敢批评工作组。但见大字报前人头挤挤，一批走了又一批，好不热闹。一时间全校翻腾，议论纷纷。有些反蒯干将，赶忙又効犬马之劳，说：这是王大富，蒯大富跳出来了，呼吁全校赶快反击。有些忠厚的人们则大惊失色，王小平真吃了豹子胆，竟不怕当反革命？认识王小平的人则感到不理解：王小平原是保工作组的英雄人物，怎么突然来了一个180度的大拐弯？头脑机灵的人则猜测这张大字报有来历，想必内部后台透露了内部消息。果真不假，王小平就是王任重的女儿。原来王任重已得知中央已有结论，工作组犯了方向、路线的错误，挨批判是定了。书记便立刻电话传令，要王小平回家。于是一张出自任重之口，抄于小平之手的这张大字报就出笼了。果然大字报轰动了清华，王任重也亲临清华来看自己的得意之作。就在王任重来的一天，叶林被迫承认，这是一张革命的大字报，虽然其神态不太自然，声调是低沉的。从此王小平显得鹤立鸡群，身价百倍，后来居上，一跃而成临筹的要人。这正是：

近水楼台先得月，　内部消息女先悉。
老子英雄儿好汉，　女儿立功父荣誉。

人们由佩服王小平而到崇敬王任重，这是很自然的。所以当王任重来清华讲台大讲特讲：要大家独立思考，不要随风倒（当然，小平是天才，可以例外——此话不便脱口，读者心里明白就是了。）当时掌声雷动，经久不息。甚至躲在六号楼的王小平也听见了，真是抑制不住内心的高兴。

小平靠父亲当了"左派"，反过来，任重又靠女儿初步树立了威信，这一出双簧戏算是演出"成功了"。进一步，任重又对刘涛、贺鹏飞等人讲"中央文革要我管清华、北大、清华附中、北大附中，以后我当你们的参谋，你们三、五天可找我一次。"贺鹏飞等自然深信不疑，加之任重的点子颇得自己的心意，自必言听计从，一切听从王任重的摆布了。其实中央文革根本没有派他管过任何学校，任重不过小施权术，以此称霸一方而已。

八月四日，叫林代表工作组向全校师生员工作了第一次检查，检查很不深刻。广大革命师生员工要求继续批判工作组的错误，并且开始贴王光美的大字报。这一下可激怒了王任重，马上把临筹的头头们找去，说道："你们不要贴王光美的大字报，她是国家元首的夫人，国际影响大。王光美嘛是个好同志，她出国回来脱了旗袍换上便衣就下了农村，这次是犯了经验主义的错误。"又说："工作组嘛，是老革命遇到新问题，犯了错误没有什么了不起，再说王夫人在啊，你们要考虑立即转入打黑帮。"这番话是挺合临筹头头们的心意的，但又想起广大群众不会买帐，怎么办？还是请教 下王书记。王书记一听，猛地站了起来，激动地说："他们是一小撮，没有什么了不起。你们赶快把文革代表选出来，辩论不休就表决，少数必须服从多数，因为代表大会是权力机构！"临筹头头们还没来得及完全领悟书记心意，任重接着说："来！我说你们吗，最后以你们临筹的名义给全校师生员工提几点建议，好不好？"贺鹏飞等一听书记亲自出主意，当然喜出望外，立即积极活跃起来，当场就一唱一合，定了一个"永垂史册"的"八·七"建议。建议的关键是保工作组，但保得很巧妙，你想要造反也可以，来一个你打你的，我打我的好了，横竖你是"少数"。这一下不打紧，全校哗然，有的赞成，有的反对。反对的搞了个"八·八"串连会，要求把工作组问题辩论到底，为革命造反精神彻底翻案。保工作组的一看大势不妙，在王光美与王任重的支持下，办了个一号称"尽快打黑帮串联会"，因为这一串联会是八月九日开的，以后人们就称之为"八·九"串连会。骑墙的便成了"八·八五"无党派人士。

两派既成，斗争更加激烈。王书记见"八·七"建议无效，此计不成，再来一计。他又乘八月廿二日周总理来校参加工作组第二次检查的机会，亲笔拟了一个"三点建议"，塞给贺鹏飞，要贺在讲话中以临筹名义提出这"三点建议"，内容不过"八·七"建议的改头换面，想通过周总理默认来强加于全校革命师生。可是周总理在听贺鹏飞汇报讲话内容时，断然反对这"三点建议"，贺鹏飞也就没有敢在会上提出。这一下把王任重搞得灰溜溜的，俎里不断地嘟嘟嚷嚷不知道在骂谁，心里暗想："不怕，我还有一张王牌，可由联络组来煽风点火，推波助澜，嘿……"

读者一定要问，这联络员究竟是何人，所干何事。这原来是王任重的一个花招。八月中旬，工作组撤出后，新市委派的联络组也遭到了毛主席的批评，让市委赶快撤走。而就在新市委撤走各学校之联络组时，王任重却反其道而行之。他原来在清华派有他从湖北带来的心腹数人作为联络员，这时不但不撤，反而通过另一个两面派人物刘志坚调了解放军政治学院的二十多名干部，组成清华联络组，由他的副秘书长吕乃强担任组长，经他亲自训话后派到清华。妄图借解放军的威信来控制局势，此计不可谓不毒。

本来联络组嘛，顾名思义，应该只是联络联络，上情下达，下情上传而已。可是王任重的联络组却成了"八·九"派的最佳助手。他们表面上不偏不倚，两派的会都参加，暗中却把革命少数派（即"八·八"派）的决议，动向，内情一五一十都告诉给多数派（即"八·九"派）。此外还帮助"八·九"派出主意，想办法，定好计，如何把"八·八"派置于死地。象清华流行的"秋后算账"论出于王任重的高见，又如清华革命少数派外出串联总发现有人盯梢，尾随，名曰"记账队"，这是专门收集"八·八"派的"罪行"的，否则秋后如何算账？这也是王任重的苦心发明，正是：

明枪易躲，　暗箭难防。
欲擒先纵，　秋后算账。

有王书记大人撑腰，刘涛、贺鹏飞、刘菊芬等人气壮势雄，胆子越干越大。直到"八·二四"联校借兵，血洗清华园，闹得满城风雨，全国震动。此等"丰功伟绩"，历来大家都认为是清华大学红卫兵所建树，岂不知：神仙远在九天外，司令原来王任重。

要知"八·二四"之详情及王任重的关系，请看下回分解。

第八回　紧策划纵右派翻天　细安排叫傀儡唱戏

话说王书记违反毛主席的指示，从湖北调来秘书充当我校联络员以后便从解放军政治学院抽了二十多个人组成联络组进驻清华。说是"联络"，其实是利用可以参加两派会议的方便，刺探革命少数派的情况，给多数派提供情报，出鬼点子，以达到镇压抗拔文化大革命的目的。于是就在王书记一手策划下，由联络员唱红脸，临筹委员们唱白脸，用不同于叶林的方式来镇压革命群众的白色恐怖又开始了。有诗为证：

叶林已走临筹立， 光美甫离任重来。

两朝元老刘贺李， 一样葫芦打压挤。

却说自从我们伟大领袖毛主席七月间指出了派工作组的错误，决定撤销工作组，拨正了文化大革命运动的航向，制定了十六条，发表了八届十一中全会公报以来，清华园的文化革命运动有了起色。"八八"串連会坚持了斗爭的大方向，坚决要求彻底批判工作组的错误，为革命造反精神彻底平反。这引起了王书记的恐慌，王和刘王信来信往，下则唆使刘涛、刘菊芳、李黎风等反动"英雄"处处与"八八"派作对，定调子。肉麻地说什么"王光美是个好同志"……"元首夫人……出国回来脱下旗袍就下农村。"八月八日，"八八"派准备借礼堂召开关于工作组问题的辩论会。刘涛等一伙小当权派想借吧，又不甘心，不借吧，又没有理由。正六神无主之际，请来了王书记。王书记却慷慨地说："借给他们！"然后授以锦囊妙计，如此这般。果然那天晚上会开到八点多，贺鹏飞就宣布："等一会儿中央人民广播电台要广播十一中全会文件。"于是辩论会开不下去了。看来王书记是赢了。可惜，广播的是十六条。它一公布，恰好大长了革命造反派的志气，灭了保守派的威风。革命小将们从此更得到精神上的鼓午，思想上的武装，他们批判工作组的方向路线错误的决心更大了。这一点王书记恐怕没有想到吧！说真的，他只能破坏一次大会，却怎么也挡挡不了革命的洪流。

正是

蚂蚁緣槐夸大国，蚍蜉撼树谈何易。

王书记一看大势不好 清华园内革命的火越烧越旺，不仅烧了叶林烧了王光美，而且要烧到别的什么人身上了。是可忍孰不可忍。文斗斗不过对方，武斗也可以嘛！于是八月十九日，在"八·八"派組织的批判工作組，为革命造反精神彻底翻案的大会上，由王光美与王任重的得意门徒刘菊芬領着一伙号称"敢死队"的人马搗乱会场。他们在别人发言的时候散发传單，被多次劝阻无效。最后竟然大打出手，強行占据主席台。这时候主席台上是有王书记的秘书在的。值得一提的是，在兵慌马乱中，清华大学紅卫兵的头目之一的马楠，居然打人，开创了清华园内打人的先例。这是题外話，不必多表。却说那伙"敢死队"占得主席台后，声嘶力竭地大喊："只准左派造反，不准右派翻天"，"老子英雄儿好汉，老子反动儿混蛋"等々。正是：

贼喊捉贼把戏旧， 右派反"右"花样新。

读者、你切不要以为"八一九"事件就已經登峰造极了，其实不过是清华临筹和清华紅卫兵鎮压革命派的序幕而已。

话说八月十八日，我们伟大領袖毛主席在天安门城楼接見百万紅卫兵小将和革命师生后，我们开始貼砲轰王光美和刘少奇的大字报，在二十三日、二十四日这方面的大字报猛烈增加，这可使临筹和清华大学紅卫兵的头目感到強烈不满。廿四日上午，他们秘密商量，把这批革命大字报说成是"攻击党中央"，是"右派翻天"，制造鎮压革命派师生的輿论。

廿四日下午，清华大学紅卫兵调集十二院校紅卫兵于清华附中，贺鹏飞、刘菊芬等人在讲话中煽动性地说："毛泽东主义红卫兵把矛头指向党中央毛主席。"挑动外校红卫兵对清华毛泽东主义红卫兵的仇恨。（可是事实偏偏那么无情，那些所谓攻击党中央的大字报，几乎全是清华大学红卫兵贴的。）四时半，十二院校红卫兵开进大字报区，反复广播"安民告示"把最后通牒等乌七八糟的东西，骂爹骂娘之声不绝于耳、狗崽子、王八蛋的呼叫也漫天盖地而来。他们声称，凡是有关中央首长的大字报，都必须在六点钟以前移入内部馆，可是内部馆直到六点钟都还没有开锁。你看马楠在五时正随着一路人马，把整个大字报区封锁起来，挥舞皮带杀过来了，好不威风！你看记帐队举着照相机来了，照下了每张大字报的标题和作者姓名，动作真干净利索！有人在大字报摘录了一些内容，这些打手们大叫大嚷："统统给我留下，老子要搜书包了，如有违抗，格杀不论。"有位同学好奇，看了一下撕下了什么大字报，却被"敢死队"们捆将起来，抬到明斋前，饱受了一顿拳打脚踢。正是有几个战斗力较强的"八·八"派战斗组，好！马上抄家去，事不宜迟！弟兄们，给我撕！抢！抄！但见：

落霞与彩纸齐飞，皮带共拳头一色。"八·八"派有几个立场坚定，战斗力强的战斗组，自然深为"八·九"派所痛绝。这次他们趁机大施余威，对他们实行抄家。从此不少"八·八"派战士在清华无安身之处，只得暂时避难于北大、人大。这是后话。

却说勇士们撕光，抢够，抄完班师回朝之后，老百姓出去一看，不禁瞠目结舌。原来不但给刘少奇的大字报给撕光了，给"敢死队"贴的大字报更撕得片纸不留。真没想到，十四级的王光美也算中央首长；更没想到，还有那么些"中央首长"在清华大学当学生呢！贴在土木馆西面上的总共二、三十张纸之多的周总理八月廿二日在清华的讲话，他们也没放过，全给撕掉。人们不禁要问，这是为什么？晚上，本来要开个“庆功”大会，以对毛泽东主义红卫兵和广大革命师生进行示威。第二天晚上，清华大学红卫兵的头头们，还利用城里传来反革命行凶杀死红卫兵的消息，在礼堂对毛泽东主义红卫兵进行恶毒的攻击，发言者调门越叫越高，扬言要解散毛泽东主义红卫兵，勒令毛泽东主义红卫兵在二十四小时内交示红袖章，把毛泽东主义红卫兵中的一小撮反革命分子抓出来……

可是事与愿违，毛泽东主义红卫兵并没有解散，而对“八·一九”事件和“八·二四”事件提出尖锐批评的大字报日益增多，中间群众一见到清华大学红卫兵就退避三舍，听到“敢死队”三字就摇头而去。这可急坏了清华园内的第二号扒手王任重。原来他虽然不能和马狮并肩作战，手挥着皮带杀回来。可是“八·二四”事件中，他的“功绩”是不可磨灭的。因为事前贺鹏飞就和他用电话联系过，是日中午他的秘书还督促临筹和清华红卫兵的头目要赶快行动；而在行动之前，贺鹏飞刚从他那儿回来。这大概就是古人所说的“运筹于帷幄之中，决胜于千里之外”的谋士风度吧。现在“八·一四”以后出现如此令人难堪的局面，我们的“谋士”心情自然是沉重的。但他没有想到革命洪流是不可阻挡的，却责怪贺鹏飞道：“你们太性急了，‘抓一小撮’这话怎么能明讲出来呢？……清华的盖子还没有揭开，联络组正在调查他们的后台……”果然，那些打着“上传下达”的旗号进来的联络组们居然来自多数派的动态组的工作了，并且有些事情还是联络员自己去了解的。

到得八月底，王任重看看压制少数派的工作太不顺手，软的不成、硬的不行，文斗不赢，武斗不灵，便吩咐秘书与多数派头目从长计议道："八月份你们太急了，和他们打了交手仗，九月份按王任重同志的指示，高姿态斗黑帮，不理他们，让他们分裂，这就高明多了。"王书记满以为这样就可以拖垮少数派了。没想到我们伟大的领袖毛主席支持大串连，少数派欢欣鼓舞，收拾行装，一来杀到社会上，经风雨见世面，回来可以更好地进行斗争；一来表示对王书记的安排不买账，让他们自己唱独脚戏去；三来可以到湖北同当地革命群众一道造王任重的反。这一着对王任重的反。这一着对王任重说来好似晴天霹雳，少不免又要好几夜睡不好觉。要知王书记怎么招架，且看下回分解。

第九回　兔突豕奔风烟滚滚　树倒猴散逃之夭夭

话说王书记听说少数派大部分人要外出串連，特别要去湖北究他的老底时，不禁怒从心中起，火向胆边生，立即下令临筹严加控制介绍信，千方百计地阻挠同学南下串连。最忠实地执行王书记指令的，要算王小平了。只要她在临筹办公室值班，谁也不用想开出介绍信来。这是一方面。另一方面，王书记却亲自开介绍信要派宋要武去湖北保他。宋要武一到湖北，張体学待如上宾，住旅馆，坐小汽车。宋要武也不负重托，下车伊始就哇喇哇喇发表文告，《湖北日报》社马上招字、好纸，大量印发，武汉的人人手一份，为必读文件；省外的随《湖北日报》发行于全国。此文大骂革命造反派"下车伊始哇喇哇喇"云云，成了十足的跳梁小丑。王任重想借宋要武是受毛主席启示而改名的这一点来镇压革命造反派，此心不可谓不毒，此计不可为不好。然而黑的说不成白的，曾几何时，宋的谬论就被广大群众驳得体无完肤，节节败退，而王任重、張体学的狼子野心亦图穷匕现矣。真个是：

老王妙计安天下　　害了小宋又折兵。

却说王书记除了指挥多数派大打出手之外，少不免也得做些小动作。其中最出名的要数八月二十二日周总理来清华作报告的前夕，演出的"大字报走马灯"了。你知道这是怎么回事？因为第一号扒手刘王氏溜出清华园之后，已经声名狼籍，但自有一班吹鼓手为她歌功颂德，涂脂抹粉，甚至把吹捧王光美的大字报送到王府井大街上去了，并且说她是"国家领导人"云云。那王书记有心保她，也不能太肆无忌惮，总是在群众面前故作忸怩 番，况且谁不知道在这种脑她的情况下，再捧她就等于害她，同时自己也会落得一身臊。而小骂却可以大帮忙啊！于是八月十八日，王书记向雷蓉、王小平口授了张"三问王光美"的大字报，并让她们到学校串连贺鹏飞等一些高干子弟（但不要包括刘涛在内）一起签名，并嘱咐一定要赶在总理来校之前贴出。果然这张大字报在八月十九日见之于世了。读者要问，如此好事，让王小平 人独占好了，何必与其他高干子弟"利益均沾"？原来贺老总、李井泉两人与王任重早就有约在先，今后有好的大字报，要让贺小龙、李黎风等"有计划地出出"。至于这是为什么，读者是聪明人，笔者就不多饶舌了。

与此同时，王书记又把刘涛"串连"到家中住了三天，帮她写成了"誓死跟着毛主席干 辈子革命"的大字报，于八月廿一日贴出。这张大字报主要是批判其妈王光美的。此外，还给刘涛透露了一些刘涛所不知道的关于刘某的材料，让她写了张火烧她爸爸的大字报，送到中南海去。有趣的是，这位王书记丑于表功，他对刘涛说："人家都说我是毛主席的学生，我可不这样认为，------"正是：

老王自来爱卖瓜　清脆香甜靠自夸。

这是闲话，自不必多表。

却说刘涛的大字报还未贴出，贺鹏飞等支持她的表态大字却已写就。因此两份大字报几乎是同时贴出的。这自然也是王书记在背后导演的双簧了。

到九月底，形势大变。中央文革支持了地质学院的东方红公社的革命行动，革命派为之扬眉吐气。清华大学井冈山红卫兵也于九月二十四日宣布成立，打开了两条路线斗争新局面。革命浪潮汹涌澎湃，资产阶级反动路线节节败退，王书记也陷入四面楚歌之中：武汉告急，清华告急，------这可如何是好，急得王任重如热锅上的螞蟻，進退無路。无可奈何，三十六計，走为上着。王书記急中智，当机立断，接連下了五道緊急命令：

第一令給秘书吕万强：在二十四小時內撤走全部联絡組。于联絡組不告而别，一夜之間，全部不知去向。

第二令給晏女王小平：赶快粉墨再登场，成立紅旗紅卫兵。于打衷主義青林的紅卫兵果真成立了。

第三令給临筹楊鵬飞：馬上交回臭名昭彰的"三类建設"认罪證。并吩咐："今后有事可别再找我老王了，你们自己去吧！"

第四道命令給秘书电話员：火速将王书的电話号碼改定重装免得造々们重来找麻煩。于是欲求无门，王书記从此闭门謝客，前冷落車馬稀了。

王书記考虑再三，感到身在北京总非万全之計。于是又下了道命令給自己：馬上請示陶鑄。陶鑄回电：逃为上策，走為密。于是王任重連夜潜出北京，回到老巢武汉去；誰知武汉的革造反派正要揪王任重呢。王书記神魂不定，又火速逃到广州，到鑄的旧巢去，又誰知，武汉和北京南下串連的革命造反派又跟踪到中南局，王书記又立刻逃往海涯之地——海南島。无奈。

天涯海角总有革命群众力无边。

王书記虽插四翅，又怎能逃脫革命群众的巨掌，現在王任重被揪回武汉，被迫 作了几次檢查。正是大快人心，大长革命反派的志气。还有，清华还等着王任重回来認罪服罪呢！

第三号扒手王任重的下场是如此，第一号扒手刘王氏、第二号扒手薄老头的下场，自然不会比王任重好些。欲知這两位扒手如何下場，且看下回分解。

第十回 妙手連々丫头掌政 天网恢々扒手就擒

話說《紅旂》十三、十五期社論連續发表以后，革命形势一片大好，毛泽東思想取得一个接一个胜利，众扒手見势不妙，紛々远走高飞，躲藏了起来。王任重是陶鑄这个大保皇派，大两面派批准去海南島"养病"的，不但已經被湖北的革命群众揪了回来，就連他的后台老板陶鑄也給揪了出来，无独有偶，薄老头也躲到南方"养病"去了。這些人斗学生都是好好的，这這時候偏々不知哪来那么些病！原来薄某不仅々在清华施展了扒术，在北京地质学院也露过几手，在經委的勾当就更不必說了，反正已經查明，他是个反党、反社会主義、反毛泽東思想的修正主義分子。对這样的人，革命群众岂能饒得了他！一九六七年元旦过后不久，他就被地质学院東方紅公社的战士揪回来了。正是：

体等野兔三狡窟　难逃烈火一片紅

好了，这一对难兄難弟有了交待了，独有刘王氏躲在中南海，不肯出来，以为别人没法奈何她了，但自有一些急性子的人，等待不了，偏去找她，這是后話，暂且不表。却說刘涛有个妹々叫刘平平，却是王氏亲生。虽然刘家子女七、八个，夫妇俩唯独疼愛平平，好比掌上明珠心头肉。平々目下在北京师大第一附中攻讀，已是高二一年級了。文化大革命初期，工作組進校，她卻成了工作組組員。十多岁的中学生当工作组组员，恐怕在全国也是独此一份了。想来必是稳重无疑。刘某为人是十分自信的，一向以中国的"刘克思"自居，連毛主席的話也也不肯听，独有这个稳重的話偏偏得聽聽。想当初，派到师大一附中的工作组因为和平平合不来，平平回家一告状說："这个工作组不成！"馬上这个工作组就被撤走了，换了第二个工作组。这回平平觉得个作得还可以，回家就說："这个工作组还凑合"，于是这个工作组就得以留下。有的人联想力也十分丰富，他說："要是把刘少奇搞成平平的話，那六一四被打成反革命的恐怕是可怜了。"这自然是牢骚之談，不值得寻根。却說平平这个工作组員，别看她资历甚浅，但权力极大，因为每次只见她从家里回来，手手里都有写得密密麻麻的好些字，只要她在会上一念，哪怕是工作组组长，也只能唯唯称是，进而体会精神实质，在学生中大抓"牛鬼蛇神"。工作组撤走后，平平又成了文革主任，独霸一方。由工作组员升而为文化大革命主任，恐怕在全国也就独此一份了。可以想象，这样的文革组长，和工作组是不会有什么差别的。然而曾几何时，资产阶级反动路线被打倒了，平平将被中央指示为黑材料，终于被造反派把本本又抄走了。嘿！里边净是刘某人给她作的指示，[illegible]看一看。但他对于反对此事作毫不悔改之意，反而恶狠狠地說："平平，去把大学报抄回来，看他们歪曲了什么。我们还要秋后算账！"抄也好，不抄也好，反正修平々也不了检讨。就在一次的讨会结束之后，清华大学井冈山的几名战士把平々留下来"座谈"，别外一些战士紧张地布置战斗任务去了。

下午六点一刻，刘府接到交通队的电话："喂……刘平々的家々吗？……我们是交通队，刚才刘平平从学校回家时出了事祸，……已经送到民医院了，伤势很重，……我们给学校打过电话了。"好似晴天霹雳，刘氏夫妻两人面々相觑，正不知如何是好，电话铃々响了。"喂，平々的家々吗？……刚才交通队来电话，说平々在和平门附近撞了汽车，已经送到民医院了，……我们马上去看……"电话还没听完，王氏眼泪夺眶而出，接着竟呜咽起来；说道是"无情未必真豪杰怜子如何不丈夫"，别说王氏按捺不住感情，刘某竟然也止不住流泪。

却说在民医院中，井冈山兵团的战士正在紧张地准备着。他们[illegible]，然后迅速地控制了交通要道和全部电话，不一会儿，一个十三四岁的小女孩子和一个警卫人员来了。这个小女孩是刘婷婷，乃平平的妹々。啊！老奸巨猾的老两口没来！这两人进来一看見不对头，马上要打电话回去，却被战士们拦住了。经过一番说服动员，他们同意了站在革命派一边，造刘少奇、王光美的反。于是婷々拿起了电话筒："妈々，平々伤势很重……在左眼，……大夫说要动手术……"电话里可以听到王氏带着抽泣的声音："……怎么？……让大夫跟我说，……快……"于是大夫拿起了话筒："……是呀，……很严重，粉碎性骨折，非馬上动手术不可，不然就耽誤了……要家长签字……”說到这里，对方沉默了片刻，传来了另一个人的声音。“王光美同志上来了。”正是：

巧施調虎离山計，待得金龟落网来。

說話之间，一輛小汽車停在医院门口。没想到，不但王光美来了，連當時白区工作組長的刘某也来了，他们进了大厅才知道上了大当，但要撤退已经来不及了。只吓得王氏面如土色，浑身发抖，汗流浃背，寸步难移。战士们当即严正声明，只要清华方一号手到王氏回清华环时，其他人一概請回。无奈何，王氏只好象泄了气的皮球瘫軟地板上，刘某人領着随从人员自行溜下去了。王氏惊魂甫定，却还坐在地板上賴着不走，嘴里不住的說：“来，我们談判談判好不好？……大家来学一段最高指示吧！……好，先談判，談判……”战士们見她要如此拙劣的耍花招，真是又好气又好笑。这些有什么可談判的？有話請到清华再說吧！这不是“請客吃飯”的时候了。于是女战士们在其他在场同志的协助下，护送她上了准备好的吉普車，便风馳电掣般向清华園駛去了。后事如何，自不必細表，但聞有詩贊曰

玉宇澄清万里埃，清华英豪壮胸怀。
紅旗浩荡東风里，兵临柏京井岡来。
神州有瓮谷执手，九凶无計落鬼胎。
余孽仓惶披丈逭，某妇哭兮泪满腮。

读者欲知道今后事态发展，请注意清华大学《井冈山》报的报道。

〈完〉

翻印者附言 本文形式是条章回小说，内容、情节却系事实。三个扒手之丑态，在编者无情锐利笔刀之下，刻划得淋漓尽致、原形毕露。望读者同志们加强研究分析，深刻地认识政治扒手的丑恶嘴脸及其两面派的手法，揭穿他们的种种阴谋诡计，更有利于我校群众无产阶级文化大革命的战士！

"宜将剩勇追穷寇，不可沽名学霸王。"我们誓将资产阶级两面派政治扒手、扒手、手脚，使它们永世不得翻身。

本节原名《扒手外传》，因考虑全书内容均系揭露这些政治扒手的幕后活动，而改名为《在幕后……》，并此说明。

*　　*　　*　　*

金猴奋起千钧棒，玉宇澄清万里埃，

今日欢呼孙大圣，只因妖雾又重来。

*　　*　　*　　*

打倒中国的赫鲁晓夫——刘少奇

红色四联战斗队转抄 67.8

按語

无产阶級革命派同志們：

我们毛泽东思想"四联"宣传組經过多方面串联获得清华大学　山兵团印发的"桃园""幕后——"我们认为这个材料很好，揭露了　内最大走資本主义道路当权派，在无产阶級文化大革命中犯　的滔天罪行。

目前无产阶級文化大革命正向纵深发展，形势大好。党内　人的一小撮走資本主义道路当权派虽被我们揭露出来，但　他们人还在心不死，最近又向无产阶級革命派进行新的反扑。紅旗杂志""人民日报"給我们提出新的战斗任务，对党内大大小小的走資本主义道路的当权派，是纸老虎、不是死老虎，必　发扬魯迅痛打落水狗的革命到底精神。

我们无产阶級革命派联合起来！把无产阶級文化大革命进行到底！

革命无罪！造反有理！

打倒刘少奇！批臭黑修养！

伟大的中国共产党万岁！　毛主席的革命路线胜利万岁！

战无不胜的毛泽东思想万岁！

我们心中最紅最紅的紅太阳伟大的导师伟大的领袖伟大統帅伟大舵手毛主席万岁！万岁！万万岁！

宣传組　8月

史无前例的无产阶级文化大革命运动，在毛主席的亲自领导下，取得了一個又一個伟大胜利！使党内最大的一小撮走资本主义道路当权派闻风丧胆，威风已尽，大長无产阶级威风！

这是毛主席的无产阶级革命路线胜利！

为了维护毛主席的革命路线我们坚决地：

打倒刘斗拘！批臭黑《修养》！

打倒刘邓陶！打倒陈大麻子！

打倒王任州！打倒万陵反党集团！

打倒宋錢反革命修正主义份子！

战无不胜的毛泽东思想万岁！

伟大的领袖毛主席万万岁！！

刻写油印何其苦，
今日年华头亦白。

题

打倒

彭德怀

彭真

这是天津十六中学三个教师造反组织联合刻印——造反啦！

教师的

天津十六中

（教）《从头越》

（教）《愚公》

（教）《万水千山》

战斗组联合翻印。六七年八月

李孝先

最高指示

凡是反动的东西，你不打他就不倒，这也和扫地一样，扫帚不到，灰尘照例不会自己跑掉。

毛泽东

向人民低头认罪

我在一九五九年七月十四日庐山会议时，写了一封错误的信给主席。

主席于七月廿三日批判了我那封信。信的内容、主席的教导大致如下：讲到总路线、人民公社、大跃进的伟大成绩，但是接着讲了当时的情况，主要的矛盾是比例失调。这一段是针对国家计划委员会指示的。主席批判了，比例失调这是美国杜勒斯样的人。主席批判是正确的。经过八字方针——调整、巩固、充实、提高，克服了连续三年自然灾害，使我国经济情况就很快好转，早就超过了原有水平，而且正在进行第三个五年计划，全国经济一片繁荣，证明了我提出的什么比例失调是夸大了的，是右倾机会主义错误的。同时证明突出的矛盾不是比例失调，而是阶级斗争。这是显然的把红黑摆错了，轻重倒置了，这就会忽视政治挂帅，也就违背了主席的"政治是经济的灵魂"，这是违背毛泽东思想的。直至六三年主席提出三大革命，阶级斗争、生产斗争和科学实验，我才有些体会。

我的信还提出了什么小资产阶级狂热性的问题。

主席批判这是彭德怀举起无产阶级旗帜，招兵买马。主席又指示：每天几千万人上山炼铁，这是伟大的事迹，而他却诬蔑为小资产阶级狂热性。主席这个批判既正确又非常及时。如果不及时纠正，这样一桶冷水泼下去，当然会打击群众热情，给修正主义者撑腰，就加重了我的罪恶。

浮夸风吹遍各地各部门，毛主席批判这也是夸大了的。总还有些部门和地区没有浮夸风的，主席这个批判也是十分中肯的。如大寨大庆就没有浮夸风，而且一贯实事求是，艰苦朴素的飞速向前发展，成为我国工业、农业建设战线的两面红旗，事实胜于雄辩。主席讲的才是真理。

我讲的浮夸风吹遍各地，各部门显然是错误的，片面的大错误。证明我看问题方法不是全面、一分为二、辩证的观点，而是片面形而上学的。

我那封信总合起来看，是反党、反社会主义、反三面红旗、反毛主席、反毛泽东思想的，是修正主义的脏东西。

彭德怀

1967.7.20

（河大八、一八《扫残云》印）

批判反革命修正主义分
彭德怀

(一)

彭德怀原名彭得华，他供认，这个名字的意思是想他个人得到
华民族。他十七岁就参加了国民党的旧军队，在大军阀何键部下当
团长，打过红军。因未提升其当正团长，对国民党不满，在我工作
员帮助下，参加了一九二八年的湖南平江起义。

彭德怀到中央苏区，先后忠实执行了李立三、王明的机会主义
线。一九三〇年在左倾盲动主义路线的指导下，他违背毛主席的农
村包围城市的战略原则，两次攻打长沙，他动员了很多农民、赤卫
参加，结果使革命军队遭受很大损失。毛主席对他这种盲动主义的
误，进行了尖锐的批判。

毛主席指出："犯着革命急性病的同志们不切当地看大了革命的
观力量，而看小了反革命力量。这种估量，多半是从主观主义出发
其结果，无疑地是要走上盲动主义的道路。"

彭德怀把国民党军队的军阀作风，带到了红军，他提倡单纯军
观点，反对政治领导军事。毛主席一九二九年十二月写的光辉著作
于纠正党内的错误思想》，对彭德怀的单纯军事观点进行了深刻批
(略，见《毛泽东选集》第一卷第87—89页)

(二)

一 抗日战争时期 彭德怀又同刘少奇、邓小平、彭真、罗瑞卿
杨尚昆一起，积极推行王明的投降主义路线。他吹捧蒋介石是"领导
战的英雄"，主张无条件拥护蒋介石，鼓吹"抗战以国民党为主体 依
国民党，对国民党不批评、不斗争。"他执行王明的"一切经过统一战
的投降主义纲领，宣扬抗日高于一切，一切为了抗日，一切通过统
战线，一切服从统一战线，对国民党不分左中右。"

毛主席当时写的《上海太原失陷以后抗日战争的形势和任务》、
《统一战线中的独立自主问题》等著作，对这种投降主义的路线进
了针锋相对的斗争。(《毛泽东选集》第二卷第384页)

二 毛主席在抗日战争时期提出的战略、战术原则是：战略持
战，战术速决战，敌后游击战为主，运动战为辅。彭德怀与毛主席
这个战略、战术背道而驰。一九四〇年他背着党中央和毛主席擅自
动了"百团大战"。彭德怀在"百团大战"当中提出的口号是："粉碎日本诱
政策，保卫西安，保卫昆明，保卫重庆。"这一仗暴露了我军的目标

根据地，使敌人用更大力量向我军进攻，给华北根据地和我军的发展造成了严重的损失，而对国民党、蒋介石却起了保护作用。难怪蒋介石对"百团大战"大加赞赏，叫喊"再来一个"。

毛主席在《学习和时局》一文中，对彭德怀的这种错误，进行了严肃的批判。他说："但在此阶段内（指一九三七年至一九四二年这一阶段——抄者），我党一部分同志，犯了一种错误，这种错误就是轻视日本帝国主义（因此不注意战争的长期性和残酷性，主张以大兵团的运动战为主，而轻视游击战争），依赖国民党，缺乏清醒的头脑和缺乏独立的政策（因此产生对国民党的投降主义，对于放手发动群众建立敌后抗日民主根据地和大量扩大我党领导的军队等项政策，发生了动摇。）"

毛主席在一九六六年十月二十四日汇报会议上的讲话中又提出，彭德怀发动的"百团大战"是搞"独立王国"，"那些事情都不打招呼。"

三　一九四三年，正是抗日战争最艰苦的时期，这个时候，日本帝国主义对我军举行更猖狂的进攻，实行杀光、烧光、抢光的"三光"政策，国民党反动派一次又一次地掀起反共高潮。在这个阶级搏斗十分激烈的时候，彭德怀擅自发表了《关于民主教育的谈话》，在这个《谈话》中，他闭口不谈抗日战争，闭口不谈夺取政权和巩固政权，而捡起了资产阶级"民主、自由、平等、博爱"的破烂儿，加以宣扬，他不去反对阶级压迫和阶级剥削，而却提倡阶级互助，提出了"己所不欲，勿施于人"的反动口号。

毛主席知道彭德怀发表的《谈话》后，当即就写信对他进行了批判。

毛主席在信中写道：

"你在两个月前发表的《关于民主教育的谈话》，我觉得不妥。兹将我的意见列下：

"例如谈话从民主、自由、平等、博爱的定义出发，而不从当前抗日战争的政治需要出发。又如谈话不强调民主是为着抗日的，而强调是为着反封建的，不说言论、出版是为着发动人民的抗日积极性与争取并保障人民的政治、经济权利，而说是从思想自由的原则出发。又如不说集会、结社自由是为着争取抗日胜利与人民政治、经济权利，而说是为着增进人类互相团结与有利于文化科学的发展。又如没有说汉奸与破坏抗日团结分子应剥夺其居住、迁徙、通信及其他任何政治自由，而只笼统地说，人民自由不应受任何干涉。其实现在各根据地的民主、自由对于部分人是太大、太多、太无原则，而不是太小、太少、与过于限制。故中央曾在去年十一月公布关于宽大政策的解释，强调镇压反革命分子的必要。你在谈话中没有采取这一方针。又如在现在各根据地上，提倡要实行复决权，不但不利，而且是做不到的。

又如说在法律上决不应有不平等规定，并未将革命与反革命加以区别。又如在政治上提出"己所不欲，勿施于人"的口号是不适当的。现在的任务是以战争及其他的政治手段打倒敌人，现在的社会基础是商品经济，这二者都是己所不欲，而施于人。只有在阶级消灭以后，才能实行所谓"己所不欲，勿施于人"的原则，消灭战争、政治压迫与经济剥削。目前中国内各阶级间，有一种为着打倒共同敌人的互助，但是不仅在经济上没有废止剥削，而且在政治上没有废止压迫(例如反共等)。我们应该提出限制剥削与限制压迫的要求，并且强调团结抗日，但不应提出一般的绝对的阶级互助(即己所不欲，勿施于人)的口号。又如说西欧民主运动是从工人减少工作时间开始，并不符合实际等。"

(批评彭德怀一九四三年四月《关于民主教育的谈话》的一封信一九四三年六月六日)

(五)

一、一九五三年，毛主席和党中央提出了过渡时期的总路线。这条总路线是照耀各项工作前进的灯塔。彭德怀为了反对党的过渡时期的总路线，拒绝社会主义革命，就同高岗、饶漱石结成反党联盟，阴谋实行反革命复辟。在高饶反党集团猖狂活动的时候，彭德怀亦赤膊上阵，公开叫嚣："党中央对主席要轮流坐庄。"

党内头号走资本主义道路的当权派刘少奇，在一九六二年一月二十七日扩大的中央工作会议上，公开为彭德怀开脱罪责，说彭德怀只是"高饶集团的余孽。"

毛主席立即严词反驳说："是主要成员"，"彭和高实际上的领袖是彭"，"他们的罪恶太大了。"

毛主席在一九六六年十月二十四日汇报会议上的讲话中又指出："高岗、饶漱石、彭德怀是搞两面手法，彭德怀与他们勾结了。"

二、一九五五年，在毛主席的英明领导下，我国掀起了农业合作化的高潮。毛主席说："这是大海的怒涛，一切妖魔鬼怪都被冲走了。社会上各种人物的嘴脸，被区别得清清楚楚。"

党内老牌右倾机会主义分子彭德怀在农业合作化的高潮中，又一次暴露了他的丑恶嘴脸。他和党内最大的走资派刘少奇，一唱一和，反对农业合作化。他胡说合作社"发展太多，要求太急"了。

毛主席在关于《农业合作化问题》及他为《中国农村的社会主义高潮》一书所写的许多编者按语中，对这种"右倾"痛加批判。

他说："在全国农村中，新的社会主义群众运动的高潮就要到来。我们的某些同志却象一个小脚女人，东摇西摆地在那里走路，老是埋怨旁人说：走快了，走快了。过多地评头品足，不适当的埋怨，无穷的忧虑，数不尽的清规戒律，以为这是指导农村中社会主义群众运动的正确方针。否，这不是正确的方针，这是错误的方针。”

毛主席批判刘少奇、彭德怀之流的人物，“虽然顶着共产主义者的称号，却对于现在要做的社会主义事业表现很少兴趣。他们不但不支持热情的群众，反而向群众的头上泼冷水。”

三、彭德怀在他担任国防部长、主持军委工作期间，猖狂反对毛主席的军事路线，坚持资产阶级、修正主义的军事路线。他反对党的领导，叫嚷“以后不要政委”，推行苏修的一长制；他反对突出无产阶级的政治，主张物资刺激，推行军衔制度和薪金制，他还提倡技术挂帅，说什么“部队军事训练优劣、成绩优劣，各级干部学习军事科学成绩的优劣，是决定我军今后战斗力高低的标准”。他反对普遍民兵制，与苏修一唱一和，攻击我们的民兵是“一堆肉”，相呼应，说什么“形势变了，民兵制度过时了。”总之，他是照搬苏修的一套，反对毛主席的军事路线，妄图使我们的军队改变颜色，以便为其反革命复辟创造条件。

毛主席对彭德怀所坚持的反革命修正主义军事路线，进行了不调和的斗争。毛主席在一九五八年军委扩大会议上发出了“打倒奴隶思想，埋葬教条主义”的伟大号召，宣判了反革命修正主义军事路线的死刑。毛主席痛加批判了薪金制和军衔制。他说：“刘少奇、高岗、彭德怀学习了苏联那一套。薪金制我是不赞成的，学苏联那一套我是不赞成的。”（摘引总理五月九日在北京市革委会第二次全体会议上传达最高指示）又说：“搞薪金制、搞军衔制我从来就反对。”“供给制，过共产主义生活，是马克思主义作风，与资产阶级对立。我看还是农村作风、游击习气好。二十二年的战争都打胜了，为什么建设共产主义社会就不行了呢？为什么要搞工资制呢？这是向资产阶级让步，是借农村作风和游击习气来贬低我们，结果发展了个人主义。”毛主席还批判彭德怀的单纯技术观点，强调指出：“政治是统帅、政治是灵魂、政治工作是一切工作的生命线。”毛主席主张大办民兵师，实行全民皆兵，使帝国主义和各国反动派陷入人民战争的汪洋大海之中。

一九五九年庐山会议以后，毛主席和党中央罢了彭德怀的官，让林彪同志主持军委工作。几年来在毛主席和林彪同志的领导下，我们的军队高举毛泽东思想伟大红旗，肃清了彭德怀在部队工作中的流毒，更加革命化、更加战斗化了。

（四）

一九五八年，毛主席提出了“鼓足干劲、力争上游、多快好省地建设社会主义”的总路线。在这个路线的光辉照耀下，出现了全国全面的大跃进，出现了人民公社这一崭新的事物。总路线、大跃进、人民公社，就成了指引我们前进的三面红旗。

帝国主义、现代修正主义和各国反动派，却对我们的三面红旗恨之入骨。一向反对毛主席革命路线的老牌右倾机会主义分子彭德怀，这时又赤膊上阵，他勾结黄克诚、张闻天、周小舟等，积极参加了帝、修、反的反华大合唱。他在庐山会议上，恶毒地谩骂和攻击我们伟大的领袖毛主席，诬蔑总路线是"左"倾冒险主义，大跃进是"升虚火"、"发高烧"、"小资产阶级狂热"、"得不偿失"，人民公社"搞糟了"等等。他们的黑司令刘少奇，与他们心照不宣，一起猖狂向党进攻。刘少奇在会上以批判彭德怀为名，向毛主席射出了一支支毒箭。他说彭德怀"与其你篡党，还不如我篡党。"在这个会上，真有"黑云压城城欲摧"之势。

但是，黑云终究遮不住灿烂的阳光，螳臂挡车更是痴心妄想。我们伟大的领袖毛主席，在这个阶级搏斗的关键时刻，巍然屹立，对右倾机会主义分子发射了一系列重型炮弹，对阶级敌人痛加批判。

毛主席首先识破了阶级敌人的罪恶阴谋，向全党全国人民发出了战斗号召："现在不是反'左'，而是反右，是右倾机会主义向党、向六亿人民向轰轰烈烈的社会主义运动猖狂进攻的问题。"（一九五九年八月二日在八届八中全会上的讲话）他指出：右倾机会主义分子"是混入党内的投机分子"，"他们在由资本主义到社会主义过渡时期，站在资产阶级立场，蓄谋破坏无产阶级专政，分裂共产党，在党内组织派别，散布他们的影响，涣散无产阶级先锋队，另立他们的机会主义的党……他们现在的反党反社会主义纲领，就是反对大跃进，反对人民公社。"（对安徽省委书记处书记张恺帆下令解散无为县食堂报告的批语）

毛主席以无可辩驳的事实论证了：

彭德怀之流这一小撮右倾机会主义分子"他们从来就不是马克思主义者，他们只是我们的同路人，他们是资产阶级分子、投机分子混在我们的党内来。"毛主席说："要把这一点加以论证，材料是很充分的。比如现在印发的许多材料、抗日时期的材料，长征时期的材料，比如批判高岗，抗日时期的材料，比如什么'自由、平等、博爱'，抗日战线不能分左、中、右，分左、中、右就是错误的，'己所不欲，勿施于人。'在阶级关系中无产阶级与资产阶级、压迫者与被压迫者，提出这样的原则出来：什么'王子犯法，庶民同罪'，这样的一些观点，就是不能说是马克思主义者的观点，这是违反马克思主义的，是欺骗人民的，是资产阶级的观点。后来高饶彭黄反党联盟观点，比如'军党论'之类，挑拨党内的正常关系，认为这也有个摊摊，那也有个摊摊，这样一些观点和行为，不是马克思主义的观点……彭德怀在太行山的许多文件，请同志拿孙中山国民党第一次代表会议宣言和彭德怀在太行山抗日时期发表的那些观点比较一下，一个是国民党人，一个是共产党，时间一个是一九二四年，一个是一九三八年、一九三九年、一九四〇年，共产党员比一个国民党员要退步，这个国民党人名字叫孙中山，要进步。孙中山受共产党的影响，为什么发表那一篇呢？我最近找着看了一下，孙中山国民党第一次宣言，那里边有阶级分析这样的思想。怎么会有共产党缺的纪律呢？怎么会赞成无产阶级的纪律呢？没有共产党的语言，没有共产党的立场，纪律是建立不起来的。我说彭德怀不如孙中山……"

毛主席还痛斥了彭德怀之流，背着党中央，里通外国，与赫鲁晓夫修正主义集团勾结，企图分裂中国共产党的行径，"绝对不可以背着祖国，里通外国……我们也不可背着中央去接受外国的挑拨。"（以上两段话引自毛主席一九五九年八月在中共中央军委扩大会议上和外事会议上的讲话）

此外，毛主席还写了许多文章，对右倾机会主义分子痛加批判。我们下面摘抄的两篇文章，是毛主席对彭德怀的致命回击。

《对〈马克思主义者应该如何对待革命的群众运动〉一文的批语》一九五九年八月十五日

一个文件摆在我的桌子上，拿起来一看，是我的几段话和列宁的几段话。题目叫做《马克思主义者应该如何对待革命的群众运动》。不知是哪位秀才同志办的。他算是找到了几挺机关枪，几尊迫击炮，向着庐山会议中的右派朋友们，乒乒乓乓发射了一大堆连珠炮弹。共产党内的分裂派，右得无可再右的那些朋友们，你们听见炮声了吗？打中了你们的要害没有呢？你们是不爱听我的话的。我 （接下页）

刻版油印的先生们，重复翻印别人写的东西不累吗：傻瓜们！

（上接七页）

这就是我们伟大的成绩和光明的前途。

此致

敬礼！

彭德怀

一九五九年七月十四日

△ 在一九五八年大跃进中，解决了吃饭问题。在我们这样人口众多、经济落后的国度里，能够迅速得到解决，不是小事，而是大事。

已到了"斯大林晚年"，又是"专横独断"，不给你们"自由"和"民主"，又是"好大喜功"、"偏听偏信"，又是"上有好者，下必有甚焉"，又是"错误一定要搞到底，才知道转弯"，"一转弯就是一百八十度"，"骗"了你们，把你们"当作大鱼钓出来"，而且有些象铁托"，所以有的人在我的面前都不能说话了，只有你们的领袖才有讲话的资格，简直"黑暗"极了。似乎只有你们出来才能收拾残局似的。如此等等。这是你们的连珠炮，把个庐山几乎轰掉了一半。好家伙，你们那能肯听我们那些昏话呢？据说：你们都是"头号的马列主义"，善于总结经验，多讲缺点，少讲成绩。总路线是要修改的。大跃进得不偿失，人民公社搞糟了。大跃进和人民公社只不过是小资产阶级狂热性的表现。那么好吧，请你们看看马克思和列宁是怎样评价巴黎公社、列宁怎样评价俄国革命情况吧，请你们看一看中国革命和巴黎公社哪一个好一点呢。中国革命和一九〇五——一九〇七年的俄国革命相比较哪一个好一点呢？还有一九五八年——一九五九年中国建设社会主义的情况同俄国的一九一九、一九二一年列宁写那两篇文章的时候的情况相比较哪一个好一点呢？你们看见了怎样批判叛徒普列汉诺夫，批判那些"资本家及其走狗"，"垂死的资产阶级和依附他的小资产阶级民主派的猪狗们"吗？如果看见，请看一看好吗？

"[illegible]——这一切是资产阶级知识分子进行阶级斗争的工具，无产阶级是不会让自己受骗的。"怎么样？我们的右翼朋友们！

既然分裂派的话在右边的朋友们，都爱好马列主义，所以我建议将这个集子的文件提交全党讨论一次，我想他们大概不会反对吧：

《机关枪和迫击炮的来历及其他》一九五九年八月十六日

庐山出现的这一场斗争，是一场阶级斗争，是过去十年社会主义革命过程中资产阶级与无产阶级两大对抗阶级的生死斗争的继续。在中国，在我党，这一类斗争，看来还得斗下去，至少还要斗二十年，可能要斗半个世纪。总之要到阶级完全消灭，斗争才会止息。旧的社会斗争止息了，新的社会斗争又起来。总之，按照唯物辩证法，矛盾和斗争是永远的，否则不成其为世界。资产阶级的政治家说，共产党的哲学就是斗争哲学，一点也不错。不过斗争的形式，依时代不同而有所不同罢了。就现在说，社会经济制度中，旧时代遗留下来残存于相当大的一部分人的头脑里的反动思想，亦即资产阶级思想和上层小资产阶级思想，一下子变不过来。要变需要时间，并且需要很长的时间，这是社会上的阶级斗争，党内斗争反映了社会上的阶级斗争。这是毫不足怪的，没有这种斗争，才是不可理解的。

(五)

彭德怀之流的落水狗，虽然被罢了官，但他们并不甘心自己的失败。他们随时都准备跳上岸来，疯狂地咬人。

一九六二年，在刘少奇刮起"翻案风"之际，彭德怀以为时机成熟，便伙同他的老婆浦安修写了几万字的翻案书。

彭德怀这只落水狗，为什么竟敢如此猖獗呢？这是因为当时有他的黑司令刘少奇在给他们撑腰。

在大毒草《海瑞罢官》出笼的同时，刘少奇在一九六二年一月二十七日的扩大的中央工作会议上，公然为彭德怀鸣冤叫屈，妄图替其翻案。他说："这几年重复了党的历史上残酷斗争、无情打击的错误。"又说"仅以彭德怀同志的那封信看，信中所写的一些具体情况，不少是符合事实的。"一九六四年七月一日，他在天津地委书记座谈会上又公开攻击五九年的反右倾斗争，说什么"庐山会议反右倾是不对的，搞得全国后遗证，中央要负责"。

我们的伟大领袖毛主席，及时地发现了这股翻案风，并马上予以批判。

毛主席在一九六二年九月的八届十中全会上，充分恢复了八届八中全会决议的历史功绩，他指出：八中全会的重大历史意义在于他胜利地粉碎了右倾机会主义即修正主义的进攻，维护了党的路线和党的团结。毛主席在这个会上，尖锐地批判了"平反风"，"近来平反成风，不对。真正错了的平反，搞对了的不能平反，真错了的平反，全错了的全平，部分错了的部分平，没有错的不平反，不能一律平反。"毛主席这段话，就是针对刘少奇、彭德怀之流所刮起的翻案风而发的。

毛主席教导我们："人民靠我们去组织，中国的反动分子靠我们组织起人民去把他打倒。凡是反动的东西，你不打，他就不倒。这也和扫地一样，扫帚不到，灰尘照例不会自己跑掉。"我们要坚决按照毛主席的指示办事，狠打彭德怀这只落水狗，把他彻底打倒，把他斗倒斗臭，使他永世不得翻身。

北京师大井冈山公社中文系大队
《井冈铁骑》编辑部
河北大学毛泽东思想八一八红卫兵
3.2111战斗队翻印
67年8.10.

把彭德怀的反党黑纲领拿出来示众

编者按：一九五九年，就在国内外反动势力利用我国的大跃进和人民公社运动的某些暂时的局部的缺点，向我们党和我国人民加紧进攻的时候，一贯对毛主席党中央怀有刻骨仇恨的彭德怀抛出了他的反党黑纲领——"意见书"，用抽象肯定，具体否定，攻击一点不及其余的卑劣手法向党发起了猖狂进攻。

这个"意见书"把那些暂时、局部的早已克服了或正在克服中的缺点收集起来，并加以极端扩大，把我国目前形势描写成漆黑一团，他实质是否定总路线的胜利，否定大跃进的成绩，反对国民经济的高速度的发展，反对农业战线上的高额丰产运动，反对群众大炼钢铁运动，反对人民公社运动，反对经济建设中的群众运动，反对党对社会主义建设的领导即"政治挂帅"——把亿万人民的革命热情诬蔑为"小资产阶级的狂热性"——他们所犯的错误不是个别性质的错误，而是具有反党反社会主义、反人民性质的右倾机会主义路线错误。他们反党进攻的实质就是代表资产阶级和小资产阶级的利益，分裂和涣散无产阶级的先锋队，组织机会主义派别，破坏无产阶级专政，破坏社会主义革命。（见《中国共产党八届八中全会关于彭德怀为首反党集团问题的决议》）

这个"意见书"就是彭德怀这个中国的赫鲁晓夫的代表作，我们一定要彻底地批判它。

主席：这次庐山会议是重要的。我在西北小组有几次插话，在小组会还没有讲完的一些意见，特写给你作参考。但我这个简单人类似张飞，确有其粗，而无其细。因此，是否有参考价值请斟酌。不妥之处，烦请指示。

甲、一九五八年大跃进的成绩是肯定无疑的。

根据国家计委几个核实后的指标来看，一九五八年较一九五七年工农业总产值增长了百分之四十八点四，其中工业增长了百分之六十六点六，农业增长了百分之二十五（粮棉增长了百分之三十是肯定的），国家财政收入增长了百分之四十三点五。这样的增长速度是世界各国从未有过的，突破了社会主义建设的成规，特别是象我国经济基础薄弱，技术设备落后，通过大跃进，基本上证实了多快好省的总路线是正确的，不仅是我国伟大成绩，在社会主义阵营也将长期的起积极作用。

一九五八年的基本建设，现在看来有些项目是过急过多，一些分散了一部分资金，推迟了一部分必成项目，这是一个缺点。基本原因是缺乏经验，对这点体会不深，认识过迟。因此，一九五九年就不仅没有把步伐放慢一点，加以适当控制，而且继续大跃进，这就使不平衡现象没有得到及时调整，增加了新的暂时的困难。但这些建设，终究是国家建设所需要的，在今后一两年内或者稍长一段时间，就会收到效益的。现在还有一些缺门和薄弱环节，致使生产不能成套，有些物资缺乏十分必要的储备，使发生了失调现象和出现新的不平衡，就难以及时调整，这就是当前困难的所在。因此在安排明年度（一九六〇年）计划时，更应当放在实事求是和稳妥可靠的基础上，加以认真考虑。对一九五八年和一九五九年上半年有些基本建设项目实在无法完成的，也必须下最大决心暂时停止，在这些方面必须有舍，才能有所取，否则严重失调现象将要延长，某些方面的被动局面难以摆脱，将妨碍今后四年赶英超美的跃进速度，国家计委虽有安排，但因各种原因难以决断。

一九五八年农村公社化，是具有伟大意义的，这不仅使我国农民将彻底摆脱贫困，而且是加速建成社会主义走向共产主义的正确途径。虽然在所有制问题上，曾有一段混乱，具体工作出现了一些缺点错误，这当然是严重的现象，但是经过武昌、郑州、上海等一系列会议，基本已经得到纠正，混乱情况基本上已经过去，已经逐步地走上按劳分配的正常轨道。（漏掉一小段补在第四页背面空处）

在全民炼钢铁中，多办了一些小土高炉，浪费了一些资源（物力财力）和人力，当然是一笔较大损失，但是得到对全国地质作了一次规模甚大的初步普查，培养了不少技术人员，广大干部在这一运动中得到了锻炼和提高。虽然付出了一笔学费（赔补二十余亿），即在这一方面也是有失有得的。

仅从上述几点来看，成绩确是伟大的。但也有不少深刻的经验教训，认真地加以分析，是必然的有益的。

乙，如何总结工作中的经验教训；

这次会议，到会同志都正在探讨去年以来工作中的经验教训，并且提出了不少有益的意见。通过这次讨论，将会使我们党的工作得到很大好处，变某些方面的被动为主动，进一步体会社会主义经济法则，使经常存在着的不平衡现象，得到及时调整，正确的认识"积极平衡"的意义。

据我看，一九五八年大跃进中所出现的一些缺点错误，有些是难的避免的。如同我们党三十多年来领导历次革命运动一样，在伟大成绩中总是有缺点的，这是一个问题的两个方面。现时我们在建设工作中所面临的突出矛盾是由于比例失调而引起各方面的紧张，就其性质看，这种情况的发展已影响到工农之间，城市各阶层之间和农民各阶层之间的关系，因此也是具有政治性的。是关系到我们今后动员广大群众继续实现跃进的关键所在。

过去一个时期工作中所出现的一些缺点错误，原因是多方面的。其客观因素是我们对社会主义建设工作不熟悉，没有完整的经验。对社会主义有计划按比例发展的规律体会不深，对两条腿走路的方针，没有贯彻到各方面的实际工作中去。我们在处理经济建设中的问题时，总还没有象处理炮击金门、平定西藏叛乱等政治问题那样得心应手。另方面，客观形势是我国一穷（还有一部分人吃不饱饭，去年棉布平均每人还只有十八尺，可缝一套单衣和两条裤衩）二白的落后状态，人民迫切要求改变现状。其次是国际形势的有利趋势。这些也是促使我们大跃进的重要因素。利用这样有利时机，适应广大人民要求，加速我们的建设工作，尽快改变我们一穷二白的落后面貌，创造更为有利的国际局面，是完全必要和正确的。

过去一个时期，在我们的思想方法和工作作风方面，也暴露出不少值得注意的问题。这主要是：

1.浮夸风气较普遍地滋长起来。去年北戴河会议时，对粮食产量估计过大，造成了一种假象。大家都感到粮食问题已经得到解决，因此可以腾出手来大搞工业了。在对发展钢铁的认识上，有严重的片面性，没有认真地研究炼钢，轧钢和碎石设备，煤炭，矿石，焦炼设备坑木来源，运输能力，劳动力增加，购买力扩大，市场商品如何安排等等。总之，是没有必要的平衡计划。这些也同样是犯了不够实事求是的毛病。这恐怕是产生一系列问题的起因。浮夸风气，吹遍各地区各部门，一些不可置信的奇迹也见之于报刊，确使党的威信蒙受重大损失。当时从各方面的报告材料看，共产主义大有很快到来之势，使不少同志的脑子发起热来。在粮棉高产，钢铁加番的浪潮中，铺张浪费就随着发展起来，秋收粗糙，不计成本，把穷日子当富日子过。严重的是相当长的一段时间，不容易得到真实情况，直到武昌会议和今年一月省市委书记会议时，仍然没有全部弄清形势真象。产生这种浮夸风，是有其社会原因的，值得很好的研究。这也与我们有些工作只有任务指标，而缺乏具体措施是有关系的。虽然主席在去年就已经提示全党要把冲天干劲和科学分析结合起来，和两条腿走路的方针，看来没有为多数领导同志所领会，我也是不例外的。

2.小资产阶级的狂热性，使我们容易犯左的错误。在一九五八年的大跃进中，我和其他不少同志一样，为大跃进的成绩和群众运动的热情所迷惑，一些左的倾向有了相当程度的发展，总想一步跨进共产主义，抢先思想一度占了上风，把党长期以来所形成的群众路线和实事求是作风置诸脑后了。在思想方法上，往往把战略性的布局和具体措施，长远性的方针和当前步骤、全体与局部、大集体与小集体的关系混淆起来。如主席提出的"少种、高产、多收"，"十五年赶上英国"等口号，都是属于战略性、长远性的方针，我们则缺乏研究，不注意研究当前具体情况，把工作安排在积极而又稳妥可靠的基础上。有些指标逐级提高，层层加码，把本来需要几年或者十几年才能达到要求，变成一年或者几个月就要做到的指标。因此就脱离了实际，得不到群众的支持。诸如过早否定等价交换法则，过早提出吃饭不要钱，某些地区认为粮食丰产了，一度取消统销政策，提倡吃开肚皮吃饭，以及某些技术不经鉴定就冒然推广，有些经济法则和科学规律轻易被否定等，都是一种左的倾向。在这些同志看来，只要提出政治挂帅，就可以代替一切，忘记了政治挂帅是提高劳动自觉，保证产品数量质量的提高，发挥群众的积极性和创造性，从而加速我们的经济建设。政治挂帅不可能代替经济法则，更不能代替经济工作中的具体措施。政治挂帅与经济工作中的确切有效措施，两者必须并重，不可偏重偏废。纠正这些左的现象，一般要比反掉右倾保守思想还要困难些，这是我们党的历史经验所证明了的，去年下半年，似乎出现了一种空气，注意了反右倾保守思想，而忽略了主观主义的方面，经过去年冬郑州会议以后一系列措施，一些左的现象基本上纠正过来了，这是一个伟大的胜利。这个胜利既教育了全党同志又没有伤损同志们的积极性。

现在对国内形势已基本上弄清楚了，特别是经过最近几次会议党内大多数同志的认识已基本一致。目前的任务，就是全党团结一致，继续努力工作。我觉得，系统地总结一下我们去年下半年以来工作中的成绩和教训，进一步教育全党同志，甚有益处。其目的是要达到明辨是非，提高思想，一般的不去追究个人责任。反之，是不利于团结，不利于事业的。属于对社会主义建设的规律等问题的不熟悉方面，经过去年下半年以来的实践和探讨，有些问题是可以弄清楚的。有些问题再经过一段时间的学习摸索，也是可以学会的。属于思想方法和工作作风方面的问题，已经有了这次深刻教训，使我们较易觉醒和体会了。但要彻底克服，还是要经过一番艰苦努力的。正如主席在这次会议中所指出的："成绩伟大，问题很多，经验丰富，前途光明。"主动在我全党团结起来艰苦奋斗。继续跃进的条件是存在的。今年明年和今后四年计划必将胜利完成，十五年赶上英国的奋斗目标，在今后四年内可以基本实现，某些重要产品也肯定可以超过英国。（接四页）

三反分子彭真档案材料

（解放以前部分）

编者按：我们伟大领袖毛主席教导我们："要特别警惕象赫鲁晓夫那样的个人野心家和阴谋家，防止这样的坏人篡夺党和国家的各级领导。"彭真就是赫鲁晓夫式的个人野心家和阴谋家。彭贼的历史，是可耻的叛徒罪恶历史，是贪生怕死的老牌机会主义罪恶历史，是彻头彻尾的老反革命修正主义的罪恶史。

彭贼罪恶累累，恶贯满盈，真是"罄南山之竹，书罪无穷；决东海之波，流恶难尽。"他是党内最大走资派刘贼篡党、篡政、篡军，复辟资本主义的急先锋，是埋在毛主席身边的"定时炸弹"，必须全国共诛之，全国共讨之。

我们怀着对彭贼反革命修正主义集团的刻骨仇恨，公布彭贼的档案材料，供大家批判。让我们高举毛泽东思想伟大红旗，发扬痛打落水狗的彻底革命精神，把彭贼的反革命修正主义集团批倒批臭，不获全胜决不收兵！

彭真的反动家庭

一九〇二年，反革命修正主义头子彭真出生于山西省曲沃县侯马镇垤上村一个反动富农家庭。

彭真长期隐瞒家庭成分，他自入党以来的所有档案材料都把家庭出身填写成"贫农"、"富裕中农"、"中农"等，并谎称不知道他的家庭出身，于"反动家庭"的小知识分子等等，实际他家有地八十四亩，有骡子大车，雇长工，放高利贷等剥削人民。

其父傅继山，过去当过"公道"，国民党统治时期当过闾长、"编村村副"，无恶不作，是当地一霸恶棍。其母魏连枝，系富农女子。傅继山原配是杜氏，系傅家童养媳。彭贼有兄弟四人。三弟傅懋恭是个大流氓，解放后彭贼曾给他派去手枪；四弟傅懋信，当过伪政府反革命分子。人称他们是侯马地区的"傅霸天"。

彭真原名傅懋恭，从小在"私塾"读书，一九一九年考入侯马第二小学，一九二二年毕业，同年秋考入太原山西省立第一中学。一九二三年混入革命队伍。

第一次国内革命战争时期

（一九二四——一九二七）

一九二五年彭真"领导"太原纺织厂工人的"工潮运动"，一开始就搞了"和平请愿"，推行了机会主义的路线，结果斗争失败。敌人大肆逮捕，为了保全自己的狗命，他竟可耻地出卖了当时太原地下党员某人的住址。不久彭又篡夺了太原大兴纱厂工人运动的领导权，制造工人运动分裂。又趁在敌人紧缉时，保命逃掉了。在此期间他与流氓头子打得火热，并拜了把兄弟。

一九二六年彭真负责天津地委工作，他贪生怕死，不敢露面。并无耻地不打自招地对工人说："我是资产阶级，你们是工人阶级，我们和你们不一样。"在工人训练班里大肆贩卖布哈林《共产主义ＡＢＣ》的黑货。並阻止工人提出的团结起来组织工会，打倒资本家的政治要求。胡说什么："中国还没有资本家，中国没有那些条件，只有美国才有资本家。"使天津工人运动几乎处于停止状态。

第二次国内革命战争时期

（一九二七——一九三六）

在一九二七年紧急关头，彭真又由右倾机会主义跳到"左"倾冒险主义。

九月底彭在省委会议上，竭力贯彻大叛徒瞿秋白的"左"倾机会主义路线。拼命鼓吹武装暴动和"飞行集会"。结果导致王田暴动失败，葬送了大的，司令杨春林被遇杀害，许多农会瓦解，给革命造成很大损失。

一九二八年彭窃据省委组织部长，并负责工会工作。六月彭承认了已经营的职务，在党内实行家长式统治。对于不同意见的同志，制造党内一片恐怖气氛，使工作不能进行。

十二月顺直省委召开省委扩大会议，会上对彭的错误进行了严肃批判，撤了彭的职，全党拥护决定。对此彭真一直怀恨在心。

一九二九年彭得任天津地下党第三区委书记职务。六月彭第三次在天津被捕入狱，只会坐监狱，马上供出了自己的真实姓名及党内职务，造成了严重组织破坏，并出卖了地下党员及工人多人，成了可耻的叛徒。

彭窃取了狱中支部书记职务。在狱中坚决反对绝食斗争。同志们绝食，彭也偷偷躲着敌人到处游说要食，对敌人唯命是从，充分暴露了他投降主义的叛徒嘴脸。

一九三〇年五月蒋冯阎大战爆发，反动统治出现严重危机，是对狱中斗争的好机会。狱中一些同志趁此机会要来一次大规模绝食，彭又极力阻止，后迫于形势不得不同意。绝食后他又大叫什么："条件太高……唯以胜利告终。"甚至向来监狱"看望"的伪警察局长曾兵致辞不知耻地说："谢谢局长。"在狱中彭贼还与刚被捕就出卖了革命的叛徒司怀聘、刘秀峰之流：由于彭叛变革命得到敌人欢迎和优待，敌伪警察局长曾兵致对人赞不绝口地说："像彭真这样的人才是很少的。"狱中难友的人也说："彭真就是宋江。"意为可以受招安"招安"。

一九三一年四月彭真和其他一些"政治犯"被转押到北京第一监狱，彭贼又拒绝绝食的建议，甚至连共产党万岁、打倒国民党等口号都不敢喊。

一九三二年狱中同志决定利用清明节有大学生来监狱参观机会向当局提出绝食，以惊醒敌人。监狱科长威胁说："你们要暴动，就枪毙当头的！"彭真跪下连连地求饶，说："我们不是暴动，你硬说我们是暴动，就给你跪下了。"还示意别人和他一起跪下。

一九三五年彭出狱后，经刘贼指示，化名老魏依托在大官僚大汉奸、大地主张文门下，拥护暗中勾结日本的宋哲元，向宋献剑献旗。

到苏中[illegible]，投机参加革命后，又和一些[illegible]勾结。彭当时住在张家，又和张父的女儿[illegible]，反动分子[illegible]，后和张又去婚后[illegible]。张家依仗彭的权势[illegible]帮助，[illegible]一九五八年[illegible]一[illegible]，[illegible]大学[illegible]。

一九三六年[illegible]。刘少奇北方局[illegible]，彭贼[illegible]上[illegible]叛徒[illegible]和[illegible]。[illegible]，[illegible]，[illegible]，为[illegible]，彭到二人狼狈为奸，[illegible]。

抗日战争时期

（一九三七——一九四五）

一九三七年八月彭贼回延安，[illegible]在北方局。[illegible]，当时在北方局[illegible]分子杨尚昆等人。

一九三八年彭贼在晋察冀抗日根据地忠实执行王明右倾机会主义的路线，鼓吹"一切经过统一战线""一切服从统一战线"。他贯彻着这个路线，[illegible]一大批[illegible]，杀害我党干部四十余人的国民党[illegible]长[illegible]和[illegible]分子[illegible]。

十月中共中央在六中全会批判了王明的右倾机会主义路线，彭贼参加了这次会议（[illegible]参加后在敌后）。彭贼在一九三九年一月第二次到晋察冀，[illegible]全会决议，[illegible]在晋察冀[illegible]第二次[illegible]委会上[illegible]中央决议，仍然推行王明路线。他提出："国共两党的关系的基本立场与原则是：1.公平合理；2.互助，互[illegible]，互让；3.减少磨擦，分[illegible]反对利用困难与政府为难。""[illegible]与资本家之间互助，地主与农民之间互助"。极力吹捧人民公敌蒋介石。是百分之百的王明路线。

彭贼在晋察冀大树个人威信，让大叛徒[illegible]三次捧他，并编了"彭真三教"。

一九三九年彭贼从晋察冀到延安[illegible]延安，写了洋洋几万字[illegible]《关于晋察冀[illegible]问题[illegible]》，[illegible]，并为王明路线歌功颂德，很得刘贼称赞。

彭在延安还经常对晋察冀东北地工作横加干涉，继续推行王明路线。

一九四一年十月彭贼把他在晋察冀党的一次工作会议上作的"关于晋察冀边区党的工作和具体政策报告"编印[illegible]，作为党内文件发表。这是一个道地[illegible]的[illegible]，是一本反革命的[illegible]。

一九四二年在延安整风时，积极推行"左"实右的方针，[illegible]

[illegible]

一九四五年[illegible]了中央[illegible]。[illegible]毛主席[illegible]

[illegible]。

一九四四年"七大"前夕，[illegible]讨论[illegible]问题，[illegible]一九五六年的[illegible]。

一九四四年八、九月[illegible]，[illegible]

违反中央书记处指示，拒不执行中央关于整训部队，壮大部队的指示。并在会上打击执行正确路线的聂荣臻同志，使革命事业遭受很大损失。

第三次国内革命战争

（一九四五——一九四八）

一九四五年八——十月毛主席和周恩来同志赴重庆谈判。刘贼在延安主持中央工作，把彭真派往东北为东北局第一书记。彭到东北后招降纳叛，勾结反革命修正主义分子、叛党分子高岗、吕正操、林枫、张秀山等结成宗派，疯狂反对、排挤、打击毛主席亲密战友林彪同志。并收编敌伪游勇发展私人势力，大抓个人兵权。极力对抗毛主席十二月二十八日发出的建立东北根据地的伟大指示，反对林彪同志的把部队分散到地方发动群众，创立根据地的正确主张。

一九四六年二月在东北局梅河口会议上，林彪同志严肃地批判彭真拒不执行毛主席十二月二十八日的指示。彭贼在刘贼支持下伙同高岗、林枫、李立三等恶毒地攻击林彪，并妄图排挤林彪，独霸东北。

一九四六年五月蒋匪进攻四平地区，彭贼迷恋大城市，竭力主张守四平，致使我军遭到重大损失。

一九四六年六月党中央根据形势的需要，把他调出东北，任命林彪同志为东北局第一书记。彭贼一直怀恨在心，妄图翻案。

一九四七年彭贼在刘贼的工作委员会下负责领导土改工作，实际上是刘贼的帮凶。伙同薄一波、安子文等大肆吹捧刘贼，并按照“刘少奇路线”，在土改中执行刘贼的“左”倾的资产阶级反动路线，大搞‘搬石头’，破坏土改。

一九四八年刘少奇兼任华北局书记，彭真、薄一波、刘澜涛、黄敬也在华北局。

一九四八年十二月在刘贼直接授意下，彭真一跃成为北平市委第一书记。彭贼纠集了一帮叛徒组成了他的北京市委的班底。第一批跟随彭贼来北平的，大部分是晋察冀系统的，和城工部系统的他的亲信。其中有：□真，李葆华，刘仁，王□峰，郑□，张文松，谭政文，徐冰，罗瑞卿，赵凡，□子明，冯基平，□□□，王汉斌等叛徒坏蛋。

首都毛泽东思想红旗兵团

地质东方红　斗彭兵团

《愚公》

天津十六中(数)《从头越》战斗组 印

《万水千山》

我至今不认识彭老总

相信这些青年教师

又没見过彭〃总。

最高指示

政策和策略是党的生命，各级领导同志务必充分注意，万万不可粗心大意。

闫达开对抗、攻击党的粮食政策罪行累累

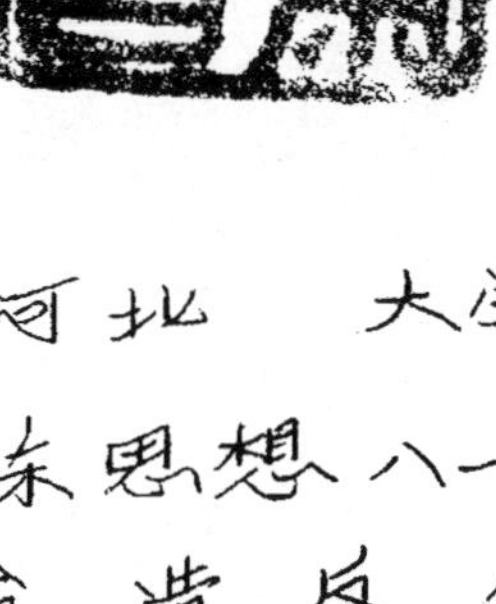

河北大学

毛泽东思想八一八红卫兵

革命造反公社

闫达开对抗攻击党的粮食政策罪状累累

隐藏在河北省内的赫鲁晓夫式的人物，反革命修正主义分子闫达开，出于对社会主义制度的极端仇视和不满，对毛主席和党中央制定的粮食政策一贯进行疯狂抵制、破坏和攻击，他采用瞒产、瞒库、减棉、少交征购、挪用粮款，上欺下压等等卑劣手段，大搞社会主义倒退，大搞独立王国，大耍两面派。以至使河北省的粮棉长期处于减产落后状态，直接影响了国民经济的发展，这笔账，我们一定要向闫达开进行彻底清算。

毛主席在1957年就指示我们，"要不要统购统销，就是要不要社会主义的问题。"统购统销政策制定后，就遭到闫达开的极力反对，他在一九五七年六月就说："自由市场吸引着农民，不愿卖粮食，统购统销又不能反对。"这段话不仅是对我国广大农民群众的诬蔑，而且暴露了闫达开本心想反对统购统销却又不敢反对，这种欲反不能的反动心理。

1956年夏季征购时，闫达开公开对抗统购统销政策，当时党的政策规定的精神是：在现有的粮食生产水平下，本着节制粮食消费的精神，克服与打击悬殊或某些人以粮食搞投机，对余粮户大体上有一个比较统一的但又不完全相同的消费标准。强调在粮食作物统一计标的基础上使90%以上的农民增加收入。闫达开与这个政策相对抗，独出心裁的制定出一套办法来，片面强调要在粮食上使90%以上的农民增加收入，这样一来，就使购粮任务受到很大限制。遭到不少阻力，结果使国家少购了粮食。同时，闫达开还规定："夏季分多少就是多少，秋季不再找后账。"这条规定直接违背了中央规定的全年统一计标消费数量的原则，闫达开这样做的后果只能维护富裕农民和富裕地区的利益，到秋季计标全年分配任务时，不仅造成了极大的混乱，而且把粮食负担转嫁到了劳少人多的贫下中农身上，使广大贫下中农遭到很大的压力和打击。闫达开片面强调要在粮食上使90%以上的农民增加收入，不仅使国家少购了粮食，破坏了"三定"，而且还造成国家多销了粮食。如满城县，七月底发购粮证36个乡，有11个乡超过了全年定销数字。就全省看，第三季度的销粮数也不得不从原来计划的15.7亿斤，增加到17亿斤以上。

闫达开对抗统购统销政策是一贯的。一九六五年七月二十八日在向谭振林汇报时曾恶毒攻击说："河北粮食问题，即政策问题，我们的粮食工作不能稳定，首先是政策不稳。"又说："一到征购就接连加任务。""怎么征购呢？搞工分找，七、八两就把人家的粮食夺去了，人家把粮食吃了还在那里要，不但拉平，还抢粮食，强迫人家送来。""我十多年来未见的一个老贫农，今年在东学（闫的家乡）一个公社见了面，见面就向我说："你们吃的肥饱、肥饱，我六年来未吃一顿饱饭了。"又说："这不是个别的。"

九年来河北省粮食不能过关，粮食不能自给，做为主管农业的书记阎达开，不是从主观上找原因，却把责任推到党的统购统销的政策上，他在65年8月9日召开的地委书记会议上说："河北粮食不能自给的原因……一是粮棉比例不恰当；一是粮食政策有问题。"

毛主席教导我们说："统筹兼顾，是指对于六亿人口的统筹兼顾。我们作计划、办事、想问题，都要从我国有六亿人口这一点出发，千万不要忘记这一点。"又说："要提倡顾全大局。每个党员，每一种局部工作，每一项言论或行动，都必须以全党利益为出发点，绝对不许可违反这个原则。"反革命修正主义分子阎达开站在反动的立场上，肆意破坏国家统一计划安排，想方设法少交征购，多要粮款。1965年夏季是个好收成，小麦籽粒饱满，一般地区实产量都超过原指标，社员高兴的说："今年的麦子越打越喜欢。""今年要多交爱国粮"。但是，以刘子厚、阎达开为首的黑省委却从七月六日起到八月十九日两个多月的时间里，亲自研究策划少交征购的大小会议达十一、二次。当时中央分配给河北的征购任务是五亿斤，阎达开听了气极败坏地说："为什么非按五亿斤，……按47500万斤分下去，多一斤也不行！"由于群众积极性高，很快五亿斤交齐了，可阎达开强迫把多交47500万斤的2500万斤反退回去，反退的结果，打击了群众的积极性，影响了社员情绪，破坏了国家统购任务，还造成了粮食周转的混乱现象。为对抗中央少交征购，阎达开还规定说："每人每天吃一斤以上才征购。"并用自由放任的办法对抗中央说："征购问题我们定个政策和任务，县以下不分任务，可以自报。"他们一而再，再而三地与中央分庭抗礼，根本不把中央放在眼里，66年夏季中央分配我省征购6亿斤，他们又自做主张地只分配了四亿多斤。他们不按计划向国家交购粮食，却千方百计向国家伸手要粮，公开和毛主席"少销一点、多调一点、少进口一点"的指示相对抗。为了多要粮款，他们任意夸大灾情，叫喊困难，当达不到要求时就威胁中央，"要准备万一的措施。"以63年为例，闹水灾后，从8月10日到11月28日三个多月的时间里，刘、阎等亲自出马向中央要粮食达七、八次之多。死求白赖要来的粮食就滥打滥销，用反革命经济主义腐蚀广大农民的革命意志，在一些农民群众中造成了"吃饭靠国家，花钱靠贷款"的依赖思想，把革命农民引向了主席号召的"自力更生"的道路上去，我省的棉产量退居到十七位，粮食总产量长期以来总是在952年的总产水平上打圈子。这就是阎达开在解决我省粮食问题上，反对政治挂帅，推行反革命经济主义的严重恶果。

此外，阎达开还明目张胆地瞒产、瞒库、欺骗中央，说什么："向中央汇报要留有余地。""今年夏收产量，统计生产队上报数字是四十三亿一千五百万斤，这是历史上没有的，向上报三十五亿斤。"更不能容忍的是，正当我国处于暂时困难时期，为了达到不可告人的目的，在1961年的书记处会议上，经兼管财政的阎达开同意，河北省竟对中央隐瞒了一亿斤库存，真是狗胆包天，罪该万死！

1965年，毛主席根据国内外形势发展的需要，向全国人民提出了“备战、备荒、为人民”的英明、伟大的战略指示，闫达开之流故意歪曲主席指示，提出什么：“要备战、备荒、上粮食，就得下棉花。”挂羊头，卖狗肉，以实现粮食自给为名，行破坏国家经济之实。河北省是我国重要产棉区之一，河北的棉产量直接影响国家轻工业的发展。但是，这些反革命修正主义分子根本就不管国家利益，他不止一次地威胁中央，向中央施加压力，坚持要减棉田400万亩。

对于积极执行党的统购统销政策的同志，闫达开百般打击、排斥。把积极执行中央政策说成是向中央“讨好”，闫达开说过“不要再向中央讨好了，咱们都是河北省的儿子。”粮食厅有的同志主张积极交征购，闫达开打击说：“粮食厅光知多交征购，向中央讨好。”又说：“在粮食问题上不能为了向中央买好，就节余统销指标。”等等。他们有组织、有计划地搞一致对上，蒙骗中央，对省级各部门规定了黑纪律，不许他们向中央汇报实情。

闫达开就是这样一贯地反对党的粮食政策。几年来我省的棉花为什么从第一位降到倒数第二位？我省的粮食为什么老是不能自给？闫达开搞的鬼！我们要奋起保卫毛主席和党中央制定的英明的方针政策，打倒反革命修正主义分子闫达开！

河北大学毛泽东思想八一八红卫兵
革命造反公社

西藏叛乱是怎样发生的

——把西藏叛乱的罪魁祸首[redacted]揪出来示众

（第一部分）

一九六七年八月四日

西藏叛乱是怎样发生的？

——把西藏叛乱的罪魁祸首邓小平揪出来

"雪山再高，再高也有顶；雅鲁藏布江的水再长，再长也有源；共产党来了苦变甜……"这是翻身的西藏农奴从心底发出的声音，但是党内最大的走资本主义道路的当权派邓小平出卖了西藏人民，充当了帝国主义及其走狗封建农奴主在党内的忠实代表，西藏的叛变，就是邓小平支持达赖反动集团搞起来的，然而历史注定了它的失败和灭亡，这是毫不奇怪的，西藏人民在党和毛主席的领导下，朝着社会主义和共产主义阔步前进！

我们最最敬爱的伟大领袖毛主席教导我们："在拿枪的敌人被消灭以后，不拿枪的敌人依然存在，他们必然地要和我们作拚死的斗争，我们决不可以轻视这些敌人，如果我们现在不是这样地提出问题和认识问题，我们就要犯极大的错误"。

一九五九年三月十九日，在我们祖国的西南前哨，达赖反动集团违反西藏人民的意志，背叛祖国勾结帝国主义，纠集大量叛匪，发动了危害祖国，震动世界的全面武装大叛乱，其严重后患至今犹存，这一件事是祖国新生以来的一件大事，也是国际上的一件大事，对于这一严重的叛国事件，我国亿万人民永远不会忘记，我们祖国新生后，在战无不胜的毛泽东思想指引下，在社会主义的大道上勇猛前进，飞跃发展，日益强大，然而一九五九年为什么还能发生西藏武装大叛乱？这次叛乱到底是怎样发生的？在史无前例的无产阶级文化大革命的今天，终于把这一国家大事重新提了出来"这是大是大非问题，不可以不辨清楚"

我们最敬爱的伟大领袖毛主席教导我们："阶级斗争，一些阶级胜利了，一些阶级消灭了，这就是历史，这就是几千年的文明史"西藏的历史就是百万农奴不断反抗万恶的三大领主的残酷压迫和剥削奴役的斗争史，又是中国人民不甘心屈服于帝国主义的侵略，反对三大领主勾结帝国主义叛国投敌，破坏祖国的统一的斗争史。

一九五一年五月，西藏和平解放了，从此灾难深重的西藏回到了伟大祖国的怀抱，这是毛泽东思想的伟大胜利！

"阶级斗争并没有结束"面临西藏这种尖锐、激烈、错综复杂的阶级斗争的现实，每个人都在经受着严峻的考验，看他到底是站在西藏人民一边，是革命派呢？还是站在帝国主义封建农奴主一边是反革命派？这种斗争必然地要在我们党内强烈的反映出来。在这一重大问题上，我国党内最大的走资本主义道路的当权派邓小平，就一直充当了帝国主义及其走狗封建农奴主在党内的忠实代表。西藏的全面武装大叛乱，固然是达赖反动集团，反共反人民叛国投敌、投靠帝国主义的反动面目的彻底大暴露，历史注定了它的失败和灭亡，这是毫不奇怪的，奇怪的是堂堂中央"总书记"邓小平为什么对达赖反动集团那样百般讨好，倍加关心，大力支持，而对我们伟大的领袖毛主席和光焰无际的毛泽东思想却那样极端仇视和疯狂反对，这岂不是可以发人深省的吗？

一 达赖集团到底是什么货色？

毛主席教导我们："谁是我们的敌人？谁是我们的朋友？这个问题是革命的首要问题。"达赖集团是西藏最残酷最野蛮最反动最落后的农奴制度的集中代表、也是近百年来帝国主义在西藏的忠实走狗，怎样对待达赖集团这是和平解放西藏后，西藏革命的首要问题，在这个革命的首要问题上邓小平之流，究竟站在什么人的立场上，采取了什么样的态度来对待这一革命的首要问题，这是首先要弄清楚的。

1. 揭开达赖叛匪付司令员蒋华廷事件的内幕：

蒋华廷是原人民解放军二野（邓小平为二野政委）十八军炮兵团主任进藏后，因为与上层贵族的女儿乱搞关系及其他严重错误，于一九五八年被达赖反动集团窝藏在达赖寺院，当时的西藏工委付书记范×提出要立刻将蒋要回严肃处理，这是完全应该的，也是能够做到的，但是邓小平之流，却借口害怕影响与达赖的统战关系，竟一直拒不处理，任蒋出卖我方情报机密，与达赖集团狼狈为奸，同谋叛乱，叛乱前蒋介石曾亲自在台湾接见蒋并授蒋以少将军衔，委以重任，一九五九年三月达赖反动集团发动全面武装大叛乱时，该蒋当了叛匪付司令，带领大批叛匪伏击我军、惨杀了广大无辜农奴，如一次在山南伏击我××辆军车，使我军损失很大，蒋匪的罪行，实在令人咬牙切齿，恨之入骨，叛乱失败后，蒋从山南协议，指示反动的"人民会议"逃亡印度，一下子娶了五个老婆，与逃亡叛匪同伙在印度组织叛国流亡政府，继续进行叛国的罪恶活动。

一九六二年中印边界自卫反击战时，这个叛徒再次充当了帝国主义蒋介石匪帮、印度反动派和达赖反动集团反华反共的急先锋，指挥印度炮兵与人民为敌，多年来，这个可耻的叛徒起了叛匪远远不能起到的巨大破坏作用，至今继续进行着叛卖祖国的反革命罪恶勾当，每当我们想起这一严重事件时，对于蒋华廷这个可耻的叛徒的满腔仇恨不由得涌上心头，同时对导致这一严重事件发生的罪魁祸首，邓小平之流，更是深恶痛绝，千刀万剐。

乙 邓小平包庇美蒋特务平错旺阶：

平错旺阶（简称平旺）西康藏族国民党一手豢养的大学生，系国民党和美国特务（其弟土旺系混入党内的国民党特务，曾任民族出版社藏文研究室的党支部书记。一九六〇年被获逮捕）一九四八年平旺在西藏礼塘组织"东藏民主青年同盟"自称党的地下组织，对此西藏工委组织部曾多次向邓小平提出意见，要求弄清这一重大问题，可是邓小平根本不予理睬，在邓小平的包庇下，至今尚未弄清这一组织到底是什么货色。平旺自称自己是解放前加入共产党的，但对其入党日期、地址、仪式、介绍人，从来谈不清楚，平旺一时说邹韬奋是自己的入党介绍人，殊不知邹临死时还不是党员，而是死后，才被追认为党员的，一时又说自己是印度邱吉尔共产党的党员，据张××说："平旺是一九五〇年由贺龙秘密介绍入党的。"所有这些邓小平是一清二楚的，然而当时身为西南局书记的邓小平，却把平旺视为珍宝奇货可居，特交张××重用，立即委以二野十八军政治部"民运部长"继又封为"中共西藏工委书记""中共西藏工委秘书长"，"团西藏工委书记"。一九五三年七月张××根本不与有关负责×商量[illegible]秘密决定

[illegible]委员，[illegible]，平旺冒充学进，[illegible]在手[illegible]，并私自把原“西藏民主青年同盟”的成员拉入党内。

严重的是这个打入党内窃据要职，危险的阶级敌人，经常把中央和西藏工委[illegible]多机密一一透露给达赖反动集团。所以达赖非常器重和赏识这个家伙，事实上平旺就是达赖反动集团在西藏工委的坐探，多年来平旺经常从中挑拨离间制造分裂，破坏民族团结，平旺的这些间谍破坏活动，直弄得西藏工委会议不敢让这位“委员”去席，如一次工委为了召开一个重要会议，不得不把这位“工委委员”“江孜”“出差”有时干脆让这位“工委委员”长期闲住北京。

平旺的这些破坏活动，邓小平之流是最为清楚的，范×曾多次提出要求严肃处理，可是邓小平之流，根本不予理睬，邓小平还说：“平旺的问题还不够严重吗？”邓小平之流非但对此毫不警惕，熟视无睹，反而和这个危险的阶级敌人同睡大觉达八年之久！一九五七年把平旺调离西藏去北京进行审查后来终于把这个潜藏党内多年窃据要职多种的美蒋特务、间谍头子逮捕归案，邓小平之流包庇平旺的罪责难逃！

3. 达赖叛匪的反革命组织：

所谓“人民会议”，“人民领导”，“官员代表会议”是达赖反动集团反对和平解放西藏十七条协议积极谋划武装叛乱而成立的反革命组织。党中央和毛主席是在一九五二年就明确强调，一定要坚决镇压彻底肃清这些反革命组织，可是邓小平之流，胡借口这些反动组织的有些头头是达赖反动集团的噶厦（达赖下面最高行政机关）官员是“统战对象”。为了与达赖集团搞好关系，邓小平之流连对这些反革命头子的反革命活动进行一定的侦察工作也竟然拒绝，哪里还谈的坚决镇压，彻底肃清？原西藏代理藏王（达赖出生后由灵童到十八岁执政前这一段时间代理达赖执政的人）鲁康娃泽旺饶登事件就是一个典型。一九五二年鲁康娃，因为反对十七条（鲁康娃为该反革命组织的主要头子）反动武装叛乱，被中央撤消藏王职务。一九五六年邓小平之流竟善心大发，还以大量银元和礼物，派高干乘卡斯——69 小吉普一辆将这个大叛徒反革命头子护送至安东去印度途经江孜，鲁康娃还狂妄地嫌没有人欢迎他而表示大为不满！一个罪恶昭著的反革命大叛匪头子。哪里来得这么大威风，到印度后，鲁康娃即在印度噶伦堡拼凑叛国流亡政府（即是达赖反动集团59年叛乱后去印度的流亡政府前身）充任流亡政府头目，发布叛国文告，颁发伪宪法，勾结帝国主义蒋介石匪帮和印度反动派，紧密与达赖反动集团内外呼应，肆无忌惮地公开进行叛卖，危害祖国的罪恶活动，並且积极参与指挥了一九五九年[illegible]武装叛乱，还亲自率领所谓“西藏代表团”向印度政府请愿，[illegible]地跪在尼赫鲁面前祈求帮助。邓小平之流对这样一个反动透顶的大叛徒头子和达赖反动集团真是“仁至义尽”帮了大忙。

一九五七年噶厦政府的首席噶伦（噶厦中的最高职务官员）大贵族、叛匪头子索康·旺清格勒正在疯狂地进行叛乱活动之际，突然给西藏工委（中共西藏自治区党委前身）交来一份所谓电报密码说是别人给自己的，让与印度的噶伦堡的西藏噶厦政府（即叛国流亡政府）取[illegible]，大叛匪头子索康的这一举动是愚蠢不堪的，谁人稍有一眼

[illegible]破[illegible]邓小平之流竟以此为据说："这些人[illegible]都[illegible]了，他们不[illegible]系了！"历史是无情的，事实最有力地证明索康[illegible]是一丘之貉，在一九五九年的全省武装大叛乱中鲁康娃同样是一个大恶棍，反动透顶逃往印度的大叛国头子。

反动的伪"人民会议"头子丰堆和加洛达瓦，由于搞反革命活动而被逮捕，发现丰堆身上还带了一份给联合国的"呼吁书"。后将这二人交于达赖的噶厦政府审问，每次审问由我方派一名代表陪审，但我方这一名代表不发问题，不敢追问，一言不发，在旁静听，使这一革命事件不了了之。为什么这样干？原来达赖是这一事件的后台，追究下去，追到达赖头上，影响与达赖反动集团的统战关系怎么办？

又如阿乐群则，叛匪头子阿洛群则组织了一个反动组织"救济会"，进行叛国活动，公然叫嚷什么："把汉人赶出去！"并明目张胆地叫嚣："西藏的政治制度永远不能改革！"这个叛匪头子被逮捕交噶厦政府审讯，我方又派一名代表，当审讯已经联系到洛桑三旦时，就立刻停止审讯。因为洛桑三旦是达赖的三哥！一九五六年西藏三大寺（西藏最大的三大寺院哲蚌寺、噶丹寺、色拉寺）竟将其举保释放，阿洛群则逃往印度噶伦堡与鲁康娃等一伙进行叛国罪恶活动。

谁都知道共产党员是无神论者，而喇嘛则是宗教职业者。共产党员是无产阶级先锋队，而上层喇嘛则是封建农奴主。然而邓小平之流竟在一九五四年春，西藏组织工作筹备会议上提出要在上层喇嘛中发展党员，幻想上层喇嘛都变成党员了，达赖、班禅都变成党员了，西藏的民主改革和社会主义改造就可以实现了，这不是十足的修正主义又是什么？

一九五六年西藏工委在讨论西藏民族学院（西藏公学）的教育方针时，按照邓小平的旨意，张××当时提出只许进行爱国教育，不许进行阶级教育。唯恐这阶级教育会影响破坏了与达赖反动集团的统战关系。对于这样一个农奴激民子女占绝大多数的社会主义民族学院，邓小平之流为什么不准进行阶级教育？毛主席教导我们："民族斗争是一个阶级斗争问题。"邓小平之流不是公开的和毛主席唱对台戏又是什么？

4. 是特务还是活佛：

达赖一家子是什么东西？请看以下事实：

达赖的大哥洛堡原是青海的反动透顶的活佛（喇嘛中的上层农奴主）后逃往美国成了拿着红皮护照（高级间谍用的护照）的美国间谍，从未停止过在西藏搞间谍叛乱活动。

达赖的二哥加乐顿珠是蒋介石的干儿子，大特务头子毛仁凤的大弟子，蒋介石曾在南京给其盖了一座非常阔气的洋房子，系国民党南京政法大学培养出来的大特务又是美国间谍，经常来往于台湾和噶伦堡之间曾回西藏专门进行间谍活动。邓小平之流当时最为清楚竟然不闻不问任其活动，以后又让其自由出国继续进行叛国活动。

达赖的三哥，洛桑三丹系国民党特务也是一个极其反动的家伙，正当这个家伙一手策划了五六年元月昌都叛乱时，在邓小平支持下竟将这样的坏蛋委以西藏公安处（相当内地的厅）副处长这样的要职，正是在邓小平的支持下又给其极大方便，让其去印度和叛乱分子一道，继续干着叛卖祖国的罪恶……。

达赖的姐夫黄国桢（改错为：看）是国民党特务反革命分子，系达赖反动集团中一直大搞叛乱的主要策划者，积极参与者。但当达赖将自己警卫团的代本（团长）让桑波换成黄国桢时，邓小平之流非但对此不加警惕，对其不进行任何整训和改编，完全违背了毛主席亲自批准的十七条协议精神反而用我人民解放军的精良武器，对该团进行充实装备加强实力。在邓小平的支持下张××说："达赖这个措施很好，把这个代表掌握在自己手里了！"质问邓小平之流达赖这一反革命行动到底好在哪里？

达赖的姐姐泽仁卓玛（国民党特务黄国桢的老婆）是个反动透顶的大贵族头子，她家里窝藏着很多原来西藏叛乱分子和反革命分子，西藏工委社会部曾多次反映这些叛匪和黄国桢经常在泽仁卓玛家里烧香磕头搞阴谋叛乱活动。邓小平之流为什么从来拒不过问处理？

达赖本人是西藏上层反动集团的最大头子，是西藏头号反动的最大农奴主，大量事实足以说明，达赖早已是投靠帝国主义和国外反动派的最大叛国头子，可是邓小平之流却恬不知耻地吹捧什么"达赖是左派呀"达赖一家子是什么东西？无数的事实象无情的耳光打得邓小平之流转了一下之后还硬说达赖是"骑墙的"、"中间的"。为了给达赖涂脂抹粉，在邓小平的支持下张××居然在一九五八年西藏工委的整风会议上，用了三分之二的时间千方百计地为达赖辩护。在一次整风会议上竟气急败坏地发完道："达赖不会叛变，要叛变了就把我的头割了！"在一九五七年西藏工委讨论会议上范×按毛主席的教导对当时西藏形势作了阶级分析，认为达赖"外向多而明，内向少而暗"即倾向帝国主义的多，倾向祖国的少，因而应该提高革命警惕性，却被邓小平之流横加罪名为"污蔑陷害达赖，抵制中央"。

毛主席教导我们："总之我们一定不要破裂统一战线，又决不可自己束缚自己的手脚，因此不应提出一切经过统一战线的口号……从蒋介石和阎锡山那也是错误的，我们的方针是统一战线中的独立自主，既统一又独立。"邓小平之流对于达赖反动集团的极右倾，彻底投降的政策，同样也是错误的。邓小平之流对达赖反动集团不是"以斗争求团结"而是"以退让求团结"终于导致了与达赖反动集团的统一战线的大破裂，发生了一九五九年的西藏全面武装的大叛乱。铁的历史事实充分揭露了邓小平之流"以噶厦之所好，恶噶厦之所恶，以噶厦之马首是瞻"完全在达赖反动集团的怀抱里的反动面目，铁的事实又充分证明了邓小平之流不是共产党员气味，他们是站在帝国主义、封建农奴主的立场上彻底的反革命派。

《六六》联络站　天津针织厂学校革命师生联委翻印 67.7.9.

国营天津纺织机械厂技术科《实践》编辑部翻印　67.8.4.

——·凡经转抄·差错难免·仅供参改·——（完）

提审闫达开记录

时间：一九六七年八月七日下午3:20～7:20

地点：保定市河北省歌舞剧院113室

提审人：河北大学毛泽东思想"八一八"红卫兵"六盘山"兵团赴保调查组

八一八"问：你谈谈"反冒进"问题。

闫达开答：从本质上看，在五五年——五六年合作化高潮批判了"小脚女人"后，河北兴起了合作化高潮。五六年马国瑞反映农民手头死了，我认为是反映了富裕中农情绪，因合作化后他们的自由活动时间少了，这是一；第二，春秋遭水，大秋也淹了，共三千多万亩（可能是三千五百万亩），这一面是个　但这一年收成，除了最高年产量的五二年外，它是最高一年了。显示了合作化的优越性。五六年秋末，河北省召开第一次党代表大会，这次有选举，在会上马国瑞提出"反冒进"。他主要是从生产上提起　实际上他认为是一左　右。他承认五五年办合作社是右了　但是现在是左了。他的左　不只是讲生产高潮，我认为他是被动的　观望的，开始反对大社，随着合作化高潮出现生产高潮，它不是小农经济的高潮，性质不同于从前的，带有改造生产面貌的性质，如改造低洼盐碱地，这只有高级社才能进行这样的土地改造。再有几次大的积肥运动　出现几村联合的劝秀，还出现平坟的现象　破了四旧　这都是马国瑞反对的。平坟是新事物，富裕中农反对，马国瑞反对。还有改良品种这都是针对改变河北生产面貌来的，充分发挥了人的积极性，富裕中农自由活动少了　公开给合作化泼冷水　马国瑞也给合作化泼冷水。

除了他还有林铁　他是支持马国瑞的，还有地委书记梁双璧，还有袁伯（商常委、农村工作部部长）。

我是支持合作化和生产高潮的，我来到河北以后感到河北有三个问题

① 农业落后，粮食不够吃；　② 春旱秋涝；

③ 小农经济。关键在于小农经济　主席反对"小脚女人"，号召合作化。打开《河北日报》，五六年以前只见报导小农经济生产经验　五六年以后就不同了，在生产上是朝着大跃进来的。五六年大水后，马国瑞提出"反冒进"开始我还没有感到这样尖锐，因为我们工作有缺点，如形势主义，强迫命令，但是我们要具体分析，因为没有经验嘛。我只是从我们的工作出发考虑的，认为是必要的，但没有从方向上来认识，认识他们反合作化和生产高潮，随后从大会发言中我看出是反群众的社会主义热情　所以我发言说不能伤害群众和广大干部的社会主义热情。到后来马国瑞作总结时有三个观点：①一左一右，那就不是工作缺点错误问题了，是方向问题；②生产不能搞运动　实际上把生产高潮和合作

化分开了；③反冒进。

我是不同意一左一右 他在晚上把发言稿给我看征求意见时，我是不同意的，关于生产运动我不同意说为什么工厂到农村不行，他给勾掉了，"反冒进"他坚持下来了 除了第二个问题都讲了，但最后定稿是否有我不确切，可能还有。

我认为这个党代会开得很坏，到了五七年春出现了富裕中农退社，拉牲口 要资金（冬天就出现了），春天有堵死的，我接待过，还有干部这样做，因此，我更感到这样是错误的。

问：和你同 个看法的有谁？

答：马国瑞作结论，我表示了自己不同意见……

问：问你还有谁？

答：和我观点一致的是有的，但我是书记处的不能和下边的人交换意见。唐山阎振华，沧州王路明，张家口刘一民，保定李悦农，省委张克让。我当时管计划，还有尹哲、庞军（邯郸）。

省委里是不如地委人多 石家庄梁双璧"反冒进"，天津地委态度不明。 省委中有张克让……

问：都讲了你还讲？

答：说明问题是五七年，准备秋天开第二次党代会，我正式向常委说，五六年"反冒进"是错误的，应该批判。先向常委提出，他们不同意，常委有谷云亭，尹哲 王智 马国瑞、张承先、胡开明、裴仰山、王期才。林铁没参加，因为他没在家。张钧不是常委可能参加了。

在会上我提"反冒进"是错误的，因为合作化刚结束，就反映富裕中农情绪。提出后有了争论，马国瑞不同意，认为党代会通过了，张承先讲："胜利冲昏了头脑"是支持马的。胡开明也是强调"冒进"了，裴仰山是跟他们走的 我想说服裴 我一说就叫他们给顶回来了 明确支持我的没有，谷云亭认为"反冒进"问题可以考虑，态度不明确，倾向可以考虑，尹哲认为"反冒进"不成熟，这二个人如果加深酝酿，可以站在我这一面。我不能接受他们的意见，最后马国瑞从组织原则上说服我，让我放弃意见，我回答这是原则问题，他说："你不同意，咱们就去找刘澜涛去。我没有找我保留了自己的意见。

问：为什么没找 刘澜涛？

答：因为形势变化了，刘少奇在秋后穿棉衣时去了，他表面上没有过问这个问题，马怎样汇报的我不清楚，但给我二个印象比较深：

①在一个省直机关干部会上，在省委小礼堂十三、三级以上的二百来人，厅局长都参加了。提出了"当二十年太平县长"，这是从干部评级问题上提出来的 我听着非常激耳，认为他是讲黑话。

②在一个小会上，有马国瑞，我、刘少奇，可能还有王光美，别人记不得了，在省委会客室，说一个省委书记（记不清是哪个省了）要打折子，看来是马事先和刘少奇谈了。

问：什么叫打折子？

就是另打桥子，即和省委内部不同主张，我当时压制自己的观点，顾虑是否暗示我自己。我心里想，你们爱怎么讲就怎么讲。马很欣赏，很愿谈。

那时受压迫？　答：我感到有压力，对话有反感。

马"反冒进"，就以你自己为一方？

是。林铁也是他们一伙　林铁以后没检查这个问题。62年6月说还是我和马国瑞那时好。当时就有我和林铁，在林铁院里。

这个事　57年反右时没有反映出来吗？　答：没有。

这样倒很奇怪！（插话：林铁那时干什么去了？）

他养病去了，他老叫有病。　57年底　主席提出了"十七条"，在天津传达的，就是"农业四十条纲要"的前身，那是鼓干劲，肯定了56年生产高潮，肯定了群众运动的希望和要求，这不是冒进，马传达"十七条"时没检查，没联系"反冒进"。

：他传达，变了"十七条"精神没有？

：没有，他是啥的样子。

：后来怎么发展了？

：后来提出总路线，林铁去成都开会，马还没有联系这个问题，这时我们就用行动回答这个问题了。徐水平原水库，鼓干劲，是谭老抓的，接着，五八年春就在唐县召开了红领巾水库经验会，同时学习河南庄河治水经验。这时鼓足干劲，力争上游开始出现。我在省委主管计划，抓农业，从58年实际开始抓，是我主动抓的。

：你肯定吗？

：我先是主动抓，五五年冬支持合作化，五六年春组织支援农业，五七年争论……（插话：别废话！）五八年抓农业。（插话：五六年省人委谁抓农业？）袁伯生。

　　五八年开始在常委会上明确，上面谭振林直接找我。

：谭振林找过谁？　答：过去他没抓，五八年才开始。

：五八年几月份？

：不清楚。　我抓开始突出提出平原园田化，山区梯田化　低洼地台田化和学习王芸河。这些都是有经验的，现在集中推广。还有改良品种，就按四十条纲要干。在八大前开始抗旱运动，一百多天的旱，那时提出发挥共产主义风格　群众自动起来支援抗旱，敢想敢说，敢干、"人定胜天"的口号提出，八大回去时正式确定总路线　接着就开省里第二次代表大会，在这个会上，马国瑞作了一个不负责任不深刻的检查，看样子是林铁让他检查的

：马国瑞管什么？

：他管农村，生产不怎么抓，他只抓合作化，以后就报病走了，据说是肺病，看来病太长了，游山玩水，钓鱼，我认为是一种消极情绪。

：看来这是两条路线斗争。

：实际上是这样，主要是和林铁。

：你对大跃进是什么态度？　答：是积极的。

：表现在哪些方面，具体讲几个大问题。

答：①公社化。主席提出人民公社好，河北先搭架子，秋后落实。动员六百多万人大炼钢铁，秋收有影响了，这应由薄一波承担，这也有刘子厚、林铁的责任，他们有些大轰大嗡。

问：刘子厚什么时候来的？

答：是党代会时来的，具体时间已不清了。

公社我们自己扩急了，我认为河北省是这样，没有精神准备，宣传也宣传了。

②着重改变生产面貌，就是四十条纲要。

甲、改变山区洪水，考虑根治海河，主席56年提出来了。当时有二个方案，一个是水库，一个是减河，当时想（58年）先蓄后泄。

乙、推广先进经验，没有警惕浮夸风，56年我们是警惕了，小麦一千斤还怀疑，后来人家出二千斤，还数粒，相信了，大秋总结形成了一种浮夸，但过日子心中有数，58年实际产量超过了历史水平，同时抓了水利，钢铁。

问：粮食糟了，是怎么回事？

答：林铁、刘子厚说："宁可影响农业，也要把钢一百万吨搞上去。否则就开除党籍！"这是传达薄一波的，我当时想和赫鲁晓夫争口气，是拥护的。

另外，冬天修水库，岗南、黄壁庄水库、岳城水库就下马了，同时支援北京密云水库。

同时有一个深翻种麦，要求三不种（刘子厚提出的，我同意了）深翻一尺以上，下种25——40斤，施肥一万斤，到下边一看我才知道不可能。这是从北京打来的电话，传达是　我传达和强调的，我到饶阳、安平看了，是不行的，并且是错误的。

问：当时对三面红旗抵制的有谁？

答：不明显。不过当时有病的，后来唐山刘汉生、杨英杰，何启君五九年讲："大炼钢铁血淋淋的。"杨英杰强调计划，认为比例失调，强调第一个五年计划好（这是抄苏联的）。

全面暴露出是六二年，大跃进时没说什么。

问：实干工作是谁？

答　我，刘子厚　王路明，我有错误。

问：哪些错误？

答：①从阶级斗争上看，在合作化后没有注意内部阶级斗争，强调了生产力的发展，如工具改革，特别是水利问题，注意是应当的，但是忽视了阶级斗争　面。

②浮夸风不清醒，但也有警惕　河南报八百亿斤，我没敢这样报，河北估计四百亿斤，我说过日子还要向中央要十二亿斤粮食，结果给了七亿斤，这一年征购四十九亿斤，比往年多十亿斤左右，心中不踏实，主要是没经验，河北有二百亿斤就可以了，四百亿斤还不敢放心，结果数字总往下落，最后落到过二百四十亿斤　最后二百一十亿斤，后来62年时187亿斤，就这　还是超过历史年产量。

还

③还有是瞎指挥，大搞试验田，大搞丰产方，这可以研究，这是张承先在承南发现的，谈了很多好处，他一直"反冒进"，不涉及农业，现在提出了，大家很重视，从长远看这个意见不能否定。

我感到在农业上的根本错误是瞎指挥和高征购，实际上应抓人的因素，经济同群众去见面。

带来的后果是五风，阶级敌人钻空子。

问：给农业带来什么后果？

答：形成农业减产，基本建设战线过长，劳力不够，后来我们不能控制，尤其是水库问题，如张家口很典型，不听话，也有渠道，盲目性很大。

问：工业？

答：有不少奔腾的形势；

问：那就否定了大跃进。

答：不是那样，因为主席思想是农、轻、重 我是从这个观点看问题。

问：什么时候？

答：五九年主席提出的，不过我早就有这个思想，因为我是搞农业的。

问：那你比主席还高啊?!

答：不，因为我感到南粮北调问题很大。

问：刘子厚呢

答：他搞工业，执行薄一波一套 不实事求是。

① 大炼钢铁伤劳力太多，这是我最近考虑这个问题，原来我想这是一个群众运动，最近研究刘子厚问题时才重新考虑，给省委兵团写的材料中有。

刘子厚是投机分子，政治性投机，我看是三反分子。

问：你什么时候有的这样看法？

答：最近。

文化大革命前我对这个人不是没有意见，没有分歧，四清点和国的问题同四清代替一切，排斥一切，这是四清根本问题，这个，在困难时期解决问题的组织搞劳动分配，有物质刺激倾向，忽视了政治挂帅，那时分歧是分清，从根本上怀疑他还是从顽固坚持资产阶级反动路线，是今年一二月二十日写了一张大字报还是作为我们共同责任讲的，从那以后我就想，为什么他这样？那么，是不是刘子厚树立自己的势力？他为什么包庇天津市委？他为什么包庇各大专院校党委？那么，啊进一步讲，他对两条路线斗争是抱什么态度的、过去思想活动把他当成核心，尊重他，华北局依靠他，李雪峰依靠他，他也强调跟华北局，李雪峰。过去他两条路线斗争态度是什么。基本回忆两段：

58年以来至64年以前，究竟执行什么路线？没加仔细分析是跟毛主席的，如跟林铁斗争，四清以后是否走到刘邓那边去了，是看了你们的大字报——在"河北日报"上登的。

问 什么时候看我们的大字报"

答：今年二月在河大"井冈山"，我的秘书给拿去的河北日报，回去后我同李雪峰和解学恭两个人，那时我就把刘子厚作为三反分子闹度来考虑这个问题。还没有肯定，只是从这个角度去认识，后来发生怀疑，我问："刘子厚和林铁斗争性质是什么？是原则斗争还是宗派斗争？"解学恭肯定回答说："那是原则斗争，是两条路线斗争。"然后我又和李雪峰研究，解学恭不在场："刘子厚什么时候到刘邓司令部去的？是四清后。"李雪峰回答："那还不是。"这是走着说的，后来我们一起吃饭去了。这个观点，李雪峰这个观点，解学恭是知道的。

后来我到保定来了，三月十一日到的，在38军招待所住着，我这个思想和北京军区郑维山谈过，那时我还没有肯定。确切想到他是三反分子，在我脑子里成分是越来越大了，但有时就犹豫不定。我到了38军住下来专门想这个问题，主要是从62年"鸣放"态度，这连李雪峰也连起来了，在天津怀疑李雪峰有问题，四清有问题。考虑刘子厚一个阶段一个阶段地考虑。六二年"鸣放"是李雪峰决定的，反毛主席的。主席不要"鸣放"，刘子厚传达李雪峰主持召开的华北局书记处会议，李立三讲："河北问题十分严重。"李雪峰决定河北继续"鸣放"，"鸣放"是全面性质的。

问：刘子厚的态度是支持还是不支持？

答：开始考虑是思想不通，组织服从，我问他："主席不是不让'鸣放'了吗？"我认为刘子厚这个思想，停滞了一个时期，没有认为是个问题，只是怀疑他。回去以后，他确定"鸣放"，头一个传达主席讲话，再是给河北省提意见，问题不大，华北局确定李立三来，这是刘子厚传达的 ..

李立三来了以后，刘子厚知道李立三不怀好意，我顶过李立三，说他不怀好意，刘同意了（在七千人大会上），李立三说："河北省问题十分严重。"当时没看到对中央的问题，现在（今年四月）才明白他要"鸣放"中央，在七千人大会上就有警惕。但李立三来了，刘子厚就走了，他应回来，但他躲在外面不回来，我以前以为是他抵触不负责任，因为有"鸣放"了再说的话，我找他回来，批评了他，认为他是逃避领导责任，他说："'鸣放'的情况我都知道。"我说："省里思想混乱，反党思想。"他说："我都知道。"我说："李立三反中央！"他说："我都知道，尹哲早就告诉我了。"我提出"混乱思想要澄清，反党思想必须批判。"他说："混乱思想必须澄清，反党思想还要反击，不是别的，这是毛主席威信问题，这个问题大。"

最使人迷惑的地方，我提出李立三"鸣放"反中央，非向李雪峰同志反映不行，刘子厚说："一定要反映，他们的地方铁路局谁说不过主席了。"我当时说："现在查不得，否则是挑拨。"

我问了他 次反映了没有，第 次他从北京回来说没有，第二次问他，他说："向雪峰反映了，雪峰说李立三是他派来的。"

住下还有，我对李雪峰进一步怀疑，刘子厚以后也不谈这个问题，这个现象我还没有特别注意。十中全会是 个反击，我向刘子厚提六二年要澄清，但那时林铁强调团结，不要互相抓辫子和主席思想对抗，是六二年八月开的，马力说："我们总算到太阳出来了。"有一点对李雪峰怀疑，林铁强调没有上面意见，他不敢推翻决定，他说时透露出和李雪峰、彭真商量过，但没有说李雪峰说什么，只说彭真说："要总结就总结河北省三次思想大混乱，一次是[illegible]，一次是土改，第三次是这次，要总结就总结这三次，要澄清就澄清这三次。"这次的会意没有说明，要澄清这三次大混乱问题就转移了，这样大的题目，怎么能搞得了？这就转移了斗争目标。我那次有病，是会中后期参加的。马力、康修民也有这个错误。刘子厚说：“不是说不澄清，澄清要澄清，现在还有困难……用情况起来克服困难。”我认为是指唐山和沧州这个地区，我认为他是指这个。他还说：“现在还不忙澄清，我保证澄清，我先负责研究。”他后来的把材料集中到他的办公室去了，马跃华讲的，当时给我的印象，他是好样的。但 一直没澄清 这是我对他的怀疑之一。

接着杭州会议，对他更怀疑 主席说：“为了挖掉修正主义根子而干杯。”后来改为斗争。我 马力 康修民、刘子厚（河北分为两组讨论）我们一凑就在一起了。这个会联系62年问题，马力讲：“不光是‘鸣放’唐山、河北问题，而是全国问题，对中央的问题”。康修民说：“五八年大跃进我们干，但有人抄后路。”我补充了五八年以后忽视阶级斗争。这会不到半天，第二天李雪峰提出了反对“骄傲自满”，林铁大发雷霆说：“为什么提六二年问题。”

问：主席什么时候提出反对骄傲自满，故步自封？

答：那是以后，他所指的骄傲是刘子厚提出四清了，刘子厚一压就回去了，钻不起来了，会议后期我问解学恭说：“关键在于林铁。”解同意我这个观点，就让林铁检查。李雪峰决定在一个决定会议上让林铁做检查。林铁没有触及自己思想，刘子厚没说话，全无表态，这个会没解决问题，那么后来呢？刘子厚也认为没解决问题。

到了六四年二月，春节 解学恭代表华北局，是李雪峰派的，解决林铁 刘子厚团结问题，原是他们三个人谈 解先找我问他二人问题在谁身上，我说在林铁身上，解学恭又说：“有没有原则斗争？”我说：“有。”解学恭强调提出“原则”，要在原则上团结起来，同时确定我参加会议 并让我先发言，我在会上提出：“①林铁自六二年犯了政治路线，组织路线错误，集中表现在依靠胡开明、马国瑞 张仰山。事实是马国瑞从五六年“反冒进”，胡开明给主席上万言书，提出一整套单干，主席已经提出来批评胡开明了，说：“胡开明要用自己的观点说服我们。”张仰山是跟他们走的。②胡开明修正主义路线必须批判。③必须澄清六二年混乱思想。”

解学恭支持，同意了我的 看法，他认为集中在胡开明问题上，说完他就走了。我批判了，解学恭支持了 林铁表示三点：第一承认对胡开明认识不清；第二同意批判胡开明 第三同意澄清62年问题。他是被迫的。刘子厚同意了林铁的表态，连忙检查自己的骄傲自满，以求达到团结，我那时还没有怀疑刘子厚，我只是认为刘子厚让步了。会后结果定下来了，开常委会，首先批判胡开明，然后澄清六二年“鸣放”，正在准备时，华北局刘谦来电话：“不准翻印六二年‘鸣放’材料。”刘子厚马上执行了，那怎么能澄清呢？以后我怀疑李雪峰，还是怀疑刘子厚，林铁。胡开明被叫到呼和浩特开会去了，省常委会还在开，后来把我也叫去了。开会主要是华北四清和文教部署问题，没有我什么事，我去了以后常委会散了，我问刘子厚：“为什么好容易斗争来的，会就散了。”他说：“你走了，我下去了，张重没八就散了。那时我想不那么简单，为什么这样去要讨论他不要了。从此以后刘子厚也没再提出过62年"单干"问题。再以后我想他从来也没有再提过六二年问题。这是最近我认为，我给河大"井冈山"写过"河北省十六年来两条路线斗争"。在七月。

根据这些事实他是执行了刘邓路线，从华北局和七千人大会就执行，不是偶然的。这个人一方面紧跟华北局，一方面我提出62年问题，他又没反对过，又好像支持，但没提出过，我斗争，你团结，当然我也是为了团结。这个人一个江湖术会，投机分子。

问：什么时候得的这个结论。

答：是在七月下旬，比较成熟接近了。

问：你不是从三月份就考虑了吗？

答：我从六月五日才正式在给省委兵团的材料中肯定下来。

刘子厚是三反分子，反革命分子，三月份怀疑不巩固，四月份大字报肯定，但还不巩固，因为没想到两条路线斗争，就在脑子里反復。

七月下旬，我的思想见之于我写的一个材料，是关于六六年五月份华北局会议刘子厚的态度，我在七月二十八——三十日写成交给保定大会秘书处的，肯定了刘子厚是三反分子

记录属实

阎达开（签字）

一九六七年 八月 七日

河大"八·一八"《千钧棒》兵团印

一九六七年八月二十三日

最高指示

帝国主义者和国内反动派决不甘心于他们的失败，他们还要作最后的挣扎。在全国平定以后，他们还会以各种方式从事破坏和捣乱，他们将每日每时企图在中国复辟。这是必然的，毫无疑义的，我们务必不要松懈自己的警惕性。

提审三反分子自达开记录

时间　一九六七年八月廿日

地点：河北大学

提审单位、河北大学毛泽东思想"八一八"红卫兵

问　你回忆你看过什么东西没有？

答　他们调查我的历史。"八二五"姓姚的谈过：我们开大会让你检查一下子　你怎么样？我说、检查一下当然可以了，我说那个得中央同意、批准，我感到他们要斗我，他们要我写材料，问我历史。姓姚的说　"我们开大会你检查　下子怎么样，你检查要在开大会前酝酿一下子"。他个别和我谈的，我在修改材料时谈的　材料修改两三遍　这是往中央　总理那送的。开大会可能是"反复辟"召开的全市性的。姚说到"斗"字时，我才说到那需要中央批准。

姚讲："我们考虑斗你怎么样？"

我说：那要中央批准。

以上是六月廿五　六号时　我和姓姚两人谈的。

问：对"反复辟"怎么看？

答：对"反复辟"没研究，知道"反复辟"和五代会对立。我向他们表示愿意检查。

问　你听说过给中央的报告吗？

答：我没看过。我到保定后，"八·二五"又去一个人向我的历史让我写"五月会议"。这个人我在"八·二五"见过。"八·二五"、"八·一三"调查我的历史有很长时间，"八·二五"过问我四次历史。第一次两、三个人在五月十号左右于保定省直机关；第二次是六月初在要武战校专门调查我的历史；第三次在"八　二五"；第四次是七月中旬在要武战校专谈历史的（在"八二五"谈历史的那个人）他们把我写的"五月会议"材料连底稿都拿走了（补充两条路线斗争的材料）

问：这四次谈的　样吗？

答：调查来的，分段问的。四次问的情况不一样。六月十六日晚我到天津"八、二五"是"反复辟"让我来的。"八、二五"把我接来的。接我的人说："让你来不光是我们'八·二五'，'反复辟'联络站也知道"（在廿三　四号让我晚回去写材料时讲的），还说要"反复辟"和保定大会秘书处商量。还有这么个情况：在我到"八二五"后，接我的人给我讲："保定原来是不让你离开保定"，又说他们"八二五"找的是保定××军支左联络站，××××支左给他们写的信，保定才同意我来天津的。（这是在谈到"到期不到期"时谈的，"八·二五"这个负责联络的人谈到××××支左联络站时还说："那儿让你来的，还得给那儿联系"）

问：这次是"反复辟"通过"八二五"让你来的，还是"八二五"让你来的？为什么到期回保定需要"反复辟"和保定大会秘书处联系呢？

答：我听"八二五"讲，这次让我来不光"八二五"　"反复辟"也知道。

问："八二五"是"反复辟"联络站的吗？你怎么知道？

答："八·二五"参加"反复辟"和我说明白了。它是"反复辟"联络站的。

问：谈公安局问题了吗？

答、"八二五"问江枫是不是和万晓塘对立的？对立为什么让江枫当局长？过去公安局有两派，我当时讲、那可能（指江枫是万晓塘的人）。

问　王诚熙的事谈了吗？

答：由万晓塘买皮袄说到王诚熙，他们问我，我说不知道。

问：你犯的什么错误？

答、我反对主席思想了。我支持"反复辟"　反了毛主席司令部的人，犯罪了。

问　怎么办？

答　认罪、承认事实。

我从五月回到保定，兵团介绍我和"八二五"谈话。后来谈李雪峯。他们问我李雪峯的问题和在"卫东"的情况。第二次谈话时，我把在"卫东"写的大字报底稿给他们了、、实际上是说62年鸣放的问题，这里面牵扯到华北局，华北局本身的事情写给总理写去了。在"卫东"写大字报上追到李雪峯，"八二五"要大字报我说大字报交兵团。我到过农专、技工学校、二中，住在要武时间多，到六月十六日我在二中时　晚上突然省直兵团李寿朋要我到天津。我问他到那去　他不讲　上车后一直到了"八二五"。

开始是姓姚的人说在天工的资产阶级反动路线。我还是谈原来观点，谈了　两天，后来谈李雪峯的情况，亦多李国峰没有谈……

这时在我思想上已对李雪峰构成看法，从刘子厚想到李雪峰，越想越往这方面想，想刘子厚怎么走到刘、邓司令部，觉着离不开李雪峰，系统地考虑了62年鸣放我的原始思想情况，我已写成了一个材料：关于62年鸣放，思想基础有了，就是给"井岗山"写的那个路子，比在"卫东"想的情况进一步了。我在省委机关也想写，我说给总理写个东西，李雪峰顽固执行刘、邓路线，认为62年鸣放关键是李雪峰，自己是有目的，写了东西，改了四遍，自己想是有这些事的，确切与否需查证，可先给中央，中央查证，依靠八二五查证，写了这个东西，写到第二、三稿时，第一稿是"八二五"抄的，一共有一个星期的时间，改到第三、四稿到了应回保定的时候，原应二十二号回去，实际是多住五天，这时提出交涉我晚回去的事情，听到"反复辟"联络站的情况，联络员讲，该回去了，不回去没法用。姚讲："不行，没写完"，联络员讲，不行，保定开大会呢，后来总是有人去了下保定。这时，联络员讲：来的时候是××军支左联络站给写的条子机关才让来的，那么晚回去是不是同给××军支左联络站说一下，给大会秘书处说一下，姓姚的讲："同和××军说一下，那不一定行"。我说："我是不是写个信给×付政委说一下，我正写材料，我晚回去一下"。我写了一个信给×付政委，后去了一个人过两天回来后说：×付政委不在家，这才又找"反复辟"联络站给大会秘书处联系。姚讲，这次让你来不光"八二五"，"反复辟"联络站也知道。让"反复辟"联络站给大会秘书处联系一下。我给×付政委的信中说："×付政委：我正写材料（关于李雪峰问题）。是不是我晚回去几天"。后来"反复辟"联络站也没解决问题，总又靠插交涉也未解决。后来姚又给保定打电话（用什么名义打的也没说）保定答应了。白天我在姓姚的办公室，商议没背着我，姚是青年教师（是在青年团办公室，在化工楼上，平常姓姚的在那办公），他叫"姚春富"，材料快写成的时候，我说：材料要送中央，确切情况要查证；就在这一两天他讲：你是不是考虑，你准备个检查怎么样？我们那个会不光是"八二五"，那是全市性的（是反复辟联络站）"。我说那可以。姚讲："对你怎么样？"这时他还想让我留下来检查，联络员说不行，到时间了，在给总理信写完了确定我回去。

和姓姚的谈过："为什么不联合"。我要写东西时要找参考，我给卫东队写了个信，他们派人去"卫东"抄来一份给总理写的信。我是给"卫东"刘春明写的信（外语系一年级，还有一个姓杨的）也是姚春富去的，他们抄了一份我作参考，写的材料留在"八二五"。给"卫东"要材料时，"八二五"问不给怎么办？我说：都是造反派怎么不给。我在卫东时也说"八二五"是造反派，所以写了信"八、二五"抄来了，刘春明与卫东总部商议后答应的。

问：对38军、66军怎么讲。

答："八、二五"认为38军是支持他们的，听说他们和天津的

38年有联系。"八 二五 我38军就接了。

这么看我是"八 二五"他们的结合对象。

问：大联合的问题，"八 二五"怎么给你讲的？

答：我说五代会和外边的人应当联合起来，"八 二五" 八、一三" "工东" "井岗山"都是造反派应当联合起来，"反复辟"中的工人也应当和五代会联合起来，这是一种简单的想法。"反复辟"联络站是组织、"八、二五" "井岗山"也应加入五代会，五代会中的"八、一三"、"工东"是造反的，这是我心里成熟的，"井岗山"有一段也是保守，我对"八 一八"最不了解，我对"井岗山" "八、二五"了解，想促成他们联合起来。我的思想是"八 一三"、"工东"、"井岗山"、"八 二五"联合起来，"反复辟"中的工人也联合起来，别的没什么，大联合就这样搞的。

问：你和"井岗山"怎么讲？"八、一三"呢？（搞大联合）

答：也是这个意思。给八 二五"也是这样讲的，给"井岗山"是在七月十几号讲的，给"八 一三"在七月廿号左右。我给38军写以前"八、一三"是62年鸣放、七千人大会材料时讲的。给"井岗山"谈材料谈了三 四次 占去了三 四天。

问 修改用了多少时间？

答 有两、三个晚上。

问：拿回去打印多长时间？打完后又用多少天修改？

答：拿回去一周 又修改用两 三个晚上。

问：材料什么时候定稿的？什么时候修改的？

答 在廿号以后改的。七月十四号交过一份材料。

记录属实

闫达开

一九六七年八月十日

刘少奇向毛主席革命路线的又一次反扑

——向南海革命造反大队的检查

附：刘少奇黑信……19页

转抄按语

我们以满腔怒火，向广大革命群众，公布中国的赫鲁晓夫刘少奇的又一个所谓检查。

这个"检查"象七·九"认罪书"一样，是向无产阶级革命造反派的猖狂反扑，是向以毛主席为代表的无产阶级革命路线和无产阶级司令部的猖狂反扑，而且比七·九"认罪书"更猖狂、更凶狠、更露骨，更赤裸裸地暴露了刘少奇这个大野心家穷凶极恶的狰狞面目！

毛主席教导我们："敌人是不会自行消灭的。"刘少奇所谓检查，完全证明了这个老牌反革命是不甘心自行退出历史舞台的，他仍在负隅顽抗。我们把这个"检查"印发给大家，望广大无产阶级革命派战友们，高举革命的批判大旗，以笔作刀枪，迅速行动起来，痛打这只落水狗。从理论上、思想上、政治上把他批倒、批臭、批深、批透，把他打翻在地再踏上一只脚，让他永世不得翻身！

× × ×

南海革命造反大队的同志们

你们一九六七年×月×日给我的紧急通令，限×月×日以前写出书面检查，具体回答戚本禹文章中所提出的"八个为什么"的问题，现答复如下

（一）一九三六年三月，我作为党中央代表到达天津（当时北方局的所在地）当时北方局的组织部长柯庆施同志向我提出一个问题，说北京监狱中有一批同志，他们的刑期多数已坐满，但不履行一个手续，就不能出狱。我当时反问柯："你的意见如何？"柯说，可以让狱中同志履行一个手续。我即将此情况写信（"写信"二字是反革命修正主义分子王光美塞进去的私货，以下凡打上·的，都是王光美写的）报告陕北党中央，请中央决定。不久就得到中央答复，交由柯庆施同志办理。当时党中央的日常工作是张闻天（又名洛甫）处理。据张闻天交代，他当时没有报告毛主席，也没有在会议上讨论，就由他擅自作了答复。当时，我知道狱中殷鉴同志，其余的人不认识，也不知道有多少，以后如何办理的，也不知道，殷鉴同志出狱以后，还是一九三七年春，我在柯庆施家里见过一次。不久殷鉴同志因病去世了。他们具体履行了什么手续，我未过问，最近看了造反报，才知道他们登了"反共启事"。对这件事我负有一定责任。

（二）抗日战争胜利后，一九四六年一月，我党同国民党达成了停战

战协定，以后又召开了政治协商会议，通过了"和平建

一月十二日，我党们的命令上就提出了"和平民主新阶段"的指示，这个指示是有错误的。

（三）在解放后，我极力主张资本主义工商业的社会主义改造，没有反对。一九五一年，我批了山西送来的有关农业合作化的一个文件，这是错误的。一次中央会议上，听过邓子恢关于合作化问题的报告，没有批驳他的错误意见。他就大加发挥，砍掉了二十万个合作社。事后，毛主席批评了邓子恢的错误，发表了关于农业合作化的很重要文章，掀起了农业合作化的高潮。

（四）一九五六年，党的第八次代表大会，我代表党中央向大会做了政治报告，是说了国内阶级斗争的。例如说，限制和反限制斗争，是近几年我国内部阶级斗争的主要形式，是反映我国的主要的阶级矛盾……进行"三反"、"五反"斗争，是因为有许多资产阶级分子进行有害于国计民生的非法活动，不能不坚决地加以制止。但是在这个报告的另一个地方说"我国资产阶级和无产阶级之间的矛盾，已经解决了。"这句话是错误的。八大关于工作报告的决议也说："现在这种社会主义改造，已经取得了决定胜利。这就表明，我国社会主义、无产阶级和资产阶级的矛盾已经基本解决。""几千年来，阶级剥削制度的历史已经基本结束，社会主义制度，在我国基本上建立起来。我国国内的主要矛盾……就是先进的社会主义制度，同落后的社会生产力之间的矛盾。"决议的这些提法，毛主席当时就表示反对，但已来不及修改，就这样通过了，至今未改。此外，在八大政治报告中和决议中，都没有提出毛泽东思想是全党的指导思想，全党全国的指导方针，这是错误的，是从七大的立场上退了　步。

（五）三年困难时期，我没有攻击三面红旗，在　次中央会议上，听见邓子恢说"安徽的责任田有许多好处"的话，我没有批驳他，他就到处乱讲。"三和一少"是个别同志提出初稿，尚未提到中央会议上来，当时我尚不知此种意见出笼。事后是从那个同志的保险柜中拿出来的。

（六）　九六二年，《修养》再版，是有人推荐，有人替我修改的，我看过，在《红旗》、《人民日报》上发表了，我应负主要责任。

（七）　九六四年夏，我在几个城市讲话，其中有形"左"实右的倾向，在去年十月二十三日，我在检查中做了详细说明，不必重复。桃园经验，当时是比较好的，不是形"左"实右的典型。

（八）在无产阶级文化大革命中　我为什么提出和推行资产阶级反动路线，我现在也不清楚为什么，也没有看到　篇能够说清楚为什么犯错误路线的文章。在八届十　中全会上，批判了我的错误以后　又

有人犯同类性质的错误，可是他们也不知为什么。我将努力学习毛主席著作，阅读毛主席指导我要读的其他著作书籍，和报刊的有关文章，以便能够完全在思想上弄清这个问题，并认真地在革命群众的实践中去加以检验。那时我才能答复我为什么在这个无产阶级文化大革命中犯路线错误，又如何改正了这个错误。

此致

无产阶级文化大革命的敬礼！

刘少奇（签字）

六七年×月×日

国印"红联"转抄

六七年八月十五日。

看！刘少奇要的是什么路？

清华大学井岗山兵团大字报编委会编

刘少奇是一个大阴谋家，是中国最大的修正主义分子，是中国修正主义的总头目。自三十年代以来，我们党内就形成了以刘少奇为首的一条黑线，有的是招降纳叛，结党营私，有的是臭味相投，不谋而合。一些资产阶级政客、投机分子、反动分子、阶级异己分子，蜕化变质分子。一切害怕、反对毛泽东思想的人，聚集在刘少奇的黑旗之下了。让我们看一看三十年代来的历史，看看刘少奇这条黑线。

刘少奇：湖南人，1899年生，曾留学苏联。1936—1942年先后担任中共北方局书记、中原局书记、华中局书[illegible]为政治局委员、43年起为书记处书记，1956年起为党中央付主席、59年起为国家主席、国防委员会主席。

1941年皖南事变以前的原北方局：

（41年以后书记为彭真，45年以后为罗瑞卿）

刘少奇（书记）
- 陕甘宁：高岗、彭德怀、贺龙、谭政、杨尚昆、习仲勋、阎红彦、张德生
- 晋冀鲁豫：邓小平、薄一波、杨献珍、吕正操
- 东　北：欧阳钦
- 晋　绥：李井泉、乌兰夫、李雪峰、林枫、祖植霖
- 晋察冀：彭真、刘兰涛、林铁、杨秀峰、蒋南翔、黄敬、刘仁、李昌、胡锡奎、杨述

此外，这段期间安子文也曾一度干北方局。

1941年皖南事变以前的军事布局：

刘少奇（书记）
- 軍队（新四军）
  - 饶漱石（新四军政委）
  - 邓子恢（政治部主任）
  - 黄克诚（保卫以刘为首的军部的三师师长）
  - 叶　飞（一师一旅旅长）
  - 刘　震（三师四旅工作）
- 地方
  - 张闻天、李维汉（此二人当时是否属华中局，众说不一，希读者调查）
  - 周小舟、舒同、陈丕显、谭启龙、曹荻秋、陈少敏

47年3月解放军撤出延安，毛主席、周恩来、任弼时留在陕甘宁、而由刘少奇、陈云、彭真等组成以刘少奇为首的中央工作委员会（47年3月—48年5月，在1948年5月彭真、叶季壮、伍修权去东北）

看！刘少奇为首的中央工作委员会分布局（解放初同此）：

刘少奇
- 华北局——刘澜涛（负责）
- 西南局——邓小平（书记）
- 中南局——饶漱石（书记）
- 西北局——习仲勋（书记）
- 东北局——高　岗（书记）

1956年刘少奇当选为党中央付主席，59年任国家主席、国防委员会主席。刘少奇大权在手，更加为所欲为。但是，随着社会主义的深入，在伟大的毛泽东思想指导下，59年揭出了彭德怀四家反党集团，65年11月从批判吴晗的"海瑞罢官"起，揪住了为彭德怀翻案的黑线，66年4月揭出了刘彭真四家店反党集团，到了八月就击溃了中国修正主义总后台——刘少奇、邓小平，揪出了这条资产阶级反动路线的顽固执行者，伟大的无产阶级文化大革命取得了巨大的胜利。

看，在刘少奇、陈云、邓小平控制、支持下的布局：（从下名表中以列入的职务都是文化大革命以前的，有在更早以前被揪出来的均于[illegible]）

刘少奇（党中央付主席）

- 政治局委员：刘少奇、陈云、邓小平、彭真、彭德怀、贺龙、李井泉
- 候补委员：乌兰夫、张闻天、陆定一、薄一波
- 书记处总书记：邓小平
- 书　　记：彭真、王稼祥、李雪峰、谭政、黄克诚（註1）罗瑞卿、陆定一（註2）
- 候补书记：刘兰涛、杨尚昆、胡乔木
- 监委会付书记：刘兰涛、王从吾
- 高级党校校长：杨献珍（被罢后调去）
  - 王从吾（又被罢后调去）
  - 林枫（文化革命中罢官）
- 中央各部
  - 农村工作部部长：邓子恢（该部已解散）
  - 中央组织部部长：安子文
  - 中央统战部部长：李维汉（被罢后徐冰）
  - 中央宣传部长：陆定一
  - 副部长：周扬、许立群、林默涵、姚溱、张子意、张际春
- 团中央第一书记：胡耀邦
- 书记处书记：胡克实、王伟、胡启立、杨海波、王照华

註：1.彭德怀反党集团揪出后，黄克诚、谭政、杨维罢官。
2.黄、谭被罢官后，罗、陆被塞入。

各大局各省

	第一书记	第二书记	书记处书记
华北局	李雪峰	乌兰夫	李立三
东北局		欧阳钦	
西北局	刘澜涛	胡锡奎	胡耀邦
西南局	李井泉		李大章
华东局			陈丕显、李葆华
中南局	陶铸	王任重	张平化

各省、市、自治区

	第一书记	书记处书记
北京市	彭真	刘仁、万里、郑天翔、邓拓、赵凡
河北	林铁	阎达开、张承先
黑龙江	欧阳钦（文化革命前已被撤）	李范五
山东	谭启龙（前任为舒同被撤）	
山西	陶鲁笳	
内蒙	乌兰夫	王再天
安徽	李葆华	
湖北	王任重	张体学
湖南	张平化（前任为周小舟被撤）	
上海	陈丕显	曹荻秋
辽宁		周恒
云南	阎红彦	

甘肃	汪锋	裴孟飞、马继孔
青海	杨植霖	王昭
陕西		赵守一、舒同
福建	叶飞	

政

刘少奇（国家主席）

- 人大常委会付委员长：彭真（65年为第一付委员长）、林枫、李维汉（65年被罢官）、李井泉（65年、李雪峰（65年新任）、赛福鼎
- 司法部门：杨秀峰（最高人民法院院长）、谢觉哉
- 付总理：陈云、邓小平、乌兰夫、薄一波、陆定一、罗瑞卿、陶铸（65年新任）
- 国务院办公室
  - 秘书长—习仲勋（文革前被罢官）
  - 第一付秘书长—周荣鑫（习被罢后为此职）
  - 工交办公室主任—薄一波
  - 文教办公室主任—张际春
  - 付主任—杨秀峰
  - 农林办公室付主任—廖鲁言、王观澜
  - 外事办公室付主任—孔原

各部

	部长（主任）	付部长（付主任）
新华通讯社社长	吴冷西	

广播事业局局长	梅益（被撤）、丁莱夫（新任）	
国家计划委员会		薄一波、邓子恢
国家经济委员会	薄一波	
国家科技委员会	乌兰夫	汪锋、刘春
国家体育委员会	贺　龙	荣高棠、李梦华
农业部	廖鲁言	
农垦部	王　震	肖克、陈漫远
文化部	陆定一	夏衍、林默涵、陈荒煤、李琦
高教部	蒋南翔	高沂、刘仰桥
教育部	何　伟	刘皑风
卫生部	钱忠信	
铁道部	吕正操	
地质部	何长工	旷伏兆
化工部		梁膺庸
煤炭部	张霖之	

軍

国防委员会付主席：　彭德怀（文革前被罢官）

贺龙、邓小平、罗瑞卿

国防部：原部长彭德怀　付部长黄克诚、谭政

（以上三人在彭德怀、张闻天、黄克诚、周小舟、四家反党集团被揪出后罢官）

付部长罗瑞卿、廖汉生（北京军区政委）

刘少奇（国防委员会主席）

国防部办公厅主任肖向荣

总参谋部、总政治部：

原总参谋长黄克诚（被罢后罗瑞卿继任）

原总政治部主任谭政（文革前被罢官）

空军付司令员兼空军学院院长、党委书记刘震

人物介绍（职务前见表）

彭　真　山西人。
刘兰涛　中共中央委员。
林　铁　（同上）
杨秀峰　中共中央委员，原高教部々长，现最高人民法院々长。1900年生，河北人，毕业于北京高等师范。1929年去法国留学，回国后曾任伪河北教育厅长。
黄　敬　（已死）死前为中共中央委员，前第一机械工业部々长。原名俞启威，浙江绍兴人，曾于山东大学学物理，是大右派曾昭伦的内侄，前台湾国民党国防俞大维的胞侄，北京市大黑帮范瑾的丈夫。
蒋南翔　中共中央候补委员，前清华大学校长兼党委第一书记。江苏宜县人，现年53岁，于清华大学肄业。
刘　仁　中共中央候补委员。
李　昌　（同上）对外文委付主任。
杨　述　原北京市委宣传部长，后调科学院哲学社会科学部。
乌兰夫　汉名云泽，蒙族人。
林　枫　中共中央委员，东北人。
欧阳钦　中共中央委员。
邓小平　江苏嘉定人，留法勤工俭学々生，在法国时入党。
薄一波　山西人，于太原国民师范学校肄业后曾到北京读书。
顾献珍　中共中央委员，被撤（职）后到科学院。
吕正操　中共中央委员，辽宁人，1903年生，东北讲武堂毕业，抗战初期任万福麟部中校团长。
高　岗　（已自绝于人民）陕西人，曾任国家付主席，东北人民政府主席，中央委员，高饶反党集团大头目。
彭德怀　湖南湘潭人，1900年生，曾任国民党部队团长，彭张黄周反党集团大头目，现在三线。
贺　龙　字云卿，湖南桑植人，1887年生(?)
谭　政　中共中央委员
杨尚昆　四川人，190[illegible]年生；26年入共产主义青年团，中共中央委员。

张德生　（已死）原中共中央候补委员，原甘肃省委第一书记。
饶漱石　高饶反党集团二头目，曾任中共中央委员，华东人民政府主席，江西人。
邓子恢　中共中央委员，福建龙岩人。
叶　飞　中共中央候补委员。
刘　震　中共中央候补委员，原军衔上将。
张闻天　即洛甫，江苏南汇人，1900年生，曾留学美国加利福尼亚大学，回国后，于四川大学任教，1925年入党，曾去苏联学习，彭、张、黄、周反党集团头目。现在经委工作。
李维汉　即罗迈，中共中央委员，湖南人，1890年生，1919年去法国勤工俭学，22年入党。
谭启龙　中共中央候委补员。
陈丕显　（同上）
陈　云　上海人。
陆定一　江苏无锡人，1907年生，上海交通大学毕业，曾留学苏联。
王稼祥　安徽芜湖人，1907年生，上海大学毕业，曾留学苏联。
胡乔木　江苏人。
王从吾　中共中央委员。
安子文　（同上）
胡耀邦　（同上）
徐　冰　中共中央委员候补。
周　扬　中共中央候补委员，湖南人，大厦大学毕业，曾留学日本。
李大章　中共中央候补委员。
李葆华　中共中央委员。
王任重　中共中央委员，原中央文革付组
张平化　中共中央候补委员，原中宣部付部长，中央文革组员。
陶　铸　原中央文革小组顾问，中宣部部长，59岁，25年入党。
陶鲁笳　中共中央候补委员。
汪　锋　（同上）
舒　同　原山东省委第一书记，犯错误后调任陕西省委书记处书记，江西东县人，1927年毕业于江西第一师范。
赛福鼎　中共中央委员候补，新疆维吾尔族人。
孔　原　中共中央候补委员，文化革命中自杀未遂，是国务院付秘书长许明的丈夫（许明于文化革命中自杀）。
张际春　中共中央委员。
廖鲁言　中共中央候补委员。
王观澜　浙江临海县人，1908年生，临海师范学校毕业，20年　共产主义青年团，后入党，曾去莫斯科留学，农业大　党委书记。
张劲夫　中共中央候补委员。
王　震　中共中央委员，湖南浏阳县人，1908年生
肖　克　中共中央委员，湖南嘉乐人，1909年生，黄埔军校毕业，1927年入党。
何长工　湖南人，1900年生，留法勤工俭学，22年入党。

曼垣　中共中央候补委员。
　衍　原名沈瑞光，浙江杭州人，曾留学日本。
緜之　中共中央候补委员。
汉生　中共中央候补委员，贺龙的外甥，原军衔中将。
向荣　原军衔中将。
必业　（同上）
志坚　原军衔中将，原中央文革小组付组长。
　冰　原名邢漳舟，笔名西彝，河北南宫县人，1920年赴德国柏林大学学经济学，21年赴苏留学。
植霖　原中央文革小组组员。

（本材料系根据大字报及其他一些材料整理，难免有出入，仅供参考。）

清华大学井岗山兵团大字报编文
1967、1、

清华大学井岗山“东风万里”抄
1967、1、18、

中山大学红旗公社206部队翻印
1967、2、28.

最高指示

划清反动派和革命派的界限，揭露反动派的阴谋诡计，引起革命派的警觉和注意，长自己的志气，灭敌人的威风，才能孤立反动派，战而胜之，或取而代之。

自《论人民民主专政》

一封投靠苏修赫秃的反革命的自白书

——批判1961年4月11日~~刘少奇~~给~~邓小平~~、~~彭真~~、~~安子文~~的一封黑信——

工代会起重运输厂联合指挥部宣传组翻印

1967 8 9

一九六一年四月十一日党内最大的走资本主义道路的当权派刘少奇关于黑儿子里通外国犯刘允若问题给党内另一个头号走资本主义道路当权派邓小平、反革命修正主义分子彭真，反党篡军分子罗瑞卿的一封信。这封信写于一九六一年，当时正是苏修赫秃统治集团公开叛变共产主义投靠帝国主义的第二年，正是苏修赫秃集团公开反华 彻底破坏中苏友好关系的第二年，正是苏修赫秃集团背信弃义地单方面撤退"专家"，破坏我国社会主义经济建设的第二年。当时正是中国人民和全世界人民的伟大领袖毛主席和以毛主席为首的中国共产党，高举国际共产主义的反修旗帜同苏修赫秃集团进行了针锋相对的斗争的时候。就在这样国际阶级斗争极其尖锐复杂的形势下所写的这一封信中，刘少奇极力取消阶级斗争背叛无产阶级专政，根本不提刘犯的反动言论和行为的实质是阶级斗争的反映，根本不去和刘犯进行针锋相对的斗争，相反地还纵容和包庇刘犯，指示他和苏修女特务勾勾搭搭。这就是刘少奇在国际上投靠苏修出卖无产阶级革命事业的一个罪证。

里通外国犯刘允若是刘少奇十多年来精心栽培的修正主义苗子，早在一九五五年底，里通外国犯刘允若(以下简称刘犯)前往苏修留学的第二年，刘少奇就将刘犯介绍给赫秃。赫秃对刘犯很赏识，亲自将刘犯接到自己的黑海别墅疗养。同年五月刘少奇对刘犯去信说："你应想办法去适应新的环境"又说"苏联饮食是很好的"，它的营养价值比中国的饮食要高得多。"不要对苏联的饮食有成见应习惯去吃，苏联有高度营养价值的饮食。"并且坦露地自我表白："我刘少奇最近两次去苏联体重增加了几公斤，但开始时对奶品及生鱼等我吃不惯过一個时候就惯了觉得她们的味道很好。"刘少奇这一系列的言行是为了使刘允若(刘犯)安心地把苏联黑货学到手。刘少奇不但为自己的黑公子找到了个教师爷——赫秃子，而且把从"适应环境"到"饮食的营养价值"以及自己如何"吃惯了奶品黄油""体重增加了几公斤"等一系列的亲身体会毫无遗漏地传授给刘犯，为刘犯里通外国作了有力的身教和言教。

刘少奇这个傢伙，真是反动透顶，为了投靠苏修，见了"奶品黄油"，连祖国的大米白面都不要了，那里还有一点中国人的气味。而他的黑公子呢？不但拜了一名师赫秃爱上了"奶品黄油"，而且勾到了个负有特殊任务的苏联女人并要和她结婚，公开要求叛国入籍苏联。刘少奇对自己的黑儿子刘允若的罪恶活动是了解的一清二楚的，1961年刘少奇在给邓颖超的一封信中说："刘允若近几年来一直羡慕苏联生活方式，想留在苏联不回来，这次他没有毕业就回国，出乎他的意料之外，他一直不满，想再回到苏联去。他曾经打听如何与苏联联系大使馆去。"短短的几句话，就可以说明刘允若这个大坏蛋早就投靠苏修，是民族的败类。刘少奇纵容包庇黑儿子的目的，就是要利用他作自己投靠苏修的穿针引线的工具。

毛主席教导我们说："我们是站在无产阶级和人民大众的立场，站在党性和党的政策的立场。"刘少奇在处理刘犯问题上不但完全丧失了共产党员的起码立场，而且还是刘犯里通外国的策划者。他在这封信中大言不惭的说："去年(60年)初，他(刘犯)和我谈到要和一個苏联姑娘结婚，我表示不赞成的意见，但他的结婚问题由他自己决定。"刘少奇站在资产阶级反动的立场上，毫也没有和刘犯做斗争，甚至连一句批评的话也不敢说，而且还对邓颖超说："刘允若对以上情节很敏感——上述情节——不要说是我(刘少奇)

告訴你们的。"由于刘少奇的纵容，助長了刘允的反动气焰，以至刘允若秘密地多次写信给那个苏联女人说：我一定要到苏联或你来中国結婚，否则我就要自杀。什么藤结什么瓜，什么阶级说什么話，把自己打扮成马列主义"大人物"的刘少奇对他的宝贝黑公子彻头彻尾的苏修货——刘允若的狗命是如此爱护备至。为了防止黑公子自杀当即指使×院院長党内走资本主义道路的当权派、叛党投敌分子刘×派两人放下其它工作不管，专门和刘允生活在一起，精心地做刘允的工作，想法把刘允的内在因素调动起来，用到工作中去。白骨精王光美更把刘允当成掌上明珠，公然对部院当权派说："你们批评他（刘允）要通过我的"在刘少奇的長期包庇下这位黑公子在1961年又提出要到苏联去并为此不顾一切的闹起来。"刘少奇、王光美、刘珍和黑通如同刘允若完全是一丘之貉、一个黑窝里的一堆渣滓。

毛主席教导我们说："我们对于反动派和反动阶级的反动行为，决不施仁政。"刘允要去苏联的目的是叛国投敌，这一点刘少奇心里很明白，也是刘少奇梦寐以求的，刘少奇在信中谈到"刘允若要去苏联结婚"其实是一种借口，真实目的是离开中国到苏联去生活。他的那个苏联姑娘，以及那个苏联姑娘对他都不是那样十分爱慕的。为什么刘贼对黑儿子刘允叛国投敌的这种一而再再而三的反动行为不但不做任何处理，相反的还施以仁政呢？又为什么要写这一封信呢？这里有他的阴谋诡计。刘少奇和赫秃是难兄难弟，是一根藤上结的两个黑瓜，这封信就是刘氏"修养"再版的前一年，正是刘少奇配合赫秃大反斯大林的前一年写的，也是刘少奇企图在中国复辟资本主义而积极活动的一年。在这十分关键的时刻，刘少奇是急需要找一个国际上的靠山，此时能和赫鲁晓夫挂上勾，结成儿女亲家是一件大好的美事"。一旦他在中国复辟资本主义的美梦得以实现时，则可以得到赫秃的支援。但另一方面刘贼也考虑到刘允若住在中南海是某种危险性的，此时对待刘允若的问题如果不闻不问，则要担风险、会暴露马脚，自己将也是灭顶之灾。于是就写下这封信与邓、彭、罗去密谋，一旦黑公子的反动行为暴露了出来，则可以嫁祸于×××同志及某某院政治部中的几个人，自己可以推脱责任罪。这就是刘贼与邓、彭、罗统帅的一场不赌本的大赌博，也是他们预谋篡权的重大战略部署之一。

刘少奇是一个地地道道的党内走资本主义道路当权派，是中国人民和世界人民的死敌，他的黑儿子刘允若里通外国则是刘少奇对人民犯下的又一罪责。他1961年4月11日写的这一封黑信则是他投靠苏修赫秃的反革命的自白书，对这封黑信必须彻底的批判。

特别值得指出的是，今年一月六日正当全国广大革命群众批判刘邓处于高潮之际，刘少奇这个反动的家伙贼心不死，勾结××大学及七机部党内一小撮走资本主义道路当权派挖空心思地把刘允若装打扮一番，捧上全国批判刘邓资产阶级反动路线誓师大会的讲台，在刘少奇的指使下写了一个臭名远扬的"向刘邓路线猛烈开火"的大毒草后来怕暴露了自己的反革命真面目在临发言的前夕，将这株毒草的标题改为"刘少奇是党内头号走资本主义道路的当权派"并在大会上发了言。这株大毒草是以揭刘少奇为名来抬高刘少奇的身价并恶毒的攻击我们伟大领袖毛主席，掀起了一股反对毛主席革命路线的反革命妖风。今年一月七日中央文革关锋同志发现了这一情况及时地指出"刘允若不是一个好人，你们可不要上当。"这时刘机探悉末日的来临，在刘少奇及××工办和七机部党内一小撮走资本主义道路当权派刘秉彦、刘瑄之流的纵容包庇下于一月八日跑往×地，企图寻找途径叛国投敌，但阴谋"未遂。后来一月18日晚在江青同志的指示下，刘少奇、刘秉彦、刘瑄之流处于形势所迫才不得不合组将刘机送往公安部法办。

毛主席教导我们说："敌人是不会自行消灭的。不论是中国的反动派，或是美国帝国主义在中国的侵略势力，都不会自行退出历史舞台。"今天刘少奇这个反动家伙又一次发起反革命的新反扑，明目张胆地攻击我们伟大的领袖毛主席，攻击毛主席，攻击毛主席的革命路线，真是罪该万死。我们全国无产阶级革命派必须迎头痛击，誓把刘少奇揪出中南海斗倒斗臭斗垮，不达目的决不罢休。

打倒刘少狗！

无产阶级政万岁！

伟大的领袖毛主席万岁！万岁！万万岁！

伟大的、光荣的、正确的中国共产党万岁！

附：刘贼的黑信

邓小平、彭真、罗瑞卿、×× ××、××、××、××同志：

这是×院政治部关于刘允若（毛毛）的一个报告，现送上请你们看看。

刘允若近年来一直羡慕苏联的某种生活方式，想留在苏联不回来。这次他没有毕业就调回国，出乎他的意料之外，他一直不满，想法再回到苏联去。他曾经打听过如何到苏联驻京大使馆去。去年八月初，他和我谈到要和一个苏联姑娘结婚，我表示不赞成的意见，但他的结婚问题应由他自己决定。此后，他就向×××同志要求允许他去苏联结婚，×××批评了他。他也没坚持要去苏联，但他坚持不在×院工作，要求到航空学院工作。理由是×院军事纪律太严，他受不了，在航空学院工作可以和外国人结婚。经×××同志允许他离开×院工作，派他到南京航空学院工作。但他又不愿到南京去，仍要求回×院工作，并声明遵守×院的一切纪律，放弃同苏联姑娘结婚的想法。几经要求，又经×××同志同意他回到×院工作，派到×院所联系的东北某工厂实习。这时他又不愿去东北。并提出仍要回

8. 苏联姑娘結婚。他曾经秘密多次写信給苏联那个姑娘，说他一定要到苏联，或要他来中国結婚。否则他就要自杀。这些信被查检出来，交×院政治部处理。×院认为刘允若当时的情况不宜派他到东北工厂去，仍留在他×院工作，以观后效。这时他不願离开北京的目的已达到，安静一个时期。但是最近他又提出要到苏联去，并为此不顾一切地闹了起来。从许多現象可以看出，刘允若要去苏联同一个姑娘結婚，大半是一种借口，真实目的是要离开中国，到苏联生活。他的那个苏联姑娘以及那个姑娘（苏联）对他都不是那样十分爱慕的。

以上経过，知道的人很少，刘允若对此情节很敏感，全部情节只有×××同志和×院政治部少数人知道。如果你们遇到刘允若谈到此种情节时，你们可以说根据×××同志所谈和×院政治部报告而知道此情况，不要说是我告诉你们的。我考虑到刘允若住在中南海是有某种危险性的。

刘少奇

一九六一，四，十

文化会起重运输厂联合指挥部翻印
一九六七、八、九

打　　倒
篡军反革命修正主义分子
~~彭德怀~~

附：彭德怀国防部长给
毛主席的《意見书》1959·7·14

一封「意見書」丟了
國防部長、一個偉
大林彪篡印、怪哉！

河北大学毛泽东思想八一八红卫兵
《红旗师》
1967、8、10、
《千鈞棒》印 1967 8、12、

最高指示

混进党里、政府里、军队里和各种文化界的资产阶级代表人物，是一批反革命修正主义分子，一旦时机成熟，他们就会要夺取政权，由无产阶级专政变为资产阶级专政。

前言

反革命修正主义分子彭德怀，是混进党内、军内的资产阶级代理人，是大阴谋家、大野心家、大党阀、大军阀、大卖国贼。与其黑主子中国赫鲁晓夫刘少奇一样，根本不是什么"老革命"，而是一个彻头彻尾、道道地地的老反革命、民族的败类，革命队伍中的蠹虫。

就是这个坏傢伙，"投机革命了三十一年（1928——1959），就大反毛主席十六次。"丧心病狂地抵毁和反对毛泽东思想，胡诌什么"毛主席著作只能作参考，不能作为指导作战，训练部队的指针。"

就是这个坏傢伙，一贯反对毛主席的革命军事路线，极力推行反革命修正主义军事路线，拚命鼓吹蒋介石国民党的军阀主义道路。妄图把我军蜕化成他篡党、篡军的工具。

就是这个坏傢伙，招降纳叛，结党营私，扩大私人势力，实行个人独裁，与高、饶结成反党联盟，充当高、饶反党联盟主帅。

就是这个坏傢伙，在一九五九年党的庐山会议上，纠集一小撮右倾机会主义分子，向我们伟大领袖毛主席和无产阶级司令部发动了猖狂进攻，攻击党的社会主义建设总路线、大跃进和人民公社，妄图推翻无产阶级专政。

就是这个坏傢伙，里通外国，与世界人民的死敌、苏修头子赫鲁晓夫称兄道弟，与帝修一起进行反华大合唱。

这个反党老手，在党的庐山会议上被揪出来了。但他人还在，心不死，与中国赫鲁晓夫刘少奇相勾结，每时每刻伺机反扑，妄图卷土重来。一旦阴谋得逞，枪杆子被夺过去，千百万人头就要落地，社会主义江山就要失掉，中国革命和世界革命就要大倒退。无产阶级革命派决不可掉以轻心，等闲视之。

因此，对彭德怀之流篡党篡军罪恶阴谋的大揭露，大批判，大斗争是当前革命大批判的主要组成部分，是迫在眉睫，当务之急的严重战斗任务。无产阶级革命派，必须紧跟毛主席的伟大战略部署，高举革命批判大旗，紧急动员，奋起战斗，集中目标，集中力量，痛打落水狗，从政治上、思想上、理论上把彭德怀及其主子刘少奇斗倒斗臭，叫他永无翻身之日！打倒彭德怀！打倒刘少奇！

一．毛主席对彭德怀的批判

△　一九四三年，彭德怀擅自发表了《关于民主教育的谈话》。毛主席知道后，当即写信对他进行了批判。毛主席在信中写道：

"你在两个月前发表的《关于民主教育谈话》我觉得不妥。兹将我的意见列下：

例如谈话从民主自由平等博爱的定义出发，而不从当前抗日战争的政治需要出发。又如不强调民主是为着抗日的，而强调为着反封建，又如不说言论出版自由是为着发动人民的抗日积极性与争取并保障人民的政治经济权利，而说是从思想自由的原则出发。又如不说集会结社自由是为着争取抗日胜利与人民政治经济权利，而说是为着增进人类互相团结与有利于文化科学发展。又如没有说汉奸与破坏抗日团结分子应剥夺其居住，迁徙　通信及其他任何政治自由，而只笼统说人民自由不应受任何干涉，其实现在各根据地的民主自由对于某部分人是太大、太多、太无限制，而不是太小，太少与过于限制。故中央在去年十一月曾发布关于宽大政策的解释，强调镇压反动分子之必要。你在谈话中，没有采取这一方针。又如在现在各根据地上提倡实行复决权，不但不利而且是做不到的。又如说法律上决不应有不平等规定，亦未将革命与反革命加以区别。又如在政治上提出"己所不欲施于人"的口号是不适当的，现在的任务是用战争及其它政治手段打倒敌人　现在的社会基础是商品经济，这二者都是所谓己所不欲，要施于人。只有在阶级消灭后，才能实行"己所不欲　勿施于人"的原则，消灭战争、政治压迫与经济剥削。目前国内各阶级间，有一种为着打倒共同敌人的互助。但是不仅在经济上没有废止剥削，而且在政治上没有废止压迫（例如反共等），我们应该提出限制剥削与限制压迫的要求，并强调团结抗日，但不应该提出一般的绝对的阶级互助（即己所不欲，勿施于人）的口号。又如说欧美民主运动是从工人减少工作时间开始，并不符合事实等。"

△　一九五八年，毛主席从无可辩驳的事实论证了以彭德怀为首的右倾机会主义分子，"从来就不是无产阶级革命家，只不过是混到无产阶级队伍里来的资产阶级、小资产阶级民主派。他们从来不是马克思列宁主义，只不过是党的同路人。""要把这一点加以论证，材料是很充分的。比如现在印发的很多材料，抗日时期的材料　长征末期的材料，比如挑拨离间，抗日时期的材料，比如什么'自由、平等、博爱'，'抗日阵线不能分左中右，分左中右就是错误的呀'，'己所不欲，勿施于人'。在阶级关系中，无产阶级与资产阶级、压迫者与被压迫者，提出这样的原则出来，什么'王子犯法，庶民同罪'，这样的一些观点，就是不能说是马克思主义者的观点，完全不能说是马克思主义者的观点。这是违反马克思主义的，是欺骗人民的，是资产阶级的观点，后来高饶彭黄反党联盟那些观点，比如'军党论'之类，挑拨党内的正常关系，认为这边有个排排，那边有个排排。这样一些观点和行为，不是马克思主义的观点和行为……彭

德怀在太行山的许多文件，请同志们将孙中山国民党第一次代表会议宣言，和彭德怀在太行山抗日时期发表的那些观点比较一下，一个是国民党人，一个是共产党人，时间一个是一九二四年，一个是一九三八年 一九三九年 一九四〇年，共产党员比一个国民党员要退步，这个国民党人名字叫孙中山，要进步。孙中山受共产党的影响，为什么发表那一篇呢？我最近找着了一个孙中山国民党代表会第一次宣言，那里边有阶级分析这样的思想，怎么会变成共产党的铁的纪律呢？怎么会变成无产阶级的纪律呢？没有共产党的纲领，没有共同的立场观点，纪律是建立不起来的。我说彭德怀不如孙中山……。”

△ 一九五八年军委扩大会议上，毛主席说“刘少奇 高岗，彭德怀学习了苏联那一套。薪金制我是不赞成的，学苏联那一套我是不赞成的。”又说：“搞薪金制，搞军衔制我从来就反对。搞供给制，过共产主义生活，是马克思主义作风，与资产阶级对立，我看还是农村作风、游击习气好，二十二年的战争都打胜了 为什么建设共产主义社会就不行了呢？为什么又搞工资制呢？这是向资产阶级让步，是借农村作风和游击习气来贬低我们，结果发展了个人主义。”

△ 一九五九年，在国内外反动势力利用我国的大跃进和人民公社的某些暂时局部的缺点，掀起反华大合唱之时，彭德怀抛出了反党纲领——“意见书”。

毛主席说：“彭德怀的意见书是右倾机会主义的反党纲领……不是偶然的 个别的错误，而是有计划的，有组织的，有准备的，有目的的，是乘我党处在国内外夹攻困难的时候向党进攻，企图篡党，成立他们机会主义的党。”

△ 一九六二年一月二十七日扩大的中央工作会议上，中国赫鲁晓夫刘少奇说彭德怀只是“高饶集团的余孽。”

毛主席立即严词反驳说：“是主要成员”“彭和高，实际上的领袖是彭”，“他们的罪恶太大了。”

△ 毛主席在一九六六年十月二十四日汇报会议上讲话中指示：“高岗 饶漱石、彭德怀，是搞两面手法，彭德怀与他们勾结了。”

△ 毛主席在一九六六年十月二十四日汇报会议上的讲话中指出“彭德怀发动的‘百团大战’是搞“独立王国”，“那些事情都不打招呼。”

二、反党老手彭德怀的罪恶史

反党老手彭德怀，原名：彭得华

家庭成员及社会关系：

前妻：刘坤模，曾叛变当叛徒，尔后嫁给商人。

后妻：浦安修，是彭反党的得力助手，长期当官作老，她窃取了北师大附中党校专职务，现被揪出，反革命修正主义分子。

妻姐：浦熙修，毛主席点名批判的原文汇报的大右派

妻姐夫：罗隆基，臭名远扬的大右派。

※　※　※

彭德怀的主要大毒草：

1941年：《民主政治与三三制政权的组织形式》

1942年：《1943年要贯彻民主精神》

1943年：《论敌后抗日根据地的三个中心工作》

1945年：《关于民主教育的谈话》

1959年：《我的意见书》——庐山会议上抛出的反党纲领

1962年：《八万言翻案书》

※　※　※

篡军反党罪恶史：

（一）　第二次国内战争时期（1928——1936）

△1897年生于湖南湘潭彭家围子。原名彭得华。1959年斗争大会上招供，这个名字是要在个中华为他个人所得。

△十六岁投靠军阀，十八岁当了排长，深得上司重用，派其到湖南讲武堂深造，毕业后当了营长，多次疯狂镇压农民运动，干了十二年，投到湖南军阀何键门下，刘型师第一团当了付团长。

△1928年，我地下党员黄公略等同志作其工作，彭德怀因当不上团长不满，后来何键要逮捕他，迫于压力，抱着八股思想，带着一团人马，投机参加平江八月起义，并混入党内，毒草形成"怒潮"就是美化彭贼的。

△同年12月，彭上了井岗山，从来不听毛主席的话，一直热衷于执行王明"左"倾机会主义路线，反对毛主席革命路线。毛主席指示把红四、红五军合并，彭当付军长，极为不满。毛主席带领部队出去后，彭守井岗山，敌人进攻则两人逃走。甚至还打起五军旗号，自封军长。

△1930年上半年，彭德怀为了扩大自己实力，利用军阀手段，武力吞并了坚持井岗山斗争的袁文才、王佐等地方部队，大大增加了坚持井岗山根据地的困难。

△同年7月27日，彭德怀忠实执行李立三的机会主义路线，攻占长沙。9月第二次冒险攻打长沙，使部队遭受重大损失。

△彭德怀是流寇主义的典型。1929年1月，1929年7月，1930年4月，三次带兵私自离开井岗山，甚至想打过长江去。

△1930年9月、10月间，在江西峡江会议上，毛主席提出，攻打

大城市时机不成熟，必须隐蔽目标，发展力量，建立根据地，彭极力反对，坚决主张打南昌、九江等大城市。

△1932年2月，彭指挥打赣州，是王明军事冒险的主要[illegible]仗，红军受到很大的损失。

△同年8月，在宁都会议上，王明等人排挤毛主席的领导，王明自任军委主席，

△1934年1月，在"左"倾机会主义路线发展到顶峰的六届五中全会上，彭德怀被选为中央候补委员。

△1933年，十九路军反蒋，彭等"左"倾机会主义不敢联合反蒋，致使蒋得以各个击破，先打败了十九路军，又发动了第五次围剿

△1935年，彭德怀忠实执行了王明"左"倾机会主义路线，在第五次反围剿中，任付总司令的彭德怀，采取堡垒主义，反对毛主席的"敌进我退，敌驻我扰，敌疲我打，敌退我追"的十六字方针，主张打阵地战，"御敌于国门之外"，"不让敌人占领一寸土地"，消极防御，使第五次反围剿失利。

△第五次反围剿失利后，彭又坚持逃跑主义。

△1935年1月，遵义会议以后，确立了毛主席的正确领导，彭十分不满，长征途中，咬牙切齿地大骂毛主席"瞎指挥"。他[illegible]刘少奇、张闻天、黄克诚、杨尚昆等，散布悲观失望情绪，企图动摇毛主席的领导，进行分裂活动。

△1935年8月，长征路上，张国焘搞四方面军闹分裂，彭主张武力解决四方面军前敌指挥部，由于主席坚决制止批判，未能得逞。

△长征后期，毛主席带领[illegible]三军团北上，主席要[illegible]团（林彪任军团长）三军团（彭德怀任军团长）合并，彭当总指挥，林彪当军团长，彭大为不满，军阀本性大暴露，遂逐使一军团压迫、欺侮三军团。

（二）抗日战争时期（1937—1945）

△彭德怀积极执行李立三、王明等人右倾投降主义路线，极力主张"一切通过统一战线，一切服从统一战线"，吹捧蒋介石，无耻地说什么："蒋委员长是抗日的英明领袖。"要让"青天白日满地红"旗插遍华北各个角落。

△军事上，彭反对毛主席的持久战思想，主张"速胜论"，还反对毛主席的独立自主发展游击战争的战略方针。

△一九四二年五月，百团大战后，有一次他明知敌人来合围，本来可以离开，他为了逞英雄，调了华北局机关战斗人员达十万人与敌人拼，结果损失巨大，左权参谋长也牺牲了，而当时他不顾战士安危，却派人到处去找他的老婆。

△1941年皖南事变，彭阴谋成立平原军区，派反党分子黄克诚带一师人马去新四军，妄图篡夺该军军权，后被毛主席发现后阴谋破产了。

△在太行山根据地，宣扬资产阶级的"自由，平等，博爱"，"己所不欲，勿施于人"，反对毛主席的《新民主々义论》

△由于彭在华北根据地干尽了坏事，主席将他调回延安，进行查

风，清稼斗争了四十多天，彭不服，直到庐山会议上破口大骂"你们×了我四十天娘，我×你们二十多天还不行。"

△一九四五年六月七大会议上，彭提出将"毛泽东思想为指导"划掉，刘少奇支持。

（三）解放战争时期（1946——1949）

△彻任军委总参谋长，后又任第一野战军司令员。

△打仗为了发财，打宝鸡（当时宝鸡有敌人大仓库），结果他已差点当了俘虏，后又将责任推给当时四军军长王石太，大骂之。

△1947年保卫延安战役是毛主席直接指挥的，彭却据功为己有，指使反动文人杜鹏程写了反党小说《保卫延安》，为自己树碑立传。

△一九四八年——一九四九年间，主席离开延安，彭德怀冒险到敌人心脏里，损失很大。

（四）社会主义革命和社会主义建设时期

（1950——1959）

△在朝鲜战场上，一、二、三、四次战役，都是按毛主席计划打的，一直打胜仗，第五次战役是按彭德怀计划打的，孤军深入，打了败仗，这次是我军在朝损失的最大一次。毛主席的儿子毛岸英烈士就是在这次战役中光荣牺牲的。

△彭有意否认抗美援朝的胜利是毛主席亲自领导和英明指挥下取得的，而说这是靠两个麻子，一个高麻子，一个洪麻子。

△彭德怀，当时在朝执行了大国沙文主义，他对金日成大党训斥，使中央很被动，他不仅骂了金日成，而且还骂朝鲜党，毛主席曾对金日成作了多次解释。由于他使中朝关系一度紧张，一系列大作文章，钻了空子，挑拨中朝的关系。

△彭窃取了国防部长要职。

△彭否攻击毛泽东思想是"狭隘经验"，"没有系统化""过时了"，"不适用了"，反对把毛主席著作作为指导作战、训练部队的指针，拒绝传达毛主席的指示，反对唱《东方红》，反对喊毛主席万岁！

△否定毛主席建军路线，学苏修，反对思想革命化，搞一长制，要取消政委，实质是反对党指挥枪，主张军党制。

△反对部队思想革命化，大力宣扬单纯军事观点，推行资产阶级修正主义建军路线，照搬苏修一套，建立"军衔制"实行一长制，搞薪金制，举行午会、酒会。

△1953年疯狂反对毛主席提出的"一化三改"的过渡时期总路线。

△反对毛主席人民战争思想，反对全民皆兵，反对大办民兵。

△反对搞国防尖端，主张打烂仗，宣扬什么"管你原子弹、氢弹，我有我的山药蛋"。

△反对搞计划，而搞军国主义路线，认为战争不会打起来，对阶级敌人放弃警惕。

△一九五三年彭德怀与高（岗）饶（漱石）组成反党小集团，极力主张"轮流坐庄"阴谋发动反革命政变，后被毛主席发现，彭见势不妙，灵机一动，假装反高饶，蒙混过了关。

△一九五五年彭德怀积极支持刘少奇大砍合作社，疯狂反对毛主席的农业合作化方针。

△一九五六年又勾结刘、邓等狐群狗党把金光闪々的毛泽东思想五个大字从党章上砍去了。

△他控制了三个部，招降纳叛，结党营私，伙同黄克诚，洪学智、谭政等反党分子，窝藏三十亿军费，阴谋取消以毛主席为首的中央军委，成立"彭帅部"，篡夺最高军权，发动政变。

△一九五七年彭说："苏共二十大是勇敢的大会"。

△一九五七年彭伙同赫秃子、铁托、刘少奇、邓小平，大肆攻击毛主席的光辉著作《关于正确处理人民内部矛盾》，彭以阶级斗争熄灭论，恶毒攻击无产阶级专政。

△一九五五、一九五七、一九五九年，多次出国与赫鲁晓夫勾々搭々。

△一九五八年，彭外出回国，又跑了十一个省，到处放毒。

△一九五九年赫秃来到中国，攻击我们是"好斗的公鸡"，要建立什么长波电台，联合舰队，阴谋控制我国，实际上是彭和赫秃搞的鬼。

△一九五九年，彭德怀与黄克诚、张闻天、周小舟等蛇蝎心肠的人结成反党联盟。在庐山会议上扮演了"海瑞"，抛出了彻头彻尾的反党纲领——《意见书》，诬蔑毛主席提出的总路线是"左倾冒险主义"，是小资产阶级狂热性"，攻击大跃进"得不偿失"、"劳民伤财"；胡说"人民公社搞糟了"，"要垮掉，攻击轰々烈々的群众运动是"头脑发热"。狂叫："中国要发生匈牙利事件"，"要请苏联红军帮助，勾结赫秃子，阴谋发动反革命政变，妄想"取而代之"。但反革命阴谋未能得逞，被罢了官。

△毛主席命令炮击金门，马祖，这是对美帝、苏修最好的回答。而彭对这一战役极为不满，托口以视察为名，到西南去了。

（五）彭德怀被罢官后（1959——现在）

△彭被罢官后，不甘心失败，自费外出调查，搜集反党材料，等待时机、准备翻案，以图东山再起。

△一九六〇年勾结高级党校杨献珍，散布反党谬论，企图翻案。

△一九六一年回湘潭调查，大肆攻击三面红旗，党中央和毛主席。

△1962年八届十中全会前，彭勾结同党一齐跳了出来，大刮反华、反共、反毛泽东思想的妖风。彭以为时机已到，在八届十中全会上大闹翻案，抛出"八万言书"。毛主席发出了"千万不要忘记阶级斗争"的伟大号召，彭的阴谋又破产了。

△1965年十一月廿七日，在西北当三线建委付主任。又勾结黑反分子李井泉，贺龙，妄图把大西南变成反革命政变基地。

一枕黄粱再现，轰々烈々的无产阶级文化大革命打破了彭贼的美梦，被革命小将揪到北京。文化大革命汹涌澎湃，彭德怀之流落水狗，将要在革命的怒涛中彻底完蛋。

打倒彭德怀！

河大八一八《红旗师》[illegible]

三、彭德怀的反党纲领——"意见书"

主席

这次庐山会议是重要的。我在西北小组有几次插言，在小组会还没有讲完的一些意见，特写给你作参考。但我这个简单人类似张飞 确有其粗，而无其细。因此 是否有参考价值请斟酌。不妥之处，烦请指示。

甲、一九五八年大跃进的成绩是肯定无疑的。

根据国家计委几个核实后的指标来看，一九五八年较一九五七年工农业总产值增长了百分之四十八点四，其中工业增长了百分之六十六点一，农付业增长了百分之二十五（粮棉增产30%是肯定的），国家财政收入增长了43.5%。这样的增长速度，是世界各国从未有过的。突破了社会主义建设速度的成规，特别是象我国经济基础薄弱，技术设备落后，通过大跃进，基本上证实了多快好省的总路线是正确的。不仅是我国伟大的成就，在社会主义阵营也将长期的起积极作用。

一九五八年的基本建设，现在看来有些项目是过急过多了一些，分散了一部分资金，推迟了一部分必成项目，这是一个缺点。基本原因是缺乏经验，对这点体会不深 认识过迟。因此，一九五九年就不仅没有把步伐放慢一点 加以适当控制，而且继续大跃进，这就使不平衡现象没有得到及时调整，增加了新的暂时的困难。但这些建设，终究是国家建设所需要的，在今后一两年内或者稍许长一点时间，就会逐步收到效益的。现在还有一些缺门和薄弱环节，致使生产不能成套，有些物资缺乏十分必要的储备，使发生了失调现象和出现新的不平衡就难以及时调整，这就是当前困难所在。因此 在安排明年度（一九六〇年）计划时，更应当放在实事求是和稳妥可靠的基础上，加以认真考虑。对一九五八年和一九五九年上半年有些基本建设项目实在无法完成的，也必须下最大决心暂时停止，在这方面必须有所舍，才能有所取，否则严重失调现象将要延长，某些方面的被动局面难以摆脱，将妨碍今后四年赶英和超英的跃进速度。国家计委虽有安排，但因各种原因难预决断。

一九五八年农村公社化，是具有伟大意义的，这不仅使我国农民将彻底摆脱穷困，而且是加速建成社会主义走向共产主义的正确途径。虽然在所有制问题上，曾有一段混乱，具体工作出现了一些缺点错误 这当然是严重的现象。但是经过武昌、郑州、上海等一系列会议，基本已经得到纠正，混乱情况基本上已经过去，已经逐步的走上按劳分配的正的轨道。

在一九五八年大跃进中，解决了失业问题，在我们这样人口众多的、经济落后的国家里，能够迅速得到解决，不是小事，而是大事。

在全民炼钢铁中，多办了一些小土高炉，浪费了一些资源（物力、财力）和人力，当然是一笔较大损失。但是得到对全国地质作了一次规模巨大的初步普查，培养了不少技术人员，广大干部在这一运动中得到了锻炼和提高。虽然付出了一笔学费（贴补二十余亿），即在这一方面也是有失有得的。

仅从上述几点来看，成绩确是伟大的。但也有不少深刻的经验教训，认真地加以分析，是必要的有益的。

乙、如何总结工作中的经验教训：

这次会议，到会同志都正在探讨去年以来工作中的经验教训，并且提出了不少有益的意见。通过这次讨论，将会使我们党的工作得到极大好处，变某些方面的被动为主动，进一步体会社会主义经济法则，使经常存在着的不平衡现象，得到及时调整，正确的认识"积极平衡"的意义。

据我看，一九五八年大跃进中所出现的一些缺点错误，有一些是难以避免的。如同我们党三十多年来领导历次革命运动一样，在伟大成绩中总是有缺点的，这是一个问题的两个方面。现时我们在建设工作中所面临的突出矛盾是由于比例失调而引起各方面的紧张。就其性质看，这种情况的发展已影响到工农之间、城市各阶层之间和农民各阶层之间的关系，因此也是具有政治性的。是关系到我们今后动员广大群众继续实现跃进的关键所在。

过去一个时期工作中所出现的一些缺点错误，原因是多方面的。其客观因素是我们对社会主义建设工作不熟悉，没有完全的经验。对社会主义有计划按比例发展的规律体会不深，对两条腿走路的方针，没有贯彻到各方面的实际工作中去。我们在处理经济建设中的问题时，总还没有象处理炮击金门、平定西藏叛乱等政治问题那样得心应手。另方面，客观形势是我国一穷（还有一部分人吃不饱饭，去年棉布平均每人还只十八尺，可缝一套单衣和两条裤叉）二白的落后状态，人民迫切要求改变现状。其次是国际形势的有利趋势。这些也是促使我们大跃进的重要因素。利用这一有利时机，适应广大人民要求，加速我们的建设工作，尽快改变我们一穷二白的落后面貌，创造更为有利的国际局面，是完全必要和正确的。

过去一个时期，在我们的思想方法和工作作风方面，也暴露出不少值得注意的问题。这主要是：

1．浮夸风气较普遍地滋长起来。去年北戴河会议时，对粮食产量估计过大，造成一种假象。大家都感到粮食问题已经得到解决，因此就可以腾出手来大搞工业了。在对发展钢铁的认识上，有严重的片面性，没有认真地研究炼钢、轧钢和碎石设备，煤炭、矿石、炼焦设备，坑木来源，运输能力，劳动力增加，购买力扩大，市场商品如何安排等等。总之，是没有必要的平衡计划。这样也同样是犯了不够实事求是的毛病。这恐怕是产生一系列问题的起因。浮夸风气，吹遍各地区各部门，一些不可置信的奇迹也见之于报刊，确使党的威信蒙受重大损失。当时从各方面的报告材料看，共产主义大有很快到来之势，使不少同志的脑子发起热来。在粮棉高产、钢铁加番的浪潮中，铺张浪费就随着发展起来，秋收粗糙，不计成本，把穷日子当富日子过。严重的是相当长的一段时间，不容易得到真实情况，直到武昌会议和今年一月省市委书记会议时，仍然没有全部弄清形势真象。产生这种浮夸风气，是有其社会原因的，值得很好的研究。这也与我们有些工作只有任务指标，而缺乏具体措施是有关系的。虽然主席在去年就已经提示全党要把冲天干劲和科学分析结合起来，和两条腿走路的方针，看来是没有为多数领导同志所领会，我也是不例外的。

2　小资产阶级的狂热性，使我们容易犯左的错误。在一九五八年的大跃进中，我和其他不少同志一样，为大跃进的成绩和群众运动的热情所迷惑，一些左的倾向有了相当程度的发展，总想一步跨进共产主义，抢先思想一度占了上风，把党长期以来所形成的群众路线和实事求是作风置诸脑后了。在思想方法上，往往把战略性的布局和具体措施，长远性的方针和当前步骤、全体与局部、大集体与小集体等 如主席提出的"少种、高产、多收，""十五年赶上英国 等口号，都是属于战略性、长远性的方针，我们则缺乏研究，不注意研究当前具体情况，把工作安排在积极而又是稳妥可靠的基础上。有些指标逐级提高，层层加码，把本来需要几年或者十几年才能达到的要求，变成一年或者几个月就要做到的指标。因此就脱离了实际，得不到群众的支持，诸如过早否定等价交换法则，过早提出吃饭不要钱，某些地区认为粮食丰产了，一度取消统购政策，提倡放开肚皮吃饭，以及某些技术不经鉴定就冒然推广，有些经济法则和科学规律轻易的否定等，都是 一种左的倾向。在这些同志看来，只要提出政治挂帅，就可以代替一切，忘记了政治挂帅是提高劳动自觉、保证产品数量质量不断提高，发挥群众的积极性和创造性，从而加速我们的经济建设，政治挂帅不可能代替经济法则，更不能代替经济工作中的具体措施。政治挂帅与经济工作中的确切有效措施，两者必须并重，不可偏重偏废。纠正这些左的现象，一般要比反掉右倾保守思想还要困难些，这是我们党的历史经验所证明了的。去年下半年，似乎出现了一种空气，注意了反右倾保守思想，而忽略了主观主义的方面。经过去年冬郑州会议以后一系列措施，一些左的现象基本上纠正过来了，这是一个伟大的胜利。这个胜利既教育了全党同志又没有损伤同志们的积极性。

现在对国内形势已基本上弄清楚了，特别是经过最近几次会议，党内大多数同志的认识已基本一致。目前的任务，就是全党团结一致，继续努力工作。我觉得，系统地总结一下我们去年下半年以来工作中的成绩和教训，进一步教育全党同志，甚有益处。其目的是要达到明辨是非，提高思想，一般的不去追究个人责任。反之，是不利于团结，不利于事业的。属于对社会主义建设的规律等问题的不熟悉方面，经过去年下半年以来的实践和探讨，有些问题是可以弄清楚的。有些问题再经过一段时间的学习摸索，也是可以学会的。属于思想方法和工作作风方面的问题，已经有了这次深刻教训，使我们较易觉醒和体会了。但要彻底克服，还是要经过一番艰苦努力的。正如主席在这次会议中所提出的：“成绩伟大，问题很多，经验丰富，前途光明”，主动在我党团结起来艰苦奋斗，继续跃进的条件是存在的。今年明年和今后四年计划必将胜利完成，十五年赶上英国的奋斗目标，在今后四年内可以基本实现，某些重要产品也肯定可以超过英国。这就是我们伟大的成绩和光明的前途。

顺致

敬礼！

彭德怀

一九五九年七月十四日

四、反革命修正主义分子彭德怀的自供

时间 一九六六年十二月二十八日——一九六七年 月五日

一、解放前：

七大时我讲过 毛泽东思想“百分之九十九点九是对的，百分之零点一是不对的。”

二、解放初期：

我主要是学苏修一套，在贺龙主持下，（我积极参加了）进行评级别，搞物质挂帅，连军队装备也全盘苏化。后来人民反对，主席批评才改过来。

三．庐山会议前：

我主持军委工作时，"认识不够"，"毛泽东思想学习不够"，毛泽东思想伟大红旗"举得不够高"，但不能怪我，"什么东西都有一个发展过程"，"我掉了队，怎么样的我不知道"，"对新事物不理解"，"是立场问题"？我还接受不了。

"不能说我是屠杀群众的刽子手"，我可是"一半对一半"，有错误，也有功劳"。

五六年开八大，是"我提出划掉毛泽东思想"的，我一提出也就得到刘少奇同意；"还是划掉的好吧！"我是主张"反对个人迷信的"。

五八年我可忙了，全国到处跑，干什么呢？请看：五八年大跃进，工农业齐进，但"在完成生产产量上，我是有怀疑的，可我没有做声。"

北戴河会后，我去西北 兰州。在去郑州的火车上我也开会"反共产风"。

我去武汉参加扩大会前还去湖南一带调查，"看 看不但没有增产，反而减产了"，我这里有诗为证：

"谷撒地，薯叶枯，
青壮炼铁去，
收禾童与姑，
来年日子怎过？
请为人民鼓与胡。"

我不能沉默了，我要当海瑞了。

后我又去江西、安徽等地"调查"，我决定"出名"，"在庐山会议上讲一下"。

四．庐山会议期间：

五九年七月十三日晚我给主席"写了一封信"，七月十四日"印出来，发到会同志"。主要内容：

(1) 五八年大跃进"有失有得"，失是主要的。"实际增加的比公布的低一些"。

(2) "当前严重的问题是比例失调。""每天九千万人去炼铁""要采取积极措施""有的要下马一些"。

(3) "不老实"，"浮夸风""抄假报告""全国各地各部门都有这样现象。"

(4) 有小资产阶级"狂热性""命令主义，脱离群众，把多年来的群众路线置之脑后，忘记了。""主观主义"，"铺张浪费"，等等，等等。

我写写信动机可是好的"，"有张飞之粗，没有张飞之细"。

主席十七日收到我信，在二十三日主席就我的问题发言四十几分钟，击中我要害的有："彭德怀的信是纲领性质的，是一个反对我们总路线的；不要看表面拥护人民公社"，"彭德怀心细，我们讲有得有失，他写有失有得，失在前头。"

"讲几千万人炼铁是小资产阶级狂热性，浮夸风吹遍全国各地各部门，实际上是不要人民公社，彭德怀也讲了比例失调等等"。

"中国人民解放军要跟彭德怀走，我就得打游击去："

我认为主席讲话"太过份了"，我"有保留"。主席说我的"信是招兵买马的"，"有野心"，"伪君子"，我怎么能接受得了呢？要我的命"我同意"，但有"保留"，"无官身轻"，"我不行，有人比我行，我就得让位"。从庐山会议结束，我这个"海瑞"也就完蛋了。

记录者声明：

①自供是我们看押彭贼时记录的。

②引号内的话是原话。

③主席讲的话因为句句打中彭贼要害，故使彭贼极端仇恨，因此他回忆的与原话出入不大。

④彭贼处处为自己反革命行径开脱，这个自供只是他干的极小一部分，但从这里也可以看出他是反共老手。

⑤仅供批判用。

一九六七年七月十七日

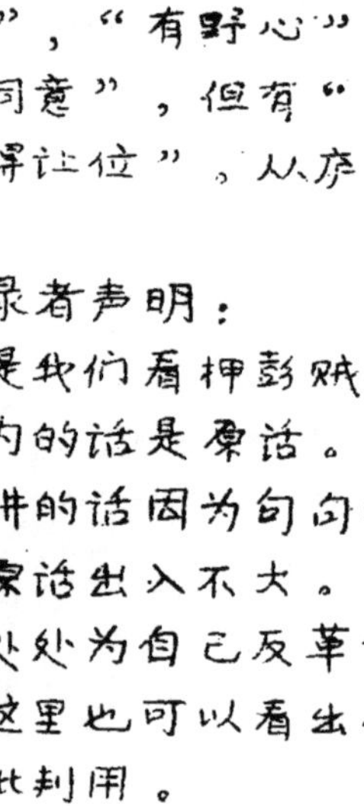

最高指示

搗乱，失败，再搗乱，再失败，直至灭亡——这就是帝国主义和世界上一切反动派对待人民事业的逻辑，他们决不会违背这个逻辑的。

闫达开的"反复辟"干了些什么？

闫达开——地々道々的反革命两面派；

河大井岗山——臭名昭著的保爷兵团；

天工八々五——尽管一开始路子是对的，但后来当过赵香的高级保皇兵，再后来又犯了严重错误，非常严重，非常严重的错误直到现在、仍一意孤行。

而"反复辟"就是这样一个被闫达开操纵，被河大井岗山，天工八二五控制的、被中央称作"定了性不利争取群众"的组织。

中央之所以这样说，是因为虽然从"反复辟"成立就没作过一件符合运动大方向的事，但"反复辟"里绝大多数还是受蒙蔽的群众。

一、"反复辟"在闫达开的操纵下，极立对抗中央，扭转运动大方向。

中央 再强调，天津的文化大革命，尤其是夺权斗争，要按照中央的布署进行 谁再想夺权，就是夺中央的权，而反革命修正主义分子闫达开胡大耍反革命两面手法，上拗中央，妄图为刘 闫 万 张翻案，在天津 则利用"反复辟"中坚定组织大肆泛滥的无政府主义 给中央施加压力，以达他"揭开解、胡、江篡夺市委大权的目的。

早在二月份，从闫达开的指示、河大井岗山就炮制了反革命的"八点声明"和三条标语 第一个把斗争矛头指向李雪峰 掀起了破坏天津革命大联合的逆流。四月份，"反复辟"刚々成立两天，闫达开又在卫东抛出了"自供"为无政府主义者提供炮打李雪峰，破坏革命派大联合的材料。以后，闫达开又在保定给天大八一三、河大井岗山写材料 修改材料，六月六日，六月二十六日又两次在天工写材料给天工八二五，七月十四日亲自找河大井岗山座谈，并奋挥出一份两万七千字的材料。七月二十五日 再次给河大井岗山写材料。这些材料一面把刘子厚、闫达开等人打扮成左派，一面把李雪峰和刘、郑、李立三强拉到一起。并嘱咐上三个组织，这些材料各有所长，各有所短，你们要交换一下，可能由于"反复辟"们觉得既有了靠山，又有了铁证，再加上件北刮来的歪风，所以"反复辟"们反李雪峰的逆流留一度甚嚣尘上，但终因反李雪峰只不过是幌子，故他们当感到反李雪峰前途渺茫之后，便露骨地，不遗余力地攻击起革命的三结合和革命派的大联合，他们冲击军队领导机关，三

施中伤天津驻军、五代会，砸抢打五代会成员"文武齐下，无所不
其极，随之，解 胡 江成了他们打倒的对象，在触犯支持一派，
他们遭到失败之后，为了重振萎靡的士气，便集中力量打倒刘政，
发动群"一个个小新谈"对我们点名 打刘政主要是为了要人，争取
群众，重新组织自己的队伍，解放我们打李雪峰把造反派发动起来了
，最近散了，这次打刘政，再把群众发动起来，反正不能让五代会夺
权。

二.恶毒诬蔑解放军，冲击军事机关，打砸抢
制造一系列流血惨案和严重的政治破坏案。

反革命修正主义分子闫达开为自己的阴谋得逞，极力在天津各群众组织之间挑拨离间，拉一派 打一派，唆使他们挑起一起又一起的武斗，妄图把天津搞得一塌糊涂，迫使中央改变对天津夺权工作的原来部署。反复挑动对王子的意图心领神会，从元成立那天起就大搞打、砸、抢，妄图把五代会中的革命造反派压垮。

五月四日——五月九日，河大井冈山制造了血洗河大北院惨案，九天内毒打我战士一百二十余名，绑架三十人，暴徒们用铁丝勒我战士的脖子，用作实验的特强光源照射我战士的眼睛，用四寸长的钢锥扎我战士的致命部位，他们用带钉子的跑鞋狠踢我战士，一下子就是八个血窟窿……暴徒们还个砸抢了河大北院的八一八宿舍，抢走现款、公款四八六三元，布票九一九尺，粮票八三八斤，自行车八辆、被褥二三八床、料子衣服十○○件、棉 单衣八九八件，有的八一八战士只穿着一身单衣被赶了出来，暴徒们把抢来的钱财为己有，真是可耻之极！！！

五月五日——五月十二日，天工八二五，河大井冈山煽动天四一大联合围攻支左联络站，宣传车高声狂叫："打倒萧思明的刘郑路线，你们是李雪峰的军队，你们是美帝国主义的帮凶，打倒六十六军"。五月九日，河大井冈山 天工八二五，又煽动一小撮暴徒闯入解放军指挥室，绑架衣参谋到北京，扣押三天，五月十四日凌晨，河大井冈山九十人两次冲入支左联络站，换门拐锁，驻军首长肖思明、郑三生、和打工作人员张金惠，当解放军两名同志去河大井冈山时，又被扣押审讯了六、七个小时。

五月十二日，天工八二五，河大井冈山勾结"地总"制造了全国范围内铁路系统罕见的极其严重的破坏事件，致使三条铁路干线陷入失灵二十余小时，工作濒于瘫痪。

五月十八日——五月二十三日，天工八二五、河大井冈山，工总造总，红建九一五对河大八一八进行了大规模的围攻。暴徒们毒打我战士四十一人 重伤九人 绑架三十人，他们砸碎传达室，接待站，摘下大门，拆掉围墙，砸碎玻璃五千块，抢走大轿车，砸毁宣传车，击碎毛主席画像，打烂主席语录牌，暴徒们气焰嚣张，不可一世。

六月十七日，天工八二五煽动大批人马到大年庄毒打贫下中农，

六月廿日，天拖"铁牛""卫东彪"兵团开着四十台拖拉机，十二辆卡车 两辆宣传车，共计千余人将我校团团围住，毒打绑架河大八一八战士和河大附中 四十一中、化校革命小将，架走支左解放军值勤人员。

六月卅日——七月一日，天托"铁牛 卫东彪"兵团，挑起武斗，殴打天托"红旗"战士 并赶出厂外。

七月二日，天托铁牛，卫东彪兵团在和平路再次挑起武斗，一名六八一八战士两根肋骨被打断，脑门被扎破。

七月三日，纺织三配件革委会 河大井岗山 天托铁牛、卫东彪兵团等组织冲击军管会，一百五十余名解放军战士被打，十八人受伤，四人重伤 他们骂解放军是"混蛋"是"希特勒的军队"

七月六日——七月七日河大井岗山，工矿造反，工农兵野战兵团一小撮包藏祸心的家伙，蒙蔽一万七千余人，调动大另交通工具，对三五二七军工厂进行了骇人听闻的破坏和洗劫，三五二七厂的各种机器设备，除高压电装置、化学药品因暴徒怕死而不敢乱动外，几乎全部被砸大量文件和技术资料被抢劫和破坏，损失101万元，工厂数月内不能恢复正常生产。七辆汽车、百余辆自行车，大另越境待运品如军用雨衣被抢走，五部消防車遭到毁灭性的破坏，其他如职工宿舍的个人财物，被抢，被绑架者的随身物品均被洗劫一空。

在这次三五二七厂反革命事件中，河大井岗山是大本营，两天被绑架到里面的就有180多人，里面毒打刑讯的残忍，令人难以置信。

这次反革命事件给国家和軍工生产造成严重损失，对社会治安构成了严重威胁，正如刘政同志所说："六六通令中的每一条，他们都违犯了。

三 "反复辟"一个头々的交待

最近，反复辟们在阎达开的指示下 大耍反革命的两手，一面打进来拉出去"阴谋使一些有影响的组织和负责人打入五代会争夺实权，据近夺权筹备，，组织另人，到时里应外合，搞垮五代会，另一方面，则积极酝酿(巳卅始)一場全市性的更大规模武斗，妄图通过打砸抢的卑鄙手段把造反组织一个々的吃掉，据反复辟一个头々交待，他们目前：

①集中力另搞軍队和軍管単位、后计划搞完铁三院之后血洗机車々辆厂，砸了天钢之后再砸408厂712厂609厂 在砸609厂时 抓着105厂。

②在反铁血团的基础上成立一支"文攻武卫"队 在全市制造白色恐怖。

③在天津九个主要区和街道设立联络点，首先控制河北区和北郊如双碰联络站和工矿企业联络站就是设在北郊区的两个点。再就是首先控制文攻掌握（如河大八一八）和"反复辟"近处的点。如八人五兵指示中学红革会控制河大八一八同盟的中学据点，又因为反复辟的参谋部设在和平区锦纹二楼和澄口道15号，所以就准备控制过的总工会。

④准备仓库和审讯室，如河北路205号是工矿道总的第一仓库，赤峰道18号（解放路72号后面）是第二仓库。里面专门有收抢来的东西和审讯被绑架者。并备有火枪、小口径、硫酸火药等以备大打之用。

从以上反复辟过去和现在的所作所为以及以后的行动计划，充分可以看出，反复辟是反革命修正主义分子向达开一进行复辟的工具。他们的一小撮坏头头不是在搞文化大革命，他们是一群资产阶级小丑，是一帮杀人越货的暴徒！全市革命派的战友们，要积极行动起来，一方面做艰苦细致的思想工作，使反复辟的广大受蒙蔽的战士大众其地回到毛主席的革命路线上来，另一方面，要用毛泽东思想和中央首长的指示武装我们的头脑，更紧密地团结起来，联合起来，结成钢铁般的长城。如果反复辟一小撮坏头头胃口不这大不肯罢手继续挑起武斗，就叫他尝尝无产阶级革命派的铁拳，打它个落花流水，片甲不留！

大代会铁道运输工人联合指挥部负责部

红代会天津铁路一中红革会夫必红卫团　印

1967.8.14.

反革命修正主义分子
楊尚昆罪史录

一九〇七年.

反革命修正主义分子杨尚昆出生于四川巫潼南县的封建地主家庭，其狗父杨淮清是个大恶霸地主。杨淮青两房老婆，生男十女九，杨尚昆是二房长子，深得宠爱，是地主阶级的孝子贤孙。

一九二四年

杨进入国民党大右派于右任办的上海大学。党内第二号走资本主义道路的当权派也在该大学鬼混。杨靠地租剥削维持其上大学。

一九二六年

一月杨混入中国共产党 十二月被派往莫斯科中山大学学习。

年底至一九三一年一月在苏联学习，成为"二十八个半布尔什维克"反党宗派集团的成员(其中有王明、博古、洛甫即张闻天、杨尚昆、王稼祥、陈昌浩，朱琴秋等人)。他们猖狂反对我们党和党在莫斯科的代表团。杨是这个集团的骨干分子和出色打手，当时凡不支持他们的人都遭到残酷打击。据揭发，他们是受苏国际东方部负责人米夫和库秋莫夫(他们都是布哈林分子)的控制和指挥。

一九三一年

一月，这个以教条主义为特征的派别，在王明的率领下，披着马列主义的"理论"的外衣，攻击党的六届三中全会未肃清李立三的右倾(实际是"左"倾)篡夺了中央的领导地位，杨也捞到了一个中央候补委员的职位。杨一九三一年至一九三三年初在上海"左倾"机会主义统治的中央工作，担任总工作会的领导，坚决执行王明、博古的左倾机会主义路线，反对毛主席的革命路线。此时他与地主家庭经常来往。

他们把毛主席的革命路线诬蔑为"富农路线"，胡说什么当时没有真正的红军和工农兵代表会议的政府，咒骂正确的游击战争是"流寇"，他们不顾日本帝国主义的冒险政策，而在组织上则发展他们的宗派。他们推行机会主义路线的结果，使白区的工作差不多全被敌人破坏，他们自己也不得不进入中央苏区根据地。

一九三三年、

杨到苏区后勾结张闻天、彭德怀等人排挤毛主席对党和红军的正确领导，中央 杨也篡夺了党校校长、一方面军政治部主任等要职。

一九三四年.

由于他们实行单纯防御的军事路线和其他错误，使第五次反围剿失败，红军被迫于十月开始长征。

一九三五年

毛主席力挽危局，党中央在贵州遵义召开了具有伟大历史意义的遵义会议，确立了毛主席在全党的领导地位，这是中国革命的最关键的时刻。据杨妻、反革命修正主义分子李伯钊讲的情况分析，杨当時表現十分恶劣，大反毛主席。遵义会议后，由于中央调动了他三军团政委的职务，杨对毛主席怀恨在心，恶毒攻击毛主席。

同年十二月，毛主席在陕北瓦窑堡召开了中央政治局扩大会议，作了《论反对日本帝国主义的策略》的报告，痛斥"左"倾机会主义分子反对抗日民族统一战线的一切论据。这時杨公开起来反对毛主席，攻击瓦窑堡会议"太左"了，"有立三路线的气味"。据揭发，杨从这时就开始了他的反党反毛主席的阴谋活动，拒不执行毛主席的指示，阴谋篡党、篡政。

一九三七年——一九四〇年、

以王明为首，这批教条主义的反党老手，又从"左"到右，反对毛主席提出的我们党在抗日民族统一战线中独立自主的正确方针，主张拥护蒋介石，高叫"统一战线高于一切"，实行阶级投降主义。他们在北方局擅自发表各种机会主义的"指示"，拒绝党中央和毛主席的正确领导，部分复活了第一次国内革命战争時期陈独秀的右倾机会主义路线，给革命带来了巨大的损失。杨同邓、彭(德怀)一起，开始了刘邓反革命修正主义集团的罪恶活动。

杨在北方局任书记，勾结彭德怀反对毛主席，他们公然拒不传达毛主席在六中全会提出的关于我党在统一战线中独自主的方针。并且反对东征。把北方局变成他们反党的独立王国。

党内最大的走资本主义道路的当权派刘少奇到处宣扬杨是一个"好同志"、"很可靠"，吹捧李伯钊是一个"好同志"，要他好"杨好搞文艺工作。

一九三八年、

杨成为刘在陕甘宁的大干将。

一九三九年、

朱德妄图与毛主席平起平坐，授意杨为自己立传。杨通过李大章(当時北方局宣传部长)找到反革命修正主义分子刘白羽，于一九四一年炮制完成《朱德将军传》，吹捧朱德是"工农劳苦大众军队的父亲"、是"苦海中的救生船"，是"唯一的太阳"，篡改历史以反党反毛主席。

一九四〇年、

八月至十二月杨伙同朱德、彭德怀发动百团大战，我军出动一百一十五个团，共四十万兵力过早地暴露了我党我军的力量，日寇乘机进行战略大转移和疯狂的报复，这是反对毛主席战略相持阶段积蓄力量的英明决策。给革命事业带来了巨大的损失。而得到蒋介石的喝彩。

一九四一年——一九四三年、

杨在延安参加整风运动，拒不交待他一贯反党反毛主席的罪行。

直到一九四三年九月，毛主席在政治局扩大会议上严厉批评了杨，他在被迫作了口是心非的"检查"，骗取党和毛主席的信任。

一九四三年。

杨篡夺了中共中央办公厅主任的要职，成为埋在毛主席身边的一颗定时炸弹，这也为他成为刘邓彭罗陆杨篡党、篡军、篡政集团的"情报部长"奠定了基础。

一九四四年。

杨叫李伯钊利用随毛主席去重庆与蒋介石去谈判的机会到四川乡下看了杨绍京，但又不带他回延安，让他在地主家庭中继续污染，杨还给他的狗爹带去了礼物和照片，足见其对封建地主阶级是何等的"孝敬"。

一九四八年。

在杨的积极作用下，刘少奇又把黑妖婆王光美拉入党内，并担任中共中央办公厅十四级干部。

杨的狗父丧命，曾有国民党中将关麟征等匪军匪官送去挽联。

一九五〇——一九五六年。

杨招待某修首脑来华，其中混有南朝鲜的特务。

杨单独接见叛党分子罗章龙。

杨的七妹鈽少卫由香港潜伏来祖国，以后被捕。

杨的二哥与作过女特务的项××结婚。

杨与前苏联驻华大使尤金常有往来，与前参赞罗满宁的关系密切，每逢节日，杨就会收到罗的贺信贺节的明信片，杨与原苏参赞苏达里可夫也有交往；此人现为苏修外交部远东司司长，是镇压我国留苏学生和我驻苏使馆的反修战士的罪恶凶手。

杨与苏修保安系统头目谢洛夫关系密切，五四年谢随赫鲁晓夫来华两人还合影留念，杨还一直珍存于书房玻璃板下。

据揭发，杨曾指使反革命修正主义分子中央办公厅付主任兼国家档案局局长曾三向苏修提机密档案资料十多种其中有党内文件《总路线宣传提纲》。

五五年高饶反党事件后，杨陆续把反党分子高饶的秘书和亲信（饶的六个秘书中的五个）塞入中共中央办公厅。

一九五六年八大，刘邓把杨拉入中央书记处，杨当时对李伯钊讲："真是受宠若惊"。这就为杨进一步反党反人民投靠刘邓创造了条件。

一九五七年。

十一月杨随毛主席去苏联，叛徒王明假惺惺写给毛主席一封信要杨代转，推说他身体不好不来看毛主席了，杨就命反革命修正主义分子杨的亲信黄树则（原卫生部副部长）去"探望"王明，杨曾对杨绍明说过中央（显然是刘邓司令部）一直通过驻苏使馆向叛徒王明提供"津贴"。

据揭发，杨同赫鲁晓夫在苏共二十大上大反斯大林唱一个调子，他攻击说："斯大林的毛病就是死党内只许说一种话，舆论一律"。又说"斯大林搞个人崇拜简直成了神"。同时又可耻地吹捧"赫鲁晓夫把党内生活搞活了""把社会主义搞活了"，把矛头指向我们伟大领袖毛主席，宣扬赫秃的假共产主义。

一九五八年。

杨搞录音受到批评。

一九五九年。

杨继续背着中央和毛主席搞录音，妄图为苏反革命修正主义集团搜集情报，再次受到严厉批评。

庐山会议罢了右倾机会主义分子彭德怀的官，彭被养尊处优于北京西郊，杨多次找彭密谈，有时是在彭处，有时彭到杨的办公室。杨绍明曾问杨："彭是否有所悔悟？"杨就搪塞说"彭正在读毛选"。

彭黄张周反党集团的又一反党分子张闻天后来不知怎么被安插到经济研究所当什么研究员，杨曾吹嘘张在积极研究苏修反动经济学家李别尔曼的利润理论，这说明他们臭气相投，是妄图搞资本主义复辟的一丘之貉。

杨的书房里保存有庐山会议的绝密文件，很明显他们就是准备为彭德怀右倾机会主义分子翻案。

据杨绍京回忆党内传达庐山会议文件时杨并没有揭发彭只说了彭有军阀习气。

彭在庐山会议前把东德国防部长赠给他的半导体收音机送给了杨。

在一次会议上，杨恶毒地攻击毛主席否定毛泽东思想，他说："请他出个政策可以，要请他造个计算机就不行了。"

一九六〇年。

苏修背信弃义撤走全部在华专家，片面撕毁合同协议，给我造成人为的困难，使我国民经济受到巨大的损失，妄图扼杀我社会主义祖国。杨竟颠倒是非的指责，说什么我们"有些单位""难为人家"并反诬我国政府就此事向苏修提出照会的正义行动是什么"以退为进"，把责任推给人家，争取主动"。

九月杨随黑司令刘少奇赴莫斯科声明时，背着党中央毛主席，搞大叛卖，抛出了所谓和平过渡的提纲，完全背离马克马克思列宁主义毛泽东思想关于武装夺取政权的学说，瓦解各国人民的革命斗志，适应国际修正主义的需要，给我党和国际共产主义运动造成了严重的损失。

在莫斯科期间，杨让里通外国的刘允若（刘少奇之子）同他住在一起，这里定有鬼名堂。

据揭发，杨还让曾三向彭真、邓拓把持的晋察冀战史编辑室提供中央电文，歪曲事实，篡改历史，为大党阀彭真歌功颂德，为王明路线唱赞歌。

一九六一年.

据回忆，杨千方百计地攻击毛主席，造谣诬蔑说：“毛主席稿费最多，最有钱；叫嚣“毛选一二三卷没有什么东西，只是四卷有点东西；”“毛主席太忙，写出来的东西都是文稿和电文，还来不及上升为理论。”和他们的黑司令刘少奇唱一个调子，疯狂地诋毁光焰无际的毛泽东思想。

毛主席称赞贫下中农对农村人民公社集体经济所说的“大河没水小河干”，可是杨却说：“不对，应当是小河没水大河干，攻击人民公社。

一九六二年.

他攻击“总路线不反映时代精神”，说：“鼓足干劲，怎么就称鼓足了？”叫“成总路线加个实事求是也好嘛”。

他咒骂大跃进“使国民经济倒退了好几年，耽误了一个五年计划的时间”。

他诬蔑农村人民公社“办早了，办糟了”。

一月在西楼会议上刘邓陈(云)彭之流纠集起来伪造巨额赤字，妄图全面否定三面红旗和总路线，参与这个会议的杨也罪责难逃。

据揭发，杨还拟了一个《七省市三级干部会议对党内民主生活问题的讨论》和《七省市三级干部部会议关于发扬民主的一些建议》，作为反毛主席的炮弹。

杨赞同三自一包。在谈到包产到户时 他讲：“这是为了解决困难，有的地方叫借地，有的地方叫分田到户，江西就搞得不错，分地给农民，要他们种豆子 豆子归农民 豆根又可以肥田。”

有人向他反映反革命修正主义分子田家英(中央办公厅付主任)赞成三自一包，杨鼓动包庇田，说田是“最先反对三自一包的”，实际上是他支持田提出单干和集体四六开的主张，并说：“我想农村人民公社制度有问题”。

七月，杨要中央各部委派人到四川“私访”，秘密调查人民公社的所谓“缺点错误”为反对毛主席准备炮弹。

杨到处为恢复单干制造反革命舆论，散布“现在人民生活很苦，要恢复是很困难的，”“现在不管白猫黑猫，抓住老鼠就是好猫。”叫嚣“包产到户势在必行”，“为了恢复发展生产，必须采取多种多样的形式。十中全会上批判了单干，但会后杨还说：“包产到户不能强制纠正，明的没有了，暗的还会有”。

杨到工厂“视察”也是拾刘少奇之舌“利润多少”地问个不完，以制定他们修正主义的经济政策。

杨背着中央和毛主席在国家机关和中央各部委为资产阶级右派分子翻案，在他喊出的“右派甄别势必行”的反革命口号下到处秘密进行右派排队工作，杨还勾结反革命修正主义分子安子文艺人，起草所谓"甄别"右派的意见，准备向党进攻。后被毛主席发现，提出严励批评，这時杨又写假报告欺骗毛主席。

杨极力为刘少奇出版反革命夺权宣言书黑《修养》吹嘘和卖力。

六二年前后杨与陆定一勾结，背着中央大量印发散播"右倾"路线猖狂时期的[illegible]和杂志，妄图为他们反革命复辟制造舆论。

八届十中全会以后，陆定一、罗瑞卿被刘邓拉入中央书记处，使罗陆杨反革命修正主义集团更加恶性发展。

杨说："陶铸这个人很能干广东和中南的工作做得活，陶铸可能进入政治局。"

杨鼓吹"三合一少"，大力吹捧赫鲁晓夫，说赫"大胆泼辣，敢于接近群众。"还说："美国最怕苏联，反美的任务务必主要由苏联完成，苏是美的主要对手，因为苏是一个强大的社会主义国家。"

四、五月国苏修在我国新疆大搞阴谋颠复活动，杨同苏修一[illegible]把这件事说成[illegible]"挤[illegible]"，说什么这是"因为这几年新疆少数[illegible]生活[illegible]了，吃得[illegible]少，穿得也比以前少多了，所以发生[illegible]。

一九六[illegible]年

杨反[illegible]同[illegible]毛主席的指示提出写建国十三年的口号，造成文化界牛鬼蛇[illegible]攻。有人向他谈起在华东局区话剧会演上的斗争，他根本不[illegible]。据李伯钊讲的情况分析，杨一直是反对[illegible]戏的。

杨也和刘邓彭一样，说什么延[illegible]文艺座谈会后中国没有出什么大作家和好作品，把矛头指向毛[illegible]毛主席《在延安文艺座谈会上的讲话》这个光辉的文件。

据揭发，杨在五月的一次会议上猖狂叫嚣[illegible]们伟大领袖和导师毛主席"下台"，他说："有人讲一个毛泽东，一[illegible]赫鲁晓夫，他两个人不下台，事情是搞不好的，总而言之，下台了，可能搞好。"

毛主席在具有伟大历史意义的八届十中全会上提出社会主义社会阶级和阶级斗爭的理论，但杨却大唱反调，他在六三年全国总工会会议上对毛主席的指示只字不提，而是同彭真一起妄图把中国工会搞成苏修式的黄色公会，提出什么工会工作"灵活出动"，大搞物质刺激。在共青团三届八中全会上又放毒说"不要把大事小事都联系到阶级和阶级斗争，不要把阶级斗争简单化、庸俗化了，阶级斗争的总趋势是和缓了，而且越往后越缓和了。"

杨还极其恶毒地否定毛泽东思想是全国一切工作的指针："这也是毛泽东思想的胜利，那也是毛泽东思想的胜利，打乒乓球打赢了是毛泽东思想的胜利，如果打输了怎么办？"

四月，杨勾结彭真、安子文艺人，背着毛主席、党中央和主管党校的康生同志，为鼓吹合二而一修正主义理论的反革命修正主义分子杨献珍翻了案。早在杨献珍自己闹翻案时，彭杨文人就与之密谋并替他修改假检查，当这个阴谋暴露以后，他们又指使反革命修正主义分子王从吾写假检讨欺骗党中央和毛主席，以掩盖他们几次派人去党校保杨献珍并为其翻案的罪恶行径。

据揭发，杨极力反对城市街道和厂矿划阶级。

据揭发，年底全国总工会召开八届五次执委会，党组提出要从政治、思想、组织上整顿工人阶级队伍，彭真、杨尚昆却不准提。

杨参加中苏两党会谈，赫秃宴请之日杨未出席 他说经邓小平批准，与办公厅翻译尹××看地下铁道去了，很可能是去同苏修特务搭线去了。

一九六四年.

以刘少奇为首的中国反革命修正主义集团活动更加猖獗。

杨在全国妇联恶狠狠地咒骂说："所有组织都号召学习毛主席著作，没有什么名堂。"还讽刺打去蹲点的同志学习毛主席著作是"官僚主义"。

《九评》出来以后，杨对中央办公厅工作人员说："说苏联有特权阶级和阶级斗争，说服不了人，这些情况在我们国家也存在。"反对毛主席关于社会主义社会阶级和阶级斗争英明指示，为苏修辩护。

杨到陕西农村"蹲点"搞四清，大力为自己捞取政治资本，大力推行刘邓形"左"而实右的四清路线。

在长安农村杨反对贫下中农学习毛主席著作。群众自己组织起来学习毛著，被他诬蔑为"反对社教运动，破坏社教运动"，是"捣乱"，"瞎胡闹"。还说："我不相信读一篇毛主席著作，就解决问题"。并胡说毛主席著作"理论不高"。

他公开为一地主反攻倒算，并提出地富子女可以加入贫协，又攻击搞阶级档案是"形式主义""搞繁琐哲学"，力图扰乱阶级阵线，庇护牛鬼蛇神。

杨勾结刘澜涛 搞什么《刘澜涛语录》，明目张胆地同毛主席相对抗。

杨是拖延出版毛选五卷的罪魁祸首之一 五卷清样出来后杨很少看，撂在书房里，样本上一层灰。

杨恶毒攻击音乐舞蹈史诗《东方红》中喊毛主席万岁太多了。

一九六五年

杨公开反对毛主席亲自制定的四清运动的纲领性文件二十三条，说"二十三条里有些东西还值得研究，究竟搞哪些事情，怎么办，还没有完全解决"。

杨指使人帮助彭德怀出走，杨绍明问他是怎么回事，杨说是中央(?)派彭去做××的付总指挥，并夸奖彭有"行政能力"。

五月杨到兰洲五泉山参观，看到公园门口立着一座毛主席全身像，他恨之入骨地诬蔑"好象　个神像"，并故意造谣说中央规定不准在公园门口摆领袖像。下令搬开。

据揭发，刘邓司令部准备提杨为人大常委付委员长。

杨在人大三届会议以后说："中国资产阶级也傻，他们偏要定息，其实索性不要定息倒好说话。完全站在资产阶级立场上一方面支持资产阶级继续吃剥削饭，一方面又煽动他们向党进攻。

杨支持彭真镇压北京大学社教运动。说什么"北大的问题怎么能追到彭真的头上？追到中央政治局委员的头上？"还说陆平是个好同志，犯了　些错误"。

杨还极力吹捧反共老手吴含、邓拓　这两个像伙一贯险恶地攻击毛主席、杨却把吴奉为"教授"，说邓拓"有才气"、公然说吴晗影射毛主席的《朱元璋传》"有阶级观点"，并诡称毛主席也认为好。

杨支持邓小平聚赌牌毒的那个"裴多菲俱乐部"。

这一年杨李经常看到彭真的汽车停在邓小平家门口，就问杨为什彭老去找邓，杨惊慌失措地直摆摆手说："你不要说，不要说……"。

杨还去内蒙古受到乌兰夫的款待，杨总是称乌为"王爷"，他们的关系值得追查。

李伯钊带子女去看柯庆施同志的爱人，柯老的人对柯老的死是有看法的，记得当时她认为医生判断错误。李回去把这件事告诉了杨，杨说："刘少奇发脾气了，说今后不许怪医生，人都死了"。联系到柯老死前刘少奇曾去电李井泉，不是很值得追究吗？

一九六六年.

一月杨在广州和西藏工委张经武，反革命修正主义分子刘春(原民族事务委员会付主任)，其去海南岛。

在谈到毛泽东思想时，杨说陶铸建议黑司令刘少奇来写"毛泽东主义"，同时又表示反对林彪同志"毛泽东思想是当代马列主义顶峰"的英明论断，说"讲顶峰就没有什么可发展的了"，这就暴露了他们一伙打着"红旗"反红旗的罪恶阴谋。

杨同犯有民族错误的赛福鼎来往。解放后杨与叛国分子包尔汉关系密切.

杨向李伯钊发泄不满为罗瑞卿鸣不平。

杨说："我有错误我检查就是了。"

春节后杨由×× 部付部长陪同去拱门，还坐小炮艇绕澳门转了一转。

陶铸把杨安置在广东省委，并为杨修房子。

二月，杨要电黄树则替其开假病情证明报告中央，以逃避斗争。

△杨到上海，对杨绍荣说“你没有去找罗吧？”“你千万不要去打听。”杨通过华东局借去罗的材料。又说“罗五九年不该自己作关于彭德怀的报告，应由贺（龙）老总去作。”

△从政治上批判吴晗问题，杨说：“批判不要老往政治上扯，这样做人家不敢讨论了”“攻击姚文元文章”太过分了”并为吴晗辩解说：“吴晗对于革命是有贡献的”还说中央已发了通知 证明杨与彭二月提纲有密切联系，顽强抵抗毛主席的文化革命路线。

△杨还由华东局付秘书长李××陪同去苏州。

△听说杨的妹夫、反革命修正主义分子廖汉生曾去新疆，杨说是“为备战”又说新疆的部队是廖的人。

△杨还打电话找过彭真，总机说彭真出差了。在与李伯钊通话时 杨还打听彭真在哪里。

△杨还与田家英通了电话 田送去一本《一个帝国的兴亡史》。

△上海的反革命修正主义分子曹荻秋，魏文伯以及陈丕显曾分别宴请杨 他们称兄称弟勾肩接腰十分亲密。在魏文伯请杨时有反革命修正主义分子许家屯在座。

△四月 杨去看陈云，安子文的老婆也常去看杨。

△杨惊呼“彭真完了，他的台柱都垮了”据回忆 杨亦附给李伯钊的信中暗示：“台风要来了。”

△杨的警卫员赵××曾说：“中央工作忙时，杨还待回中央。”可是这时说“我们恐怕再也不会回北京了。”

△杨给他的反动家属寄了最后一次钱。据了解，杨每年都要寄几百元给他的反动家属。

△五月 杨去山西并要见李伯钊，还打电话给李，均未实现。

△伯钊[illegible]给杨李的信中说：“省委书记让我好好照顾杨，我不能与杨作当面作斗争。”

△把杨弄到山西 这肯定与刘、邓黑司令部有关。

卫东彪战斗兵团

师大八一八“从头越”师

一九六七年八月十四日。

柳超反毛泽东思想

一百一十例

天津市紡織工业无产阶級革命造反大联合总部
天津紡織工业局机关无产阶級革命联合委员会
（毛泽东思想 紅色造反軍 紅旗造反队）

一九六七年八月十五日

目　　录

最 高 指 示

混进党里、政府里、軍队里和各种文化界的資产阶級代表人、是一批反革命的修正主义分子，一旦时机成熟，他們就会要夺取政权，无产阶級专政变为資产阶級专政。这些人物，有些已被我們識破了，有些則还沒有被識破，有些正在受到我們信用，被培养为我們的接班人，例如赫魯晓夫那样的人物，他們現在睡在我們的身旁，各級党委必須充分注意这一点。

（《中共中央通知》一九六六年五月十六日）

修正主义是一种資产阶級思想。修正主义者抹杀社会主义和資本主义的区别，抹杀无产阶級专政和資产阶級专政的区别。他們所主张的，在实际上并不是社会主义路綫，而是資本主义路綫。在現在的情况下，修正主义是比教条主义更有害的东西。我們現在思想战綫上的一个重要任务，就是要开展对于修正主义的批判。

（《在中国共产党全国宣传工作会議上的講話》一九五七年三月十二日）

前　　言

“鐘山风雨起蒼黃，百万雄师过大江。”在我們伟大的导师、伟大的領袖、伟大的統帅、伟大的舵手毛主席亲自发动和領导的史无前例的无产阶级文化大革命取得决定性胜利的凱歌声中，我們无产阶级革命派，終于把混进党內的假党員、天津紡織系統党內走資本主义道路的当权派（紡織局局长）、反革命修正主义分子柳超揪出来了！这是战无不胜的毛泽东思想的伟大胜利，是毛主席革命路綫的伟大胜利！

柳超长期以来，站在反动的資产阶級立場上，紧跟刘、邓、薄及万张反革命修正主义集团，打着“紅旗”反紅旗，极力反对毛泽东思想，反对突出无产阶级政治，对抗毛主席的革命路綫，疯狂推行刘、邓、薄及万张反党集团的反革命修正主义路綫，妄图在紡織工业阴謀复辟資本主义。在文化大革命中，她不遺余力地、忠实地执行刘、邓資产阶級反动路綫及万、张反党集团的黑指示，竭力反对以毛主席为代表的无产阶级革命路綫，扼杀和破坏无产阶级文化大革命。柳超一貫专横跋扈、狂妄自大，盛气凌人，一派典型的資产阶級政客作风。她长期以来高官厚祿，养尊处优，生活特殊化，到处散布腐朽的資产阶級臭气，是一个地地道道的反革命修正主义分子。

柳超的罪行表現在各个方面，但是归根結底，就是抵制和反对战无不胜的毛泽东思想。

林彪同志指出：“毛泽东思想是当代馬克思列宁主义的頂峰。”“毛泽东思想就是最高水平的馬克思列宁主义。”誰反对毛泽东思想，不論他的职位有多高，資格多老，后台有多高，我們都要坚决把他打翻在地，再踏上一只脚，叫他永世不得翻身。

为了彻底批判柳超推行的反革命修正主义路綫，彻底肃清刘、邓、薄修正主义路綫在我紡織工业的流毒，我們根据有关揭发材料，对照我們伟大領袖毛主席、林彪同志和党中央有关指示，編写了这份《柳超反毛泽东思想一百一十例》，供全局的革命造反組織、革命群众、革命干部大批判时参考。由于我們受水平和时間的限制，难免有缺点和错誤，請同志們批評指正。

一九六七年八月十五日

一、抵制毛澤东思想，反对学习毛主席著作

毛主席、林副主席和党中央指示	刘、邓、薄之流的反革命修正主义言行	柳超的反革命修正主义言行

1.抵制毛泽东思想

毛主席、林副主席和党中央指示	刘、邓、薄之流的反革命修正主义言行	柳超的反革命修正主义言行
（1）讀毛主席的書，听毛主席的話，照毛主席的指示办事。 （林彪）	（1）有的机关每天下班后，規定学毛选……效果很差，是疲劳战术……不是带着問題学，是带着任务学……。 （邓小平在中央書記处会議上的講話）	（1）中央文件都学不过来，那有时間学习毛主席著作。 （局中层干部揭发）
（2）“老三篇”不但战士要学，干部也要学。“老三篇”最容易讀，眞正做到就不容易了。要把“老三篇”作为座右銘来学。那一級都要学。 （林彪：《对全軍学习毛主席著作的指示》1960年）	（2）四篇文章（指老三篇和《反对自由主义》）可以学，但是如果年年都学那几篇作用也不大。 （邓小平在中央書記处会議上的講話）	（2）过去学了不少了，現在是吃老本了。 （局中层干部揭发）
（3）現在不是学不学的問題，而是眞正学到沒学到的問題。真正会用不会用的問題。 （林彪）	（3）不管遇到什么問題，什么困难，都說是学了《愚公移山》便解决了。……我就不相信《愚公移山》有那么大的作用。 （在报导和提議召开学习交流会上的講話薄一波1965年）	（3）1965年去阿富汗，把里里外外的衣服带去好几箱，甚至把膏葯、安眠葯、蜂王精都带到了国外，惟独不带毛主席著作。 （外交部揭发）

2.反对活学活用毛主席著作

（4）我們今天要学习的东西很多……但是有一个共同的責任就是学习馬克思列宁主义，毛泽东思想。

（林彪在中央华北局記念中国共产党誕生二十八周年大会上的講話1949年7月）

（4）現在学毛选出現了一种形式主义，这样搞下去，就弄虛作假。

（刘少奇在一次中央会議上的講話，1964年）

（4）不仅自己不学《毛著》还經常占用学习时間召集中层干部开会，研究工作，破坏别人学习。

（局中层干部揭发）

（5）一定要把毛泽东思想眞正学到手。

（林彪同志答《解放軍报社》問，1960年9月）

（5）《毛选》……有些文章学过很多遍，听报告一次不到就叫不积极。一个报告听一次就叫不积极。一个报告听一次就够了嘛，为什么要讓反复呀，形式主义害死人。

（邓小平在中央討論共青团会議上的講話）

（5）在阿富汗，我使舘几次通知抽出时間学习毛主席著作，柳超强調“工作忙”，“沒有时間”，拒不組織学习，还說什么：“考察完了再补嘛”！

（外交部揭发）

3.反对学习革命英雄人物

（6）向王杰同志学习，活学活用毛主席著作，一心一意为革命。

（林彪：1965年）

（6）我們是搞生产的，不能提倡死。不提倡还死人哩，一提倡更不得了。

（薄一波在学习王杰同志一不怕苦，二不怕死精神时的講話）

（6）使舘通和参加学习王杰同志的討論会，柳超百般抵制。說什么：“我們把考察工作搞好，就等于学习了王杰。”

（外交部揭发）

二、反对把企业办成毛泽东思想的大学校

1.反对学习解放軍

（7）解放軍的思想政治工作和軍事工作，經林彪同志提出四个第一、三八作风之后，比較过去有了一个很大的发展，更具体化又更理論化了，因而更便于工业

（7）天天叫我們学习解放軍，到底怎么学法，我和几个将軍們談論过，他們也不知道怎样学，我們怎能向他們学呢？

（摘自薄一波罪行录）

（7）学习解放軍既要强調共性，也要强調特性。特性就是要結合工业交通情况。

（1965年初一次工作报告）

部門采用和学习了。

《关于学解放軍，加强政治工作的批示》1963年12月16日）

2.歪曲大庆經驗，把学大庆引向邪路

（8）大庆油田的經驗虽然有其特殊性，但是有普遍意义。……它是一个多快好省的典型。它的一些主要經驗，不仅在工业部門中适用，在交通、財貿、文教各部門，在党、政、軍、群众团体的各个組織中也都适用，或者可做参考。

《中央关于传达石油工业部关于大庆石油会战情况的报告的通知》1964.2.5

（8）薄一波說什么："大庆經驗代表不了我們整个工业的情况"。他还以"評功摆好"、"崗位責任制"、"五五仓庫"等具体經驗，来歪曲否定大庆是毛泽东思想的产物。

（摘自上海市委工委技术局大批判資料）

（8）置大庆基本經驗于不顧，在紡織行业大搞仓庫管理"五五化"，大搞"評功摆好"，甚至把一些政治上有問題的人，都摆的汗流夾背，以此来抵制、歪曲大庆的基本經驗。

（摘自大字报）

3.积极吹捧齐齐哈尔車辆厂"經驗"

（9）工业学大庆，农业学大寨，全国都要学习解放軍。

——毛泽东

（9）薄一波在一九六四年工交会議上别有用心地吹捧齐齐哈尔車輛厂的"經驗"，来对抗毛主席工业学大庆的指示。

（摘自薄一波罪行录）

（9）要想搞好企业革命，首先要学好齐齐哈尔車輛厂的經驗，不学习經驗，談了半天也不知企业管理革命怎么革是好。……因为人家是样板，我們要認眞学好。

（1965年4月13日在棉紡厂业企管理革命动員大会上的講話）

（10）1964年底周总理在人大三届一次会議的报告中，再次高度評价大庆的伟大成就，幷完整概括地总結了大庆的經驗。

（10）大庆那么好，还是有缺点的。齐齐哈尔車輛厂企业管理革命搞的好，都来学它。

（摘自紡織部揭发薄一

（10）棉紡一厂試行了集中到厂部，工作在車間，服务到班組（按：即所謂齐齐哈尔"經驗"）搞了四条服务綫，加强了班組建設。

波材料）

（1965年6月6日在經理、厂长、書記会議上的报告）

三、反对突出政治，鼓吹"业务挂帅"

1.宣揚"突出政治要落实到生产"

（11）政治工作是一切經济工作的生命綫。在社会經济制度发生根本变革的时期，尤其是这样。

《毛主席語录》第119頁

（11）薄一波鼓吹工业部門的政治工作要以"生产为中心，""政治工作要落实到生产上"。

（摘自薄一波罪行录）

（11）党委工作还不是为了生产？生产完不成，首先打書記的屁股。

（1961年在棉紡一厂党委会上的一次发言）

（12）不注意思想和政治，成天忙于事务，那会成为迷失方向的經济家和技术家，很危险。

（《工作方法六十条》1958年1月）

（12）从生产出发，为生产服务，最后落实到生产上去，一切都从有利于生产出发。

（摘自薄一波反对毛泽东思想罪行五十例）

（12）每个部門都从搞好生产出发，工作好坏以生产好坏为标准。

（摘自柳超对二、三月份工作安排1964年2月6日）

（13）沒有正确的政治观点，就等于沒有灵魂。

（1957年选讀甲第348頁）

（13）政治工作必須落脚到經济工作上，突出政治要落实到业务上，业务好就是政治好。

（摘自薄一波反毛泽东思想罪行五十例）

（13）在进行企业管理革命时，要落脚于促生产

（在經理、厂长、書記会議上的报告1965年6月6日）

（14）要实行政治挂帅，政治統帅技术和业务。

（林彪：《視察部队时的指示》1960年）

（14）政治工作要通过业务来体現……。

（薄一波对紡織部党組黑指示）

（14）要通过生产业务抓思想。

（北京棉紡二厂××揭发）

2.鼓吹"生产重于一切"

（15）人的因素第一，政治工作第一，思想工作第

（15）解放軍是打仗的，医院是看病的，商店是

（15）生产重于一切，支部工作要給生产讓路。

一，活的思想第一。

（林彪：《在全軍高級干部会議上的講話》1960年）

卖貨的，旅舘是招待客人的，工厂企业的第一任务就是出产品。

（薄一波在工交会議上的講話1966年）

（在棉紡一厂党委会議上的发言）1961年

（16）政治工作是一切經济工作的生命綫。

《毛主席語录》第119頁

（16）企业的主要任务就是生产。

（摘自薄一波罪行录）

（16）搞生产是根本……在任何情况下不能动搖。……根本如果动搖，其他各項中心运动，也难搞好。保住根本，才能枝叶繁茂。

（一九六〇年六月工作报告）

3.提倡"业务掛帅"

（17）毛主席說："管理也是社教"。

（对陈正人蹲点报告的几条批示）

（17）加强企业管理，中心是抓基础工作，練好基本功，主要是加强責任制，制定各种定額和整頓劳动組織。

（薄一波在全国計划会議上的总結要点，1963年）

（17）要"練好五个基本功：第一練好工艺基本功；第二練好設备的基本工；第三練好操作基本功；第四練好崗位責任制的基本功；第五練好定額的基本功。

（一九六二年工作报告）

（18）政治工作的重点是思想工作，这是根本的。思想工作是动力。人的思想搞好了，各种困难都可以克服。

（林彪：对空軍工作的指示，1960年6月）

（18）所有制問題解决以后，生产关系中最重要的問題是管理問題……。

（薄一波1960年4月在工业書記会議上的报告）

（18）机器是根本，管理是基础。

（在棉紡一厂安排工作时的发言）

（19）不注意思想和政治，成天忙于事务，那会成为迷失方向的經济家和技术家，很危险。

《工作方法六十条》

（19）只要能发展生产，不产生官僚主义就好。

（《整风运动报告》邓小平1957年9月）

（19）以企业党的关系不在局为借口，长期不过問政治思想工作，說什么："管理局只抓管理。"

（群众揭发）

（20）忽視政治，就要落后。

（林彪：《在全軍高級干部会議上的講話》1958年）

（20）政治工作必須落实到更好的解决經济效果。大庆之所以为大庆，是因为他有××万吨石油，××部之所以成为先进单位，是因为有两弹上天。

（薄一波在领导小組会議上的講話1965年）

（20）工人立功的标准是：第一，千方百計克服困难，五項指标全面領先；第二，提前和出色的完成厂所布置的各項工作，……并在全局选拔中获得先进；第三，加强基础性的管理工作，个人、小組在检查时不扣分；第四，发揚共产主义协作风格，为了保証全厂荣誉，互相协作……。

（一九六〇年九月分工作安排）

（21）在一切工作中，命令主义是錯誤的，因为它超过群众的覺悟程度，违反了群众的自願原則，害了急性病。

《論联合政府》

（21）要限期赶上先进，赶不上要受处分，直到彻职。……对落后的要加压力，使得他們睡不着覚。

（刘少奇：1955年12月对三部（輕、紡、地）一局（手工业局）黑指示）

（21）人人爭先进，不当累贅兵，那个人那个部門出了問題，那个人那个部門要向七千职工作交待。

（在棉紡一厂时一次报告）

4.宣揚“利潤掛帅”“赚钱第一”

（22）一定要把政治工作摆在首要地位。人的一切行动，都要通过思想的，不做好思想工作，一切都搞不好。

（林彪同志《在軍委編制裝备会議上的講話》1960年）

（22）……落后的不改进，要采取扣工資、处分，撤职等办法，使大家担心，紧张起来，領导不好，就要撤职，包括局长、部长在內。

（刘少奇：在三部（輕、紡、地）一局（手工业局）会議上的講話1955年12月）

（22）企业不允許賠錢……完成利潤計划，要作为提取企业奖励基金主要項目之一，××行业允許暫时賠一点，……其它单位不应賠錢。

（1962年2、3月份工作安排）

（23）凡属于思想性質的問題，凡属于人民內部的爭論問題，只能用民主的方

（23）一个工厂一定赚錢，不赚錢就应关門，停发工資。

（23）今后安排生产，……質量高，成本低，条件好的优先安排生产，不具备或不完

法去解决，只能用討論的方法、批評的方法、說服教育的方法去解决，而不能用强制的、压服的方法去解决。

《毛主席語录》第47頁

（刘少奇1955年）

全具备的少安排生产或停产。

（1962年在厂长、書記会議上的講話）

（24）做好工作要靠党的領导，靠政治工作，靠群众路綫，靠人的覺悟。

（林彪：《在全軍高級干部会議上的講話》1960年）

（24）必須学会利用价值規律。……我們管理經济工作的干部，管理工业企业的干部，都要在这个价值法則的学校里学习，进一步的学习管理工业企业。

（《关于工业发展問題的初稿》薄一波）

（24）压低亏损单位的集团购买力，年終有利潤也不能提奖，在評比时，对有亏損产品的单位要适当考虑，亏損产品，厂长要向全体职工作交待。

（在工业会議总結发言，1 63年2月2日）

四、鼓吹阶級調和，抹杀阶級斗爭

1. 抵制在企业开展两条路綫斗爭

（25）还有反革命，但是不多了。首先是还有反革命。有人說，已經沒有了，天下太平了，……这是不符合事实的。

《选讀甲种本》第468頁

（25）貪污盜窃分子里也有人才，电子轟击炉是一个判了死刑緩期执行的劳改犯搞出来的。

（薄一波1961年1月）

（25）有人反映柳超用人不問政治，柳超說什么："你不了解，他們工作多年了，有功劳，工作要靠这些人。"

（1961年在棉紡一厂一次党委会議上的发言）

（26）……我們应当批評各种各样的错誤思想。不加批評，看着错誤思想到处泛濫，任凭它們去占領市場，当然不行。有错誤就得批判，有毒草就得进行斗爭。

（《毛主席語录》第48至49頁）

（26）我們有的管理机关和企业負責干部，也参加了上述（貪污盜窃）违法乱紀活动，……对于这些人，一般的应当采取說服教育的办法……。

《在广州召开的全国工业会議上的总結发言》（薄一波1962年）

（26）1963年三反运动中，有人检举前印染公司付經理李××，貪污六米长的棉布十四块，柳不但不予追查处理，反而对检举人說："逼死人，你負責任嗎？"

（摘自群众揭发）

（27）如果对这种形势認識不足，或者根本不認識，那就要犯极大的错誤，就要忽視必要的思想斗爭。

（《毛主席語录》第17頁）

（27）抱这种态度的人，他們認为无論在什么条件下，都要开展党內斗爭，而且斗爭得越凶就越好。他們把么小事都提到所謂"原則高度。"……

（《修养》第64頁）

（27）1963年有的厂检举棉布检驗取样有虛假，柳超却說什么"要和群众講清楚，划清虛假的界限！"

（1963年2月2日工作报告）

2.鼓吹"企业自治"，

（28）中国共产党是全中国人民的領导核心。沒有这样一个核心，社会主义事业就不能胜利。

《毛主席語录》第二頁

（28）工人管理委員会（是指南斯拉夫采取的一种彻头彻尾的資本主义管理制度），不是制度，是一种方法，是具体运用。方法运用，可以是这样，也可以是那样。

（邓小平1957年在清华大学的講話）

（28）克服企业管理中的官僚主义傾向，就必須逐步建立与健全企业的民主管理制度，加强工会工作，充分发揮工会的組織作用，試行召开职工代表大会制度。

（1956年在北京棉紡二厂亲自起草的职代会条例）

（29）沒有中国共产党的努力，沒有中国共产党人做中国人民的中流砥柱，中国的独立和解放是不可能的，中国的工业化和农业近代化也是不可能的。

《毛主席語录》第二頁

（29）李立三叫嚷："企业在人事、財务、計划等方面都沒有权。"要国务院，各工业部"下决心作出决定，把权力下放，眞正使企业做到有权"。

（摘自华北局揭发材料）

（29）职工代表大会，是一个有权力的监督机关。

（同上）

3.反对又紅又专，鼓吹"只专不紅"

（30）紅与专、政治与业务的关系，是两个对立物的統一。一定要批判不問政治的傾向。

（《工作方法六十条草案》1958年1月31日）

（30）資产阶級知識分子，不能用馬列主义水平去要求他們，現在我們要靠他們，他們也能够依靠，就是天天罵娘，能教課也是好的。

（邓小平）（摘自北

（30）对技术干部的要求，只要不是現行反革命，技术上有貢献，有眞才实学，就可以当工程师。

（摘自大字报）

京矿业学院揭发材料）

（31）不注意思想和政治，成天忙于事务，那会成为迷失方向的經济家和技术家，很危险。

《工作方法六十条（草案）》1958年1月31日

（31）党必須特别注意培养精通生产技术和各种专門业务知識的干部，因为这是建設社会主义的基本力量。

（《关于修改党章的报告》邓小平）

（31）要加强业务学习，提高业务水平，局准备有計划地抽調厂級領导干部脱产学习七十条，生产技术管理一百条，經济核算六十条等文件……。

（1962年工作安排）

五、瘋狂抵制《鞍鋼宪法》竭力鼓吹《工业七十条》

1.抵制《鞍鋼宪法》鼓吹《工业七十条》

（32）現在（一九六〇三月）的这个报告，更加进步，不是馬鋼宪法的那一套，而是創造了一个鞍綱宪法。鞍鋼宪法在远东在中国出現了。

（《中央批轉鞍山市委关于工业战綫上的技术革新和技术革命运动开展情况的报告的批語》1960年3月22日）

（32）薄一波竭力反对宣传《鞍鋼宪法》公然說“他已請示了中央，不要公开宣传了。”他还恶毒汚蔑“《鞍鋼宪法》是空喊口号。”

（摘自薄一波反毛泽东思想一百例）

（32）《工业七十条》是一个极为重要的政策性文件，是企业进行整顿的依据和重要措施，必須普遍試行和貫徹。

（一九六二年一季度工作报告）

（33）毛主席一九六〇年三月二十日提出了破除“馬鋼宪法”，树立“鞍鋼宪法”的五項原則，这就是：坚持政治挂帅，加强党的領导，大搞群众运动，实行两

（33）薄一波說什么：“經过三年大跃进之后，生产很乱，……要治乱，所以要制訂《七十条》”

（摘自上海市委、工委等揭发材料）

（33）經过学习貫徹《七十条》，企业管理有了初步整頓，責任制度、技术管理、工資奖励等方面初步加强改进。……貫徹《七十条》和試点，一部分企业在生产和管理上已

参一改三結合，不断开展技术革命。

經比較稳定，部分厂的混乱現象正在克服。

（1962年6月6日）

2.变相推行“一长制”反对党的領导

（34）領导我們事业的核心力量是中国共产党。

（《毛主席語录》第1頁）

（34）要“建立以厂长为首的全厂統一的生产行政指揮系統”“企业行政工作的指揮中心是厂部”。

《工业七十条》

（34）貫徹党委領导下的厂长負責制与健全以厂长为核心的生产指揮系統相結合……是生产不断革命的組織手段。健全行政指揮系統，才能充分发揮党在企业中的絕对領导作用。

（一九五九年工作报告）

（35）中国共产党是全国人民的領导核心。沒有这样一个核心，社会主义事业就不能胜利。

《毛主席語录》第2頁

（35）企业生产行政工作的指揮，由厂长負責。企业党委对生产、技术、財务、生活等重大問題，作出决定以后，应当由厂长下达并由厂长負責組織实行。

《工业七十条》

（35）搞責任制在行政管理方面首先应明确厂长的职責及正付厂长之間的分工。厂长对全厂生产、技术、計划、財务、劳动、安全等負全面責任。

（一九六二年六月二十八日在厂长經理会議上的講話）

3.炮制“多核心”同党分庭抗礼

（36）我們应当相信群众，我們应当相信党，这是两条根本的原理。

《毛主席語录》第3頁）

（36）……在生产技术和經济工作領域內实行《一长制》。

（摘自揭发薄一波材料）

（36）一长制受到批判以后，一九六一年柳超在棉紡一厂炮制了一个所謂工业管理上的三个核心。一个是以党委为核心，一个是以总工程师为首的生产技术上的核心，一个是以厂长为首的行政管理上的核心。变相复活一长制。

（摘自机关大字报）

.4推行“专家”路綫，大搞“两师制”

（37）……在有些同志的工作中間，群众路綫仍然不能貫彻，他們还是只靠少数人冷冷淸淸地做工作。

《毛选》第四卷第1317—1318頁

（37）邓小平說：企业中的技术工作，由总工程师負責，財务工作，由总会計师負責，要明确写上。

（摘自国家經委馬×、梅×的交待揭发材料）

（37）要推行……总工程师生产技术責任制和总会計师經济責任制……。

（对二、三月份工作安排1964年2月6日）

（38）中国共产党是全中国人民的領导核心。沒有这样一个核心，社会主义事业就不能胜利。

《毛主席語录》第2頁

（38）企业党委的主要任务，就是討論、决定重大問題，不要干予日常生产行政工作，讓厂长、付厂长、总工程师去办。

（邓小平在討論《工业七十条》时发言，国家經委馬×、梅×揭发）

（38）党委只能討論一些方針政策上的問題，不許过問生产技术方面的問題，……生产技术問題只能由总工程师一人决定。

（在棉紡一厂一次会上的講話，中层干部揭发）

六、恶毒攻击三面紅旗，歪曲“八字”方針

1.反对紡織工业大跃进

（39）鼓足干劲、力爭上游、多快好省地建設社会主义。

毛泽东1958年

（39）机器的运轉速度，从你們（按指紡織部）的报告看，好象已經到頂了。太高的恐怕要降低一点。

（刘少奇对紡織部的黑指示，一九五九年二月）

（39）棉紡高速化把机器都搞坏了。布机合理車速只能到二百轉。

（摘自机关大字报）

（40）当着群众要求前进的时候，我們不前进，那是右傾机会主义。

（《毛主席語录》第111頁）

（40）1958年到1960年大跃进生产××××万吨鋼但不頂用，……光吹牛怎么行？

（摘自薄一波三反罪行五十例）

（40）一九五八年以后，天津紡織工业职工为解决原棉不足，曾搞出三十多个土化纖点，两个洋化纖点当时已試出六、七个品种有的已經过关。柳超强調“产品質量不好”

"成本高"采取否定的态度，被柳全部砍掉。

（摘自机关大字报选编）

2.崇洋媚外，反对自力更生

（41）毛主席說：不可盲目的学，要有分析、要有批判地学。不可以搞成一种偏向，对外国的东西一概照抄，机械搬用。

（41）我們同苏联搞好团結，学习苏联經驗，肯定是不移的，学习社会主义經驗，只有苏联一家。

（刘少奇对楊猷珍的黑指示，1957年6月）

（41）在老厂改造工作上，强調仿造苏修国家的样板，大搞"新厂房、新設备、新工艺、新技术，"并在毛紡、印染、色織、絲紬等行业大搞大洋新样板厂。她还說什么："不搞就不搞，搞就象个样子。"

（摘自机关大字报选編）

（42）要采用先进技术，必須发揮我国人民的聪明才智，大搞科学試驗。

（周总理1964年政府工作报告）

（42）要积极研究国外新产品以及积极引进国外的新技术。

（摘自国家經委井崗山揭发薄一波材料）

（42）迷信洋設备，64、65两年中，就进口設备达二百三十余台，耗費国家外汇×××万美元。甚至有些机器另件也靠进口过日子。

（摘自机关大字报选編）

（43）我們中华民族有同自己的敌人血战到底的气概，有在自力更生的基础上光复旧物的决心，有自立于世界民族之林的能力。

（《毛主席語录》）第159頁）

（43）我們打了一百多年敗仗，就認为中国人不行，丧失了对自己的信心，說西方人行，中国的不好。后来我們向西方学了，一学就有了进步。

（刘少奇的一次講話）

（43）……苏联紡織女工卡干諾娃的事績传来以后，小組中出現了不少生动事例。

（一九五九年五至九月份工作总結）

3.鼓吹經济倒退

（44）我們的同志在困难的时候，要看到成績，要看到光明，要提高我們的勇气。

（《毛主席語录》第

（44）工业要退够，农业上也要退够，包括包产到戶、单干。

（刘少奇1962年）

（44）对一些有条件的，原来是社轉厂的，轉社之后更能調动群众生产积极性的单位，采取轉社办法，由全民轉为集体所有……。

170頁）

（一九六二年六月四日在直属厂、公司、研究所負責人会議上的講話）

(45)我們反对革命队伍中的頑固派，他們的思想不能随变化的客观情况而前进，在历史上表現为右傾机会主义。……他們只知跟在車子后面怨恨車子走得太快了，企图把它向后拉，开倒車。

（毛泽东选集甲种本第52頁）

（45）……生产指标过高，基本建設战綫过长，职工人数增加过多……。

（摘自薄一波罪行五十例）

（45）放下架子，縮短战綫，該停的停，該关的关。

（一九六三年六月二十八日在厂长、經理会上的講話）

（46）八届十中全会深信，虽然目前还存在一些困难，但是这些困难完全是可以克服的。我們已經取得了伟大的成績，我們的前途是光明的。

《八届十中全会公报》

（46）一馬当先，万馬奔騰，万馬都死了，一馬也死了大半，……不少企业亏本賠錢……。这就是在某些方面过了点头（編者：指大跃进“过火”了）。

（摘自薄一波罪行五十例）

（46）根据有些企业生产任务不足，人多事少，长期亏損，我們应該坚决采取关、停、併、縮的办法，縮短生产战綫……。

（一九六二年元月二十八日在厂长、經理会上的講話）

4.炮制修正主义的产品方向

（47）毛主席提出面向农村，为五亿农民服务。

（47）薄一波歪曲和抵制毛主席以农业为基础以工业为主导的方針。打着支援农业的幌子，却从不認眞办一两件支援农业的工作。

（摘自錢之光反毛泽东思想一百例）

（47）强調以外銷帶內銷、城市带农村，面向出口。說什么：“沒有出口，沒有外汇，就沒有飯吃”。

（摘自大字报）

（48）……統筹兼顧，是指对于六亿人口的統筹兼顧。我們作計划、办事、想問題，都要从我国有六亿人

（48）刘少奇从少数人需要出发，說什么：“紡織上花色品种搞的不錯，这方面到可多搞点。”

（48）泡制“新字当头，迎头赶上”的方針，提倡大搞“冷門”大办“缺門”大搞“出奇产品”“以多取胜”“以

口这一点出发，千万不要忘記这一点。

《毛主席語录》第32頁

（刘少奇一九五九年二月二十四日在紡織部党委汇报时的插話）

新取胜”，“出奇制胜”，“一鳴惊人”。

（摘自大字报）

（49）毛主席指出，农业是国民經济的基础，沒有农业就沒有輕工业，要求各行各业都要支援农业。

（49）薄一波在經委党組的活动中，工业支援农业工作根本无人过問，列不上議事日程，长期冷冷清清。

（摘自揭发薄一波材料）

（49）一貫不重視改进提高广大农民喜爱的紡織品，不少产品的縮水、退色、掉毛以及花型图案問題，长期得不到解决。

（摘自群众揭发材料）

（50）……群众生活上的問題，都应該把它提到自己的議事日程上。

《毛主席語录》第117頁

（50）兰布、白布是保守的，落后的。这样还有什么建設社会主义的积极性呢？

（刘少奇对輕、紡、地三部一局（手工局）的黑指示1955年12月）

（50）一貫片面追求高、精、尖、新，反对生产广大劳动人民传統喜爱的青布，造成市場供应緊张。

（摘自群众揭发材料）

（51）在一些人的眼中，好象什么政治，什么祖国的前途，人类的理想，都沒有关心的必要。……針对着这种情况，现在需要加强思想政治工作。

《选讀甲》第471頁

（51）一九五六年邓小平鼓吹什么“意志性格”“穿花衣服应当宣传”。“宣传穿花衣服多了一点，也沒有什么了不起”。

（对团中央書記的黑指示）

（51）引用大叛徒张淮三的話說：“紡織工业最关鍵的問題，还是个品种花色問題”，我們的实际情况正是这个問題。

（1965年1月10日在企业党、政、工、团領导干部会上的发言）

七、大搞物质刺激，鼓吹鈔票挂帅

1.极力鼓吹物质刺激

（52）赫魯晓夫用所謂“物質刺激”来偷换社会主义的“各尽所能，按劳分配”的原則……加剧苏联社会

（52）……我們革命都靠物質刺激。……如果我們共产党沒有物資，就沒有家底了，社会主义建成后就靠

（52）柳极力鼓吹物質刺激，說什么：“根据四項指标……完成一項提25%，（按：指企奖）完不成不能提，……

的阶級分化。

《九評》

物質刺激走向共产主义。

（邓小平：1964年4月28日在接見印尼《人民日报》代表团和越南《学习》杂誌代表团的講話）

利潤計划如果超額完成，还可按超額部分再提10％，……这样促使企业必須全面完成計划。

（摘自小字报）

（53）一定要把政治工作摆在首要地位。人的一切行动，都是要通过思想的，不做好思想工作，一切都搞不好。

（林彪1962年4月）

（53）工作好了，生产也提高，就可以多賺錢，如果經营管理不好，办事人員精神不振，群众情緒不高，就会賺錢少或亏本。

（刘少奇：同外宾講話）

（53）各厂利潤指标不能松懈……。这样一方面可以为国家增加积累，一方面对企业提成也有好处。

（在公司經理、厂长会議上的发言1963年9月24日）

2.积极推行計件工資制

（54）政治工作是一切經济工作的生命綫。

（《毛主席語录》第119頁）

（54）計件工資虽然不好，但确是一种鼓励生产积极性的办法。

（刘少奇：1956年的一次講話）

（54）等級工資不适合紡織情况，要鼓励积极性，用計件工資和奖励的办法，可挖劳动力百分之三十……。

《在紡織局討論第一季度計划的講話》（1961年）

3.竭力推行奖励制度

（55）政治是最根本的，政治落后，其它方面都会落后。

（林彪：《在全軍高級干部会議上的講話》）

（55）薄一波强調实行多种奖励，提倡什么"工龄津貼"、"师徒津貼""特别津貼"等等。在1965年修改《工业七十条》过程中，薄一波还胡說什么："現在人們怕說物質刺激，奖励就是为了刺激，政治也是一种刺激。

（摘自上海市委、工委等揭发）

（55）对不能实行計件工資的工种，大搞单項奖励，那里有問題就在那里建立奖励，有的行业奖励名堂达数十种之多。

（摘自大字报）

八、宣揚資产阶級利己主义

1.鼓吹"专业至上"

（56）我們这个队伍完全是为着解放人民的，是彻底地为人民的利益工作的。

《毛主席語录》第148頁

（56）不管你（指其子刘允若）将来干什么我劝你学一門专业，因为学一門专业知識，对于你将来干什么工作都有好处……。

（刘少奇：1955至1956年間給刘允若的信）

（56）在北京棉紡二厂一次会上說："我不願搞群众工作，（按指在武汉做工会工作）願到基层学点专业。"

（北京棉紡二厂串联揭发）

（57）我們一切工作干部，不論职位高低，都是人民的勤务員，我們所做的一切，都是为人民服务……。

《毛主席語录》第148頁

（57）技术工作是最有前途的，将来把敌人消灭了，不打仗了，就要以技术工作为中心。

《組織上和紀律上的修养》（刘少奇：1939年7月）

（57）調到天津一再要求黑市委分配她"作行政管理工作"，胡說什么："党委工作較空（按柳来津前在北京棉紡二厂任党委書紀），不如抓生产指标具体。"

（串联揭发）

2.大搞私人拉攏收买人心

（58）……采取办法坚决地反对任何人对于生产資料和生活資料的破坏和浪費，反对大吃大喝，注意节約。

《毛主席語录》第162頁

（58）薄一波召开經委会議必須是在北京飯店开，特別指示把生活搞好点，每次会議都是大吃山珍海味。

（摘自薄一波罪行录）

（58）196?年在棉紡一厂接待全国紡織检查团，指使一些人在車間摆鮮花，噴香水，大搞車間"客厅化"；欺騙几百名女工穿花衣服，抹口紅，夹道欢迎；大摆宴席，大吃大喝；席間还讓女工舞曲作乐。

（摘自大字报选編）

3.宣揚个人主义，本位主义

（59）应該使每个同志明了，共产党人的一切言論行动，必須以合乎最广大人

（59）犯本位主义錯誤的同志……不一定都是从个人主义出发。

（59）在棉紡一厂对介紹技术經驗的工程技术人員×××說"今后沒有我的話，不能

民群众的最大利益，为最广大人民群众所拥护为最高标准。

《毛主席語录》第231頁

《修养》第47頁

随便給人家看（按：指技术資料）”。

（摘自大字报选編）

（60）要提倡顧全大局。每一个党員，每一种局部工作，每一项言論或行动，都必須以全党的利益为出发点，絕对不許可违反这个原則。

《毛主席語录》第233頁

（60）个人利益一定要照顧，沒有个人利益就沒有整体利益……。

（刘少奇：1959年对民建工商联常委指示）

（60）我們的技术成果，在沒搞成之前，不要随便給人家講，要不老是天津开花，外地結果。

（摘自中层干部揭发）

九、反对大搞群众运动

1.制訂条条框框，束縛群众手脚

（61）人民群众有无限的創造力。他們可以組織起来，向一切可以发揮自己力量的地方和部門进軍，向生产的深度和广度进軍，替自己創造日益增多的福利事业。

《毛主席語录》第104頁

（61）重要技术革新項目，一定要經过反复試驗和科学鑑定，要先典型試驗，总結經驗，在确有把握以后，才可以根据条件和需要，在小范围內試行，逐步过渡到普遍推广。

（工业七十条）

（61）在技术革新和技术革命的組織工作上，必須坚持“四有”。第一，要有組織，厂級有委員会，分場有小組，小組中有大員……。第二、要有制度，从厂級到車間，都要有分工負責和审批制度与試驗制度……。

（1959年5月至9月份工作总結）

（62）在一切工作中，命令主义是錯誤的，因为它超过群众的覚悟程度，违反了群众的自願原則，害了急性病。

《論联合政府》（1945

（62）要教育工人严格遵守設計图紙和工艺規程进行操作，不許违反。

《工业七十条》

（62）工会和青年团要組織糾察队，……对不遵守清正洁制度的人，要进行糾正。

《1959年9月20日在棉紡一厂科长，輪班主任以上干部会上的講

年4月24日）

2.鼓吹“先立后破”，“不立不破”

（63）毛主席經常說：不破不立。破，就是批判，就是革命。破，就是講道理，講道理就是立，破字当头，立也就在其中了。

《中共中央通知》

（63）不合理的規章制度是应当改革的，但必須有合理的規章制度代替它；在沒有新的合理的規章制度以前，决不允許废除現行的規章制度。

（《争取我国工业生产建設的新胜利》《紅旗》1961年第3—4期）（薄一波）

（63）棉紡一厂有的工人强烈要求取消百分賽中所規定的工人喝水，上厕所，吐唾沫，走錯路都要扣分的不合理的制度。柳超却說什么：“在沒有好的办法代替以前，不能取消。”

（摘自群众揭发材料）

（64）馬克思、列宁主义、毛泽东思想就是在破資产阶級思想体系的斗爭中建立和不断发展起来的。

《中共中央通知》

（64）属于生产关系方面的不合理的規章制度，应該去掉；属于技术管理方面的工艺操作規程，不能随便废除，有了比它高明的再破它，沒有的就还要用它。

《在东北华北工业書記会議上的发言》（薄一波1960年10日6日）

（64）机构管理制度不要动，等局抓出試点典型后，再全面推广。

（1964年参观学习大庆之后的一次講話）

（65）不破不立，不塞不流，不止不行。破就是批判，就是革命。

《解放軍报》

（65）規章制度……不能随意破除和修改。在必需破除和修改原有的規章制度的时候，要先立后破，不立不破。

《工业七十条》

（65）企业管理改的問題必須貫彻有破有立，不立不破的原則。

（1964年4月对棉紡厂管理革命的意見）

3.反对技术革命，詆毁革新成果

（66）……一九五九年芦山会議的三句話：“成績很大，問題不少，前途光明”。……形势問題，我傾向

（66）主席講的形势大好，是指政治形势大好，經济形势不能說大好，是大不好。

（66）被大跃进中某些暫时的缺点吓破了胆，她把58年以来群众創造的四十一項重大革新項目，如淸鋼联合，靜电

于不那么悲观，不是一片黑暗，……。有些人思想混乱，沒有前途丧失信心，不对。

《毛主席在北戴河会議上的講話》1962年8月6日

《邓小平：1962年中央工作会議》

紡紗，离心紡錠，高产梳棉，噴气織机，无梭織机，染正連續化等，全部下馬，連根砍掉。

（摘自群众揭发材料）

4.迷信規章制度“管”字当头

（67）……这里是两条原則：一条是群众的实际上的需要；一条是群众的自願，由群众自己下决心，而不是由我們代替群众下决心。

《毛主席語录》第110頁

（67）工业生产不同于农业，一环扣一环，沒有規章制度是不行的。

（邓小平在《北戴河討論〈工业七十条〉》会議上的講話）

（67）1964年柳超为了确保修正主义《工业七十条》的贯徹实行，鼓吹“北京定額管理对整頓企业，有很大作用，”当紡織部和同志們提意見，柳說什么：“定額搞定了，我吃了秤鉈鉄心了，坚决搞下去。”并亲自带领30多个干部，用了二十个月的时間，搞了棉紡、印染两个行业，十五大本，近九十万字的管卡工人的所謂定額管理制度。

（摘自大字报）

十、招降納叛，結党营私，勾結黑帮分子

1、招降納叛、包庇重用坏人

（68）有少数知識分子对于社会主义制度是不那么欢迎、不那么高兴的。……这种人不喜欢我們无产阶級专政的国家，他們留恋旧社会。

《在中国共产党宣传工作会議上的講話》

（68）現在各級政府正在进行安位子的工作……有許多人当部长、科长、我們同志当副的，一定受人家領导……一切通过他們，完全做到党外人士有职有权。

（邓小平：1950年6月6日《在重庆第二次党代会上关于整风問題的报告》）

（68）在棉紡一厂，把解放前鎮压工人运动的劊子手，国民党接收大員，反动技术权威陈毅德和国民党、青紅邦分子，一貫散布右派言論的閻祿寅分別提拔为正副总工程师，独攬全厂生产技术大权，并把閻推荐为原河东区人民代表。

（摘自大字报）

揭开干部子女学校的黑幕

《彻底砸烂修正主义干部子女学校展覧会》内容介紹

首都彻底砸烂修正主义干部子女学校展覧会編印

1967年9月

最高指示

在各类学校中，必須貫徹执行毛澤东同志提出的教育为无产阶級政治服务、教育与生产劳动相結合的方針，使受教育者在德育、智育、体育几方面都得到发展，成为有社会主义覚悟的有文化的劳动者。

《中国共产党中央委员会关于无产阶级文化大革命的决定》

这类反动文化是替帝国主义和封建阶級服务的，是应該被打倒的东西。不把这种东西打倒，什么新文化都是建立不起来的。不破不立，不塞不流，不止不行，它們之間的斗爭是生死斗爭。

《新民主主义论》

学生也是这样，以学为主，兼学别样，即不但学文，也要学工、学农、学軍，也要批判資产阶級。学制要縮短，教育要革命，資产阶級知識分子統治我們学校的現象，再也不能继續下去了。

《给林彪同志的信》

目　录

前　言

"虎踞龙盘今胜昔，天翻地覆慨而慷。"

无产阶級文化大革命运动正以排山倒海之势，雷霆万鈞之力，横扫一切牛鬼蛇神，中国的赫魯曉夫刘少奇已經淹沒在革命大批判的汪洋大海之中。宣判刘氏修正主义教育路綫的死期到了！

十七年来，中国的赫魯曉夫刘少奇，把黑手插进了教育界，資产阶級知識分子統治了我們的学校。干部子女学校就是刘少奇之流培养資产阶級接班人的黑苗圃，就是他們企图在中国复辟資本主义的得力工具。

我們是旧世界的造反者。我們要造帝国主义的反，我們要造修正主义的反，我們要造一切旧制度的反！今天，我們要从資产阶級手里把教育大权夺过来，創造紅彤彤的毛澤东思想的大学校。

为了誓死捍卫毛主席的革命路綫，彻底批判刘少奇的修正主义教育路綫，我們举办了《彻底砸烂修正主义干部子女学校展覽会》。展覽以大量事实，彻底地揭露，无情地批判了干部子女学校这种罪恶的教育制度。

"狂飆为我从天落"。"倒海翻江卷巨瀾"。

听，毛主席向我們发出了战斗的动員令："学制要縮短，教育要革命，資产阶級知識分子統治我們学校的現象再也不能继續下去了。"

看，亿万革命造反大軍正集合在毛澤东思想的旗帜下，向刘邓黑司令部发动总攻击。

让毛澤东思想的阳光永远照亮教育革命的道路！

让光焰无际的毛澤东思想占領一切陣地！

修正主义是一种資产阶級思想。修正主义者抹杀社会主义和資本主义的区别，抹杀无产阶級专政和資产阶級专政的区别。他們所主張的，在实际上幷不是社会主义路綫，而是資本主义路綫。在現在的情况下，修正主义是比教条主义更有害的东西。我們現在思想战綫上的一个重要任务，就是要开展对于修正主义的批判。

毛泽东

第一部分　培养特权阶层的黑苗圃

毛主席說：“我們一切工作干部，不論职位高低，都是人民的勤务員，我們所做的一切，都是为人民服务，……”

中国的赫魯曉夫刘少奇却說：“我們的目标，应該培养到能当厂长、党委书記、市长……”。陆定 的心腹童大林說：景山学校要出“国家干部的骨干、掌权的人。”八一学校的校长說：“我們的学生中要出总理、将軍，不是卖酱油醋的。”为什么干部子女就一定是“掌权的人”而不是“卖酱油醋的”普通劳动者呢？用大党閥彭眞的話說：“我們的学生是什么人？是龙子龙孙嘛！”这就是說，在他們看来干部子女是当然的血統接班人。这是地地道道的剝削阶級反动血統論！刘少奇就是以这种反动血統論作为他办干部子女学校的黑理論。

根据这个反动的办学理論，在干部子女学校里，从思想、組織、生活諸方面，向学生灌輸特权思想，灌輸剝削阶級反动血統論毒素，极力腐蝕干部子女，培养資产阶級接班人。

一、等級森严的招生制度

毛主席說：“这里一切文化教育机关，是操在工农劳苦群众手里，工农及其子女有享受教育的优先权。”刘少奇洵制的干部子女学校，为了造成干部子女集中，制定了一套反动的等級森严的招生制度，极力排斥工农子女跨入干部子女学校的大門，同毛主席的教导相对抗。

干部子女学校分为：干部子女寄宿学校，干部子女走讀学校和变相干部子女学校（如实驗一小、实驗二小、景山学校、丰盛二部等）。許多干部子女学校是按老子官大小来收生的，像“八一”、“十一”、“五一”一般是收将、校級干部的子女，育才、育英小学收的是司局长級干部子女，一些社会名流子女多分配在香山慈幼院。

干部子女寄宿学校打着四个条件（即：无人照管的烈士遺孤；父母双方出国工作，在京无人照管的干部子女；父母双方都到边疆工作，而不能同去的干部子女；无人照顾的华僑子女）的招牌，不准工农子女、普通干部子女入学。

北京东郊大山子某工厂的一个女工，由于单方面照顾两个孩子，自己又患重病住院，工厂的党委多次向市教育局申請，希望叫两个孩子上寄宿学校。前市教育局局长譚××却說：“他可以找亲戚照顾……寄宿制的門不能开得太大。”无理地剝夺了工人子女的入学权。

北京六十六中的一个美术教員，由于特殊困难，不能照顾孩子，曾多次給前市教育局的譚、李、姚三个局长写信，申請入寄宿学校。市教育局宁可給这位美术教員調換工作，也不允許她的孩子进寄宿学校学习。

可是干部子女寄宿制学校，每学期开学后都留有很多空額等待高級干部子女入学。高級干部子女，只要一个电話就可以进入寄宿学校。实驗二小的幼儿园，明文規定不滿四周岁的孩子不能入园。資产阶級臭妖婆王光美的小女儿仅三岁多，却硬塞进了实驗二小的幼儿园。炮制反动杂文《青春漫語》的黑帮分子楊述，借口孩子在东交民巷小学一貫紀律不好，就可以轉入寄宿学校。他为了挑个所謂"好"的寄宿学校，經过向黑帮分子孙××了解，认为香山慈幼院不錯。但是还不放心，又到学校亲自观察校舍，审查教师，一切都滿意了才把孩子轉入香山慈幼院。

这两个反动家伙的子女，又有哪一个是符合"四个条件"的呢？下列的統計表有力地說明了"四个条件"的虛伪性。

校名	学生人数	符合"四个条件"的学生人数	百分比
育英小学	631	23	3 6
育才小学	1361	41	3
北京小学	516	6	1 2
香山慈幼院	890	7	0 8
代代紅小学	980	0	0

这正是：学校大門八字开，"四个条件"假招牌。高干子女后門請，工农子女莫进来。

干部子女走讀学校和变相干部子女学校，打着"擇优录取"的幌子，設下层层考試关卡，用花样繁多，稀奇古怪的試題，排斥工农子女入学。如实驗二小就設下什么相面、体檢、計算能力、看图說話、听故事、复述故事、常識、智力測驗、記忆力、領导談話等十四道考試关卡。这十四道关卡对工农子女来說簡直是"鬼門关"。如計算能力"关"，要考小学一年級下学期讲授的算术題，这是学前儿童根本无法回答的；又如常識"关"，七岁的孩子不仅要說出图片上画的稀有水果桂元、荔枝、　　的名称，而且要讲出它們的共同名字叫"水果"；最难的还是領导談話"关"，学校領导要問"你爸爸媽媽做什么？"意思是，家长若是工人，即使你前边的几道关卡通过多順利也可能被淘汰。家长若是个大干部，即使你前边的几道关卡通过多不順利，也可能被录取。下列統計表就說明"擇优录取"是排斥工农子女的毒辣手段。

校名	招考时間	录取人数	工农子女人数	备注
实驗小	1964	160	1	留出大量空額准备开学后干部子女插班
景山学校	1962	120	0	录取人数中有40人是走后門入学的

工人子女即使家住在干部子女学校旁边，也不能进入这类学校。工人的孩子張錫芳由于小时患病，两腿殘廢，只好架双拐走路。他的家离实驗一小很近，他的母亲多次到实驗一小和市教育局申請入学，屢遭拒絕，只好到离家較远的南新华街小学讀书。可是前宣武区委教育部长董××的孩子，同样有生理缺陷，却能到北京小学寄宿学习。每逢假日，学校还要派

工友送孩子回家。这是多么鮮明的对比呀！

毛主席說："为什么人的問題，是一个根本的問題，原則的問題。"刘少奇把持的干部子女学校，完全違背了毛主席的教导，把工农子女排斥在学校大門之外。

二、貴族式的学校

1　特殊的設备。

毛主席在九評苏共中央公开信中英明指出："防止一切工作人員利用职权享受任何特权。"党内最大的走資派为了培养修正主义的接班人，大肆揮霍劳动人民血汗，在干部子女学校里准备了养尊处优的貴族式生活条件。这类学校有大观园式的宿舍、水晶宮式的图书館、有高級理发館、供学生观賞的动物园、体育館、游泳池等等。八一学校的女生宿舍，完全是封建式建筑，是大資本家乐松生过去避暑的地方。八一学校游泳池的建成，調动了一个工兵連，用了一个暑假的时間，花了七万五千元，建筑材料完全用国防水泥。此外，这类学校还用大量經費，买了許多根本用不着的教学仪器。像价值600—1,000元的显微鏡，北京小学就有3台。北京小学还有一部价值4,000多元的电影机，是萊比西博覽会上，我国两部展品中的一部。育英小学还有价值300多元的眞人骨胳架，实驗二小仅鋼琴就有六架，八一学校仅电視机就有六部，育才学校还有高級映象显微鏡，精密天秤等等。

水晶宮式的图书館

大观园式的宿舍

洗　衣　房

大　禮　堂

毛主席教导我們說："无产阶級革命事业的接班人是在群众斗争中产生的，是在革命大風

大浪的鍛炼中成长的。”党內走資派让干部子女从小就在特殊优裕的环境里生活，舒舒服服进行“和平演变”。

2. 龐大的編制。

这类学校的編制是极其龐大的。如十一学校(是干部子女学校)每6个学生就配备一名工作人員。張市小学(是河北农村小学)，34个学生才有一个工作人員。在干部子女学校除教学人員外，还配备有医生、司机、花工、打字員、炊事員，还有什么通訊員、洗衣員、电影放映員等等近30多种非教学人員。

3. 惊人的开支。

这类学校的經費开支也是相当惊人的。比如十一学校，平均每年每个学生經費有187元，而張市小学平均每个学生經費才14.5元。如果按这两个学校人数相等計算，两校每年經費开支差額高达二十五万八千元。这些錢可买C-618型車床51台，可买化肥1,167吨，可建設备齐全的农村小学4所。党、政、軍內一小撮走資派就是这样假公营私，任意揮霍国家資財，不惜工本地培养他們的接班人。

4 貴族式的生活。

九評苏共中央公开信中指出：“赫魯曉夫集团所追求的，只是苏联特权阶层分子和新旧資产阶級分子的‘美好生活’，这些人侵吞了苏联人民的劳动果实，过着資产阶級老爷的生活，他們的确是不折不扣的資产阶級化了。”中国的赫魯曉夫为了让干部子女过上苏联特权阶层的“美好生活”，让他們享受着特殊的生活待遇：夜里要阿姨叫夜，洗臉水要阿姨打，被子要阿姨叠，洗澡要阿姨搓，就連剪指甲都要生活老师給剪。学校当权派还挖空心思地为学生改善伙食，有的学校飯菜一周不重样，甚至两周都不重样。此外，还有专人研究食物的营养价值。每年，学校都要不惜人力、物力、財力組織春游。北京小学一次春游，为了学生方便，竟占用公园茶館一天，眞是岂有此理！

党內走資派为干部子女准备了优越的生活条件，使他們只知道吃喝玩乐而漸漸脫离了劳动人民。 反分子、前总后勤部政委李聚奎因为听他孩子說学校厕所太臭，便命令学校大搞卫生，并且亲自檢查。校当权派为了討好他，竟在厕所里点上香。反革命修正主义分子薄一波，让学校給他的孩子安排床位，冬天要靠着暖气但又不能烤着；夏天要挨着窗戶但不能让風吹着。反革命修正主义分子彭眞的孩子上学的时候，专有一个十七、八岁的青年陪着。表面上同来上学，实际上就是他的媬姆和书童。眞是：“起床媬姆把鞋提，到校上課媬姆陪，衣服髒了媬姆洗，离了媬姆餓肚皮，玩耍媬姆也不离，挨打媬姆要来抵。”在我国三年暫时困难时期，这 小撮反革命修正主义分子当官做老爷，更加特殊化。三反分子薄一波每天要派专人給他的孩子送水果和高級点心。三反分子罗瑞卿的孩子在困难时期吃了一頓窩头，也成为他轉学的理由之 。

“現代修正主义者竭力用資产阶級个人主义思想腐蝕年青一代的革命意志，使他們成为只知道追求个人享受，只知道吃喝玩乐的公子哥、小姐貴妇，这样的人当然只能接剝削阶級之班，而不可能接无产阶級之班。”党內一小撮走資派就是这样一批修正主义者，他們梦寐以求的就是資产阶級生活方式，他們所培养的就是資产阶級分子。

三、殘酷的資产阶級专政

毛主席說：“几十年以来的老的社会民主党和十几年以来的現代修正主义，从来就不允許无产阶級与資产阶級有什么平等。……相反，他們是資产阶級、帝国主义的忠实走狗，同資产阶級、帝国主义一道，坚持資产阶級压迫、剝削无产阶級的思想体系和資本主义的社会制度，反对馬克思主义的思想体系和社会主义的社会制度。”

干部子女学校作为培养資产阶級接班人的陣地，作为刘邓阴謀复辟資本主义的工具，必然地要对无产阶級、对广大工农群众实行資产阶級专政，对广大工农的子女必然要歧視、排挤和打击。

旧中宣部陆閻王的秘书长童大林把持的景山学校，是由 所普通中学与一所普通小学合并而成的。因此保留了一部分工农子女。童大林借教改为名，把工农子女和干部子女分别集中起来，編为“普通班”和“实驗班”。童大林称“实驗班”是“尖子班”，称“普通班”是“破烂班”、“柴班”，从精神上摧殘工农子女。在“景山”，工农子女受尽了侮辱。工农子女无限热爱偉大領袖毛主席，但在景山学校他們却不能参加“十一”游行，不能見到我們心中最紅最紅的紅太阳毛主席！甚至校內接待外宾也只能让干部子女去，而工农子女却被关在教室里，由专人看守。同是国家的小主人，政治待遇却如此不平等！

景山学校的“实驗班”上一堂課有的竟占一个寬敞的教室，可是有一个“普通班”，在期末复习的一个月里，学校却連一个教室都不給，只好在四楼厕所里复习功課。

在劳动上，学校当权派对工农子女也另眼相待。“实驗班”要搞排字、木工等技术性劳动，普通班只能搞摇煤球、刷厕所、扫院子等劳动。在校外，“普通班”和“实驗班”同学一起劳动，可是学校当权派把大部分劳动的报酬給“实驗班”买了大批教学設备和书籍，两个“普通班”只分到几本課外讀物。

有的工农子女，由于家庭經济困难，未能按时交学費，学校当权派却无理規定：迟交一天，罰站一天。有一次，一个工农子女和一个干部子女鬧糾紛，学校当权派不分青紅皂白，就强迫那个工农子女賠礼道歉，鞠九十度大躬一連十几个，这简直是欺人太甚！

这桩桩事实，怎么能不令人气憤！这就是对我們的工农子女实行資产阶級专政！

由于中国的赫魯曉夫在干部子女学校极力灌輸資产阶級特权思想，使一些干部子女中毒很深，他們想的不是做普通劳动者，而是做高官厚祿的人上人。有的学生把“我是一个兵”的歌改成“我是一个官，后面一大串……”，有的学生公开对教师說：“老师家的房子还沒我家地毯大呢！”，“农民家的房子还沒我家厕所亮呢！”，“老师的工資还沒我爸爸工資的零头多呢！”有的学生竟狂妄到了极点，当他犯了錯誤，一个炊事員批評他，他竟說：“你他媽的管得着嗎，叫我爸爸毙了你！”

从以上这些事实我們就不难看出一些干部子女受的特权思想的毒害是多么深重！但是我們决不能完全責怪这些学生，因为他們也是受害者，我們要把这笔賬記在刘少奇身上，記在干部子女学校这种修正主义教育制度上。

这类反动文化是替帝国主义和封建阶級服务的，是应該被打倒的东西。不把这种东西打倒，什么新文化都是建立不起来的。

毛泽东

第二部分　推行修正主义教育路綫的黑样板

十七年来，在教育战綫上，毛主席的无产阶級革命路綫和刘少奇的資产阶級反动路綫一直进行着尖銳、复杂、激烈的斗爭，培养什么人的問題是这場斗爭的焦点。

我們偉大的領袖毛主席，亲自制定了党的教育方針，即**教育为无产阶級政治服务，教育与生产劳动相結合，使受教育者在德育、智育、体育几方面都得到发展，成为有社会主义觉悟的、有文化的劳动者。**但是，以中国赫魯曉夫刘少奇为首的一小撮走資派，竟敢狗胆包天，瘋狂对抗和篡改党的教育方針，中国头号走資派刘少奇公然叫喊：“我們的目标应該培养能当干部、厂长、党委书記、市长……。”陆閻王也跟着狂吠：“我們的教育有双重目的，一是

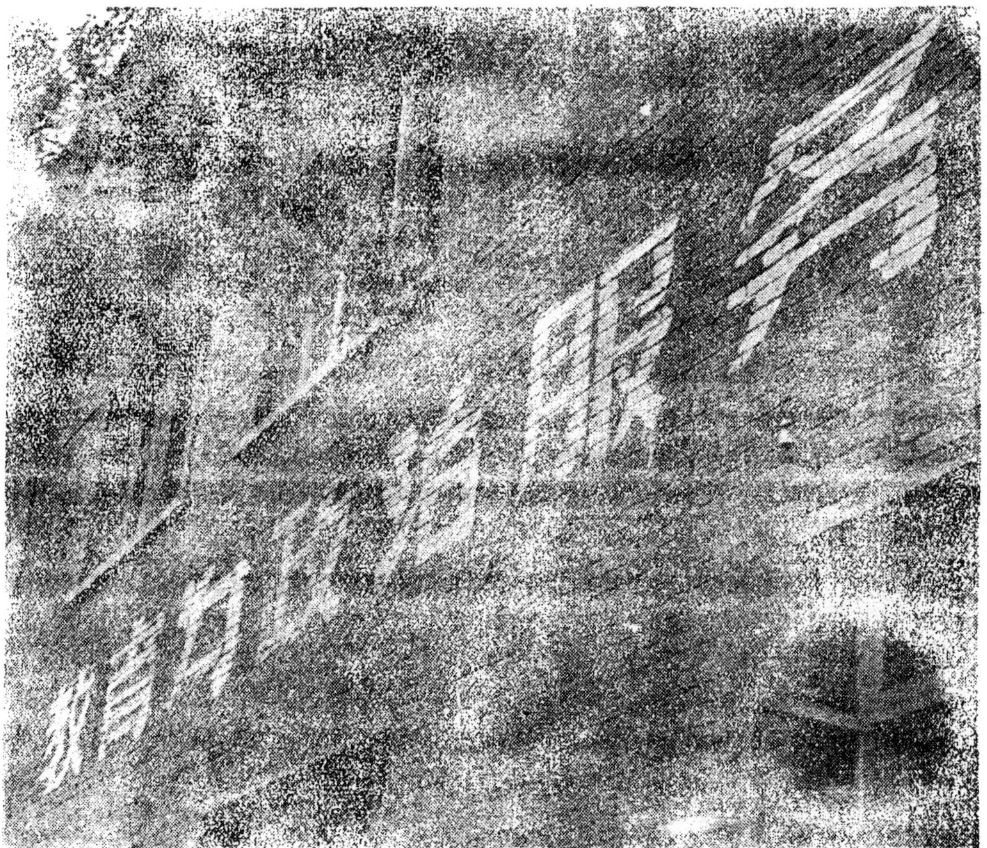

篡改教育方針的鉄証

培养接班人，二是培养…　工程师、教授等。”有些干部子女学校更明目張胆，把毛主席提出的“教育为无产阶級政治服务。”篡改为“教育为政治服务。”拦腰砍掉“无产阶級”四个字。这就充分暴露了他們背叛无产阶級的丑恶面目。“横扫千軍如卷席”。让我們奋起毛澤东思想的千鈞棒，彻底肃清修正主义教育路綫的流毒，彻底砸烂修正主义教育路綫的黑样板——干部子女学校。

一、取消无产阶級政治

1　反对革命师生学习毛主席著作。

毛澤东思想是当代馬克思列宁主义的頂峰，是最高最活的馬克思列宁主义。党內最大的走資派刘少奇及其爪牙深知革命师生員工掌握了毛澤东思想，他們复辟資本主义的黃粱美梦就要破产。因此，他們瘋狂反对用毛澤东思想武装青少年一代，极力阻撓和抵制毛澤东思想的傳播。

刘少奇对毛澤东思想怕的要死，恨的要命，胡說什么“毛澤东思想是馬列主义的頂峰，这种說法不科学，难道馬列主义再也不能发展了。”三反分子童大林也恶毒地說：“阴天沒有太阳就不能立竿見影，知識分子要死学活用。”黑帮分子張文松对小学下达了“学习毛著不組織、不提倡、不領导”的“三不”黑指示。干部子女学校走資派紧追他們的黑主子，采取了种种手段反对革命师生学习毛著。地质部子弟小学的革命师生强烈要求学习毛著，学校走資派就一方面威胁老师說：“你們讲錯了，誰負責！”另一方面又对学生說：“你們年紀小，学不了。”“十一”、“育英”等学校的革命师生已經組織了学习毛著小組，学校走資派蛮横勒令他們解散。教育局走資派竟恶毒誣蔑实驗一小革命师生活学活用毛主席語录为“刮語录風”，眞是反动透頂。“凡是敌人反对的，我們就要拥护。”刘少奇之流越是反对我們学习毛主席著作，我們越是要大学特学，用毛澤东思想統帅一切，让毛澤东思想偉大紅旗永远飄揚在教育陣地上。

2　反对无产阶級阶級教育。

毛主席教导我們：“千万不要忘記阶級和阶級斗爭。”但刘少奇却鼓吹什么“我国社会主义和資本主义誰胜誰負的問題已經解决了。”其爪牙馬上呼应，五　小学当权派把干部子女学校吹嘘为“紅色保險柜。”胡說什么“我們的学生出身好，他們的家长都是老干部，教师都是經过严格挑选的，他們对学生沒有什么坏的影响！”还說什么：“我們学生都住校，不接触社会，受不到坏的影响！”实驗二小的走資派还說什么：“我們的教师都是工人阶級知識分子”。难道这类学校果眞是“紅色保險柜”？难道这类学校的教师果眞是“紅色教师”？不！这純屬一片胡言！党內走資派就是打着这些招牌，抹杀阶級斗爭，取消对学生进行无产阶級阶級教育！列宁說：“忘記过去就意味着背叛！”北京小学革命教师向学生进行阶級教育，出板报：“忆苦思甜过新年。”走資派知道后大放厥詞：“小学生有什么苦好忆？不要忆苦，过新年就行了嘛！”就是她！却用小臥車請来黃色歌手，让其对学生唱充滿資产阶級情調的歌曲“宝貝”，对学生进行資产阶級教育。党內最大走資派刘少奇及其爪牙就是这样妄图使干部子女忘記阶級苦，忘記阶級斗爭，忘記中国革命和世界革命。

3　取消党的領导；資产阶級知識分子治校。

毛主席教导我們：“世界上一切革命斗爭都是为着夺取政权，巩固政权。”又說：“資产阶級知識分子統治我們学校的現象再也不能继續下去了。”在教育战綫上領导权的問題，从根本上說就是由誰領导和靠什么人办学的問題，刘少奇之流处心积虑地篡夺教育界領导权。請看！

干部子女学校的領导权究竟掌握在什么人的手里!

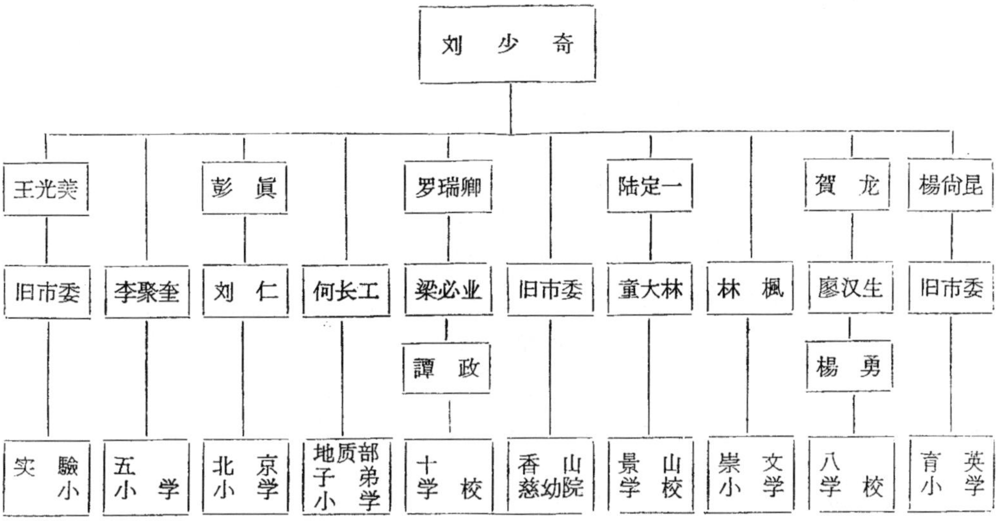

中国的赫魯曉夫刘少奇通过他的大小爪牙，牢牢地控制了干部子女学校的大权。旧中宣部陆閻王的干将童大林控制了景山学校的实权，公开把无产阶級政党变成苏修式的业务党。

景山学校推行苏修式的业务党

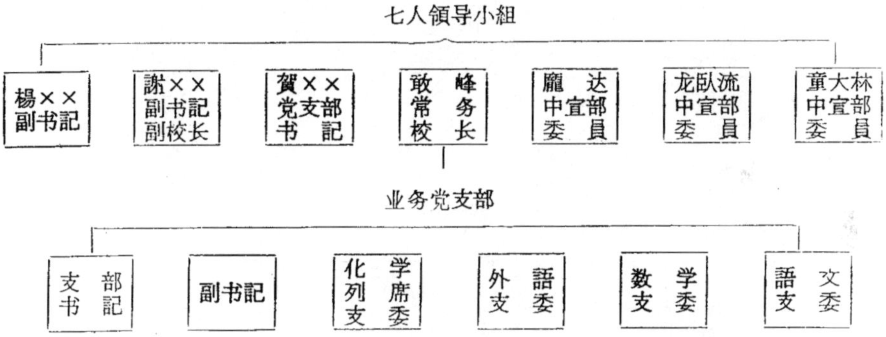

有一些干部子女学校的党政大权，被牛鬼蛇神所把持。比如，实驗一小的党支部书記褚××篡改出身，隐瞞历史，是混进党内的阶級异己分子。他瘋狂地推行修正主义教育路綫，大搞黑試驗田。在58年，59年又瘋狂鎮压敢于起来造反的革命干部，是黑帮分子張文松手下的一員干将。

反动的資产阶級知識分子受到这类学校走資派的倍加重用，如被捧为算术专家的实驗一小的×××在日本統治时期拜日本軍官为干爹。国民党时期，又是国民党員。解放后旧市委又把她拉入党內，捧为学习毛著积极分子，还請她当顾問、編教材。北京小学的算术"权威"×××，是日本特务，反革命分子。解放后又被拉入党內，成了共产党員，超級教师。刘少奇之流让資产阶級知識分子控制干部子女学校，向学生进行資产阶級思想教育，同我們爭夺下一代，用心何其毒也!

4 业务挂帅，智育第一。

毛主席教导我們："沒有正确的政治观点，就等于沒有灵魂。"根据毛主席的教导，我們的教育工作，必須是无产阶級政治挂帅，培养学生具有正确的政治观点。

但是党内头号走資派刘少奇却公开反对毛主席的教导，大肆兜售“两耳不聞窗外事，一心只讀圣賢书”的資本主义黑貨，并通过其爪牙在干部子女学校大搞业务挂帅，智育第一，提出“教学是压倒一切的中心任务”、“一切为教学让路”等反动口号，利用业务冲击政治。

干部子女学校为了大搞智育第一，把学校的一切活动都圍繞着教学来进行。例如：学习“老三篇”要落实到写作上，提出“立下愚公志，登上作文山”；少先队員以学习雷鋒为主題过队日，则要求学生“学习雷鋒要落实到发奋讀书上”；甚至有的学校当权派，在党員大会上带領党員在党旗下宣誓：为夺取語文、算术双百分而奋斗！八一学校一个班，全班語文、算术达到双百分时，就敲鑼打鼓到軍区报喜。此外，学校当权派还号召学生向“头悬梁”“錐刺股”的中外封建主义、資本主义学者学习刻苦学习的精神，向学生布置了各式各样繁重的作业，夺去了学生学习毛选和参加文体活动的时間。甚至用青藍奖（青出于藍而胜于藍）百花奖（百花齐放）、紅杏奖（一枝紅杏出墙来）等物质奖励来刺激学生考上第一流学校，驅使学生为分数拚命，严重地摧残了学生的身心健康。

某干部子女学校，語文算术成績优异的班級召开报喜大会

党内最大的走資派刘少奇及其爪牙就是这样用“业务挂帅、智育第一”的手段反对学生参加三大革命运动，反对用毛澤东思想武装青少年的头脑，从而把学生引上只鉆业务不問政治的白专歧途。

5　利用教材大造反革命复辟輿論。

毛主席教导我們說：“凡是要推翻一个政权，总要先造成輿論，总要先作意識形态方面的工作。革命的阶級是这样，反革命的阶級也是这样。”党内头号走資派刘少奇为了复辟資本主义，大抓教材的編审工作，利用教材大造資本主义复辟輿論。他毫不掩飾地說：“教材是个很大的政治問題。”黑帮分子彭眞也恶毒地說：“沒有中国的教材，美国的也可以用。”陆閻王說得更露骨“右派表现好的，也可以編教材。”

教材編审处的三反分子胡××得到主子的旨意后，就伙同他的大小嘍囉們，在六二年泡制了一套北京市自編的中小学教材。在这套教材里，他們不把毛主席著作当作基本教材，不歌頌我們的偉大領袖毛主席，而是美化帝王将相，兜售封、資、修黑貨，小学一至六年級語文共412篇課文，其中只有4篇毛主席著作，就是这仅有的4篇，他們也只提学习毛主席的語言，而根本不提用毛澤东思想改造世界观。六年級历史（从远古直到新中国成立）課文49篇，吹捧帝王将相的22篇，而歌頌毛主席的一篇也沒有。

他們还在教材中歪曲历史，顚倒黑白，不歌頌毛主席在安源煤矿大罢工中的英明正确領导，反而肉麻地吹捧党內头号走資派刘少奇是什么工人代表，什么工人領袖等等。

他們还利用教材，反对无产阶級专政，宣揚阶級調和論，販卖叛徒哲学，发泄对党对社会主义的不滿。

干部子女学校除了利用这套教材以外，还自編了大量复古、崇洋的教材。什么《三字經》、《千字文》、《幼学琼林》、《古文观止》；莎士比亚、普希金的作品充塞了課堂，甚至有的干部子女学校花大量外汇到資本主义国家买了內容极端反动，有中国人民公敌蔣介石和法西斯头子希特勒的狗头象的教材。党內一小撮走資派如此瘋狂利用教材大造資本主义复辟輿論，眞是罪該万死！

毒害干部子女的封、資、修黑貨。

“不破不立，不塞不流，不止不行。”我們必須彻底清除充斥干部子女学校的一切封、資、修反动教材，以毛主席著作为基本教材，树立毛澤东思想的絶对权威，彻底粉碎刘少奇在中国复辟資本主义的罪恶阴謀！

二、取消无产阶級劳动教育

教育与生产劳动相結合，是培养无产阶級革命事业接班人的一个重要措施，而刘少奇把持的干部子女学校公开取消无产阶級劳动教育，使学生脫离劳动，远离工农。黑司令部的得力干将前教育部副部董純才胡說什么：“应当把学习本身当做一項主要劳动，那种把劳动教育单純看作是体力劳动，认为劳动教育就是干重活，都是錯誤的。”干部子女学校积极推行了这些黑指示。有的学校表面上每周有两节劳动課，但刮風、下雨、复习考試、开会、賽球等都不劳动。即使上劳动課，劳动前也要整頓紀律，老师要“訓話”，中間要休息，还要提前下課。这样，掐头去尾，眞正劳动的时間就很少了。黑帮分子陆定一用各种借口，反对学生下乡参加劳动，說什么“学生劳动不一定到校外去，学生下乡要有套办法，不要生病，不搞劳动竞賽，不要生虱子，不要把臭虫带回城里来。”八一学校下乡不与貧下中农相結合，而是住在将軍楼里，眞可謂：“龙子龙孙下乡来，医生护士后边排，大米白面汽車拉，画笔提琴手中拿，将軍楼里寬又敞，吃喝玩耍乐开花。”还有的学校走資派，公开对学生說：“再不用功就让你們都种地去！”以上事例充分暴露了他們反对干部子女与工农相結合，使学生鄙視工农，厌恶劳动，妄图使学生成为高踞劳动人民之上的精神貴族。

三、地地道道的黑样板

1949年，新中国剛剛成立，毛主席就提出：“应以老解放区新教育經驗为基础，”“应有計划有步驟地改革旧的教育制度，教育內容和教学方法。”党內最大走資派刘少奇不仅千方百計地保留旧教育制度，还提出“全盘苏化”的口号，干部子女学校貫徹最得力、最徹底。刘少奇的爪牙批准这类学校派人到旅大、苏联专程“取經”。大大小小走資派无視我們偉大領袖毛主席的指示，却讲什么：“看看凱洛夫是怎样教导我們的！”他們对抗毛主席教导竟达到了如此猖狂的地步！

干部子女学校既是“全盘苏化”的“樸范”，又是刘少奇推行修正主义教育路綫的“实驗田”。毛主席提出教育要革命的号召以后，刘少奇及其爪牙就选定景山、实驗二小、育英、育才、龙路、丰盛等八个干部子女学校，扯起了“教育必須改革”的白旗与主席所提出的教育要革命相对抗。前北京教育局局长孙××說：“你們現在所試驗的是我国教育　十年后的远景！”这一句話充分暴露了他們企图把干部子女学校作为复辟資本主义工具的罪恶目的。

刘少奇及其爪牙为了在全国推广这条修正主义教育路綫，把忠实貫徹这条路綫的干部子女学校捧为“先进单位”、“紅旗单位”，为之大造輿論，全国教育界人士聞名而至，干部子女学校的黑經驗流毒全国，影响极为恶劣！

四、触目惊心的恶果

由于中国的赫魯曉夫刘少奇在干部子女学校长期推行修正主义教育路綫，灌輸特权思想，使一些干部子女輕視工农，厌恶劳动。在塡写毕业生登記表时，有个学生就說：“当工人太累，当农民太苦，当医生淸閑又干淨，当演員唱歌多抒情！”还有的学生輕視工农到了极点，竟然不认自己保持了劳动人民朴素本色的母亲。有些学生一心要当“大干部”，作“人上人”，要当总理、将軍，甚至四年級小女孩就想长大当大使夫人。看看他們的理想，哪一个想作普通劳动者，当人民勤务員呢？

林彪同志教导我們："不懂得什么是阶級，不懂得什么是剥削，就不懂得什么是革命。"由于干部子女学校長期不向学生进行无产阶級阶級教育，使許多学生不懂得什么是阶級什么是剝削，对敌人不恨，对阶級弟兄不亲。甚至有的学生說："我老爷是好資本家，他把房子交給国家办学校了。"看过电影《白毛女》后，有的学生不明白也不相信喜儿家为什么受苦，不相信地主黃世仁会对劳动人民进行那样殘不忍睹的剝削。有些学生受活命哲学毒害极深，非常厌战怕死，沒有为革命奋斗終生的远大志向，說什么："我要是被捕了，就假投降，不然的話，受刑多痛啊！""要是打起仗来，我就到北冰洋去，冬眠几十年，等仗打完了，我再回来。"

十七年来，刘少奇推行修正主义教育路綫，对干部子女的毒害罄竹难书。以上几例，就是刘少奇犯下的滔天罪行的鉄証。毛主席說："紅旗总是要插的，你不插紅旗，資产阶級要插白旗，資产阶級插的旗子，我們要拔掉它！"干部子女学校就是一面地地道道的修正主义教育路綫的白旗，我們要坚决拔掉它！让毛澤东思想的紅旗永远占領教育陣地。

阶級斗爭并沒有結束。无产阶級和資产阶級之間的阶級斗爭，各派政治力量之間的阶級斗爭，无产阶級和資产阶級在意識形态方面的阶級斗爭，还是长时期的，曲折的，有时甚至是很激烈的。

教育青年是个大問題。如果我們麻痹睡大覺，自以为是，資产阶級思想就会起来夺取政权，資本主义复辟。

毛泽东

第三部分　干部子女学校罪恶的大暴露

一、反动血統論大肆泛濫

无产阶级文化大革命，开創了国际共产主义运动的新紀元。偉大的領袖毛主席亲自点燃了文化大革命的熊熊烈火。可是党內最大的走資派，却抛出了資产阶级反动路綫，妄图把正在兴起的群众运动扼杀在搖籃里。他們利用“老子英雄儿好汉，老子反动儿混蛋”这个口号蠱惑或欺騙一些干部子女，制造宗派，攪乱阶級陣綫。邓小平高喊：“干部子女要掌权。”王光美为坚持反动对联的人打气：“对联好嘛！可以辯論！”于是，反动血統論在干部子女学校里开始大肆泛濫起来。自視血統高貴的干部子女用所謂“紅五类”“黑五类”作为判断革命不革命或反革命的标准，他們高喊什么“我們血統純粹又純粹，高貴而又高貴。”“老子是頂天立地的自来紅！”“自来紅万岁！”“高干子弟要掌权”等等。还狂叫“对狗崽子就是要专政！”他們自称为当然的左派，大叫什么“只許左派造反，不許右派翻天。”拒絕在文化大革命中触及自己的灵魂，充当了刘邓反动路綫的打手。

他們飞揚拔扈，独断专行。师生出入校門要問出身，出身不好的革命群众不能戴毛主席像章，更不能接受我們最最敬爱的偉大領袖毛主席的检閱，甚至买印有毛主席像片的报紙也要比“紅五类”多花一倍錢。他們对出身不好或反对他們观点的一些革命群众，进行残酷的政治迫害和人身摧残，如育才学校就有 30 多名革命群众（占学校教职工員的 30％ ）打入劳改所。一时，白色恐怖籠罩着所有干部子女学校。这些干部子女自己不革命，也不允許别人革命。陈伯达同志严肃地駁斥了这种反动血統論：“不做阶級分析，不把事物一分为二，只醉心于高干子女要掌权。这是完全脫离了无产阶級的軌道，完全同毛澤东思想背道而馳的。”

为什么反动血統論能在干部子女学校里大肆泛濫？这正是中国赫魯曉夫刘少奇长期在干部子女学校灌輸特权思想，追求特权地位，培养特权阶层的結果。

二、打、砸、搶歪風空前盛行

毛主席教导我們：“必須注意尽一切努力最大限度地保存一切可用的生产資料和生活資料、采取办法坚决地反对任何人对于生产資料和生活資料的破坏和浪費　　。”但极少数狂妄自大唯我"革命"的干部子女却对主席的教导充耳不聞，以打、砸、搶为乐趣，把許多設备齐全的学校破坏的一塌糊塗。許多学校的仓庫被搶劫；图书被撕毁和盗卖；医务室、办公室等被抄砸。仅育英小学的玻璃就被打碎2400多块，花房的玻璃几乎全部被砸碎。他們在打玻璃时还进行比賽，有个学生五分钟內就打碎玻璃28块，一位工人气憤不过前来制止，这个学生却蛮不讲理地瞪着眼說："你管不着，这是革命行动！"北京小学自然仪器室存有数百件貴重的化学仪器、精密的物理仪器和非常珍貴的自然标本，現在这些物品全部被砸、被盗、洗劫一空，损失达两万元之多。八一学校全校損失达一百万元。这一百万元可以买車床200台、肥田粉4500吨，可供一所普通小学五十年的經費，这仅是一个学校的損失，如果把几十所干部子女学校的損失加在一起，那該是一笔多么惊人的数字啊！

育英小学的花房玻璃几乎全部被砸碎

北京小学的图书館被砸毁

看，这就是被砸毁的部分实物

以上事实，难道只是打坏玻璃、砸坏仓庫、搶走公物、偷走貴重仪器的問題嗎？不！这是一場斗爭，这是一場严重爭夺接班人的斗爭！刘少奇大办干部子女学校，使我們的干部子女长期脫离工农，脫离三大革命运动，沒有劳动人民的阶級感情，对劳动成果毫不爱惜！特別是由于資产阶級反动路綫的严重毒害，一些干部子女当他們的特权利益受到威胁时，就用“打、砸、搶”来进行破坏和搗乱。这是修正主义教育制度的罪恶，这是刘邓反动路綫的罪恶。

三、产生“联动”的温床

陈伯达同志讲过：“干部子女有很多是好的，在群众的大風大浪里鍛炼可能成为无产阶級革命事业的接班人，但是也有一些是不太好的，或者很不好，甚至要走修正主义道路。”

无产阶級文化大革命触动着每个人的灵魂，对一些自視血統高貴的干部子女触动更大。他們长期生活在修正主义干部子女学校中，受到严重的腐蝕和毒害，滋长了濃厚的特权思想。这些反动思想在文化大革命中被党內走資派利用和慫恿，又得到进一步发展。在刘邓操纵下一小撮受毒极深的干部子女組織了反动組織“联动”，把矛头公然指向我們偉大的領袖毛主席，指向无产阶級司令部——中央文革，并先后六次冲击无产阶級专政机构——公安部，走上了反革命道路。“联动”的出現是两个阶級、两条道路、两条路綫斗爭的必然产物，是一場惊心动魄的夺权斗爭的縮影，也是中国的赫魯曉夫刘少奇在干部子女学校灌輸資产阶級特权思想，宣揚剝削阶級的反动血統論的結果。从“联动”头目的来源和据点的选择足以証明这一点。“联动”总指揮牛××、“联动”副总指揮宫××、六中劳改所所长朱××、八一“联动”头目田×、項××、赵××等等全都是干部子女学校的毕业生，“联动”成員絶大部分都是干部子女并基本上是从干部子女学校毕业的。由于“联动”和干部子女学校有这样密切的思想上、組織上的联系，再加上干部子女学校条件舒适、环境优美，因此像“八一”、“十一”、“育才”、“育英”、“香慈”等干部子女学校都成了联动分子称心如意的活动据点。总之干部子女学校是产生“联动”的温床，刘少奇就是“联动”的总后台！

毛主席教导我們：“帝国主义的預言家們根据苏联发生的变化，也把和平演变的希望，寄托在中国党的第三代或者第四代身上。我們一定要使帝国主义的这种預言彻底破产。”为了培养和造就千百万革命事业的接班人，为了把受毒害的干部子女爭夺过来，我們要高举革命的批判大旗，奋起毛澤东思想的千鈞棒，彻底砸烂刘少奇的修正主义教育路綫，彻底砸烂修正主义干部子女学校！

在我国社会主义革命取得基本胜利以后，社会上还有一部分人梦想恢复資本主义制度，他們要从各个方面向工人阶級进行斗爭，包括思想方面的斗爭。而在这个斗爭中，修正主义者就是他們最好的助手。

毛泽东

第四部分　高举革命的批判大旗彻底清算刘少奇的滔天罪行

一、揪出干部子女学校的总黑根

“千鈞霹靂开新宇，万里东風扫殘云。”轰轰烈烈的无产阶級文化大革命象一股汹涌澎湃的巨流，蕩滌着旧社会遺留下来的一切污泥浊水。中国的赫魯曉夫，“联动”的总后台，干部子女学校的总黑根刘少奇被揪出来了！

十七年以来，刘少奇頑固地保留扶植和扩大修正主义的干部子女学校，瘋狂地对抗毛主席关于取消干部子女学校的英明指示。在干部子女学校的問題上，无产阶級司令部和資产阶級司令部进行了一場尖銳、复杂、激烈的斗爭。

我們偉大的領袖毛主席从来就反对干部特殊化。他說：“我們一切工作干部，不論职位高低，都是人民的勤务員。”他告誡我們的干部子女：“不要靠父母，不要靠先輩，而完全靠自己”。进城以后的干部子女学校被一小撮反革命修正主义分子所控制，把它变成培养特权阶层的黑苗圃，变成反革命复辟的黑据点。这样的学校，继續存在下去，就是对我們无产阶級专政的背叛。

我們偉大的領袖毛主席，在 1952 年发出了英明的指示：“干部子女学校不能再办了。”毛主席說出了我們无产阶級革命派的心里話。我們一千个拥护，　万个照办。毛主席的亲密战友周恩来同志在国务会議上多次傳达了主席的指示，多次派人到干部子女学校进行深入的調查。1953 年，总理还亲临 101 中，再＿叮囑不要把 101 中办成滿清“八旗”式的学校(八旗学校是滿清的一种貴族学校)。当时任山东省政府主席的康生同志，堅决貫徹执行了这一指示。1954 年作出决定取消干部子女学校，半年以后，山东省干部子女学校全都改成了普通小学。內蒙、河南的革命派同志也都聞風而动，积极投入取消干部子女学校的战斗。

但是，以刘少奇为首的黑司令部却采用阳奉阴違的卑劣手段，千方百計地保留干部子女学校，与毛主席的偉大指示相对抗。

1954 年，正当广大革命群众积极起来取消这类学校的时候，刘少奇迫不及待地跳出来，召見其黑爪牙、前育英小学校长韓××，在长达 5 小时的密談中，面授机宜，大放厥詞，反对我們偉大領袖毛主席。刘少奇胡說：“干部子女学校办得好，同样可以办下去。”資产阶級臭妖婆王光美則把矛头直接指向我們偉大領袖毛主席，她恶毒地說：“这样的学校总会有人反对的，就是中央机关里也有人反对。”反革命修正主义分子彭眞也瘋狂对抗毛主席的指示，他让刘仁扩建了北京小学，并唆使吳晗新建了芳草地小学(这两所学校都是干部子女学校)。旧北京市教育局长譚××赤裸裸地叫嚷：“北京是首都。情况特殊，不能取消干部子女学校。”这些狐群狗党、牛鬼蛇神如此丧心病狂地反对毛主席，反对偉大的毛澤东思想，眞是罪該万死!

广大的革命群众，在光焰无际的毛澤东思想指引下，与一小撮反革命修正主义分子进行了坚决的斗爭。教育部小教司的同志在 1955 年 6 月 11 日的报告里，极尖銳地批判了旧北京市人委向国务院的“請示”。(55 年北京市人委向国务院“請示”，这个“請示”借取消干部子女学校之名，行保留干部子女学校、保留其特殊化之实。)

由于党中央毛主席一再指示，广大工农兵群众一再要求，旧教育部不得不責成小教司同志起草有关取消干部子女学校的文件，但是这个文件一經起草出来，就遭到走資派董純才、林楓、范长江等人的无理篡改。他們避开修正主义干部子女学校的要害，极力掩盖刘少奇利用干部子女学校复辟資本主义的罪恶目的，把一个本来是旗帜鮮明的革命的文件，篡改成一个改良主义的文件，最后假借中央的名义发出。請看三处被篡改的情形。

原稿中	篡改后
几年来事实証明，专为干部子女办学有很大害处。这些学校花錢很多，教育效果并不好，使干部子女养成一种新貴族思想作風。 ——五五年八月中央批示(代拟)	另 方面，事实又証明了办干部子女学也有它的流弊。 ——五五年十月廾八日中央批示
特殊化的第一个表現，是学生待遇特别优裕闊綽。有很多办学人員认为“这些孩子，不同于一般孩子，对他們生活上应該照顾些。干部子女学校与一般学校不同。”·· ——五五年九月二日教育部党組报告(代拟)	特殊化的第一个表現，是学生生活待遇比較优裕。 ——五五年教育部党組报告
因此，彻底改变干部子女小学、幼儿园制度，改善干部子女教育的状况是必須坚决执行的不能再推迟的任务。但是，同时必須认識，……特別是比較負責的干部认識到新貴族式的教育的危險性，…… ——五五年九月二日教育部党組报告(代拟)	为此建議各級党的組織，通过适当的方式向广大干部进行宣傳教育，使得广大干部，特別是些負責的干部，认識到家庭教育的重要性，……特殊化对革命后一代的危害性。 ——五五年教育部党組报告

然而就是这样一个改良主义的东西，也遭到党內走資派的扣压。仅 55 年，北京市就增加了 4 所干部子女学校。

1958 年，一場轰轰烈烈的教育大革命由我們偉大領袖毛主席发动起来了。革命的洪流冲进了干部子女学校，广大工农兵群众、革命师生强烈要求迅速改变干部子女集中的状况，取消干部子女学校。眼看修正主义的教育制度就要摧毁，修正主义的干部子女学校就要垮台。这时候，中国的赫魯曉夫刘少奇却慌了手脚，他又一次赤膊上陣，急急忙忙跑到宣武区視察，操着赫魯曉夫的腔調，胡說：“寄宿制就是共产主义的方向。”他的黑爪牙吳晗也在那儿狂吠：

"要是北京市的小学都象育英一样，就到共产主义了。"他們宣傳的"共产主义"就是赫魯曉夫的"共产主义"，就是資本主义在中国的复辟！在这一小撮反革命修正主义分子的阻拦破坏之下，干部子女学校的教育大革命被扼杀了。北京市的干部子女学校不但沒有取消，反而又增加了两所。

党內最大的一小撮走資派是梦想恢复資本主义制度的总代表。在三年暫时困难时期，他們乘机进行全面的反攻倒算。在教育战綫上，反革命修正主义分子陆定一借口"恢复教育秩序，提高教育质量。"全盘否定58年教育大革命的成果，他大肆鼓吹所謂教育的"小宝塔"，反革命修正主义分子彭眞也高叫："要抓紧办好干部子女学校。"說干部子女是"龙子龙孙。"彭眞的黑爪牙張文松甚至公开叫嚷："如果基建可能的話，一年增加它个把所(干部子女学校)。"一时間，烏云翻滚，阴霾密布，刮起了大办干部子女学校的歪風。这二年中，仅北京市就新建了十一所干部子女学校。不仅这样，他們还办了大量的变相干部子女学校，陆閻王的黑样

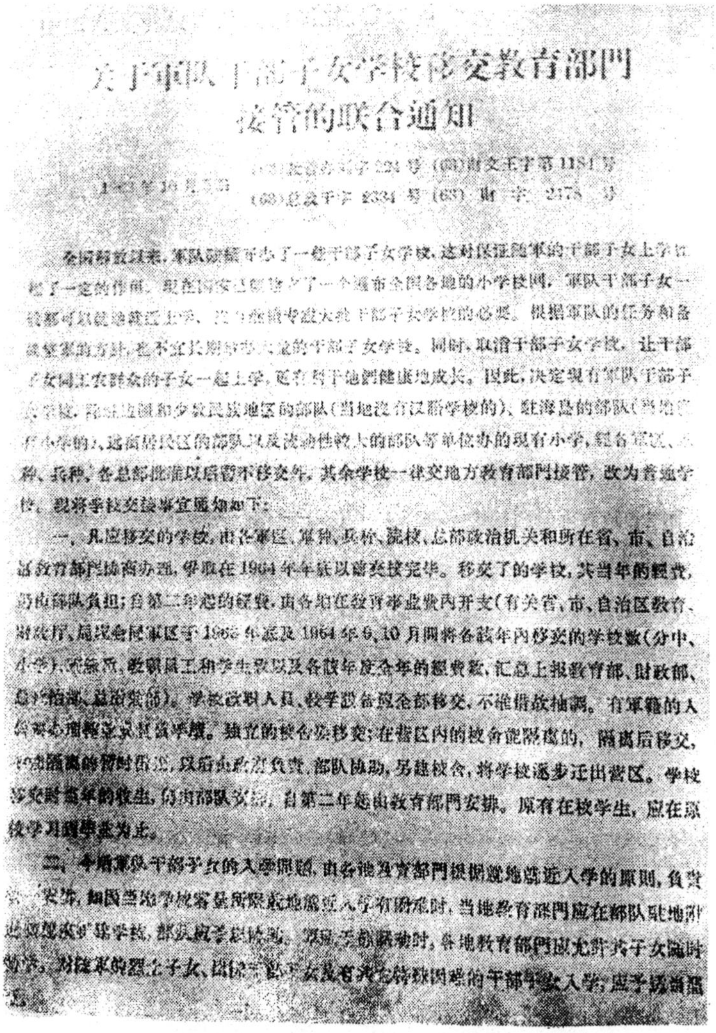

关于军队干部子女学校移交教育部門接管的联合通知

1963年10月[illegible]日　(63)教普办字224号 (63)财文王字第1181号 (63)总政干字2334号 (63)财字2178号

全国解放以来，军队陆续开办了一些干部子女学校，这对保证随军的干部子女上学[illegible]起了一定的作用。现在国家已经建立了一个遍布全国各地的小学校网，军队干部子女一般都可以就地就近上学，[illegible]继续专设大批干部子女学校的必要。根据军队的任务和备战要求的方針，也不宜长期继续办这样的干部子女学校。同时，取消干部子女学校，让干部子女同工农群众的子女一起上学，更有利于他們健康地成长。因此，决定现有军队干部子女学校，除在边疆和少数民族地区的部队(当地没有汉語学校的)、驻海岛的部队(当地没有小学的)、远离居民区的部队以及流动性较大的部队等单位办的现有小学，經各军区、军种、兵种、各总部批准以后暫不移交外，其余学校一律交地方教育部門接管，改为普通学校。現将学校交接事宜通知如下：

一、凡应移交的学校，由各军区、军种、兵种、院校、总部政治机关和所在省、市、自治区教育部門协商办理，争取在1964年年底以前交接完毕。移交了的学校，其当年的經費，仍由部队負担；自第二年起的經費，由各地在教育事业費內开支(有关省、市、自治区教育、财政厅、局及各軍区于1963年底及1964年6、10月間将各該年內移交的学校数(分中、小学)、班級数、教职員工和学生数以及各該年度全年的經費数，汇总上报教育部、财政部、总政治部、总后勤部)。学校教职人員、校舍設备应全部移交，不准借故抽調。有軍籍的人員要办理[illegible]手續。独立的校舍应移交；在营区內的校舍能隔离的，隔离后移交，不能隔离的暂时借让，以后由政府负责，部队协助，另建校舍，将学校逐步迁出营区。学校移交时当年的收生，仍由部队安排，自第二年起由教育部門安排。原有在校学生，应在原校学习到毕业为止。

二、今后军队干部子女的入学問題，由各地教育部門根据就地就近入学的原則，負責[illegible]安排，如因当地学校容量所限就地就近入学有困难时，当地教育部門应在部队驻地附近增设或扩建学校，部队应予以协助。部队调动时，各地教育部門应允许其子女随时转学。对牺牲的烈士子女、[illegible]干部子女及有其它特殊困难的干部子女入学，应予以适当照[illegible]

根据林彪同志的指示，1963年中央軍委决定将軍队干部子女学校移交地方，并改为普通学校。

仮景山学校，就是在60年建立的。他們瘋狂推行修正主义教育路綫，把干部子女学校完全推向修正主义的深淵。"但我們的敌人是落后的腐朽的反动派，他們是注定要灭亡的，他們不懂得客观世界的規律，他們用以想事的方法是主观主义和形而上学的方法，因此他們的估計总是錯誤的。"就在这批牛鬼蛇神猖狂进行反革命复辟活动的时候，我們偉大的領袖毛主席在八届十中全会上发出了"千万不要忘記阶級斗爭！"的偉大号召。毛主席指出：爭夺青少年一代的斗爭是关系我們党和国家命运生死存亡的极其重大的問題。毛主席說，"要培养和造就千百万无产阶級革命事业的接班人。"对于干部子女教育問題，毛主席說："我們的干部子女很令人担心，他們沒有生活經驗和社会經驗，可是架子很大，有很大的优越感，要教育他們不要靠父母，不要靠先輩，而完全靠自己。"

毛主席的偉大教导，給我們的干部子女指出了前进的方向。我們一定要使帝国主义在中国"和平演变"的希望彻底破产，一定要自上而下地、普遍地、經常不断地注意培养和造就革命事业的接班人。

1963年，我們的副統帅林彪同志又重新提出取消干部子女学校的問題。中央軍委根据林彪同志的指示，决定将軍队干部子女学校移交地方，并改为普通学校。这一英明决定，立刻受到广大群众和革命师生的热烈拥护，絶大多数軍队干部子女学校都交給了地方。但是，正如毛主席教导我們的："在人类历史上，凡屬将要灭亡的反动势力，总是要向革命势力进行最后挣扎的……。""阶級敌人是一定要寻找机会表現他們自己的。"小撮党內走資派对中央的指示仍然采取阳奉阴違的手段。反党野心家罗瑞卿对"八一学校"校长李××說："要是八一学校不交地方，别的学校也交不成了。"这些走資派上下串通，对抗中央，至今一些軍队干部子女学校仍未交地方，有的則是明交暗不交。彭眞反革命修正主义集团更是把北京搞成独立王国，据不完全統計，至文化大革命前，仅北京就有近80所干部子女学校。

烏云遮不住太阳。我們偉大的領袖毛主席亲自点燃了这場无产阶級文化大革命的熊熊烈火。光焰无际的毛澤东思想像一盏灿烂的明灯，照亮了无产阶級革命派前进的道路，象一把犀利的匕首，戳穿了刘邓反革命复辟的罪恶阴謀。

毛主席教导我們說："革命的根本問題是政权問題。"无产阶級专政下的阶級斗爭，集中到一点，还是政权問題。林彪同志說："有了政权就有了一切，失掉政权就失掉一切。"我們无产阶級革命派坚决响应偉大領袖毛主席的号召，彻底摧毁刘邓黑司令部，夺回党政財文大权，夺回教育大权。在这場无产阶級文化大革命中，彻底砸烂封資修三結合的干部子女学校。誓把我們的学校办成毛澤东思想的大学校。

二、彻底砸烂"修"字号的干部子女学校

毛主席教导我們："馬克思主义的道理千条万緒，归根結底，就是一句話：'造反有理'。……根据这个道理，于是就反抗，就斗爭，就干社会主义。"

"喚起工农千百万，同心干！"

毛主席亲自制定的《十六条》中明确指出："改革旧的教育制度，改革旧的教学方針和方法，是这場无产阶級文化大革命的一項极其重要的任务。在这場文化大革命中必須彻底改变資产阶級知識分子統治我們学校的現象。"

刘少奇修正主义教育路綫的丧钟敲响了！彻底砸烂修正主义干部子女学校的时刻到来了！

广大工农兵群众，革命师生对干部子女学校早已深恶痛絶。文化大革命初期，北京市掀起了一个揭露、批判修正主义教育路綫的高潮。在干部子女学校里，广大革命师生发揚革命造反精神，揭露干部子女学校的滔天罪恶，提出"取消干部子女学校"的口号。在資产阶級反动路綫統治时期，"联动"思潮在干部子女学校里大肆泛濫，打砸搶抄風在干部子女学校里空前盛行，这就集中的暴露了干部子女学校的反动实质。干部子女学校向何处去？无产阶級革命派一致的呼声是彻底砸烂这类修正主义的黑学校。

干部子女学校的无产阶級革命派行动起来了！继上海一月革命風暴之后，北京市干部子女学校的无产阶級革命派一举夺了党內走資派的一切大权，在夺权斗爭中，进一步联合起来，成立了《首都彻底砸烂修正主义干部子女学校联絡站》。革命的大联合，促进了革命的大批判，《联絡站》成立以后，进一步組織广大革命师生深入揭发、批判刘少奇的修正主义教育路綫。他們开斗爭会，控訴会，組織街头宣傳，家长座談，进行深入細致的調查研究，揪出了干部子女学校的总黑根刘少奇，这一系列的工作，推动了干部子女学校文化大革命运动深入发展。广大的工农兵群众是无产阶級革命派的坚强后盾。工人、貧下中农、解放軍和革命家长，在声討刘少奇修正主义教育路綫大会上一致表示：坚决支持彻底砸烂干部子女学校的革命行动。

中央首长和北京市革命委員会对于砸烂干部子女学校也表示坚决支持。在"八一"学校参观时，周总理气憤地說："这个学校培养的是修正主义的，干部子女一切都是特殊化，苏修学校搞特殊化沒有去看，不知道。我国在前清也是这样。学生还得有人捧水烟袋，而現在我們竟然也有这样特殊化的东西。"康生同志說："八一学校是封建貴族、資本主义、修正主义的二結合。" 陈伯达同志在和北师大井岡山的同志座談时也談到这个問題，他說："干部子女学校可以不要，这是毛主席一进城就批判了的东西，干部子女学校有它的社会遺毒，旧社会的遺毒。"

在中央首长和广大无产阶級革命派的巨大鼓舞和支持下，北京市干部子女学校的无产阶級革命派更加意气風发，斗志昂揚，他們牢牢記住毛主席的教导："下定决心，不怕牺牲，排除万难，去爭取胜利。"他們决心要掀起一个更大規模的批判高潮，彻底肃清修正主义教育路綫的恶劣影响。从政治上，思想上，組織上，理論上，彻底砸烂修正主义干部子女学校。遵照偉大領袖毛主席的教导："学生也是这样，以学为主，兼学別样，即不但学文，也要学工，学农、学軍，也要批判資产阶級。"在干部子女学校的廢墟上办起紅彤彤的毛澤东思想的大学校。

結 束 語

“四海翻騰云水怒，五洲震蕩風雷激。”

无产阶級文化大革命的風雷遍地震蕩，亿万革命群众大批判的怒潮汹涌澎湃。修正主义的干部子女学校被宣判死刑了！让我們热烈欢呼这一毛澤东思想的偉大胜利！

修正主义的干部子女学校是几千年貴族学校的翻版。历代的反动統治阶級，都毫无例外地要培植特殊化的貴族学校，来培养他們自己的接班人，用以巩固和加强剝削阶級压榨广大劳动人民的罪恶統治。在奴隶社会是这样，在封建社会、資本主义社会也是这样，在赫魯曉夫修正主义統治下的苏联，也同样是这样。中国的赫魯曉夫刘少奇为了复辟資本主义的需要，也是千方百計地鼓吹这种修正主义的干部子女学校，大办特办干部子女学校。

《十六条》指出：“資产阶級虽然已經被推翻，但是，他們企图用剝削阶級的旧思想、旧文化、旧風俗、旧习慣，来腐蝕群众，征服人心，力求达到他們复辟的目的。无产阶級恰恰相反，必須迎头痛击資产阶級在意識形态領域里的一切挑战，用无产阶級自己的新思想、新文化、新風俗、新习慣，来改变整个社会的精神面貌。”

我們一定要高举起毛澤东思想的革命批判大旗，牢牢記住毛主席的教导，把无产阶級文化大革命进行到底，彻底摧毁資产阶級司令部，彻底挖掉修正主义的总根子、总后台，让偉大的毛澤东思想的光輝照亮整个教育陣地，照亮祖国的万里山河，照亮全世界！

“我們正在做我們前人从来沒有做过的极其光荣偉大的事业。”

“我們的目的一定要达到！”

“我們的目的一定能够达到！”

附件一

刘少奇同志和我們談話的回忆录(供批判)

一九五四年十二月　十五日下午四时半，少奇同志約我校二年一班班主任王××同志二年二班班主任郭××同志去談話。

少奇同志在和我們談話前，先由他的秘书吳振英同志在头一天打电話告訴我們，让我們精神上有所准备。我們問吳振英同志将要和我們談的問題，吳振英同志說主要是有关学校的情况及少奇同志两个孩子濤濤和丁丁在我校学习的情况。

濤濤在郭××同志班学习，丁丁在王××班学习，我們去談話时，把濤濤和丁丁也带回去了。

从开始談話到結束談話，少奇同志的夫人王光美同志都在座。开始，少奇同志問了我們二人的一些情况，以及我校学生数目和教职員的薪金等一般情况。接着，少奇同志就教导我們說：“你們的教育质量的好坏，現在固然也可以看出来一些，但真的要看出来还在十年或十五年以后，也就是要看你們教育出来的学生，到社会上去表現如何，如果表現好，群众拥护，那就是你們的教育质量好。如果表現不好，人家都討厌，那就是你們的教育质量不好。你們要經常注意不要叫人家在十年二十年后来清算你們的教育思想。”

接着少奇同志又問我們：“办这样学校到底有些什么經驗。”我回答：“办这样的学校不一定要永久办下去，但是过渡期間，办这样的学校(即干部子弟学校)还是有它的实际意义的，还是必要的。在办这样的学校的时候，只要加强学生的組織教育，还是可以使絕大多数的学生得到正常的发展的。当然，有个别学生会发生一些問題，也是可能的，或者說是难免的。”

看来少奇同志是同意这样的意見的。

我說了　下将来是否应在机关附近办学校，多办些，办小点。少奇同志說：“为什么我們学校要在郊区办？”我們和光美同志都解釋了　下。

我接着又向少奇同志說一些我們对学生进行組織教育的情况。

少奇同志又問：“你們的学生有哪些缺点？”

我回答：“爱护自己的衣物、文具等不够，这可能和供給制有些关系，喜欢买零食吃，有少数学生家里让坐二輪回去，还表示不願意等。”

少奇同志說：“学生衣物合起来不分你我，这不是社会主义思想，也不是共产主义思想，現在这种办法会养成学生‘我的是我的，你的也是我的’的馬虎态度，社会主义和共产主义社会个人生活上的东西还是归个人所有。”

少奇同志又問：“有沒有发現特殊的难管的学生？”

我回答：“过去有个别学生表現有这种情形，如曾××，曾打过教員一个耳光，过完假期回校，穿着长筒皮靴，提着皮箱，带着派克笔和游泳表。我們严厉地处理了他打教員的問題，禁止他穿带不必要的东西，又从正面积极的对他进行教育，从未有相当大的改进。”我还举了張××和秦×同学的例子。

少奇同志提醒我："在你們的学生中，有沒有这类情形，就是几个孩子合起来攻击一个孩子。"

我回答："有，但不普遍。如楊小二、濤濤都曾遇到这种情形，經过我們注意組織教育，就改正了。"

少奇同志問到我們学校工作人員的編制問題，学生与工作人員的比例問題。

我回答是四比一。

少奇同志說："育才是四比一，你們也是四比一，一般学校有三十比一，你們减少一半，十五比一还不行，四比一人家会駡你們。"

关于这个問題我向少奇同志解釋的多一些。我說十五比一做不到。我們学校現在有学生五百六十四人，即以六百名学生算，如果是十五比一，我們只应有四十名工作人員。我們現在有十八个班，每个班按一个半教員算，需要二十七名教員。三、四、五、六年級不要保育員，只在一、二年級設保育員，每个班两个，也需要十六人，这样仅教师和保育員即需四十三人，已超过标准。其它如校長、教导主任、炊事員、公务員、收发員、理发洗衣的人員等統統都不在編制。香山慈幼院据說是做到十比一，但他們是不管学生的被服，另外学生有了病要家長接回去。据八一小学的边校長說，他去那里参观过，見到小学生沒有很好管理，有不少哭叫的。香山慈幼院的負責人过去在教育部开会，曾表示他們这样做有很多困难，有許多問題都解决不了。在自卫战爭中，我們曾是十几个人带一百多小学生，但那时是不念书，老組織行軍，在路上还动員老乡用牲口运，帮助做飯等。根据实际情况来看，当前在干部子弟小学里，学生都在学校生活，学生与工作人員的比例以五比一为宜、做到六比一就不容易。这問題还可研究。

我提到二反时，外界对我們学校曾有过相当厉害的攻击。

这时光美同志告訴我們說："最近人家还攻击得很厉害。"

我表示我們办这类学校的同志，有时到一起談起来都感到精神負担有些沉重，我提議：政府要考虑，这类学校是办好还是不办好，要办就应該承认和允許其有不同一般学校不必要的設备，应具体規定学生与工作人員的比例。如多么大規模的学校可有两个校長和教导主任，每个班可有教員多少，在哪些年級可設有保育員，有多少学生可分配一个保育員，有多少学生可設有一个炊事員等。这种学校就好按着去办理。

我还想到苏联的卓越教育家馬卡連柯在一九二七年間办捷尔任斯基公社时，許多同志也責备他的公社社員过的是"皇宮式的生活"和"老爷式的生活"。但馬卡連柯是反对这种論調的。实际上馬卡連柯是将公社社員教育成为了爱劳动、独立和有紀律的苏維埃人。我向少奇同志表示，感到外界有夸大干部子弟毛病的情形。我举了胡××、李×、濤濤、丁丁和項××等学生的例子。

少奇同志問到三反前和现在家長用小汽車接学生的情形。我回答："三反前家長接学生用小汽車最多时只有四、五十輛，外界說有一、二百輛，那是沒根据的。三反后，党委即指示我們与家長联系，設法改进。現在大多是机关組織起来用大卡車接学生，还有几十名高年級学生是自己回家的。用小汽車接学生的每次至多十輛左右。"

少奇同志还問到老师都安心不安心鉆研业务的情形怎样？

我回答："由于几年来党委抓紧領导我們，組織教师学习政治理論，我們也組織教师学习业务，还有各方面的帮助和指导，教师們多数都是安心的，努力鉆研业务，能不断提高教学质量的，但也有个别教师不安心的。”

我让王××和郭××同志又补充一些具体情况。

少奇同志問不安心的教师是什么原因？

我說：“有个别青年教师想搞文学，覺得当教师妨碍他搞文学，所以不安心，也有个别教师因与爱人离开，不能常到一起，所以就不安心。”

少奇同志指示：要告訴这样的青年教师，搞文学与当教师并不冲突，完全可以統一起来，魯迅先生曾說过願生生世世不做空头文学家。

以上情形都是在晚飯前談的，到六点钟的样子，少奇同志和光美同志一定要我們和他們一起吃晚飯，我們就同他們一起吃晚飯，少奇同志和光美同志都极其誠恳亲切地招待我們。

晚飯后，少奇同志、光美同志和我們三个老师，一起去看了濤濤和丁丁的住室，然后又回到会客室。

少奇同志把濤濤和丁丁叫来，让我們当面說出他們的优缺点，我們說了之后，少奇同志和光美同志都囑咐他們要听老师的話。如果不听話，犯了錯誤，在学校老师要严格地管教，回到家里爸爸媽媽还要严格地管教，濤濤和丁丁都表示記住了，少奇同志就叫他們出去玩。我們又继續談話。

少奇同志問到我們学校毕业学生升学的情形，我談了，少奇同志表示对我們学校毕业生能有这样多升上中学他有怀疑的。他怀疑我們学校是否运用組織力量讲了情面。他說：“一般小学校差不多百分之二十的毕业生考不上中学，你們为什么差不多百分之百都考上了中学？”对于这 点，少奇同志一再表示怀疑，我是一再向少奇同志做了解釋，我說剛入城时我在育才工作，有一批毕业生經考試，但有一些成績不好都送入师大附中了，近两年情况不同，教育局規定的很严格，組織統一招生委員会进行編号考試。我們两届毕业生都有不少毕业生考不上师大男女附中，第二屆有 百一十四名毕业生我們留下四名成績差的沒让毕业，有 名在北京什么中学都沒有考上，到南京才考入了中学，另有 名到滄县他父亲处也未考上中学，我們学校从未要求党委讲情面，党委也从不这样做。党委办公室只在学生考入中学后，帮助我們交涉解决住宿問題。

光美同志也替我們向少奇同志作了些解釋。

少奇同志后来就指示，以后不要强調升师大附中，同时要大力向学生进行教育和向家长进行宣傳，要在学校里造成一种輿論，小学毕了业要乐于参加劳动生产，要乐于当工人、农民、护士和小学教师等。就是全国实行了普及教育后，升中学的也还是少数。少奇同志說：“如果你們在这方面着重的进行了宣傳教育，人家毕业了考不取中学就不会罵你們，如果你們只宣傳或强調要升中学，如果人家升不上中学就会罵你們，說你們沒有完成任务。”

在这方面，我是坦白地向少奇同志承认自己有这种思想，就是有毕业生考不取中学或考取的很少，显得学校办的糟糕。另外，我們的学生毕业了一般的年令都在十一、二岁或十二、三岁，进工厂也不大好办。

少奇同志說：“有这种思想是难免的，但如果强調宣傳学生毕业了升中学，而不着重宣傳毕业了要积极参加劳动生产，作劳动人民是不对的。有些学生年令小些，考不取中学，可让他在学校再补习一年，如果再考不上中学就不管了，就可教育他劝說他去参加劳动生产。”

还有学校对家长的工作，少奇同志也着重給我們指示。少奇同志說：“你們要主动地按照一定的教育原則去办学校，不要听到家长这样一說，那样一說，你們就搖蕩不定。家长提出的正确意見就接受，不正确的意見，你們要批評反对。”

我們向少奇同志說：“在这方面党委一向是支持我們的。在提高教学质量培养学生道德品质方面，党委的各位負責同志，时常对我們有明确的指示。我們学校曾給家长寄过馬卡連柯的关于家庭教育的文章，也曾以写信、电話、个别談話和召开部分家长会議的方式，向家长提出配合学校对学生进行教育的要求。对个别家长的过高要求或者是不同意見，我們也有拒絕和同他們討論的。”

少奇同志追問：“你們曾同那些家长有过这种情形？”

我回答：“如过去供銷社的白梅同志，給学校写信要求过高，态度也不好，我們就将她的信轉交給党委，党委就責成她机关的組織批評了她。周澤照同志因嫌让她的孩子做社会活动多，写信責备学校，我們有不同意見，就回信和她討論。李力群同志曾过高的要求我們照顾她的孩子，說十一小学答应专派一个教員跟着她的小孩，我們就拒絕了她。严慰冰同志因其孩子病了，要我們派专人随时給其孩子收拾大便送到家里檢驗，我們亦不到也拒絕了。还談了傅涯同志因她的孩子問題有一次和我們談話的情形。”

除了我举的这些例子，少奇同志还提出我校另外的个别家长对子女說話随便影响不好，进行了批評。

少奇同志还問到我校学生現在的主要生活情形，我們告訴他，我校学生現在每月伙食費是十一万元，服装从 九五五年一月起由家长負責制备。少奇同志表示学生服装由家长負責制备的办法好。

少奇同志和我們談話約九点半結束，他与光美同志会見我們共花費了五个来钟头。

我在临走时，向少奇同志复述了他給我們指示的要点：我們要主动地按照一定的教育原則来办学校，严格地正确地对学生进行組織教育，不使我們学生特殊化，要培养我們的学生成为眞正的人。将来到社会上不为群众所討厌，而为群众所信任，这样，我們的教育思想和工作，才能經得起考驗，就不致于十年至二十年后被清算。为了达到这样的目的，今后我們要特别注意向学生和家长进行关于劳动的宣傳教育，并应特别注意进行对家长能更好地配合学校对学生进行教育。

少奇同志表示同意我的复述。

我們怀着誠恳恭敬和非常兴奋的心情去見少奇同志，我們虽然由于对少奇同志的崇高敬仰和爱戴，猛一見了他不免象小学生似的，心情有点紧張，但是我們确是沒有拘束地向他說明了我們想要說明的意思。我們領受了少奇同志的諄諄教誨，我們怀着不平靜的极其兴奋与鼓舞的心情走回学校来。我們絕不能辜負少奇同志的教誨，我們一定要加倍的努力，遵照少奇同志的指示，把我們的学校办得更好，更好！

韓 作 黎

一九五五年一月六日記

附件二

韓作黎 1967 年 4 月的补充交待：

有关刘少奇 1954 年找我和两个教师談話的情况，除我已写的材料外，經过同志們找我談話后，我尽力回忆，也回忆不起更多的情况。前几天在电教館开批判大会，有人揭发說，当我向刘少奇汇报学校情况，說到外界反映育英小学这样的干部子弟学校特殊，不贊成办这样学校时，王光美說：是有人不贊成你們这样的学校，就是在中央机关里也有人不贊成。我回忆王光美是說过这样的話。刘少奇在說到遇有家长对学校提不合理要求和有人提出不贊成学校的某些办法时說：你們要好好考虑，对的就坚持，要頂得住，要革命，要办好事，就不要怕得罪人。事实上要想維持好和一切人的关系是不可能的(这不是原話，是我回忆的大意)。在同志們和我談話时，有的同志提醒，說我当时曾向刘少奇說，在一定过渡时期，这样学校还可以办；还有刘少奇說，你們要有两种准备，一种是准备学生升学，一种是准备学生当工农。这些話都可能說过，但我确实回忆不起来了。总之刘少奇那次和我們談話，从始至終沒有要我們好好学习毛主席著作，沒有要我們用毛澤东思想挂帅来办好学校，也沒有指出这样的干部子弟学校不应該办，而是表面上看来是对我們严格要求，实际上鼓励我們坚持把这种学校办下去。而且回想起来，他当时表示对师大实驗二小那样有着資产阶級教育思想制度和办法的深厚历史傳統基础的学校感兴趣，一再提出要我們在編制等方面仿照該校来办。

附件三　**北京市干部子女集中寄宿制学校統計表(截至六六年)**

建校期	校名	原主办单位	备注	建校期	校名	原主办单位	备注
	育才学校	中央华北局中央教育部	有中学部		盔甲厂第一小学	东城区教育局	
	八一学校	北京軍区	有中学部		崇文小学	北京市教育局	
	育英小学	中直机关党委			地质部子弟小学	地质部	
	育鵬小学	解放軍空軍政治部			五五小学	北京軍区工程兵	
	六一小学	公安部公安部队			六一小学	北京軍区721部队	
	康乐里小学	中国人民銀行总行			先鋒小学	北京軍区装甲兵	
	曙光小学	解放軍六十九軍			三八小学	8321部队	
	十一学校	解放軍总政治部	有中学部		香山中心小学	海淀区教育局	
	五一小学	解放軍总后勤部			卫国小学	北京市卫戍区	
	育翔小学	北京軍区空軍部队			芳草地小学	外交部	
	香山慈幼院	私立			外貿部子弟小学	外貿部	
	北京小学	旧北京市委			万寿寺小学	解放軍总政治部	
55年	育民小学	中央財政部			育强小学	北京軍区后勤部	
	育新小学	商业部			冶金工业子弟小学	冶金工业局	
	右安門大街小学	輕工业部		63年	西苑小学	中央监委	
	机械学院附小	第一机械工业部			彩和坊小学	农业部	
	燃料工业东郊小学	煤炭部石油部			西頤小学	西頤宾館外国专家局	
	先鋒小学	工程兵部队			九一小学	装甲兵部队	
	德才小学	装甲兵部队					

* 此外，北京还有干部子女走讀学校和变相干部子女学校約 40 所。

坚决打倒刘邓的黑爪牙彭高饒反党集团的干将大叛徒馬明方

《綜合材料》

辽宁无产阶級革命派联絡站

东北局机关革命造反兵团
中共辽宁省委机关紅色造反总部
中共沈阳市委机关无产阶级革命派联合总部
毛泽东思想公安战线革命造反派沈阳总部
东北工学院紅旗紅卫兵造反团
辽宁第一轻工系统无产阶级革命派联合委员会
沈阳纺织工业系统革命派联络站
毛泽东思想钢铁造反军联合总部
沈阳财贸战线
沈阳市革命印刷厂《紅联》

一九六七年九月

最高指示

混进党里、政府里、軍队里和各种文化界的資产阶級代表人物，是一批反革命的修正主义分子，一旦时机成熟，他們就会要夺取政权，由无产阶級专政变为資产阶級专政。这些人物，有些已被我們識破了，有些则还沒有被識破，有些正在受到我們信用，被培养为我們的接班人，例如赫魯晓夫那样的人物，他們现正睡在我們身旁，各級党委必須充分注意这一点。

目　录

前　　言

伟大领袖毛主席教导我们：**“混进党里、政府里、軍队里和各种文化界的資产阶級代表人物，是一批反革命的修正主义分子，一旦时机成熟，他們就会要夺取政权，由无产阶級专政变为資产阶級专政。”**原中共中央东北局第三书记马明方就是这样一个混进党里的资产阶級代表人物。马明方一贯对抗党中央，大反毛主席，反对社会主义，极力詆毁光焰无际的毛泽东思想，他是一个彻头彻尾的反革命修正主义分子；马明方出卖革命利益，与大叛徒签定“互保协定”叛变了革命，他是一个可耻的大叛徒。马明方长期以来积极参与彭高饶反党集团的反党活动，策划于密室，点火于基层，他是一个地地道道的彭高饶反党集团的一员干将；在无产阶級文化大革命中，马明方顽固地坚持资产阶級反动路线，疯狂地镇压群众运动，疯狂地反对毛主席的革命路线，他是 破坏 东北 地区无产阶級文化大革命的罪魁祸首，是中国的 赫鲁晓夫 刘少奇伸向 东北的黑爪牙。就是这样一个可耻的大叛徒却被他所操纵的御林军“五官”“一兵”肉麻地吹捧为“二类半干部”，“打不倒”，“是无产阶級司令部的人”，并要“三结合”，眞是嚣张已极，不可一世。但是用毛泽东思想武装起来的无产阶級革命造反派，天不怕，地不怕，神不怕，鬼不怕，舍得一身剐，坚决要把马明方拉下马！经过几个月的浴血奋战，终于把这个刘、邓的黑爪牙，彭高饶反党集团的干将，大叛徒马明方揪出来了。这是无产阶級文化大革命的伟大胜利，这是战无不胜的、光焰无际的毛泽东思想的伟大胜利。我们要更高地举起革命大批判旗帜，挥起铁扫帚，把他彻底批倒、斗臭！让他永世不得翻身！

一、馬明方是彭高饒反党集团的干将

(一) 馬明方与高崗結成死党是一丘之貉

早在一九三四年，大野心家高岗，(此时高岗任红二十六军四十二师政委)由陕甘来到陕北时，马明方就与高岗勾搭上了。同时，高岗也成了马明方的“亲密战友”。因此，马明方对高岗的反党言行，以及高岗所推行的王明的右倾投降主义路线最清楚不过了，但是，马明方从未发表过反对意见，更沒有向中央反映过，而是高岗怎么说，他就怎么做，对高岗眞是说一不二，唯命是从。

马明方和高岗一直是狼狈为奸，互相吹捧，互相包庇的。一九三九年，在陕甘宁边区党代会上，（此时马明方在苏联养病）高岗为马明方评“功”摆“好”，亲自提名选马明方为陕甘宁边区党委委员。一九四二年毛主席在延安提出总结两条路线斗争，整顿三风主要是整顿党风，揭发党组织的问题，当时，高岗任西北局第一书记，他害怕揭到自己的头上，怕露了马脚，就来个“先下手为强”，利用职权，把西北的高干集中在一起，整整开了三个月的高干会议。在这次会上，高岗竭尽全力抬高自己，贬低党中央，贬低毛主席，胡说什么“在自己长期的斗争中摸索和创造出了一条正确路线”，否定党中央和毛主席对建立陕甘宁边区的正确领导。还胡说什么：“南有瑞金，北有照金”，“南有井岡山，北有永宁山”，把自己抬高到与党中央和毛主席并列的地位，更令人不能容忍的是，他们竟然还鼓吹什么“是陕甘宁边区救了党中央和毛主席，而不是党中央和毛主席救了陕甘宁”，等等极其反动的谬论。这个会完全是高岗篡改歪曲党的历史，大力宣扬“陕北救中央”，“陕西革命中心论”，矛头直接指向党中央，指向毛主席的一个反党的黑会。同时在这次会上也有人批评了马明方是“执行了右倾机会主义路线”，可高岗却与众不同，极力反对这些人的批评，说：“马明方是站在正确路线一边的”，“在陕北马明方是执行了正确路线的”，“是代表正确路线的”等等。也就是在这次会上，马明方又被高岗吹捧为“优秀的布尔什维克”。马明方与高岗到底是什么关系，不就一目了然了吗？！

一九四五年，在高岗所主持的“西北历史座谈会上”，高岗的反党野心更加暴露无遗，这次会上更进一步吹捧“高岗是自觉的唯物主义者”，“自觉的马列主义者”，“高岗是西北人民的领袖”等等，公开攻击我们伟大领袖毛主席，极力为这个反党分子、大野心家高岗涂脂抹粉。在党的第七次代表大会上，高岗为了加强、扩大他的反动势力，攻击以毛主席为首的无产阶級司令部，并不顾与会者的反对，顽固地坚持选马明方为中央候补委员，再次肯定了马明方。当时，马明方还在新疆监狱中，表现极坏，贪生怕死，被敌人所收买，作了敌人的应声虫，并有严重的变节行为。尽管如此，高岗为了大搞独立王国，壮大其反党势力，又千方百计地把他的得力干将马明方拉入他的反党联盟之中。

高岗对马明方眞可谓大胆提拔、大胆重用，作为一员得力应手的干将。而马明方对高岗、彭德怀也更是竭尽吹捧、赞扬之能事，开口闭口就是“在共产党员高岗同志的领导下”，“在彭德怀同志的领导下”等等，唯独不谈在党中央在毛主席的领导下。

一九四六年七月，马明方从新疆监狱中出来以后，在刘少奇、安子文、彭眞的庇护下过了关。早就被高岗提拔和吹捧的马明方先后窃踞了西北局付书记、西北局书记等重要职务，五四年大局撤销后，又混入中央组织部。

解放后，高岗和马明方勾结更加紧密，明目张胆地进行反党活动。一九四九年，政协会议以后，高岗反党集团，为大造其反革命舆论，进一步收罗反动势力，马明方与高岗密谋，决定让马明方率领西北代表团和第一野战军部分代表借参观之名，到东北。他们又在东北进一步密谋反党。当马明方回西北时，高岗背着党中央、背着毛主席，慷国家之慨，送给原陕甘宁老区三千两黄金，七辆小轿车。为达其反党篡权之目的，马明方回到西北后，便大肆宣扬高岗在东北如何能干，做事如何多，威信如何高……，高岗如何“关心陕北人民的生活”，如何“关心陕北人民建设”。并用“黄金分羊”的办法将三千两黄金分给陕北群众。（“黄金分羊”即用黄金买来羊只，分给群众，三年后还本，这个时期发展的羊仔归自己所有）这三千两黄金在陕西省委的文件上说是经中央财委会批准的，而在群众中，由于马“书记”的大力宣传、赞扬，都认为三千两黄金是高岗给的。更严重的是，当高岗的反党野心被我们伟大领袖毛主席戳穿以后，陕北曾出现了“高岗因为给陕北黄金才犯错误”、“陕北老区发生了灾荒，高岗因关心灾区人民和支援灾区一些粮食，救济灾区，被中央察觉才犯错误……。”等等极端反动的政治谣言。这里，罪魁祸首是谁？就是彭高饶反党集团的干将马明方！

一九五〇年，反党分子马文瑞出国去苏联访问，路过东北时，马文瑞又特意到高岗家，并密谈多时，在密谈中，高岗大放厥词，大反党中央、大反毛主席。马文瑞回到西北以后又向马明方散布了这个事，马明方遵照高岗的旨意，广为宣传，大造反党舆论。

一九五二年，高岗的五虎干将之一张秀山奉高岗之命，来到西北，搞反党游说，进一步大搞反党宣传，散布了大量的流言蜚语，这时，马明方也为之摇旗呐喊，积极参与和配合了张秀山的反党宣传。一九五三年全国财经会议期间马明方参加了财经会议，与高岗接触频繁，鬼鬼祟祟，经常密谋。在马明方的发言中与高岗一唱一合，同唱一个调子，等等。无数事实证明，马明方不但参与了高岗反党集团，而且是彭高饶反党集团的一员干将。

（二）馬明方赤膊上陣，为高崗翻案

一九五四年党的七届四中全会上，伟大领袖毛主席戳穿了高岗反党集团的狼子野心。揭开了彭高饶反党集团的内幕。这是毛泽东思想的伟大胜利。从此以后，高岗问题一笔勾销，今后谁要再提高岗的“历史功绩”，就是为高岗翻案。

七届四中全会以后，马明方在西北局扩大会议上，公开对抗党中央，对抗毛主席，对七届四中全会决议，不做认眞系统传达，只是草草率率讲了一下，然后把文件放在会议室里让大家看看就算了。马明方掩盖了高岗大量反党罪行，沒有结合西北局的具体问题去肃清高岗的流毒。他在这次会上所做的报告，不涉及高岗的反党罪行，更不谈篡党篡国的野心，只是涉及了高岗的一些生活问题，并不只一次地称高岗为同志。在会议期间，反党分子柯××公开跳了出来为高岗喊冤叫屈，恶毒攻击党中央，攻击毛主席。对此马明方从未进行批判斗争，而是视而不见，听而不聞。

一九五五年全国党代会以后，马明方又匆匆忙忙赶到西安参加陕西省肃清高岗流毒大会，在这次会上，马明方虽然传达了高饶反党联盟反党问题的决议和揭发叛徒高岗的一些罪行，但是，马明方又肯定了高岗的“历史功绩”，极力为高岗喊冤叫屈，说什么：“高岗任过红二十六军四十二师政委。在红二十六军工作中有成绩。”同时，马明方还肯定了一九四二年陕甘宁边区高干会和叛徒高岗关于路线斗争的反党报告，胡说什么：“一九四二年边区高干会基本是成功的，不能因为高岗反党问题而否定。”同样，在这个会上还有人大肆吹捧高岗，比如右派分子杨×在会上大叫：“高岗为民请命三十年”。把高岗形象成孙悟空，等等。反动气焰嚣张已极，不可一世。马明方对此也丝毫不反对，相反倒把他包庇下来，直到五七年才被揪出，定为右派。直到五五年党代会以后，中央召集西北的高干在北京座谈肃清高岗流毒的问题，不得已，马明方才被迫做了一个所谓的“揭发批判”。也就是这样一个“揭发批判”还事先通知了习仲勋，让其做好思想准备。在这个“揭发批判”中，他避而不谈高岗篡党篡国的狼子野心，避而不谈高岗是混进党里的资产阶級代表人物，是大野心家，大阴谋家。而在他的“揭发批判”中，却把高岗反对党中央，反对毛主席的滔天罪行轻描淡写地说成“是轻视党中央和毛主席的领导。又把高岗搞独立王国，妄图篡党、篡国的个人野心称作是“打击报复不同意见的人”，是什么“宗派主义”。这个“揭发批判”纯粹是假揭发、眞包庇，为高岗开脱罪责。他的“揭发批判”得到了彭德怀的极力赞扬：“对座谈会的认识，多数发了言，有的讲得很深刻，如明方、澜涛同志。”眞是物以类聚，人以群分。马明方到底是什么货色，不是更昭然若揭了吗？！

（三）炮制黑书篡改历史为高崗歌“功”頌“德”

伟大领袖毛主席尖锐指出：**“利用小說进行反党活动，是一大发明。”**

反党分子马明方为了更进一步美化高岗幷为其翻案，急急忙忙伙同反党分子习仲勋，大叛徒刘澜涛等，阴谋策划，精心炮制了《中国共产党在陕西地区斗爭简史》，（简称《陕西党史》）幷积极支持编写了《西北红军战史》，《刘志丹》小说，这是篡改歪曲历史，为高岗翻案，反对党中央，反对毛主席的三部曲，是地地道道的反党黑书。这三本黑书恶毒地贬低毛主席，剽窃毛泽东思想，极力散布“陕西革命中心论”的反动思想。幷把一个根本沒有解决中国革命理论与实踐问题的普通根据地与毛主席创建的幷完整解决了中国革命理论与实踐的井岗山根据地相提幷论，幷把陕北描写成中国革命的“落脚点”和“出发点”，描写成中国革命的“缩影”，中国革命的“策源地”。这三部黑书完全是一个反党腔调，都是“南有广州，北有西安”的反动论调，都是以高岗所主持的四二年、四五年西北两次反党黑会为其理论根据的。这三本黑书是资本主义复辟的反革命宣言书，是射向党中央、毛主席的一支大毒箭。

这三部黑书的编写及出笼是在我国国內外阶級斗爭非常尖锐复杂的时期，国际上帝修反掀起反华大合唱，国內牛鬼蛇神纷纷出笼，党內最大的一小撮走资本主义道路当权派大搞资本主义复辟，五九年彭德怀右倾机会主义反党集团在庐山会议上抛出反党纲领，妄图推翻以毛主席为代表的党中央，这三本书在此时编写及出笼的恶毒用意不就一目了然了吗？！

1. 馬明方是反动的《陕西党史》（簡称）的精心炮制者

在一九六二年党的八届十中全会上发现了一部有邓小平、马明方等二十九人参加编写的反动党史——《陕西党史》，这部党史就是一九五八年在刘少奇、邓小平，旧中宣部指使下，掀起一股编写“地方党史”，“地方志”的反革命逆流时开始编写的，邓小平叫嚷编写《陕西党史》是个“创举”，“准备长期战斗”，“我们有我们的看法”（指对高岗的看法），"为解决问题，还要进一步调查研究"，"大量编写资料，能编多少，就编多少，如外部不能出，可以出內部的，党史可以写，要逼得他们说话"（指逼以毛主席为代表的党中央说话），这些反党分子如此丧心病狂地反对党中央、反对毛主席，罪该万死！《陕西党史》在党內最大的走资派的支持下，肆意篡改历史，在作者访问对象中，大叛徒，大右派，大特务竟达一百多人，让他们大肆放毒，为高岗翻案。就是这样一部极端反动的党史，马明方积极支持，百倍关心，前后接见采访人员达三次，打电话八次之多，用自已的车接送采访人员。当时采访人员在京与领导干部接谈都是第一次谈不上，予约以后再谈，而马明方当知道来者的意图后，立即接见，谈完后主动提出下次再来谈一次。告诉他们，各方面的人员都要访问，并要求把采访的结果告诉给他。在采访谈话中，马明方恶意攻击毛主席，大叫什么"对刘志丹，谢子长同志和高岗的看法，我认为不要纠缠在谁好、谁坏这样的问题上，这是一万年也弄不清的。"我们知道，高岗的问题早在一九五四年以毛主席为首的党中央就给其定性是反党野心家。而马明方在这里公开叫嚷"谁好、谁坏一万年也弄不清"，马明方明目张胆地对抗以毛主席为首的党中央，眞是罪该千刀万剐！马明方还恶毒地说："党史应当写党的经验，但个人也可以写，按我的意见在党史上应该写到高岗。我认为正面反面都要写，高岗开始还是党员，做了一些有益的工作……。""对高岗要全面地、历史地写"。在这里，马明方闭口不谈我们的历史是毛泽东思想取得伟大胜利的历史。反而，马明方却把反党头子高岗吹捧为正确路线的代表，奉若神明，幷拚死命地为高岗"歌功颂德"，喊冤叫屈，反动气焰嚣张已极。

此外，马明方还在《陕西党史》中特别强调"突出陕北"，十分强调"陕北特委的路线是正确的。"为了"突出陕北"他还着重介绍了陕北特委的详细情况。

在此必须指出，马明方就是当时的陕北特委负责人之一。马明芳之所以强调"突出陕北"，罪恶目的就是贬低党中央、毛主席，妄图把地方凌驾于党中央之上，为自已树碑立传，看马明方的用心何其毒也！

2. 馬明方是《西北紅軍战史》及《刘志丹》反党小說出籠的积极支持者

小说《刘志丹》，是一株反毛泽东思想的大毒草，它的要害就是夺取无产阶級政权，推翻无产阶級专政，为反党野心家上台做意识形态方面的工作。为了"小说"的出笼，习仲勋赤膊上阵，亲自主持《刘志丹》小说的编写工作。当"小说"出笼以后，反革命修正主义分子周扬大加赞扬，如获至宝，极力吹捧。马明方出自反动的阶級本性以及为高岗翻案伺机复辟的野心，在小说的出笼前后，马明方也不甘落后，他积极为反党小说作者李建彤提供大量重要反党材料，在百忙中亲自登门拜访，面授机宜，当"小说"按反党头子习仲勋的调子定稿以后，作者又亲自开名单，点名送给马明方审稿，马明方完全同意这本"小说"，幷大加赞赏，说："写得好，提不出意见来。"李建彤欢喜若狂，吹捧马明方看问题"全面""客观"，出稿后，作者仅开了五个审稿人名单中就有马明方。（马文瑞、马明方、习仲勋、王石太、马锡五）另外，在"小说"中，作者又把马明方描写成正确路线的代表，极力吹捧马明方。反党分子李建彤曾露骨地说："谁支持我写小说，我就很好地描写谁，谁反对我写小说，谁就在我的笔下倒霉。”这里不难看出马明方在“小说”中充当了什么角色！

《战史》与《陕西党史》，《刘志丹》小说是同一个腔调，完全是为高岗翻案。并且是按着《陕西党史》的资料编写出来的。高××（战史的发起人之一），一提出主张写《战史》立即得到大野心家、反党头子贺龙及大叛徒刘澜涛的大力支持。当时，中央已命令反动党史——《陕西党史》的所有资料全部冻结，而大叛徒刘澜涛竟公开对抗党中央亲自批准开封党史的资料，为《战史》的出笼大开方便之门。马明方也就是这个反动《战史》的编委之一，提供材料，下达指示，眞是关怀备致。在六三年马明方所提供的材料中，马明方大叫：“高岗在延安时，还是执行了中央的方针政策的。”在采访时，他还别有用心地对采访者讲：“写战史不要写路线斗争，怎么回事就怎么回事，把事写上就行了。”簡直反动透顶！我们的党就是在两条路线斗争中不断成长壮大的，谁要否定两条路线斗争，就是否定战无不胜的毛泽东思想！

《战史》中马明方还十分强调要多写由马明方直接领导的而高××是队长的游击队第九支队。他讲：“对陕北第九支队要单独写一节，这不是个人问题。”开始写《战史》时，高××还故装作不好意思，后来有了马明方的大力支持就大写特写了，虽遭到很多人的反对，但由于有马明方这么硬的黑后台，还是坚持写完了。当马明方审完《战史》稿后，他对这个反动战史肯定地说：“草稿中有毛泽东思想，但是分量还不够。”马还讲：“写战史，要写党的集体领导，靠一个人是什么事情也做不成的。”语言之恶毒，达到无以复加的地步。林副主席早就明确指出：“我们的一切成就，一切胜利，都是靠毛主席的英明领导下取得的，都是毛泽东思想的胜利。”马明方公开同林副主席唱反调，把矛头直接指向伟大领袖毛主席，罪该万死！

总之，马明方在这三本黑书中，纂改了历史，极力美化大叛徒、大野心家、反党分子高岗之流，恶毒地攻击伟大的毛泽东思想。铁的事实证明了，马明方是为高岗翻案的急先锋！是彭高饶反党集团的黑干将！

二、馬明方是长期隐藏下来的大叛徒

伟大领袖毛主席教导我们：**“党、政、軍、民、学、工厂、农村、商业，內部混入少数反革命分子，右派分子，变节分子。此次运动中这些人大部自己跳了出来，是大好事，应由革命群众认眞查明，彻底批判，然后分别輕重，酌情处理。”**东北局第三书记马明方就是这样一个混进革命队伍里的投敌变节分子，是一个可耻的大叛徒。

（一）貪生怕死、临陣逃脫；与大特务、大叛徒馬瑞生签訂“君子协定”

早在一九三三年，大叛徒马明方就给革命事业欠下一笔血债。一九三三年，老革命根据地陕北，对敌斗争进行得十分激烈、十分尖锐，当时陕北特委为了更好地开展游击战争，组织决定派马明方去安定领导一支队工作。可马明方，这个贪生怕死之鬼，拒绝党组织的决定，无理要求到山西去工作，后来经过特委常××和马××的批评之后，才勉强答应下来去一支队。但他仍然要求回家一次。根据马明方历来贪生怕死的表现，怕他中途逃跑，大家便决定让特委书记崔××跟着他。在路上马明方怕死地说："你要是听各委员的话，我就会死在陕北。"当时崔××说，"现在开展游击战怕什么！"可马明方却说："十年也开展不了游击战争。"就 这样，马明方才迫 不得已到了 安定。但是，因为马明方贪生怕死在家久留而拖延了时间，使得一支队与党组织断绝了联系后在一次战斗中，遭到了失败，伤亡很惨重，很多同志献出了宝贵的生命。一支队的失败，革命同志的牺牲，这是马明方对党、对革命事业欠下的一笔血债，这笔血债一定要清算！

三三年的陕北，到处是一片白色恐怖，是坚持斗争还是临阵逃亡这是对革命者的严峻考验。一次陕北特委开会，遭到敌人的突然袭击，可怕死鬼马明方和马××为了保全狗命，竟然置党的许多机密文件、党员名单、陕北特委和各机关联系的名单而不顾愴惶逃跑。特委被袭击以后，马明方更是吓破了狗胆，放弃了革命事业、党的利益，跑到其岳父家（富农）苟且偷安，再也不敢出来了。当时特委书记崔××曾几次冒着生命危险化装成农民扛着锄头去找马明方，劝他归队，这时，马明方 在很 勉强地情 况下，出来了。所以当时人们都说："马明方是崔××用镢头把他刨出来的"。马明方虽然从其岳父家爬了出来，但他更加怕死，最后完全走上了叛党的道路。在斗争最艰苦的时刻，马明方出卖了党的利益，出卖了革命利益， 竟与大叛徒、大特务马瑞生（CC分子）订下了"君子协定"：若敌人来扑马明方时，马瑞生告诉马明方让其逃走。若共产党来扑马瑞生，马明方告诉马瑞生让其逃走。在这里，马明方的叛徒嘴脸已经暴露无遗了，已经变成一个地地道道的可耻的大叛徒。

马明方和马瑞生签订了"君子协定"以后，马明方，马瑞生就紧紧地勾结在一起，私下来往互通情报，干尽了叛徒的罪恶勾当。

在一九三七年十月，我方接防佳县、米脂县、吴堡县、绥德县、德涧县等五个县，马明方任这五个县"警备区"的地委副书记，兼组织部长，当时警备区是统一战线区，国民党的政权也都合法存在(联保，保甲等组织都存在)国民党特务在这里猖狂地进行破坏活动。陕北有名的大特务马瑞生就在国民党里当敌工科长。马明方一来到绥德就与大特务马瑞生私下勾结起来。特务头子马瑞生供认："我第二天就去见了……在绥德草房里住，我个人见了几次面，……。"当时党是秘密的，可是马明方却背着组织，仅仅在二三个月的时间內就和大特务马瑞生进行了四、五次秘密接触。马明方到底是什么人，不就很清楚了吗？

一九四六年，马明方叛徒狗脸再一次大暴露。当年八月，我中共人员一百三十多人从新疆监狱中集体释放，由国民党少将押送回延安，路经洛川。当时国民党洛川专署曾举行招待会。马瑞生为了不让我方人员有所察觉，就化装成招待员去秘密会见了马明方，两人又密谋多时。解放后马瑞生供认："……就他（指马明方）穿得破破烂烂的坐在那儿，我当时就知道他是中央候补委员……。当时我们像亲兄弟一样，坐在一起。他一再说，'不要谈，与你不好'，马明方说：'咱们是老朋友，本来可以谈一谈，但是今天不能谈’”一个堂堂的“中央候补委员”竟与国民党大特务马瑞生这样亲密无间，情投意合，称兄道弟，眞是可耻到极点!

马瑞生还供认：“我就知道马明方是中央委员，我当时如果说一下他就走不了。”马明方这个中共中央委员，居然能受到 CC 分子，国民党特务科长的安全保护，这是他与马瑞生暗定“君子协定”，投敌变节的又一铁证。

解放前，马瑞生保护了马明方，解放后马明方便千方百计地包庇、保护马瑞生。使国民党特务马瑞生长期消遙法外，沒有受到国法的制裁。

一九五一年二月二十三日，马瑞生这个沒有受到法律制裁的漏网的大特务，又找到马明方，并在马明方的会客室里谈了有一个多小时。在此前后，马瑞生又几次写信给马明方。在马明方的保护下，马瑞生不仅沒受到国法制裁，相反地竟被送进干部训练班去学习，并二次获得了选举权，马明方为了能保护住他，竟狗胆包天地讲:“马瑞生虽然参加过敌人肃反组织，但沒作过坏事。”并指示西北局公安部：“该人看情况，今后不能再反革命，若未发现新的材料或血债，可以不逮捕。”就这样在马明方的保护下，直到一九六四年马瑞生又猖狂进行现行反革命活动时，才被逮捕。（此 时马明 方已调 到东北）

大叛徒马明方自从混入革命队伍后，就是这样一直和大叛徒、大特务马瑞生保持极为密切的来往，长期隱瞞了他 与马瑞生签订 的叛党的“君子协定”，他出卖了 革命利益，出卖了党的利益，他早就是一个可耻的大叛徒。

（二）新疆监狱中，叛徒嘴脸再次大暴露

一九四一年，马明方从苏联回到新疆。当时中央告诉陈潭秋，分配几个人，给苏联参谋部在我国搞情报工作，了解国民党的情况。这个工作很危险，当时决定有马明方一个，可是这个怕死鬼一看危险就干脆不去，再一次背弃党的事业，临阵逃跑了。

一九四一年，九月马明方在新疆被叛匪盛世才逮捕入狱。当时与马明方一起入狱的我中共人员达一百多人。马明方是狱中党支部主要负责人之一。可是他在监狱中，胆小怕死，从不敢出头领导同志们的对敌斗爭，对工作是能推就推，“多一事不如少一事”。在狱中，同志们往他住的号子里递条子进行联系和传达消息，马明方都不願意要，怕出事连累他！每敲一次牢门，都把他吓得胆战心惊。

有一次敌人向我们进攻，绑架走了我们几个同志，大家都很气愤，要向敌人进行斗爭，要回我们的人。但马明方这个狱中的“领导人”，却犹豫不决，不表态。后来全体同志向敌人提出强烈抗议，才把几个同志放回来了。

马明方不但自己不同敌人进行斗爭，反而当同志们起来进行斗爭时，千方百计地进行反对，大肆贩卖叛徒的哲学，在狱中充当敌人的喉舌，积极帮助敌人做工作，起到了敌人所不能起到的作用。

在狱中敌人用钱收买我方人员，一九四五年春，国民党新疆行辕主任张××，为了收买人心，軟化我中共人员，进一步捞取政治资本，派他手下一少将，到监狱中给每个人

“一些钱”。以马明方为首的“狱中党支部”竟决定，不附带任何条件，可以收下，拿这些钱用来改善生活。马明方当时把钱拿在手中，在监獄的走廊里带煽动性地边走边说：“不附带什么条件，这几个钱收买不了你们，你们可以收下。”马明方不仅自己甘心接受敌人的“恩赐”，而且还替敌人做工作，瓦解我们的同志。由此不难看出，马明方就是这样一个为保自己的狗命，不惜舍掉自己同志的贪生怕死的大叛徒。

一九四五年春季，他们在监獄曾填过一个表，这个表主要內容是：姓名，年令，政治面貌，政治信仰，出獄后作什么等。马明方不仅自己投敌变节，积极填了这个表，而且还动员别人填表。当时谷××不同意填表，马明方就去做他的工作。在放风时，马明方对谷××说：“这个表是一般的表，沒什么，这是履行手续，不要因为填表引起与敌人的磨擦。”还腼不知耻地说：“还是填吧，不要计较救命的问题。”谷××还是不填，于是马明方就唆使与谷同号子的人打他，獄吏也打了他，还给带上了手拷和脚鐐，在被打的情况下谷填了表。在填写“出獄后做什么”这项时，是填“回延安”还是填“回家当老百姓”。马明方与方××商量决定，都要填“回家当老百姓”，“不要与敌人闹磨擦”。在这里，马明方背叛党，背叛人民的丑恶面目完全暴露无遗了。

总之，从马明方在新疆的监獄中贪生怕死，不敢斗争，在敌人面前卑躬屈节，被敌人所收买，并成了敌人的应声虫等等的种种表现，就再一次暴露了他的叛徒的狗脸。他就是一个地地道道的长期隱藏在党內的大叛徒。

三、馬明方一貫疯狂反对战无不胜的毛泽东思想

反革命修正主义分子马明方，出于他反动的阶級本性，长期以来，顽固地站在资产阶級反动立场上，一贯疯狂反对突出无产阶級政治，反对无产阶級专政，詆毁战无不胜的毛泽东思想，其罪恶累累，罄竹难书。

（一）一貫反对毛主席，攻击学习毛主席著作，詆毁毛澤东思想

对毛泽东思想采取什么态度，是承认还是抵制，是拥护还是反对，是热爱还是仇视，这是眞革命和假革命，革命和反革命，马克思列宁主义和修正主义的分水岭和试金石。反革命修正主义分子马明方和一切阶級敌人一样，总是首先把矛头指向我们伟大的领袖毛主席，指向战无不胜的毛泽东思想。

早在民主革命时期，马明方就与彭、高、习结成死党，阴谋活动，妄图篡夺党和国家的最高领导权，恶毒地攻击毛主席和党中央。

毛主席在七届三中全会上作了《为争取国家财政经济状况的基本好转而斗争》的报

告，马明方对这一光辉文献仅仅说要“具体执行”，而与此同时，对于反党头子彭德怀作的《西北地区的工作任务》报告却叫嚷要为之“彻底实现而奋斗”，千方百计反对毛主席，诋毁战无不胜的毛泽东思想！

一九五一年，马明方在谈“支援西北解放战争获得无上代价”时，张口“在高岗同志领导下”，换口“在陕甘宁边区政府直接领导下”，闭口不提在党中央和毛主席的领导下。他在平时报告谈话时，也都是“少奇同志”怎么说的，“小平同志”怎么讲的，心目中只有他的黑主子，根本沒有伟大领袖毛主席。其反对毛主席的险恶用心眞是昭然若揭。

更为恶毒的是，在马明方反动思想灌输下，在他反动家庭薰陶下，一九六六年八月，他的“公主”马小芳在北京恶毒辱骂我们心中最红最红的红太阳毛主席。这是一起极其严重的反革命事件，是马明方对毛主席一贯怀有刻骨仇恨的暴露和铁证。

林副主席说：“毛泽东思想为广大群众所掌握就会变成无穷无尽的力量，变成威力无比的精神原子弹”。而马明方却大唱反调：“光是思想有什么用？”“要确实摸出改进思想作风，改进经营管理的办法。这一套不解决，政治思想是空的。”马明方疯狂诋毁、恶毒攻击战无不胜的毛泽东思想，竟达到如此无以复加的地步。

一九五一年，中国的赫鲁晓夫刘少奇背着毛主席搞了所谓“党员八项条件”，其根本问题就是否定、反对毛泽东思想是衡量一个党员的唯一最高标准。可是马明方却对此捧若至宝，大力推行，在陕西省委会上叫道：“八个条件党内外都要宣传，使得家喻戶晓，报纸上、课本上、黑板报上讲，党员要背熟。”可见，马明方与刘少奇是一丘之貉，极力反对伟大的战无不胜的毛泽东思想。

马明方对轰轰烈烈的活学活用毛主席著作的群众运动更是怕得要死，恨得要命，丧心病狂地说：“放在內蒙古的沙漠上、昆仑山上的人学习，活学活用就有问题。”恶毒攻击林副主席活学活用毛主席著作的指示，疯狂贬低毛泽东思想。他又胡说什么：“高兴的时候，可以向大家读一读毛主席语录，唱个歌，一起热闹热闹。”别有用心地说：“学习毛主席著作与思想工作结合上，能结合就结合。”肆意否定学好毛主席著作是我们实现思想革命化必经途径，是终生大事，他还诅骂“学多了就消化不了”，以“少而精”之名行限制学习毛主席著作之实。这些黑话与刘少奇、周扬挥舞的“简单化”“庸俗化”“实用主义”的黑棒是一路货色。

马明方经常读一些《后汉志》之类的古书，从来沒有认眞学习过毛主席著作。凡是历代传下来的历史书籍，他家都有。他对蔡××说：“历史部分好好整理一下，将来不能工作时，修养修养，看看历史书籍。”看！马明方这个老混蛋已经修到何等地步！

马明方极力反对引用毛主席的话。五八年十月，他向全国财贸先进工作者作的两次报告中，沒引用一句毛主席的话。六〇年，马明方在“新形势下财贸工作的几个问题”洋洋一万二千字的文章里，只引用毛主席的一句不到二百字的话，还是经他删节的，不是原文。别人在他的报告中加上一段毛主席语录，结果也被其爪牙黄植勾掉，并说什么，“马部长不喜欢引用，他要用自己的话来说明问题。”马明方的另一爪牙姬也力也曾说过：“马部长的讲话和文章有他独特的风格，不重复别人的话……”这就泄漏了天机，马明方疯狂反对毛主席指示的狼子野心被他的哼哈二将暴露得彻底无遗。马明方的这一反革命伎俩同中国赫鲁晓夫把别人引用毛主席话诬蔑为“沒有什么创造”同出一辙。

马明方在中央财贸部內大力鼓吹把鉆研《资本论》作为首要任务，再三强调要学习苏修的《政治经济学》、学习财贸工作的具体业务。干部反映读不懂，他还硬逼着读，说什么“读了以后，起码也能起个记住‘门牌号码’的作用。”以此来抵制学习毛主席著作。马明方还险恶地散布学习毛主席著作是为了“提高理论水平，提高工作能力，提高写作能力”的反动谬论，妄想把学习毛主席著作的群众运动引入歧途，是可忍，孰不可忍！

更加不可容忍的是：一九六四年，根据广大群众的强烈要求，东北局决定召开东北三省学习毛主席著作积极分子代表大会，并责成马明方负责筹备。马明方极端仇视学习毛主席著作的群众运动，千方百计抵制战无不胜的毛泽东思想，消极抵抗，致使这次大会一直未能开成。

（二）一貫反对突出无产阶級政治，鼓吹业务挂帅，大肆販卖修正主义黑貨

毛主席说：**“政治是統帅，是灵魂，政治工作是一切經济工作的生命綫。”**这是处理和阐述政治与业务、红与专之间关系的英明论断。而反革命修正主义分子马明方却极力反对，胡说什么：“政治思想工作就是要挂人的帅，二条要挂经济的帅。挂人的帅，不挂经济的帅，某种情况下政治上人的帅也挂不好。”公然与最高指示大唱反调。他还恶毒地用“宣传工作是一切工作的灵魂”与“政治是灵魂”相对抗。疯狂反对无产阶級政治挂帅，大力鼓吹业务挂帅。

马明方这个老混蛋，他是这样说的，也是这样做的。单举中央财贸部一例，就足以说明这个问题。他在中央财贸部任部长的五年当中，指导思想是“抓业务，建机构，带政治”，从来没有开过一次政治工作会议，还胡说什么“政治挂帅对我们来说是解决了的问题。”他的主要工作是抓商品供销、财政收支、资金投放和管理以及粮食的购销和保管等具体业务，唯独不去抓干部职工的政治思想工作，还叫人将苏修经济学者的一些论点摘录送给他阅读，要干部“在三年内成为专家。”甚至狂妄叫嚣：“要广通各行，精通一行。孤家寡人精通一行是不行的。”眞是混账透顶！

马明方还以树红旗为名，大搞“业务第一”，如卖饭的超过两倍，就评为红旗；广西百邑县报告那里沟里水拿出来，经过蒸餾就可以变成酒，也叫作红旗，根本不过问政治突出怎样。并借以大力推广旧北京市委、黑帮头子彭眞搞的“天桥百货商场”的所谓先进经验，到处宣扬服务台好，人员少，成本低，费用低，有几个大指标，什么利润指标呀，消耗指标呀，等等，都是修正主义的黑货。在北京召开的技术革新现场会议上，将几个大饭馆的服务员请去表演把餐巾叠成几十种花样，还将厨师请去表演从杀一只活鸡到炒成菜只用十五分钟以及做龙须面等烹调技术。打着“红旗”反红旗，用心何其毒也！

马明方在县财贸部长会议上讲：“财贸工作通两条大路：一条是生产的路，一条是组织人民生活的路。”以此诋毁**“政治工作是一切經济工作的生命线”**。胡说什么“组织

人民生活的问题，也就是政治问题。要做粮食、财政金融、商业的工作就要通过生产，通过生活。组织好人民生活，人民又反过来作财贸工作。”还鼓吹什么“组织好人民经济生活，会出现很有利的局面，会出现很多新问题，包含着财贸工作发展的很大潜力”等修正主义观点。当时还大力推行物资奖励制度，奖金数量很大，一个单位内的奖金名目多至数十种。完全是实行苏修那一套“钞票挂帅”、“物质刺激”的办法。

马明方积极宣扬“白专”道路，大力贩卖“工作、学习、写作”三结合的修正主义黑货。部、处、室分别成立了写作小组，培养“秀才班子”，给每人发一本三反分子胡乔木写的有关写作问题的书，以及语法、修辞、形式逻辑等书叫大家去学习，“努力争取在一、二年或三、四年内分别达到小学、初中、高中或大学程度。”要求第一步能在大公报上发表文章，第二步能在人民日报上发表文章，第三步 能在 红旗杂志 上发表文章。他对于资产阶级反动学术权威所争论的学术问题很感兴趣，曾指示政策研究室大力研究“价值规律”，写出几篇有水平的文章，在“经济研究”上发表。当时，财贸部刮起了一股写作黑风，政治空气消沉，搞得乌烟瘴气，闹的不亦乐乎！

马明方疯狂反对突出无产阶級政治，极力鼓吹业务挂帅，贩卖修正主义黑货，这绝不是偶然的，而是一贯的。

一九四九年，马明方就说过：“组织好工作必须作好每个细节处的工作。党员最好的品质是将自已范围以内的工作做好。”只强调业务，根本不提政治。去年十二月，马明方为了找一个助手，竟荒唐地提出选拔干部的条件是：“不参加任何一方，沒有倾向性，能抄抄写写就行”，明目张胆地反对突出政治，对抗毛主席的干部路线。

一九五〇年，马明方在陕西省委会上讲：“有个工业的发展，将创造农业机器，武装农业生产，那时我们以电力、汽力、火力拖拉机进行生产。那时农民被机器组织起来，这是生产战线上的大革命，人们的思想意识也就集体化了。”眞是胡说八道。马明方在这里肆无忌惮地反对突出无产阶級政治，鼓吹“机器挂帅”，抵制合作化运动，为资本主义复辟鸣锣开道。

马明方在一九五三年还胡说什么：“不断地增加工业生产方面和粮食方面，把生产建设的事情办好，为国家增加财富，增加物资，逐渐增加人民的收入，以改善生活，就是增产节约的目的，也是增产节约的结果。”马明方居心险恶地抽掉毛主席提出的增产节约的政治內容。

马明方五四年到中央组织部后，更加忠实地追随其黑主子刘、邓，大肆吹捧、积极推行苏修的“分級分部管理干部”的所谓经验。加强政治思想工作是毛 主席 在干 部教育、训练、管理方面的一贯思想，而马明方却提出干部训练三条：即训练理论，训练文化，训练技术，就是不提突出政治，就是不提学习毛泽东思想，公然与毛主席分庭抗礼。

一九六三年，是全国人民积极响应毛主席和林副主席伟大号召，大学毛主席著作，大学解放军，大力突出政治的一年，马明方仍然抱着“业务第一”不放，蓄意篡改突出政治，说“突出政治和生产的关系，突出政治是针对生产和经营管理而说的。”

更加令人气愤的是：直到去年八月，无产阶級文化大革命已经蓬蓬勃勃开展起来，《解放军报》发表社论，公开批判“政治落实到业务上”的反动论点，马明方还顽固的向干部煽动说：“不要不敢说政治落实到生产上，还是要说的。”可见马明方一贯反对突出无产阶級政治，鼓吹业务挂帅，贩卖修正主义黑货，达到何等猖狂的地步！

（三）抹杀阶級斗爭，鼓吹阶級斗爭熄灭論，反对无产阶級专政

阶級斗爭，无产阶級专政的学说，是毛泽东思想的灵魂。一切阶級敌人无不在这个根本的问题上反对毛泽东思想。反革命修正主义分子马明方，站在资产阶級反动立场上，极力抹杀阶級斗爭的存在，鼓吹阶級斗爭熄灭论，妄图取消无产阶級专政，复辟资本主义。

毛主席说："**被推翻的地主买办阶級的残余还是存在，資产阶級还是存在，小資产阶級刚刚在改造。阶級斗爭并沒有結束。**"而反革命修正主义分子马明方却胡说什么："地主阶級已经彻底打倒了"，"旧的剝削阶級确实是一去不复返了"。极力抹杀阶級斗爭鼓吹阶級斗爭熄灭论。

当社会主义改造基本完成以后，毛主席明确指出："**社会主义和資本主义之間誰胜誰負的問題还沒有眞正解决。**"就在这个时候，马明方则明目张胆地与毛主席大唱反调，他在苏修的《政治经济学教科书》的眉批上，公然写道："谁胜谁负的问题，已经解决。"这和党内最大的走资派刘少奇所叫嚷的"我国社会主义和资本主义谁胜谁负的问题已经解决了"一模一样。

在阶級社会里，任何社会现象都必然和阶級存在这一基本事实相联系的。我们的伟大领袖毛主席教导我们说："**在阶級社会中，每一个人都在一定的阶級地位中生活，各种思想无不打上阶級的烙印。**"马明方在一九六六年一次报告会上，讲到四清运动中暴露的问题产生的原因时说："不能说敌对阶級存在才产生问题。解决好不好，不能从阶級存在找原因。"极力抹杀无产阶級同资产阶級，社会主义同资本主义的斗爭。

在民主革命时期，这个反革命修正主义分子，就大肆贩卖"和平土改"的黑货，对地主阶級的土地主张"先留后分"，对地主阶級的斗爭主张"说理""谈判"，无耻地把这右倾投降主义的路线叫做"战胜地主阶級的基本方法"。他还叫嚷什么"中立富农的意思是叫富农跟农民走。"极力混淆敌我矛盾和人民內部矛盾的界限，鼓吹阶級调合，大唱合二而一的反动论调。

在社会主义革命时期，这个反革命修正主义分子热心于搞"劳资协会"，极力宣扬对资产阶級要"团结"、"教育"。他曾对资本家说："如果你能把生产管理得好，经营得好，人民仍然需要并欢迎你们继续管理场矿和工厂的。各位那时和现在不一样，依然会是经理、厂长或者责任还要大些"。这和刘少奇说的："工人欢迎资本家剝削"有什么两样？！这是明目张胆地为资本家篡夺领导权，复辟资本主义鸣锣开道！

在国际问题上，这个反革命修正主义分子到处散布"和平过渡"的修正主义谬论。胡说什么："许多落后的资本主义国家，可以在社会主义国家帮助下，直接过渡到社会主义。""采取比较缓和的办法，即非武装斗爭的办法，非流血的办法，夺取和消灭敌对阶級，改造敌对阶級，从而取得胜利"。以此来对抗毛主席关于武装斗爭的学说，借

以欺骗正在进行斗争的各国革命人民，与赫鲁晓夫遥相呼应，与中国 的赫 秃子 一唱一合。

毛主席教导我们说：**“世界上一切革命斗爭都是为着夺取政权，巩固政权。”**反革命修正主义分子马明方极力抹煞阶級斗爭，大肆鼓吹阶級调合，就必然极力反对、破坏无产阶級专政。这个鉆进党內的地主阶級、资产阶級代理人，对无产阶 級专 政恨 之入骨。早在建国初期的镇反运动中，他就公然对抗党中央和毛主席，篡改镇反政策，破坏镇反运动。把“镇反运动”改为“彻底肃清反革命活动”，把“镇压与宽大相结合”的政策改为“宽大与必要的镇压相结合”。当广大革命群众响应党的伟大号召，奋起镇压反革命的时候，他则窃据职权，公开叫嚷，要“防止硬找特务”，要“控制百分比”等等，以防“左”而实行右的办法，并把大批敌特人员留在公安部门做情报工作，包庇放走了大批敌特分子，使他们逃之夭夭，逍遥法外，继续与人民为敌。马明方反对无产阶級专政的罪行罄竹难书。

四、疯狂地破坏民主革命，顽固地推行右傾投降主义路綫

“战爭和土改是新民主主义历史时期考驗全中国一切人們，一切党派的两个‘关’。什么人站在革命人民方面，他就是革命派，什么人站在帝国主义封建主义官僚資本主义方面，他就是反革命派。”马明方就是顽固地站在帝国主义封建主义官僚资本主义的反动立场上，在土改及镇反中，紧跟中国的赫鲁晓夫刘少奇推行了一条反革命修正主义路线，疯狂地反对毛主席的革命路线。

（一）追随中国的赫鲁晓夫刘少奇，百般地保护封建剝削制度

毛主席说：**“我們的方針是依靠貧农，巩固地联合中农消灭地主阶級和旧式富农的封建的半封建的剝削制度。”**中国的赫鲁晓夫刘少奇对毛主席这一英明指示是极力诋毁的，马明方对其黑主子却倍加吹捧，在土改刚刚开始之际就叫嚷：凡是进行土改的地区都必须遵照刘少奇副主席关于土地改革问题的报告办事，不要有所违背。中国的赫秃子讲：“保护富农经济的政策”“是一种长期的政策”，于是马明方就紧相呼应，叫嚷：“保护富农的政策并不是暂时的政策，而是基于当前政治经济的各种条件所制定的一种长期政策。”还大叫什么要“确保富农经济”，不要把富农的“主要劳动”划为“附带劳动”而定为地主。极力维护地富的利益，主张什么：“富农和富裕中农之间一般划为富裕中农。”因而使许多富农划为中农。当时兰田县有一戶只一口人，占有地十多亩，每年全部出租，每年收租 两千多斤，本人从 不参加劳动，一直在外 嫖赌，抽大烟，当地县、专署 把其定为地主，但在请示马明方时，他却“指示”定为“小土地出租者”，

幷为其辯护说：“小土地出租者，可留一亩多地，以后勉强可以生活，若按地主只能分到几分地，以后生活有困难，不好解决。”反革命修正主义分子马明方眞可谓为保护封建剝削制度费尽了心血！

（二）疯狂地对抗毛主席的农村阶級路綫

毛主席很早就教导我们：**“土地改革所依靠的力量只能和必須是貧农。”**反党老手马明方胆大妄为在土改中无视毛主席指示，以种种借口排挤、打击贫雇农，胡说什么：“依靠贫农，团结中农，依靠也要教育，贫雇农內部也要加以区别。”幷抓住“团结中农”大加发挥，叫嚷什么：“必须巩固地团结中农，中农是农村中一支强大的队伍，人多财旺……”狂吠什么：中农虽然在土改中沒有“直接分得土地和其他果实，但他们仍然积极参加土改”，在马明方的心目中那里还有贫农的地位！甚至公开说：“在贫农少的地方，可以依靠中农。”猖狂地反对毛主席的农村阶級路线。

毛主席说：**“貧农团应成为一切农村斗爭的领导骨干。”**而中国的赫鲁晓夫刘少奇对抗毛主席，提出“各級农民协会领导成份中有三分之一的数目由中农挑选。”马明方秉承其黑主子的旨意提出“中农当权”的反动论调，声嘶力竭地叫喊：“中农也要当权”“中农当权沒危险”，还叫喊：“土改各项工作中都应吸收中农参加，幷取得他们的赞同，然后动手去做。”“有了中农参加才有声势。”等等，等等。归根结底就是一个“权”字，马明方就是要向贫农夺权，以达到其篡权复辟资本主义的罪恶目的。

（三）极力保护地富过关，包庇重用大地主、大恶霸

毛主席说：**“土地改革的中心是平分封建阶級的土地及其粮食、牲畜、农具等財产（富农拿出其多余部分）……”**马明方竟冒天下之大不韪，公然叫喊什么：“西北的土改就是先给地主留下足够的粮食及房屋，余的沒收分给农民。还说什么：“对地主自己所种的地，在适当的抽补后，可以酌情保留。”“地主留地可以比一般中农稍多。”“对于富农献地加以阻止，不予接受。”甚至还打着：“在我们这里具体规定地主成份的确定应经过县人民政府批准”的旗号使大批地富漏划。

毛主席经过对农村阶級状况的深入调查，明确指出：**“地主富农在乡村所占的比例，虽然各地有多有少，但按一般情况来說，大約只占百分之八左右（以戸为单位計算），而他們所占有土地，按照一般情况，則达全部土地的百分之七十至八十。”**可是马明方却在关中地区的土改中叫嚷：“关中地区土地比较分散，地主约占耕地总量的百分之八，富农约占百分之五，其余则为中农、贫农和其他阶层和社团所有。”幷别有用心地说：“某些地方甚至一个乡的范围內，几乎沒有地主。”在马明方右倾机会主义路线指导下，漏划了大批地富。当时在陕北地区地富平均不到百分之四，关中地区仅占百分之一、二，有的甚至还不到百分之一。关中地区果眞地富少吗？否！一九六四年关中地区第一期四清经复查补定后关中地富达到百分之七，这充分说明关中地区地富比例与毛主席指出的百分之八左右是相符合的。这是马明方包庇地富的又一铁证。

马明方心怀鬼胎，所以极力破坏土改的复查，大设障碍，他反复强调：凡经过土改复查地区，一般不再补定地主，如有漏划的，必须由县委慎重提出，地委直接派人查清两次漏网的原因，经地委批准后决定，并报告省委。不仅如此，马明方还在一九五三年普选选民登记时把大批地富改为中农。如梭林县三十七个老区和老区的乡，有百分之六十一的地主和百分之七十的富农更改为中农成份。

在土改中，反党老手马明方无视广大贫雇农的强烈反对，公然提出："土改委员会应当注意吸取相当数量的民主人士和开明绅士，不但省、专署这样做，就是县級也不要嫌多几个民主人士不好办事。"在这条路线的庇护下，竟公开把大地主、大官僚、大右派韩××拉进省土改委员会做为领导人；甚至一个血债累累的国民党旅长、大地主李少棠也当上了咸阳专区土改委员会的副主任。

毛主席说：**"世上决沒有无缘无故的爱，也沒有无缘无故的恨。"**一九五〇年八月马明方把大批牛鬼蛇神，恶霸地主拉进了陕西省各界人民代表会议，有的甚至当上了省政府委员。当时把大恶霸刘××作为"人民代表"引起广大贫下中农代表的强烈反对和极大愤慨，在会场上一位双目失明的老农民按奈不住内心的愤怒，冲上讲台控诉了大恶霸刘××的滔天罪行，会场顿时群愤激昂，高呼："把刘××赶出会场！""强烈要求政府为受害的农民报仇！"但是坐在主席台上的马明方（当时为陕西省委书记兼省主席），却无动于衷，置若罔闻，仍然把刘××作"人民代表"参加了大会。马明方何许人也，不就十分清楚了吗?！马明方出于其反革命本性竟命令所有到会共产党员投票选大军阀、镇压陕西革命的刽子手高××（国民党八十四师师长）做省政府委员，当时所有到会代表无不愤慨万分，怒斥了高匪的滔天罪行，但是在马明方的压力及他所派出的大批工作人员说服动员下，被迫投了票，但是在很多选票上都滴满了泪水，马明方把这些阶級敌人强行拉进我们的政府机关，阴谋破坏无产阶級专政，其用心何其毒也！

（四）大肆破坏鎮反运动，包庇反革命

一九五一年在党中央和我们伟大导师毛主席领导下，全国轰轰烈烈地开展了镇反运动。毛主席指示我们：**"必须坚决肃清一切危害人民的土匪、特务、恶霸及其他反革命分子。""必须实行鎮压与寬大相結合的政策。"**西北地区，尤其是陕西地区是敌我争夺得比较激烈的地区，民主革命进行的很不彻底，所以解放后大批敌特、叛徒潜伏下来，对于这样一个敌情严重的地区，必须严格执行毛主席指示，彻底肃清一切反革命。但是反革命修正主义分子马明方却狗胆包天，不但拒不执行毛主席的指示，反而篡改最高指示，把"肃清一切反革命分子"篡改为"肃清一切反革命活动"，把"镇压与宽大相结合的方针"篡改为"宽大与必要的镇压相结合的方针"，并一再强调沒有重大血债不予镇压，镇压必须有大量的现行反革命活动等。

为了破坏镇反，一开始马明方就大叫"过头了"，再三强调要"稳"等等。而国民党军长，大恶霸地主李××却做为"民主人士"而不进行镇压，甚至连大肆屠杀我们红军战士的刽子手敌师长刘××也逍遥法外，所以在马明方的直接包庇下，当时陕西镇压

的比例比中央规定低一半还多，因而使大批反革命分子逍遥法外，潜伏下来。

反革命修正主义分子马明方不仅包庇了大批反革命，而且还把大批敌蒋人员原封不动地接收过来作为我们的情报人员和公安人员，使这些混蛋更加合法地盗窃我们国家的情报，眞是反动透顶！王发平就是当时被接受过来的特务头子（后畏罪自杀，结果使其手下潜伏特务的情况至今沒查清楚）。马明方甚至还把胡宗南的情报人员王××提为我们的公安局长这不是在反对和推翻我们的无产阶級专政是什么？！这不是穷凶极恶地推行血淋淋的资本主义复辟又是什么？！

五、招降納叛，結党营私，妄图顚复无产阶級专政

伟大领袖毛主席教导我们：**“在拿枪的敌人被消灭以后，不拿枪的敌人依然存在，他們必然地要和我們作拚死的斗爭……”**大叛徒、老反革命、刘邓在东北的代理人，地主资产阶級的孝子贤孙马明方，就是这样一个狡滑凶恶的不拿枪的阶級敌人。在解放前后，特别是在解放以后，从未停止过他的反革命复辟活动。他阴险毒辣的一招就是：一方面把叛党分子，官僚军阀、恶霸地主甚至特务汉奸等等，倍加保护硬塞进无产阶級的政权机关，委以重任，给以高官厚祿，为他们进行反革命活动创造条件，大开绿灯；另一方面，他又和他的亲信、爪牙结成死党，残酷打击迫害革命干部、实行资产阶級专政。马明方一直在为颠复无产阶級专政，复辟资本主义猖狂活动。

大叛徒马明方和叛党分子有着特殊的感情，叛党分子是他的“好友”“同志”，因此他见一个保一个。对众人皆知的大叛徒，国民党特务马瑞生，马明方履行了他俩签订的“君子协定”，无耻地贩卖“叛了党，但沒做坏事”的叛徒哲学。当群众起来要求严惩、逮扑马瑞生时，他立刻跳了出来为马瑞生打保票。告诉西北公安部说：该人看情况今后不能再反革命，若未发现新的材料或血债，可以不逮扑。”结果这个大叛徒，大特务长期逍遥法外，并继续疯狂地进行反革命活动，于一九六四年依法逮扑。对另一个叛徒，据司法机关核实有二十条人命的血债累累的高云亭，马明方居然给西北公安部写信说：“高云亭不能扑。”胡说什么他“参加敌肃反组织，沒有做什么坏事”，并硬叫民政厅给他安排了工作，逃避人民对他的懲罚。

一九五五年，马明方已调任中央组织部副部长，他利用组织工作的特殊性质，更变本加厉地包庇、重用叛党分子。杨安仁是个在敌人监狱中变节自首的叛徒，出狱后到了西北局，习仲勋吹捧他“很能干”，如获至宝，就把他介绍到陕西省委。马明方到陕西省“检查”工作时，省委问马明方：“象杨安仁这样的人能否提拔使用？”马明方竟回答说：“如果这个人表现好，在行政部门也可以提拔。”于是，杨安仁这个叛徒就由民政厅办公室主任提拔为民政厅副厅长，在无产阶級专政机关内，安下了一个钉子。也就在这次“检查”中，他还亲自批准数次脱党并已墜落为反革命的黃子祥重新入了党。这个反革命分子一九六四年又被清除出党。

--九五九年马明方又伙同张××合谋包庇了于一九四三年在新疆监狱集体叛变自首的航空队。对这些人，马明方欺骗中央组织部说："他们都是些很忠诚，热情、纯洁可爱的同志。"结果这些人被安插到党、政、军内任重要职务，从而留下了隐患。

马明方不但百般包庇叛党分子，更甚者，他还百般包庇大特务，与大特务卿卿我我，打得火热，有着十分密切的联系。大特务杨玉峰，一九二六年入党后，是陕北党组织负责人，于一九三二年被扑后，全部供出陕北党组织情况，使我地下党组织遭到极大的破坏 他反革命"有功"，得到国民党的重用，当上了陕北CC特务组织的头目，专门从事破坏、瓦解我地下党组织的罪恶活动。对这样一个大坏蛋，马明方却登门拜访，劝他再次加入共产党。杨玉峰供认："我的好友郭洪涛（大叛徒）马明方……均先后来到绥德，他们都劝我回党工作，我觉得这是一件不可能的事，虽然他们各位能原谅我，别人绝不会原谅我，所以我拒绝了。"不仅如此，解放以后，马明方继续干这类罪恶勾当。刘亚哲是个国民党少将军统特务，曾于一九四六年把在新疆监狱的我方人员一百三十一人押送到延安。解放后，被我专政机关逮扑。马明方闻讯后如坐针毯，就叫高××把刘亚哲保释出狱，并安插到铁道部参事工作。事后刘亚哲毫不隐讳地说："我估计是马明方保出来的，只有有地位的人才能照顾我。"一九五八年，马明方又把刘请到家中会宴，并肉麻地说："亚哲，你的任务（指押送我方人员一事）完成得很好，我们很感激你。组织问题解决了没有(指加入共产党)？"以后，马明方又极力推荐把刘亚哲的一篇文章，登在我们社会主义国家的刊物上，说是要解决刘亚哲的"家庭生活困难问题"，用心何其毒辣！马明方如此低三下四地拜倒在大特务面前，是有阴险目的，他妄图，把这样一些反动透顶的家伙拉进来，使其重操旧业，继续从内部来破坏、瓦解党组织，以达到他的反革命复辟的目的。与大特务关系这样密切，马明方究竟是何许人物，必须深究！

伟大领袖毛主席英明指出：**对帝国主义的走狗即地主阶級和官僚資产阶級以及代表这些阶級的国民党反动派及其帮凶們必須实行专政，实行独裁，对于人民內部，則实行民主制度。不这样，革命就要失敗，人民就要遭殃，国家就要灭亡**。马明方却公然对抗毛主席的英明指示，利用其窃取的职权，通过统战工作，把大批罪恶昭彰血债累累的敌伪军阀、官僚政客以及土豪劣绅安插在政权机关，妄图改变无产阶级专政的性质，为复辟资本主义作组织准备。

人称"王老虎"的王敬斋，是陕北有名的大土匪，原国民党师长，后投降日本，在南京当上了伪军司令，是一个不齿于人类的民族败类，大汉奸。解放后又潜回陕北。大叛徒马明方伙同反党分子习仲勋、马文瑞，把这样一个双手沾满了我地下党员、红军战士和革命群众鲜血的大刽子手拉入党内，马明方是他的入党监誓人。入党后，他先后任陕西省自卫军司令员和渭南军分区副司令员。一九五〇年广大群众揭发了王匪的大量罪恶事实，军队干部也坚决反对这个罪大恶极的反革命分子，马明方之流才不得不把他调离军分区，清除出党。但是马明方仍不顾群众的反对，又把王匪安插到西北军区参议室。军区参议室撤销后，又安插到陕西省人委参事室，任参事以及省政协常委。

一九五〇年，马明方把大恶霸、反动军阀、镇压陕北革命运动的大刽子手、国民党八十四师师长高桂滋拉入陕西省人民政府，当上了委员。当时一些代表，特别是身受其毒害的陕北代表不选高匪。马明方竟利用职权，命令会议工作人员做代表的“工作”，首先在党内“动员”，叫党员代表代头选高匪。马明方就是这样不择手段地把高匪安插在重要岗位上担任要职，使他继续作威作福。

马明方对蒋介石的忠实信徒、大右派、曾历任陕北米脂、绥德等几个大县的伪县长韩兆鹗非常信任。解放后，陕西省人民政府成立时，马明方之流把韩捧上了“副主席”的宝座，土改时，把他任命为土改委员会副主任，双手交出了民主革命的领导权。更可恶的是马明方又于一九五〇年以后，把省刑事案件复核委员会的要职交给了韩。韩兆鹗成了马明方之流在西北复辟资本主义的得力干将。

马明方就是这样顽固地站在反动阶級的立场上，从他的反革命需要出发，明目张胆地包庇重用叛徒、官僚军阀、恶霸地主、特务汉奸，网罗社会上的牛鬼蛇神，招降纳叛，结党营私，妄图把无产阶級专政改变为地主阶級资产阶級专政。同时，他又对革命干部和革命群众，进行无情地打击，残酷地迫害，为他进行反革命活动打开通路。“渭华事件”就是一起骇人听闻的政治陷害案。

问题是从华县引起的。一九五二年在党中央和毛主席的英明领导下，在全国展开了轰轰烈烈的“三反”“五反”运动。华县县委的革命同志纷纷起来揭发了县长刘成海道德败坏、贪污已沒收的地主黄金等罪行。这一革命行动，触怒了渭南地委书记白清江和渭南专署专员张俊贤，他们电话指示：“这是反革命事件，”并提出要逮捕提意见的人，后在群众反对下未逞。与此同时，渭南地委机关革命干部起来揭发了白清江、张俊贤等人的贪污大烟和挪用公款作生意及浪费国家资财等问题。白清江、张俊贤之流不但毫无悔改之意，竟把首先站起来揭发问题的左嘉善同志，经马明方批准，给他扣上“反革命”帽子，利用职权逮捕入獄。并开列了二十九人的“反党反领导集团”的黑名单，（大部分是好的或比较好的同志）对他们进行跟踪、盯哨，逆用特务嫌疑犯孙昌德CC侦察，残酷迫害，连同华县县委的共五十二名干部全部被打成“反革命”“反党分子”，有的被捕入獄，有的含冤而死，有的被逼跳河自杀。但革命干部不畏强暴，坚持斗争，他们向《人民日报》投稿揭发了这一事件。当时任陕西省委宣传部长的甘一飞同志站在广大革命干部和革命群众一边，支持他们对白清江、张俊贤的斗争。他坚持在《陕西日报》揭露这一事件，并拟了社论准备发表。但这个社论被当时任西北局书记的马明方拿去压下不发，他阴险地扑灭了这一革命的火种。陕西省委在革命干部和革命群众压力之下，才不得不派出了以宣传部副部长延泽民为首的调查组到渭华调查。调查结论认为渭南地委压制批评、压制民主。省委通过了这个结论。然而向马明方汇报时，他却否定了这个结论。到了五三年夏天，省委再次讨论“渭华事件”时，延泽民学着他主子马明方的腔调大肆散希说：“渭华问题马明方说话了，是甘一飞在搞反党活动，咱们过去上他的当了，再搞下去可不得了哩！”

从此，对甘一飞同志的迫害开始了。甘一飞同志早在土地改革时期，就对马明方所进行的右倾投降主义路线进行了针锋相对的斗争。马明方视甘一飞为眼中钉，肉中刺，于是便借“渭华事件”軟硬兼施对甘一飞同志进行打击陷害。

首先，马明方硬把甘一飞等同志打成“反党集团”，于一九五四年，在马明方操纵下借省委党代会之机，取消了甘一飞同志省委委员候选人资格，把他排挤出省委。马明方的爪牙无耻地和甘一飞说：“只要你同意马书记的意见，你就负责省委工作。”马明方也曾亲自出马对甘一飞同志谈话，妄图把事情压下去。这些阴谋诡计都未得逞。甘一飞同志坚持原则，坚持斗争，多次向中央提出控诉。但党内最大的走资本主义道路的当权派刘少奇、邓小平却极力庇护马明方，妄图把大事化小，小事化了。邓小平说：把问题弄清吸取这个教训就是了。”刘少奇当面和甘一飞同志弦外有音地讲：“看来这个地委书记和专员就是不好，但这样的事一万年也免不了，算了，你要往前看！”在刘、邓的操纵下，对“渭华事件”作了个把“打击陷害，打击报复”改成“压制批评、压制民主”的结论，为掩人耳目，也提出要给打成“反革命”的进行平反。但习仲勋又根据刘．邓的黑指示做出决定：“不要追求责任，……不要突然宣布翻案平反。”在这个黑指示，“渭华事件”受迫害的革命同志继续遭受迫害，而白清江、张俊贤之流，却被提拔重用，飞黃腾达。同时，经过这一场较量，马明方及其黑爪牙，对甘一飞同志更加恨之入骨，就于一九六三年借习仲勋被揪出之机，马明方伙同刘澜涛等人对甘一飞同志进行了更残酷的迫害。他们恶毒污蔑甘一飞同志是习仲勋的“红人”，无中生有地把他打成习仲勋反党集团分子，并给于留党察看两年，降級两級的处分，被赶出陕西，欲置甘一飞同志地死而后快。

一九五四年马明方调中央组织部工作，他为便于进行反党反革命活动，把他在西北的一批亲信爪牙带到中央组织部，以控制中央组织部大权。一九五六年调财贸部工作时，又把这批亲信爪牙带到财贸部，并在财贸部大肆推行“打击一大片，保护一小撮”的活动。财贸部副部长×××对财贸部的工作与马明方有不同意见，因此产生了分歧，马明方便想方设法排挤打击×××。马明方支持其爪牙白潜等人大整×××的黑材料，上报中央。×××终于从中央财贸部被排挤出去，白潜因整×××有功．由处长提为副部长。在财贸部，凡是对财贸部工作及马明方有意见的人，几乎都遭打击迫害，使得财贸部完全成了马氏天下。

一九六〇年马明方调到东北局任第三书记，他把亲信爪牙又带到东北，安插到财委、计委、经委，控制了财委、计委、经委大权，妄图在东北地区大搞独立王国。文化大革命中，正是以财委、计委、经委为核心，组成了高級保皇团“色团”，马明方操纵“色团”。把魔爪伸进各个领域，疯狂镇压无产阶級革命派，以保护自己过关，犯下了滔天罪行！

六、顽固坚持資产阶級反动路綫，疯狂破坏无产阶級文化大革命

毛主席严正指出，资产阶級反动路线的炮制者，**“站在反动的資产阶級立場上，实行資产阶級专政，将无产阶級轰轰烈烈的文化大革命运动打下去，顛倒黑白，围剿革命派，压制不同意見，实行白色恐怖，自以为得意，长資产阶級的威风，灭无产阶級的志气，又何其毒也！”**

大叛徒、大野心家、大阴谋家、刘邓伸向东北的爪黑牙马明方，一贯站在反动的资产阶級立场上，顽固地坚持资产阶級反动路线，他就是疯狂镇压东北地区无产阶級文化大革命的刽子手。

（一）顽固对抗毛主席的革命路綫大派工作組大抓右派妄图扑灭文化大革命的熊熊烈火

一九六五年九月，毛主席亲自主持了中央政治局扩大会议。在会上，毛主席一针见血地指出：**"吳晗《海瑞罢官》的要害問題是'罢官'，必須給予批判。"**然而宋、马之流对毛主席这一重要指示，拒不传达，严密封锁，百般抵制。在姚文元同志对吳晗的批判文章发表以后，他们仍对抗毛主席指示，拒不转载。相反，对他们的主子刘少奇、彭眞所抛出的反革命《二月提纲》，却奉若神明，立即召开东北局九次全会，积极贯彻，并制定了所谓《关于学术批判问题的讨论记要》，公然与毛主席三次审查修改、由江青同志主持制定的《全军文艺座谈会纪要》大唱反调。

旧中宣部黑帮分子林默涵在其黑后台的指使下，丧心病狂地抛出了一个《一九六六年全国文艺批判的几点意见》，企图把严峻的政治斗爭引向纯学术批判的歧路上。宋、马之流紧密配合这一反革命活动，竟盗用东北局的名义，草拟了通知，要在东北三省开展什么学术批判活动。一九六六年六月，毛主席批发了第一张马列主义大字报，在全国点燃了无产阶級文化大革命的熊熊烈火，而宋、马之流却迫不及待地抛出了臭名昭著的《东言》文章，给东北文化大革命划框框，定调子，而且还"创造性"地搞出什么"三条"，条"，"八条"，用这些条条框框束缚群众手脚，压制群众革命，妄图把东北地区文化"大革命运动扼杀在搖籃之中。为了扑灭文化大革命的熊熊烈火，宋、马之流秉承其黑后台的旨意，自上而下地向三省大派"工作队"，在去年七月十日向中央的报告中还恬不知耻地说："在各省、市委及时派出工作队、到各单位进行了一段艰苦细致的工作以后，大部分单位的情况已经明朗，领导开始由被动转为主动。"向其黑后台大肆吹嘘镇压文化大革命之"功绩"。当中央决定要撤除工作组时，马明方之流继续顽抗，指使工作组大搞假"文革"、留下"联络员"、"观察员"，以了解情况为名，行变相工作组之实。为了替其主子开脱罪责，在撤工作组时，还盗用书记处的名义，通知工作队："凡沒有实行三同的，要赶快实行三同。抓紧做好事，给群众留下个好印象。"企图掩盖路线错误的实质。更为严重的是直到九月二十五日，马明方、喻屏还给齐齐哈尔派工作组，这不是明目张胆地对抗党中央和毛主席的指示吗？

五月十六日《通知》下达以后，刘、邓、陶为了破坏文化大革命，复辟资本主义，六月中旬指使其得力干将王任重起草了一个"绝密文件"（放手发动，冷静观察，引蛇出洞，聚而歼之），要在全国抓四十万右派。这个"绝密文件"传到东北局，宋、马如获珍宝，急急忙忙在六月二十五日召开了书记处办公会议，研究贯彻，马明方提出在学生中要抓千分之五到百分之一的右派。并向东北局各部委和三省做了传达部署。马明方还亲自出马，跑到吉林延边去传达部署。在六月二十九日的东北局书记处会议上，马明方怀着对革命群众的刻骨仇恨，咬牙切齿地说什么：“看形势发展同过去不同的地方，是同彭、罗、陆、杨，而牛鬼蛇神一下子跳了出来，同我们斗争。过去钓，还不出来，这次跳出来骗得一部分群众，打乱了我们的部署，我们来不及。”还胡说什么：“目前形势非常好，阶級敌人自已冒了出来，左派队伍形成了，战胜敌人就是好事。”马明方把敢于造反的革命闯将打成“牛鬼蛇神”，“阶級敌人”，大抓他们的“一小撮”，其用心何其毒也！

九月，马明方对革命小将到东北局煽风点火的革命行动怕得要死，恨得要命，一听说来开点火会便暴跳如雷，恶毒地咒骂道：“这不能开！这一开不就乱了吗？不就成了骡马大会了！”其反革命气焰眞是嚣张已极！不仅如此，马明方还千方百计地转移斗爭大方向，保护自已及其同伙过关。

去年六月，马明方在传达中央工作会议和东北局全会精神时，当讲到毛主席说资产阶級代表人物各省市都有一批时，马心怀鬼胎地抵制说：“资产阶級代表人物有就有，沒有就沒有。”东北局机关文化大革命一开始，马明方就定调子说：“机关事务管理局是运动的重点”，“机关运动的好坏取决于对赵云生、霍遇吾批判的深透如何”，后来又说什么：“机关运动的中心是解决机关党委的问题”，“机关党委的问题解决到黃照（机关党委副书记、办公厅副主任）以下就算了。”根本不触动各部委和书记处的问题。

八月五日毛主席《炮打司令部》的大字报发表以后，群众受到极大鼓舞，纷纷起来揭发书记处的问题，马明方吓慌了手脚，赶紧狂叫说什么：“东北局不能瘫痪。这是关系到东北地区几千万人口的大事。”以此为借口，三令五申地向机关群众下达指示说：“中央委员报纸不点名的不准贴大字报”，“对欧阳钦的问题不准贴大字报”，“陶鑄问题不准贴大字报”，“东北区学习毛主席著作问题不准贴大字报”等等。同时还规定东北局各部委领导干部之间和机关党委委员之间也不要互相贴大字报。

九月十五日，《红旗》第十二期发表了《紧紧掌握斗爭大方向》的社论，社论明确指出：“打击的重点，是钻进党內走资本主义道路的当权派”。这时，宋马之流害怕革命烈火再次烧向书记处，就指使协助马明方领导机关文化大革命的三反分子、财委主位倪伟跳出来，公开叫嚷：“机关党委是运动的中心，要一个回合，一个回合地搞下去！”

当黑龙江革命小将大揭三反分子欧阳钦的时候，马明方竭尽保护之能事，肉麻地吹捧欧阳钦：“在大的方面还是正确的，还是执行毛主席路线的，还是拥护毛主席的。”“欧阳钦是紧跟中央的”，“大跃进时是坚定的”，他对给欧阳钦贴大字报的人气势汹汹地威胁说：“谁贴的，谁负责。”

马明方对其亲信、财委主任倪伟更是拚命死保，倪伟有大量的三反言行，是地地道道的反革命修正主义分子，马明方却百般为其开脱罪责，说什么：“看人要看历史，不能看一段历史，一时一事。”幷亲自指定让倪伟做为自已的高参领导文化大革命。

他对沈亚刚（原东北局工交政治部主任）这个残害妇女达 十二名之 多的“衣冠 禽兽”也公开包庇，死保不放。这个自杀叛党的反革命分子，也被马明方指定来领导机关的文化大革命。

他对党內最大的资产阶級保皇派陶鑄更是异常效忠，他三令五申：“不准贴陶鑄的大字报，贴了马上统统摘下来。”“以后不准贴，谁贴谁负责！”一副保皇狗的嘴脸已暴露无遗!

马明方还授意被其操纵的御用组织四处放风：“东北局的资产阶級黑司令部是以欧、强为首的。”以此作烟幕来保护自己及其同伙。其用心何其毒也!

（二）扶植保守势力，制造白色恐怖，鎮压革命造反派，大搞資本主义复辟活动

在去年十一月，马明方同反革命两面派陶鑄在北京国际饭店密谋策划破坏东北地区的文化大革命，他领取了陶鑄的黑指示后，立即回沈与东北局省市委内其他走资本主义道路当权派合谋，大力扶植保守组织为自己保鏢，于是东北局、省市委的“官团”应运而生，东北局机关“色团”、省委“联络”、市委“串总”，在不到十天的时间相继成立。这些官团中，本身就有一小撮走资派叛徒，宋马的爪牙以及被宋马之流收买的坏头头。

马明方就利用这些保守组织，欺骗和蒙蔽一部分群众，大搞形“左”实右的资产阶級反动路线，大刮打、砸、抢风、游街风、开除风，把斗爭矛头指向革命群众。如马明方亲自坐阵的东北工学院，仅一个系就有占全系党员总数百分之七十二的党员被开除。就这样，群众斗群众的现象愈来愈严重，而党内一小撮走资派却趁机混水摸鱼，蒙混过关。

上海“一月革命”的风暴敲响了党內一小撮走资派的丧钟。吓破了宋马之流的狗胆，马明方这只老狐狸，以攻为守，乘机与其同伙密谋，导演了一出“让权”的丑剧，把大权赐给其御用组织。一月二十日宋马之流亲自登台公开支持“色团”，接管各部委的权。紧接着又勾结省市委內一小撮走资派，分别于一月二十三日、一月二十八日策划了市委和省委的假夺权。市委假夺权前，三反分子杨春甫对“串总”的头头讲：“现在别地方都夺权了，你们再不夺就晚了。”“夺权”后，杨又对“串总”头头说：“夺了权，我们就放心了。”这是货眞价实的假夺权，眞复辟！马明方和他的亲信三反分子白潜于一月二十五日匆匆忙忙赶到沈阳宾馆，向杨春甫之流下达黑指示，要他们“经常研究夺权后的形势，经常向省委东北局反映情况”，并且建立“三至五人的领导核心，与省委东北局保持单线联系。”命令杨春甫在市委夺权以后，“做好工作，及时总结经验。”同时，马明方还嘱咐所谓市委接管委员会的头头：“希望你们和市委书记处合作，把沈阳市的文化大革命工作做好，总结出接管后的经验。”等等。请看！由马明方及其同伙策划的“夺权”到底是什么货色不就一清二楚了吗？就在马明方利用其御用组织大搞假夺权、眞复辟的同时，对那些大造马明方反的革命组织实行了残酷的镇压。

二月七日在宋马之流及“色团”头头的周密策划下，把刚刚成立三天，明确提出“炮轰东北局，打倒马明方！”口号的东北局机关革命工人造反兵团镇压了。“兵团”负责人李占一等三人被捕入獄。“色团”的一小撮坏头头责问“兵团”同志说：“为什么要揪马明方？马明方一直是支持我们造反派的！”并且宣布：“在东北局机关不准成立第二个群众组织，如果成立，就按反革命论处！”从此，东北局机关成了“色团”一家的天下。马明方还唆使“色团”对参加“兵团”等组织的群众大肆进行整肃，大搞白色恐怖，大批群众被揪上台去，弯腰、下跪，惨遭毒打，有的被迫举着牌子，敲着瓶子，同

三反分子一起被游斗。在马明方的残酷镇压下，东北局机关文化大革命陷入低潮。沒有人敢提出“火烧书记处，打倒马明方”了，就是一般的反面意见也不敢提了。宋马之流为了斩草除根，又把大批大造他们反的革命闯将送到农村进行劳动改造，同时把自己的亲信爪牙安插在各个要害部门，成立了生产委员会，政治委员会，行政委员会，行使了东北局的全权。书记们的办公楼又铺上了地毯，宋、马、顾、喻等人又公开露面了。机关的大字报被摘得干干净净，办公楼刷洗一新。运动在东北局机关“收口”了，机关恢复了“正常秩序”。宋马之流扼杀了东北局机关的文化大革命之后，又亲自出马，拼凑了“辽联”，派出了大叛徒、三反分子喻屏为联络员，指使“色团”派出人马到“辽联”的各部（组）去控制实权，“辽联”成了资本主义复辟的工具。四月三日，宋、马、顾、喻登上了“辽联”大会主席台，公开“亮相”。大叛徒、反革命修正主义分子马明方，就要作为“革命的好干部”被“辽联”结合了。一场触目惊心的资本主义复辟就在眼前！就在这关键时刻，《人民日报》四月八日社论发表了。党中央毛主席号召我们把斗争的矛头指向党內最大的一小撮走资派以及伸向各地区的黑爪牙，斩断刘邓伸向各个领域里的黑手！

四月十日，我东工红旗革命小将高举造反有理的大旗，杀进东北局，直捣阎王殿，活捉大叛徒马明方！这一坚决的革命行动，敲响了马明方的丧钟，吓破了马贼的狗胆！为了逃脱其灭亡的命运，马明方便使出了更阴险、更狡猾、更毒辣的手段，残酷迫害革命小将，围攻、谩骂、殴打、跟踪、盯梢、政治陷害、经济封锁，无所不用。语言之恶毒，手段之卑劣，闻所未闻，见所未见。

首先，马明方唆使其御用组织——东北局“色团”以“东北局是中央派出机关，是保密机关不能进驻，不能串联”为借口，对革命小将横加阻拦。阻拦不成，又大造谣言，污蔑革命小将“冲击解放军岗哨”了，喊“反动口号”了，“冲击保密机关”了等等。给革命小将横加罪名。宋马之流为了置革命小将于死地，又阴险地指使“色团”给中央文革打电话，欲把我东工红旗打成“反动组织”，马明方还赤膊上阵，曾三次亲自要求军区出兵镇压革命小将。其用心何其毒也！

除对革命小将进行残酷的政治迫害外，马明方还唆使东北局“色团”和受蒙蔽的学生组织对革命小将实行严密的经济封锁，不给饭吃、不给水喝、不给房子住，妄图把革命小将饿死、渴死、冻死，置于死地而后快！

所有这一切都宣告失败后，马明方又赤膊上阵与其同伙宋、顾、喻在四月二十一日抛出了反革命的“三点意见”。“三点意见”对抗毛主席的革命路线，与中共中央“五一六”《通知》这个伟大历史文件大唱反调，为保护东北局、省市委內一小撮走资派，极力挑动群众斗群众，转移斗爭大方向。“三点意见”出笼后，武斗流血事件达五百多起，“五·一”，“五·四”等大型流血事件层出不穷，“三点意见”把矛头指向人解放军，对军区突然袭击，污蔑军区支“保”不支“左”，为掀起更大规模地炮打解放军的反革命逆流大造舆论。“三点意见”的要害就是要阴谋篡夺军权，企图复辟资本主义，实现资本主义专政。总之“三点意见”罪恶累累，罄竹难书。

无数事实表明，“三点意见”就是一株彻头彻尾的反毛泽东思想的大毒草，是彭真反革命“二月提纲”的翻版，是挑动群众斗群众的动员令，是射向解放军的一支大毒箭，是复辟资本主义的反革命宣言书！

正如中央领导同志指出的那样：经过两个月来群众运动的检验，"三点意见"是错误的！把"三点意见"作为最高标准，唯一标准来划分造反派；拿"三点意见"为法宝来压人，同意的干部站出来亮相，不同意的打下去，背离了毛主席的革命路线和党中央的方针政策，离开了斗争大方向。"三点意见"在拟制过程中，态度是恶劣的，做法是不正当的，事先不向中央报告，不请示中央文革小组，对中央搞突然袭击。就在这反革命"三点意见"制定过程中，马明方几次敦促说："情况紧急，不能迟疑，赶快决定"。正象喻屏供认的那样：马明方起了积极作用，他不是反对的，不但不反对，而且是积极赞成的。"

（三）馬明方是炮打解放軍的急先鋒和黑后台

中国人民解放军响应毛主席的伟大号召介入地方文化大革命，坚决支持无产阶級革命派，打破了马明方复辟资本主义的黃粱美梦，马明方对解放军恨之入骨，他指使其爪牙，利用受其蒙蔽的某些群众组织，把矛头指向伟大的中国人民解放军。

一月二十七日马明方给辽宁军区打电话，要军区领导同志接见受马蒙蔽和利用的红卫兵小将，并亲自率领他们到军区百般刁难，围攻军区领导同志。

一月二十九日至二月六日，马明方坐阵东工，密谋策划，指使受其蒙蔽的学生组织的坏头头非法扣留身负战备和支左重任的辽宁军区副司令员凌少农同志。

一月三十日马明方又亲笔写黑信给受其蒙蔽的学生组织的负责人×××，在信中，马明方恶意地把伟大的中国人民解放军称为"大敌"，把他们大反人民解放军的罪恶活动说成什么"工作十分紧张"，并且要×××尽早地与马明方密谈策划，掀起更大规模地炮打解放军的反革命逆流。当这股逆流被击退之后，马明方还不死心，于四月二十一日又积极参与了炮制反革命的"三点意见"，又把矛头指向了伟大的中国人民解放军。

马明方为了搞垮辽宁军区和沈阳军区，篡夺军权，还唆使其御用组织，大整军区领导同志的黑材料。在四月二十八日革命小将抄马贼的老窠时，就抄出了整理辽宁军区付司令员×××的黑材料。铁一般的事实说明，马明方就是辽沈地区炮打解放军的急先锋和黑后台。

上述大量的事实，无可辯驳的证明，马明方就是个地地道道的大叛徒，是个货眞价实的刘、邓黑爪牙，彭、高、饶反党集团的干将，老牌的反革命修正主义分子，是疯狂镇压东北地区文化大革命，双手沾满革命派鲜血的刽子手！

"宜将剩勇追穷寇，不可沽名学霸王。"

我们无产阶級革命派要高举毛泽东思想伟大红旗，紧跟毛主席的伟大战略部署，发扬"痛打落水狗"的彻底革命精神，打一场革命大批判的"人民战争"，坚决彻底把马明方批深、批透、批倒、批臭。把他打翻在地，再踏上一支脚，叫他永世不得翻身！遗臭万年！

打倒马明方！

彻底摧毁以刘少奇为首的资产阶級司令部！

打倒宋任穷！

賀龙之流在体育界大搞反革命复辟的严重政治事件

——反革命分子穆成寬称霸游泳界与《水上春秋》的出籠

紅代会天津體育學院毛澤東思想紅衛兵
《體院戰報》編輯組編印
1967.9.

最高指示

過去說是一批單純的文化人，不對了，他們的人鉆進了政治、軍事、經濟、文化、教育各个部門里。過去說他們好象是一批明火執仗的革命黨，不對了，他們的人大都是有嚴重問題的。他們的基本隊伍，或是帝國主義、國民黨的特务，或是托洛茨基分子，或是反動軍官，或是共產黨的叛徒，由這些人做骨干組成了一个暗藏在革命陣營的反革命派別，一个地下的獨立王國。

目　　录

賀龙之流在体育界大搞反革命复辟的严重政治事件
——反革命分子穆成寬稱霸游泳界與《水上春秋》的出籠

前　言

反革命分子穆成寬，是一个恶貫滿盈的大地主恶霸兼汉奸特务大資本家。

在日本侵华时期，是个大汉奸；在国民党統治时期，是个特务奸商；直至解放以后，还是个不法資本家。穆成寬，是一个专政的对象！

但是，由于党內走資本主义道路当权派賀龙之流复辟資本主义的反动需要，却把这个理应鎭压法办的大坏蛋一下子捧上了天，拉进了体育界，塞进了国家政权机构，使他突然飛黄騰达，一步登天，成了"紅得發紫"的暴發戶。并且，还千方百計地歪曲历史，把吸血鬼穆成寬美化成一个靠"打柴捕魚"为生的"受苦人"，恬不知恥地为他树碑立傳，拍制了为地主恶霸汉奸資本家歌功頌德的反动影片《水上春秋》，致使反革命分子穆成寬及其同伙名揚海外，轟动一时，不可一世！

对于反革命分子穆成寬及其后台老板的复辟阴謀，广大的貧下中农和革命造反派的同志們，是早有察覚的，并进行过不断斗爭。但是，过去由于穆成寬的后台主子"硬"，上至賀龙、荣高棠、何启君、李梦华，下至万张反党集团及其嘍囉爪牙，彼此勾通，掌握了党政大权，因此一直沒有把他們斗倒。在这次无产階級文化大革命中，由于毛主席点燃了熊熊烈火，才把他們这群魔鬼烧得无处藏身，寿临末日了！

下面就分专题按章节逐一把穆成寬的罪恶家史、党內走資本主义道路当权派包庇他的罪行、他在体育界干的罪恶勾当及《水上春秋》的反动实質等等，通通揭露。讓大家都来对他們进行大斗爭，大批判，把他們彻底砸个稀巴烂！

第一章：穆成寬罪惡家史

一、序

同志，你看过《水上春秋》这部电影嗎？你如果看过的話，就不难回忆起在影片开头有这样的描繪：

“一张破漁网吊在树枝上，鏡头拉出来，我們看見这是在河岸一棵树下，旁边一位約二十岁的青年，身体壮壮实实，正在修补这张漁网。他的名子叫华鎮龙。”

“忽然河心傳来‘救命’的惊呼声，岸边行人都急来望，說时迟那时快，华鎮龙已跳到河里往出事地点游去，速度惊人。”

“河心激流中，华鎮龙已把一个沉浮于水面的小孩举起，踩水走近小船。船上立着一位惊惶失措的妇女，把孩子接应上船后便狠狠地朝那孩子的屁股上揍了几下，轉身即向华鎮龙道謝。感激莫名。”

这时天津体育界的人物头大奸商七爷华运財过来开口問道：“鎮龙，你在哪学的这套本領？平常我很少回村来，还不知道你有这一手呢？”

华鎮龙答道：“你說浮水呀？光种地活不了，就再抓点魚卖，打魚不会水，还不淹死？”

这里所描繪的“种地打魚”为生的“善良忠厚”的华鎮龙，究竟是誰？——談出来，会引起人們的極大憤慨：原来不是别人，正是那被賀龙吹捧为“反帝民族英雄”、实际是大恶霸大汉奸大奸商的反革命分子穆成寬！

提起穆成寬来，大概体育界乃至国内外无不知有此人者。但穆成寬何許人也？这却有很多人不知道。

穆成寬是天津北郊天穆村的恶霸，原名叫穆鎮鵬，小名叫龙儿。据他自己吹嘘：鵬是最大最凶的鳥，为了显示我的威力和凶劲，就起了穆鎮鵬这个名，意思是連最大最凶的鵬也被我鎮了！”

他为了不忘記称霸一时的过去，更为显示他的政治野心，于是在一九五九年拍制的反动影片中，就定了个名，叫“华鎮龙”。这样即用上了小名龙儿，又用上了原名的鎮字，还不失原意，并且可以暗示《水上春秋》就是美化他，为他树碑立傳的，从而达到他不可告人的卑鄙目的！

在天穆村一帶，貧下中农提起穆成寬来，沒有不咬牙切齿对他恨之入骨的！但是，出人意料，穆成寬这个大地主恶霸、大汉奸資本家，却反而走起“时运”来了，由一个被专政的对象，竟一躍而上、步步登高、飛黃騰达，头頂上戴滿了金光夺目的桂冠：什么天津体院水上系主任、天津水上协会主席、天津民族文化协会付主任委員、天津回民委員会主席，天津民主青年联合会委員，天津人民代表、天津政协委員；什么天津体院运动系付主任、河北省政协委員；还有什么全国水上协会指導委員会委員、全国体育总会委員、全国政协特邀委員、全国群英会代表、体育界先进工作者、五好干部、土专家，等等，等等，名目繁多，不胜枚举！

那么，穆成寬这个反革命分子究竟是怎样钻进体育界的？他到底是个什么样的家伙？他在体育界又干了那些罪恶勾当？这一系列的問題，就極有必要搞它个水落石出！因为，穆成寬問題絕不是什么"穆成寬一个人的問題"，也絕不是什么"单純体育界的事情。"穆成寬这个大恶霸地主、大汉奸資本家，所以在解放后能钻进体育界，并且一步登天地窃踞許多要职，这是和党內走資本主义道路当权派的复辟阴謀分不开的！

如今，我們把穆成寬的反革命老底揭开，这对彻底砸烂体育界賀、荣反革命修正主义和天津市万张反党集团，都有着極其重要和極其必要的現实意义。

讓那些心怀鬼胎、痴心妄想繼續包庇反革命分子穆成寬的走資本主义道路当权派及其嘍囉小丑們去抱着自己的墓碑哭泣吧！对于反革命分子穆成寬及其主子同伙們来說，历史是无情的法官，用毛澤东思想武裝起来的革命群众就是他們的掘墓人！

二、穆成寬的家

穆成寬的家，在天津北郊天穆村，这个村有两千多戶人家。这里居住的貧苦农民，多靠租佃地主的土地和打漁为生。在天穆村原来有两戶霸主，一霸主是地头蛇穆祥起家，一霸主就是穆成寬家。后来，地头蛇穆祥起家被穆成寬家打敗，于是穆成寬便成了天穆村赫赫有名的南霸天了。

穆成寬的爷爷，是个帶地入旗的大清王朝的显貴，曾与窃国大盗袁世凱亲密往来，不可一世。

穆成寬的狗爹叫穆文升，是个有名的"混混"吃"杂八地"的，外号叫"小辮"。穆文升为了牟取暴利，干尽了丧尽天良，害人肥私的勾当。他曾到东北哈尔滨去开妓院，并且販卖人口，把天津穷家戶的年輕妇女以种种手段騙买到手，通过人販子吳八运至沈阳高价出卖，有的卖到张家口外，有的投进哈尔滨他亲自开的妓院，大發不义之財。

穆文升一方面开妓院，販卖人口，一方面經营土地剝削，另一方面还經营商業开了个"恩义成牛皮店"

穆文升剝削压窄人民之手段是極其毒辣的。村上有一个叫丁万选的貧农，当时由于生活所迫欠下了他二十塊大洋，还不起，穆文升就乘机逼債不放，由于当时穆成寬家有錢有势，反抗不了，就把刚刚二十岁的丁万选活活逼死了！

一九二七年夏天，貧农穆祥福，也欠下了穆文升的錢还不起，当时穆祥福之妻穆王氏生小孩还沒有满月，就慘遭災祸：穆文升借口軍队要住房，把穆祥福一家通通赶出了家門，逼得他們走投无路，流落到他乡，穆祥福便大病一場之后，无力反抗，不久就憤憤不平地含怨自杀了……

穆成寬的大伯穆文学，也是个"混混"。穆成寬的七叔穆文方，也是个反革命地主分子，解放后被依法鎮压了！穆成寬的堂兄穆成福，是个被管制的大地主。

由于穆成寬一家橫行霸道，无恶不作，到一九二九年穆成寬二十岁左右繼承他狗爹家業时，已經是有地数頃，菜園几处，平房楼閣十多所，經商开店的堂堂大戶了！

就是这样一个堂堂大戶的闊少爷穆成寬，居然被反革命分子紀丕芳（原天津市公安四处处长，后天津市体委主任，万张集团爪牙）等在上报材料里吹捧之为"該人在小时家中很穷"的"受苦人"！在另一个把穆成寬排为"左派"的材料里，竟顛倒黑白地写道："該人在小时，家中很穷，在家中打柴捕魚。"恶意地把一个大地主恶霸，大汉奸資本家美化成了"打柴捕魚"的"受苦人"，这岂不是咄咄怪事！但也并不奇怪，这正好暴露了党内走資本主义道路当权派的丑恶本質，正好說明了他們是臭味相投的一丘之貉！

三、穆成寬在解放前的部分罪行

穆成寬在解放后被党内走資本主义道路当权派包庇，提拔和重用之后，他們狼狽为奸地隐瞞了其反革命罪恶历史，却裝成了个"受苦人"，假报自己是"职員出身"。当在群众大量控訴、揭發、檢举面前混不下去的时候，就又合謀巧施詭計，虽然他被迫承認了是地主資本家，却大耍新的阴謀，宣揚他是什么"沒有剥削过人的資本家"，"沒有做过坏事的恶霸地主"，"沒有干过恶事的日本汉奸，国民党特务"。眞是天下奇談，无耻至極！

但是，事实胜于雄辯，狐狸的狡猾逃不脫猎人的眼睛！人民的眼睛雪一般亮，穆成寬的滔天罪行罄竹难書，是絕对掩蓋不了的！广大貧下中农和广大革命群众对穆成寬及其主子的揭發。控訴。宣告了他們末日来到！

下面就簡述一下穆成寬在解放前的部分罪行。

（一）在一九三〇年以前：

穆成寬，一九〇九年一月八日出世。幼时讀了几年私塾，后来就随其父穆文升到东北哈尔濱开妓院，与其狗爹一起販卖人口，从小就学会了一套牟取暴利残害人民的"生意經"，干着欺压百姓，敲詐民財的罪恶勾当。

他十七岁时，与其父一起回到了天穆村，用开妓院和販卖人口盤剝的不义之財，开了个"恩义成牛皮店"。穆文升当經理，穆成寬当跑外先生和帐房总管。

穆文升和穆成寬回村后，为了闖"势号"，經常毒打貧苦农民，就連比他"势号"小的小霸主，也要試一試他的厉害。一九二七年，为了显示威力，穆成寬父子两把他的一个对手穆成中一家打得鬼哭狼叫；一九二九年，穆成寬活活地把一个叫林汝其的对手摔死过去。至于穷人那就更不在話下了！

一九二九年穆文升死了。穆成寬二十岁，就当上了牛皮店的堂堂經理。当时，穆成寬家有枪支护院，出来攜帶手枪，沒人敢惹，沒人敢碰。

（二）一九三一年到一九四一年：

穆成寬二十二岁到三十二岁，是他霸業中兴的階段。

在这时期，他主經牛皮生意，兼营土地剝削，僱用了长工短工，多方面敲詐勒索。被他僱用的长工有李××、老石头、閻××、刘××、穆××等多人，还僱了专門管帐的先生魏春亮，工头趙××等。在天穆村一帶逼租逼債，弄得民不聊生，怨声載道！

天穆村有一戶貧农张××，当初蓋房借了穆成寬的錢，到第二年就来逼債，还不起債，便逼着张××把房子給他。穆成寬对张××一家威脅道："你要房子还是要儿子，要房子就別想要儿子！"企图下毒手把张的两岁小儿子弄死。为了保全小儿子的性命，张只得忍气吞生地立据划押把房子讓給穆成寬，又托人講情，才住了下来，每月交房錢两塊大洋。当时张的男人一气之下要和穆成寬去拼了，但鄰居怕他再吃苦头就劝阻了他。他郁郁不振喝了灭蝇葯想自杀，幸被搭救，才免一死。张为穆拿房錢一直到解放后还交了两年之久。穆成寬怕有后患，还巧施一計，为了不叫张得到这所房子，便把这房子"献"給了礼拜寺，好利用教义和輿論強迫张交房租，并且使这房子永远也回不到张的手了。

天穆村原来还有一戶貧农叫黑××，也是由于欠下了他的债，被他赶出了家門，流落到刘南庄去了。

在天穆村一帶，被穆成寬坑害的又何止张××一家！被穆成寬逼得背井离乡的又何止黑××一戶！——直到如今，只要到天穆村里走一趟的人，就会听到无数貧下中农对穆成寬的斥罵声！

剝削階級的快乐建筑在劳动人民的痛苦上。就这样，穆成寬在对貧下中农加重剝削压迫之下，他的霸業中兴了！

他除了經营"恩义成牛皮店"以外，又在小王庄大街开个"二义长制革厂"，在貴州路开了个"公記皮毛社"，当上了更高級的堂堂大經理。

在这期間，他还勾結了刘光海、王四海、王海明等大土匪，彼此串通，互为利用，他給土匪購买枪支，土匪也帮他敲詐民財。实际上穆成寬也是个土匪，他身帶手枪、馬盒子枪，是个有錢有势的大土匪。当时穆成寬就說过："我要不是有錢，城里有买卖，我比王海明还得恶！"

也的确如此，穆成寬和杀人如麻的大土匪王海明是一丘之貉！通过张仲华的父亲被害一事就足以說明。张仲华的父亲借了别人一些錢到承德去买牛，穆成寬知道了，就派人跟了下去，等张买好牛之后，在承德就給扣住了。穆成寬不但白得了牛，还同时打电报給大土匪王海明，說张"私通八路"，叫王海明找张算帳。等张空手回到家中，王海明就傳他受审，张一想去了反正也活不了，反抗也无能为力，只得喝大烟水自尽……

（三）一九四二年至一九四五年：

穆成寬三十三岁到三十六岁，这一段，是他卖国求荣，充当日本大汉奸的时期，也是他依仗日寇霸業兴隆的新階段。

穆成寬于一九四一年为了扩大發展他的牛皮商業而全家搬到天津市里。

在日本侵占天津之际，有一次穆成寬私运牛皮，混在其他运貨的人群內。中途被日本鬼子包围了，因为其中有給八路軍运枪的，除了穆成寬外其他人便都被填井和活埋了。只有穆成寬沒事，可見他与日鬼子之間的关系了。

实际上穆成寬就是一个大汉奸。他通过大汉奸王竹軒与日本鬼子搭上了勾，当时大汉奸王竹軒是官場上赫赫有名的人物，是日本开办的"日华皮协会"的会长。穆成寬由王竹軒进荐，跪倒在日本皇軍的足下，当上了"日华皮协会"的付会长兼南仓王竹軒皮毛收購所的主任，任职均达四年之久。这期間內，強行收購百姓皮毛，供日本侵华軍需之用，充当了日本侵华的劊子手。

穆成寬在其中也就大發了国难财，手段十分毒辣，他依仗日本主子的势力，強迫百姓按每张牛皮二十元的低价卖給他，然后轉手就以四五百元的高价出售。

为了討好日本帝国主义，穆成寬与王竹軒合伙献"納金"为日帝买飛机，直接参与了日本帝国主义侵略中国的勾当。当时日本帝国主义办的"华北新报"上还特地刊載了王竹軒与穆成寬的照片，表彰他們当汉奸奴才有"功"。

王竹軒也为了表彰一下穆成寬在強購皮毛上的功績，送給了他五支手枪和一支猎枪。

穆成寬为孝忠皇軍，参加了日伪程稽文队长手下和土匪袁文会手下的軍队，并且充当日本1820部队的忠实爪牙，任日本清水部队1820部队的联絡部部长，日本特發給他一张可以通行无阻的"帕斯"特务証件。当时，王竹軒与穆成寬一伙还同日本的南布彼此勾結，干尽了坏事。

就在这期間，穆成寬由于依仗日帝对人民加重剝削和压迫，大發横財，扩大了产業。

但是，那里有压迫，那里就有反抗，就有斗爭！天穆村一帶的游击队逐漸活躍起来了。一次游击队打进村来，帶領群众抄了穆成寬的家，分了他的羊群和財物。这样穆成寬对游击队怀恨在心，于是他就要持枪帶人去打死游击队的負責人××，但由于罗××的劝阻，他怕反被游击队捉去，才沒有去行凶。由此可見穆成寬与共产党和共产党所領導下的革命人民有着不共戴天之仇。

但是穆成寬虽然欲杀游击队負責人未得逞，却也賊心不死，就依仗日本帝国主义为他撑腰，想方設法反攻倒算，闖回村来，搶走了穆××的羊皮440张，搶了趙××，李××等的牛皮五张及其他財物。

总之，被賀龙吹捧为"反帝民族英雄"的穆成寬，并非什么"民族英雄"，而是个地地道道的民族敗类，卖国賊，大汉奸，狗強盜！他吸尽了人民的血汗，甘当日本帝国主义的狗奴才，根本沒有半点中国人的气味！

（四）一九四六年至一九四九年：

日本鬼子投降后，穆成寬又投靠了国民党反动派，这是必然的，因为日本鬼子和国民党反动派本来就是狼狽为奸，一丘之貉，而穆成寬与他們反革命本性是一脉相通的。当时，大汉奸王竹軒搖身一变成了国民党的要員，穆成寬也随之搖身一变成了天津市"东北民生貿易行"皮毛部的經理。他很受国民党的重用，也很为国民党出力。他为了給国民党大量強征軍用牛皮，曾亲自出馬，帶領嘍囉爪牙到张家口一帶充当国民党的持枪採購員，用枪口逼着牧民按"官价"把牛羊皮交卖給他。

国民党和日本鬼子一样，对劳动人民无比残酷，因而激起了劳动人民对它的更大的反抗。一九四六年天穆村一帶的游击队更加活躍了。在游击队的領導下，群众起来分了穆成寬家的財产。穆成寬对此更加恨之入骨，叫其同伙乔凤仁替他写了一篇題目叫"卷土重来"的文章，登在伪"国民日报"上；并揚言要杀死游击队；为了反攻倒算，后来还叫他大儿子穆××拍下房契地契的照片，秘密保存，期待变天。

为了变天，他还結識了許多国民党上层人物，和国民党軍官吳桥結为摯友，經常一起打猎；吳桥曾送給他一盒子子彈，还把軍用小臥車借他使用，开到天穆村去抖威示威，恫吓分了他家产財物的貧下中农。

据初步統計，穆成寬的家产如下：

地产：天穆村北菜疙瘩洼有110亩，大寺坟有地40亩；条边地6亩；大堤北有地七百亩与大汉奸王竹軒合伙經营；天穆村西有菜園20多亩。

房产：天穆村八处，四十六間；天津市里楼房一所；皮庄、牛奶厂各一处。

北京平房别墅七間。

其它：大卡車一輛，美国佛特牌小臥車一輛，胶輪大車三輛，奶牛十二头，羊百头，牲畜数匹，进口自行車多輛等等。另有商業資本若干。

穆成寬的这些財产在土改时被分回到劳动人民手中，穆成寬是不甘心的。土改后，他曾偷偷地跑到祖坟前，帶着礼拜帽以示孝順，跪在祖墓石碑前而痛哭流涕地說：“我是敗家子，祖宗財产全敗在我手里了！……”然后抓起一把黃土，抹着石碑泣不成声地照了一张照片，用来表示他永远不忘翻天的狼子野心！

（五）所謂解放前的“老體育工作者”：

穆成寬被党内走資本主义道路的当权派吹之为解放前的“老体育工作者”，这也純屬捏造！穆成寬在解放前經营过一些“游泳队”，但是他所經营的“游泳队”絕不是什么搞体育，而是搞生意和搞政治投机的一种手段。

在一九三五年前后，他和一些地主資本家的闊少爷一起，搞了个“魚雷队”。参加者后来多人当上了国民党軍官。

在一九三七年前后，和国民党大特务王小蕃（已被鎮压）一起合办了个“虎鯊队”，参加者多是流氓地痞闊少爷。

在一九四五年前后，和×××合办搞了个“鯤队”，参加者也是闊少爷小姐。

在一九四七年前后，他又和王小蕃一起搞了个“中华队”，专教国民党有錢有势之少爷小姐游泳。

在敌伪統治时期，北京中南海游泳池每年夏天搞一次游泳比賽，借以粉飾太平，供統治者欣賞作乐。每次比賽，穆成寬都要出头露面，帶一些人参加，以求得在官面上闖一闖牌号，多結識几个显赫人物，好向上爬。这也足以說明穆成寬搞所謂“游泳队”的卑鄙的政治目的了！事实証明，被賀龙、荣高棠及万张集团所吹捧的“游泳士专家”，实际上是个借“游泳”大搞投机的奸商和反动政客。

通过搞所謂“游泳队”，他的确結識了不少官場上的“名流显貴”，什么大軍閥曹昆的儿子了，什么窃国大盗袁世凱的孙女孙子了，烏七八糟，无所不有。他和这些人勾結也絕不是什么搞游泳，而是狐群狗党大会聚，合伙干反革命勾当。大軍閥曹昆的儿子为他經商而投資协助之事，不恰好証明了这一点嗎？至于和袁世凱的孙子袁家艺（現在台灣）、袁家林、袁家华、袁家宾的关系，也足以暴露了他的政治野心；还有和他的姘头、国民党空軍軍官的老婆、袁世凱的孙女袁家芝的关系，更足以証明他妄想变天的企图，他在五〇年还替袁家芝筹备路費，把他送往香港轉往台灣，在送别之际二人竟无耻至極抱头大哭不止，袁家芝去台灣后还不断来信，勾搭穆成寬去台灣投靠蔣匪。

以上事实，足以揭示出穆成寬这个大恶霸大地主大汉奸大資本家的丑恶面目。这样一个大坏蛋干出罪恶滔天的勾当来，是不足为奇的，因为他的反动階級本性所定；但是，令人惊奇的倒是，他这样的大坏蛋，居然在解放后一步登天，成了体育界和政治界的“紅得發紫”的显要人物，眞是令人难解。——其实也并不足为奇，因为党内走資本主义道路的当权派賀龙、荣高棠、何启君及万张集团为之撑腰，为他吹捧，为他开道，他們勾結在一起，狼狽为奸，合謀大搞复辟。——要詳細了解这一底細和穆成寬的其他罪行及《水上春秋》的反动本質，且待下章再叙！

第二章：穆成寬飛黃騰達記（之一）

一、序

毛主席在全国解放前夕就英明地指出：“在拿槍的敵人被消滅以后，不拿槍的敵人依然存在，他們必然地要和我們作拚死的斗爭，我們决不可以輕視这些敵人。”

穆成寬及其后台主子走資本主义道路的当权派，就是暗藏在革命营垒內部的“不拿枪的敌人”，就是一群披着羊皮飽藏祸心的狼！

反革命分子穆成寬，在解放前干尽了剝削压榨人民的罪恶勾当，充当日本汉奸，国民党特务。解放后，仍賊心不死 妄图变天复辟，反动本性难移。正因如此，党內走資本主义道路的当权派才把他看中，重用提拔，使他青云直上，鉆进了体育界和政府里，成为威名显赫的权威和“政客”。

解放后穆成寬飛黃騰达的历史，其每一頁每一行每一字，都是和刘邓黑司令部的复辟阴謀，賀龙、荣高棠的反党野心与万张集团的反革命活动分不开的。他們相互勾結，相依为命，狼狽为奸，“以各種方式从事破坏和搗乱”，連作梦都想着复辟变天，旧日重来，以求一逞！

在二、三章里，就簡述示下穆成寬解放后如何賊心不死，繼續投机倒把，招謠撞騙，和走資本主义道路的当权派如何看中他的反革命本領，对他重用提拔与吹捧抬高的經过；从而进一步認清穆成寬的反动本質与党內走資本主义道路当权派在体育界犯下的滔天罪行，彻底砸烂刘邓黑司令部与万张反党集团的复辟阴謀！

二、“人还在，心不死”

毛主席教导我們說：“帝国主义和国内反动派决不甘心于他們的失敗，他們还要做最后的掙扎。”

一九四九年天津解放了，人民翻身了，国民党反动派地主資本家欺压劳动人民的时代一去不复返了！

但是，反动階級人还在，心不死。“他們將每日每时企圖在中國复辟。”穆成寬这个反革命分子即如此，解放后他潛入城市干了一系列的反革命罪恶勾当！

解放后不久，土改开始了。穆成寬的本家亲戚穆文培跑到城里找到了穆成寬，合伙商議如何准备在有朝一日国民党反动派卷土重来之际，向貧下中农进行反攻倒算的变天計划。最后合謀叫穆成寬的大儿子穆××（現在国家体委水冰处任职钻入党内）把房契地契統統拍照了下来，叫其女儿穆××（現在北京体院任講师，钻入党內）冲洗成照片，秘密保存，留作反攻倒算的凭据。并且，这套房契地契照片至今密藏，仍狡猾抵賴，佯称燒毀，拒不交出。由此可見其野心之大，反动至極！

尽管穆成寬之流企图作垂死掙扎，阻止历史的車輪前进，但是在毛主席共产党領導下的广大貧下中农，終于取得了土改的伟大胜利，分了穆成寬的房地、車馬和牛羊，眞正当了家作了主！这在穆成寬眼里簡直如“洪水猛兽”一般，对共产党和广大貧下中农更加怀恨在心，恨之入骨。土改后不久，他便領着他的儿子偸偸地跑到祖坟前痛哭一場，照了一张表示反攻倒算之决心的照片。——头戴礼拜帽，一只手抓一把黄土放在鼻子前嗅着，一只手扶着祖墓石碑，拱着腰，面若苦僧，泪洒如雨，显示出对共产党有着世間无比之深仇大恨！

于是，穆成寬为了“复仇雪恨”，虽然失去了房产地業，但觉在城市里还有机可乘，就全力以赴地經营起牛皮商来了。一九四九年，他和天津德源酱油工厂的經理資本家张永泉合作，与屠宰場勾結，从屠宰場买来牛皮后，叫閻××罗××等为之加工，然后在皮子里揉进水，守进沙土，按重量卖給政府收購部門和外国人开的义和洋行，牟取了大批暴利。在一九五〇年他又同国民党伪市政秘書长姚以信合伙重振“恩义成牛皮庄”，把一些次牛皮搀水揉沙通过行賄卖給当时的天津市后勤部和錦州辽西制革厂。一本万利，財源大發，进一步扩大了他的商業資本。在这期間，他还勾結了大軍閥曹昆的后代，利用曹的投資大搞投机倒把。在一九四九年还与张德祥合伙在拉薩道开了个“德成貿易行”，穆成寬当經理。一九五一年后“恩义成牛皮庄”独自开業，直至五二年三五反前。

在一九四九年至一九五二年这段时間里，穆成寬一方面採取偸稅漏稅，行賄走私，搀假騙人等手段經商發財，一方面时时刻刻怀念着国民党蔣介石，盼望蔣匪卷土重来，以求“重振朝网”。这从其送袁世凱的孙女袁家芝去台灣一事亦可証明。在解放前，穆成寬經常与袁世凱的孙子袁家霖，袁家艺，袁家华，袁家滨及袁世凱的孙女袁家姞、袁家芝一起鬼混，游泳戏水，跳舞作乐。解放前夕袁家艺和袁家姞逃往台灣，袁家姞到台灣直到解放后多年与穆成寬通信，互通情报。而国民党空軍上尉的老婆袁家芝，解放后与穆成寬住在和平区新华南路福厚里3号，勾勾搭搭，不干好事，后来穆成寬为她筹备路费，送她黄金美鈔，把她送往台灣，以待国民党卷土重来之日，能有进荐之路。在袁家芝去台灣之前，穆成寬把她接到家中住了半月之久，同居密談，不可告人 把他自己老婆也气得整日哭哭啼啼……

三、三五反巧过关

毛主席教导我們說：“凡是反动的東西，你不打，他就不倒。这也和掃地一样，掃帚不到，灰塵照例不会自己跑掉。”

五二年，伟大的三五反运动就是对不法資本家，反动奸商的一次大扫除。在这次大扫除当中，革命人民在党的領導下，高举毛澤东思想紅旗，扫蕩着窝藏于工商界的旧社会的残渣余垢，大灭了資产階級威風，大长了无产階級志气！

当然，反动透頂的大奸商穆成寬也在被扫蕩之列。革命群众檢举了他解放后如何行賄走私，投机倒把偸稅漏稅、收买干部的反革命罪行。在革命群众揭發控告之下，給穆成寬定为不法資本家，严重违法戶，划为被斗对象，沒收其全部家产——牛皮庄和瑞星里的一所洋樓及一輛小臥車，罰款旧币四亿六千四百七十八万多元。合現人民币四万六千四百七十八元。

据查当时穆成寬以各种手段盗窃国家財产达六亿两千多万元（包括倒卖黃金34两，行賄39300000元偸税233030000元，盗窃199146646元等）。

当时由天津市人民法院十区分庭扣押七个月，交群众斗爭多次。

但是 不知怎的，穆成寬实际才退款四千一百万元，（西康路瑞星里楼房一所折款350000元，成都道空地一处折款6000,000元。）退款数只合罰款数的十分之一。其余十分之九到一九五六年全部減免了，而且又拨給了他一所比原来的还好的楼房，还悄悄地把他改为“基本守法戶”了。这到底是什么原因呢？

原因自然有，那就是走資本主义道路的当权派在为他抛救生圈、开救命船。当时的教育局付局长何启君（現国家体委宣傳司司长）临时調至天津市三五反办公室当主任，他奔走四方，为穆成寬开脫。他曾故意歪曲历史地对别人多次宣称：“穆成寬从小是个穷孩子”。从而博取人們对穆的同情。他还指示手下嘍囉：“穆成寬如今都沒有房子住了，要給他按排住处。”

还有一个穆成寬的“救世主”，那就是天津市市长黃敬。黃敬和其黑帮老婆子范瑾（当时天津晚报社长）及同伙何启君，苏振启等人，由于好吃喝玩乐，好游泳，認識了穆成寬。而穆成寬也頗会迎合黃敬、范瑾等人之需要，拍馬留鬚，教黃敬一家游泳，成了黃的水上陪客和忠实朴人，开始黃敬不会游泳。穆成寬就叫黃敬騎在他的脖子上教黃游泳。因而博得了主子的欢心与青睞。于是，黃敬就想方設法搭救穆成寬并亲自給穆重定了三五反的結論改为：“基本守法戶”，保他过了关。此事每当穆成寬一提及，就对黃敬、范瑾之流感激莫名，贊叹不矣！

同时，万张集团的李定（原市委統战部部长）由于他常去游泳，也認識了穆成寬，相遇談笑風生，結为好友。

就这样，在党內走資本主义道路当权派的竭力保护之下，穆成寬在三五反中从鉄扫帚之下逃之夭夭了。还不止于此，党內走資本主义道路当权派救了他的狗命之后，就馬上变本加厉地把穆成寬提拔起来，把他硬塞进体育界，使他有机会以新的形式在新的天地里干反革命的罪恶勾当！

四、鑽进体育界过三关成“左派”大走时运

毛主席強調指出：“在我国，雖然社会主义改造，在所有制方面說来，已經基本完成，革命时期的大規模急风暴雨式的群众阶級斗爭已經基本結束，但是，被推翻的地主买办阶級的残余还是存在，小資产阶級刚刚在改造。阶級斗爭並沒有結束。”

毛主席又指出：“无产阶級要按照自己的世界观改造世界，資产阶級也要按照自己的世界观改造世界。在这一方面，社会主义和資本主义之間誰胜誰負的問題还沒有真正解决。”

这是千眞万确的，多年来的历史事实完全証明了这一論述。而穆成寬鑽入体育界和巧过三关（审干、肃反、反右）、戴上“右派”的帽子，大走起时运来的事实，就是一个很好的例証。

穆成寬在五二年上半年，在党內走資本主义道路当权派包庇之下保他过了关之后，又通过种种手段，买动主子为他找了新的門路——爬进了体育界。

穆成寬認識黄敬、范瑾、何启君、李定之后又通过游泳認識了每日到二池戏水逛閑的当时天津市財委主任李耕涛。彼此吹吹捧捧、臭味相投，不多日就成了酒肉之交。黄敬，李耕涛經常找他到家里去玩，請他吃飯飲酒，一起跳舞作乐，开着小臥車到处抖風同到郊外打猎寻欢。

三五反大关一过，何启君就建議穆成寬叫他专門教游泳，是时正遇上华北区第一屆水上运动会，于是就叫穆成寬組織了一个所謂的“穆家班子”，号称“穆家軍””去参加比賽。其中有他的儿子参加，但更主要的主力队員却是临时找来的一些游泳成績較好的貧下中农子女，和一些虽姓穆但并非穆成寬本家人的选手，叫这些人去为他卖命拿分，取了个冠軍；然后，就把这荣誉完全記在他一人一家的“功劳簿”上，把那些为他效劳卖命的貧下中农子女和非本家人用完之后一脚踢开了！把別人当階梯他又向上爬了一級！

他这一伎俩很受何启君之流的欣賞。于是何启君等便認为穆成寬“訓練有方”，叫他又搞起了一个天津市游泳訓練班，为准备参加全国游泳选拔賽而組織了一些人到南开大学內进行署期訓練。当即由原体委副主任大右派李清安提出聘請穆成寬当上了天津市游泳运动委員会的副主席。从此更得到黄敬、何启君之流的重用了！

当时天津市教育局付局长兼天津市体育分会主席的何启君找到了当时的教育局体育科长兼体育分会付主席苏振启，对他說：“黄敬（当时是市委第一書記）可說了穆成寬游泳技术很好，这个人很有能耐，指示要把他分配到体育方面专搞游泳，你看他分配到那个体育場当指導？……”

这也是李耕涛的旨意。

苏振启一听是黄敬下达的指令，便千依百順于1952年10月把穆成寬安排到屬民園体育場管的“黄家花園游泳池”即二池去，当上了游泳教練，正式成为“国家干部”。穆成寬进了二池，还企图把他的同伙旧交曹琨的儿子也拉入体育界。

穆成寬进二池之后，第一步，先打击排挤其他干部，在黄敬、李耕涛、何启君、苏振启等主子面前說別人坏話，致使把对手終于挤走。第二步，就是再扩大他的个人势力，在游泳池安插他的得力助手，教練有宮××、貫窃、被判刑緩刑，有鐘××、反革命分子、已被捕，有××、流氓、被捕判刑，等等；在队員中有：柳××、偷越国境犯、現被劳改，何××、流氓、現被劳改，张××、盜窃犯、現被劳改，吳×、曾判刑，龙××、現劳改，周永兴、叛国犯、經日本往台灣投靠美帝，等等。和解放前一样，他企图在游泳界搞个烏七八糟的反革命大杂燴。

尽管如此，穆成寬的主子們却認为他“很有成績”，于是就利用五三年普选时选举市人民代表大会代表之运，千方百計地把穆成寬拉进了市人代会，由紀丕方等提名，經何启君批准上报，当上了市人代会的代表。

五四年二池脫离民園体育場而独立，穆成寬就成了二池的“霸主”当上了总指導，实握天津市游泳运动之大权。

穆成寬被党內走資本主义道路当权派拉进体育界后，广大貧下中农和革命群众，紛紛写檢举信揭發了穆成寬在解放前的滔天罪行，接着就遇上了五三年底到五四年初的审干和五五年的审干。作为鑽进来的階級敌人，本应在这两次审干中被清除出去，但却又受到了包庇和保护。五三年，紀丕方在万晓塘手下任公安局人保处处长，当时审查穆成寬的問題由紀丕方总負責，紀丕方为了孝忠他的主子黃敬、万晓塘、李耕涛、李定之流、竟不顧广大人民的反对，歪曲历史事实地給穆成寬下了个这样的結論：穆成寬的历史清楚，虽然穆成寬有特务"怕斯"証件和枪支，但不屬于反革命。最后，經紀丕方批准穆成寬能使用。

五五年审干，开始了內部肃反。教育局和体委合起来組織了一个領導小組，由教育局付局长兼体委主任何启君总負責，有苏振启参加。

在革命群众揭發了穆成寬的大量反革命罪行面前迫使何启君、苏振启等也不得不在上交市委的肃反对象名单中列上了穆成寬的狗名。但是，不知怎么一来，市委批下来的名单却悄悄地把穆成寬的狗名勾掉了，并且指示說穆"屬于統战人物，保护过关对象"。究竟誰在搞鬼呢？原来当时在公安局局长、市委审干組組长万晓塘控制下的黑市委肃反办公室里負責文教口的不是別人，乃是解放前就与穆成寬勾勾搭搭的公安局四处处长紀丕方。紀丕方一看有穆成寬的名字，气愤已極地說道："穆成寬不就是那么多問題，公安局早已知道，搞他干什么！"就这样使反革命份子穆成寬又滑了过去。

五五年底五六年初，在市委統战部李定的指示下，叫体育界提出所謂"知名人士"，并点名要穆成寬当市政协的代表；于是，由苏振启請示何启君同意，由李耕涛批准，又給穆成寬加上了一項桂冠：市政协委員。

在此同时，何启君、苏振启等，还不断地向国家体委荣高棠、李梦华汇报过穆成寬的"游泳訓練成績"，对穆大肆吹捧，从而使穆成寬的名气越来越大，为以后穆成寬之飛黃騰达制造了輿論准备。

一九五六年体委首次評定指導員工資，体委主任体委党組書記何启君提出要搞两个"典型"，工資要突出。于是，就选中了反革命分子穆成寬和坏分子张栋材，定穆为指導員五級，张栋材为指導員六級，最后經李耕涛亲笔批准执行。

反革命分子穆成寬也就更加洋洋自得了。他常对队員說"狼走天下皆吃肉，狗行天下尽吃屎"。同时也就更加大胆地耍弄資本家在旧社会里貫用的伎俩了，他每次帶队出外比賽，总买些土特产回来，什么名貴食品高級香烟之类，給紀丕方等送上門去，尽其阿諛奉承之能事。从此又結識了許多"上层人物"，什么坏分子魯狄，反革命修正主义分子白樺、王金鼎之类，都搭上勾，結成狐朋狗友，来往異常密切。

物以类聚，人以群分"。紀丕方之流对穆成寬是越来越亲、越来越爱。在五七年反右斗爭中，革命群众揭發了反革命分子穆成寬的大量反党反社会主义言行，什么"外行不能領導內行"啦，什么"強調政治沒用"啦，等等，眞是反动透頂！但在紀丕方眼中，穆成寬却成了"左派"，在把他排成为"左派"的上报材料里，竟不顧事实地吹捧穆成寬为"在小时家中很穷"，"各大政治运动表現很积極，对党靠攏，要求进步迫切，拥护党的路綫、方針、政策，發揮了积極作用，"因此，根据以上情况我們的意見划为左派"。

給穆成寬左派帽子一戴，对穆的吹捧也就更加肉麻露骨了。五七年和五八年初，紀丕方等多次为穆成寬在体育館开"模范事跡展覽会"和在二池开游泳現場表演会，李耕涛、李定之流来为之喝采助威。在"关于民主人士穆成寬政治排队材料"中竟吹捧之为："該人在小时家中很穷、在反右斗爭中立場堅定，工作一貫积極負責，肯鑽研，業务心強，并能按照勤俭办体育事業的原則進行工作，对劳动人民子女看法正确"等等。把穆成寬美化成为一个十全十美的"英雄人物"。

但事实如何呢？——关于穆成寬如何頑固地堅持反革命立場，打击党員干部、排挤工农子女，如何打着"勤俭办体育事業"的假招牌进行招摇撞騙到处挖坑养魚之能事、以及由此得到天津乃至暗藏于中央的一小撮党內走資本主义道路当权派的欣賞和更加重用提拔穆成寬进行資本主义复辟的丑剧，且待下面一一揭露！

第三章：穆成寬飛黃騰達記（之二）

一、"汉高祖还乡"

毛主席教導我們說："以偽裝出現的反革命分子，他們給人以假像，而將其真象隱蔽着，但是他們既要反革命，就不可能將其真象隱蔽得十分澈底。"

連作梦都想"卷土重来"复辟变天的反革命分子穆成寬，解放后以种种手段伪裝假象隐蔽了多年，但是当万张反党集团公开庇护他巧过三关（审干、肅反和反右）之后，便再也不能忍心于隐蔽下去了，覚得时机成熟，就跳出来公开实現其"卷土重来"的梦想了。——于是，便想方設法回到解放后一向不敢去的天穆村，企图显示一下他当年在那里显示过的地主恶霸特务汉奸的狗威風。可是，总想回去也不敢，怕那里的貧下中农砸烂他的狗头。不回去吧，又决不甘心，經多年来与万张集团勾結，他的野心終于实現了。在一九五八年，在万张集团的直接保护下，他終于回到了天穆村，还不是一般的还乡，而是作了官，到这里"視察"的！

在一九五七年，北郊选举人民代表时，各村由下至上进行普选，，唯独天穆村例外，由黑市委指定。两千多戶的天穆村，貧下中农上万，但是市委万张集团是一个也看不上，单单看中了这个逃亡在外不敢回乡的反革命地主分子穆成寬，硬把他駕在天穆村广大貧下中农的头上去，叫他重騎在人民的头上作威作福！

当时，广大貧下中农听說参加普选，心中无比欢喜，是多么盼望能选上代表自己意願的眞正的人民代表啊！可是不料，由黑市委竟把一个过去騎在自己头上横行霸道的大坏蛋分配来了，眞个令人气憤已極！但是，也沒有办法，因为北郊区委里也有万张集团的得力干将！那就是北郊区委走資本主义道路的当权派邢周臣，而他的台柱子就是万张集团的干将市委統战部长李定和市民族事务委員会主任廿一。

提起廿一来，会令人难解。——廿一何許人也？廿一在解放前与穆成寬是死对头。解放前，北郊一帶游击队十分活躍，而廿一就是北郊一帶游击队負責人之一。他曾帶領游击队打进村来，抄了穆成寬的家，分了穆成寬的財物。之后，穆成寬几度要捉杀廿一，以报深仇。廿一也要派人杀他。而今，廿一却也包庇起穆成寬来了，眞是一件怪事！不是"仇人相見分外眼紅"嗎？为什么这两个"仇人"相見却分外亲呢？！

其实，这件怪事也并不足为奇。这只要看一看解放后他們如何勾結既可恍然大悟了！并憤然而曰："他媽的！原来廿一和穆成寬是一丑之貉！"

甘一当上了市民委主任后，与万张集团統战部长李定亲如手足，穆成寬当然也了解到这一点。于是穆成寬便千方百計地与甘一勾結，阿諛奉承、拉攏串通，不多时两个“仇人”便在万张反革命复辟計划之下同流合污結为一体了！

解放初，反革命分子穆成寬为了隐藏下来以待变天，就很想买甘一的好，因为甘一很了解穆成寬的臭底細。絞尽脑汁，終于选定一計，就把一輛价値数万元的小臥車以两斤饅头的价格五角“卖”給了甘一。甘一当然喜出望外了，从此便封口不談穆成寬的罪恶，就連穆的出身也佯裝不知道了。

在选举人民代表时，李定按万张集团意图把穆成寬“分配”給天穆村，当然甘一也就为之大开綠灯了！

穆成寬当上了天穆村的“人民代表”后，欣喜若狂，“卷土重来”的美梦实現了，怎会不喜得發狂呢？！万张集团为了护送他回乡，特为他开了一封市委的介紹信，作为他回乡“視察”的护身符。

万张集团的嘍啰爪牙們一听穆成寬要来“視察”，可忙坏了手脚！他們怕貧下中农揪斗穆成寬，奔走不停地大做工作，北郊区委万张爪牙邢周臣亲临指導，专門为之搭了个“迎宾棚”，摆上茶点宴席，备好鑼鼓鞭炮，把对穆成寬恨之入骨的貧下中农都赶到田野去干活，不敢讓他們出头露面，生怕穆成寬挨打。待狗賊寬成寬一到，便鑼鼓喧天，鞭炮齐鳴，并且強迫群众必須笑面相迎，对着这个罪大恶極的反革命分子竟喊起“共产党万岁”来，簡直对他敬若神明了！

此情此景，眞有如汉高祖刘邦杀人如麻成帝業后，駕御还乡一般，好个恬不知耻！

汉高祖刘邦明明是个徐州乡下的“里正”旣是个恶霸地主又是个偸搶成性的“混混”，附近乡里百姓无不恨之入骨。可是当他称帝还乡时，却偏偏伪裝成个大“好人”，下令同乡百姓都来欢迎，誰知前来者多是了解他臭底的，当面有人揭了他的老底，弄得他无法下台。此事“汉高祖还乡”一詞为証，不多叙。

穆成寬这次还乡“視察”，与之何等相似乃尔！在万张集团的包庇之下，招謠撞騙，窃踞了“人民代表”头衔，妄想这一“視察”，大灭貧下中农的威風，大长反革命地主分子的志气；但岂不想更激起了广大貧下中农对他的无比憎恨！穆成寬也覚察到了这一点，他一看欢迎他的人群中有的并不热烈，反而冷淡，甚至怒目以視，他这小子作贼心虚，村都不敢进，只在村口“迎宾棚”里与万张嘍啰們吃喝一通便悄然乘車而去，溜之大吉了！从此，他再也不敢回去了！

二、“校　长”

走資本主义道路当权派群丑們，把反革命分子穆成寬美化为“英雄人物”之后，又在天穆村为他这个南霸天进行了翻案，于是就更加大胆地提拔起这个大坏蛋来了。

一九五八年，賀龙榮高棠之流为了复辟資本主义，極力兜售苏修的“經驗”，号召全国大办苏修式的“青少年業余体校”。穆成寬得知此事，覚得大有可乘之机，便向主子提出在天津从游泳方面开始办起的要求。紀丕芳和苏振启一方面为了迎合主子賀龙榮高棠的意願，一方面为了滿足穆成寬的向上爬的野心，經苏振启在体委党組提出方案，由紀丕方决定，就立即办起游泳業校来了。業校一立，馬上給穆成寬封官晋級，任命他为“校长”。

才刚匆匆忙忙办起这个業校，便不忘吹噓之本能，馬上开始了，吹穆成寬以达表彰自己的丑剧鸣鑼开場了，由紀丕芳、苏振启主持，在第二游泳池召开了全市大办体育業校的会議，会上有全市中小学体育教师参加，紀丕芳等为穆成寬大吹大捧一番，号召推广所謂“穆成寬办業校經驗”，叫全市都向反革命分子“学习”。还在二池召开了“游泳訓練現場会”，李耕涛、何启君，紀丕芳、苏振启等亲临指導，与反革命分子穆成寬同坐一起，观賞戏水之乐，彼此吹捧，談笑風生，幷合影留念，眞个无耻至極！

今观其群丑合影相片、气憤之下，不禁兴詩一首，以斥之：

七　律（斥群魔）

阴险毒辣竟猖狂，
水妖称霸褰掖郎。
几声獰笑飛天半，
一群魔怪醉池旁。
牛鬼张牙兴恶浪，
蛇神舞爪祸心藏。
化日光天难为梦，
黃粱即短命不长！

三、“体总委員”

紀丕芳之流对穆的“經驗”一吹一捧，荣高棠聞訊赶忙派国家体委訓練司来津了解。苏振启也亲自出馬跑到国家体委向荣高棠、李梦华“汇报”穆的“功績”，大吹特吹其騙人之术所謂“气功十三式”。而荣高棠呢，正赶上承受主子賀龙的旨意，要到深山野林里去走訪和尙道士，找所謂在体育上有“眞材实学”的人物，一听穆成寬有个“法宝”曰“气功十三式”，正合心意，眞是欣喜若狂。于是在五八年全国体育工作会議上，便大加贊賞幷封号穆成寬为“游泳土专家”。

会后，何启君对苏振启道：“我們对游泳業校一定要大力支持，名气可出去了！……”

也的确，“名气”眞吹出去了！全国各地体育界紛紛派人跑来“取經”了。趁此时机，苏振启等又为之大吹一通。这一吹，眞見效，荣高棠給穆成寬官上加官，又封了个新头銜：“全国体育总会委員”！——由荣高棠提名，經国家体委党組研究确定，在全国体总委員的名单上，除了仍有天津市体育界的大右派李清安等人外，又加上了个穆成寬的狗名，名单一到天津市体委，可喜坏了紀丕芳之流，馬上主持召开体委党組会研究通过，經报市委李定批准，上报体总，吹噓之功，又使穆成寬高升一步！

在队員里有如下一首“打油詩”，很能說明問題：

穆氏“气功十三式”；
功夫全在一“气”字；
有“气”才能吹牛皮；
能吹升官不費劲！

四、“水上王国”的主任

一九五八年十月，天津体院成立。由原天津市长李耕涛兼任正院长，副院长是大坏蛋王躍文，十月底，穆成寬也被万張集团派了来，任水上、冰上运动系的系主任。他一到任，随之便把他的个人势力安插在系里，企图独攬大权。何启君也指示过王躍文：“水冰上系的事你們要少管，体委有人直接抓。”这完全暴露了穆成寬与国家体委市体委有着密切的直接黑綫联系。王躍文接旨后，对穆成寬說：“老穆，只要我在体院，你有什么事都好办！”这也可以看出王躍文与之关系如何密切，不管是不管，但表白了要和穆成寬一起为主子效劳的心願。

穆成寬得知主子的支持和同僚王躍文的协縱因此进行复辟也就更大胆了。把什么女儿啦，什么姑爷啦，还有什么“自願”的与“不自願”的干儿子們，干女儿們啦，都安插上“秘書”、“指導”、“教練”之类的要职。穆成寬通过种种手段，使这些人对他恭維莫及，千依百順，叫这些人整日里笑嘻嘻美滋滋地围着水上霸主打轉轉兜圈圈，不厌其煩地左一个“穆老”长、右一个“穆老”短地呼个不停；而对于党的領導，則完全置之度外，並且无耻地宣称：“我是党派到这里工作的，因此我就代表党”。紀丕方、苏振启之流也多次对运动員說：“老穆是党派来当主任的，虽然他不是党員，你們也应当跟他走！”于是，穆成寬更加囂張，对工农出身的队員和教練，尤其对天穆村分了他房产地产的貧下中农子女，千方百計地进行打击报复，凡是了解他臭底的，就想尽办法排挤陷害，先后排挤走了五十多人，水上系成了穆家天下。

穆成寬如此猖狂，是和万張集团分不开的，李定、紀丕方之流不但支持他这样做，而且还十分欣尝，越加对之宠爱。紀丕方如此按李定、魯获、馬瑞华的意图給王耀文下令旨曰：“要多做工作，使穆成寬入党。”他之所謂“多做工作”，是多做什么“工作”呢？不是别的，就是叫王耀文之流更加鼓劲地为穆吹，更加卖命地包庇他的罪行，更默契地合作，合伙共謀搞反革命的勾当！

王耀文很能領会其主子的黑指示，也决不会失去良机，他赶忙找到院党委組織部，叫考虑穆的入党問題。同时，他与穆也加紧了勾結，对穆說：“老穆啊，有我在体院，就有你呀，有什么事直接和我說，别在别人面前給我提意見呀！”为了合伙进行反党反社会主义，公然定起反革命“攻守同盟”来了！

五、“土专家”

自从荣高棠、何启君、紀丕方之流把穆成寬的“名气”吹出去，游泳“土专家”的美称鬧得全国皆知，名揚四海，連許多国际名流也要来走訪“取經”。但“名气”是吹出去的，又无事实拿給人家看，这可怎么办呢？

办法自然有，能吹就能騙嘛！自古以来，大概无一騙子手不会吹的，也无一吹牛者不行騙的！何启君馬上拨款来，叫王耀文在体院赶快挖两个土坑，坑是土的嘛，再有来訪者滿可以解释一番“土专家”这个詞啦！

于是，把这一工程列为体院重点基建項目，占用了农民耕种的稻田，就挖了两个水坑。这两个坑虽說是土的，倒也算高級，坑不大，可很深，足有两三丈。

坑挖好了，虽是先吹出“土专家”而后才挖的，但每当外地外国有人来訪时，就帶到这坑边，无耻撒謊曰．“就是在这里練出的健将！”“就是这里出的世界紀录！”“这是按勤俭办体育事業方針挖的！”等等，等等，一通胡說八道。

实际如何呢？不但花了錢，而且花了很多錢。这坑里不但沒有練出“健将”和“世界紀录”，而且根本沒有多大用处。由于坑小水窄距离短，游不了几下就到头了，所以会游泳的不到这里来；又由于四岸斗直，水太深，沒有很好的游泳技术在这里游十分危险，所以初学游泳的不敢来这里。因此，白花了錢，一点实用价值也沒有！社員一見占地不用很是可惜，后来到中央告了一状，在人民日报上体院被点了名批評一顿，只得把地帶坑一齐归还給农民。好好的地挖了两个大坑，沒法耕种，只得养魚吧！可是誰料到，这两个坑挖得太深，精心喂养的魚却难于下網捕捞，一气之下干脆不用了！

这可倒好，魚难下網捕捞，却可持竿垂釣，招来了許多好閑垂竿的魚客，围之两圈倒也別有風味！至后来，天长日久，魚被釣淨，四周杂草丛生，池水污浊，几无足跡，其景甚为荒凉；不过，一些跳进坑里而爬不上岸来的蛤蟆却很是得意，游来游去：无人打攪，倒十分消遙！还有几只熟練于爬上爬下的鴨子常来作客，戏水高歌，也算不亦乐乎！——覌此景不禁令人感叹曰：多少人民血汗，

为吹嘘而揮霍如烟！

占了农民的地，

浪費了国家的錢，

只換来魔鬼头上

“土专家”的桂冠……

尽管如此，却由于挖了这两个无用的水坑，被李耕涛、王耀文之流更加贊美了，又是一通吹嘘之后，又是封官晋級——煞費苦心地要封他个“付教授”！虽未批下来，名声却已宣揚在外。

待穆祥雄“破”了世界紀录之后，那对穆成寬的吹捧簡直就更肉麻到令人捧腹作呕的地步了！

至于走資本主义道路当权派如何开展对穆成寬的吹牛大竞賽和精心炮制大毒草《水上春秋》等等，且待下章再叙！

第四章《水上春秋》出籠記

一、卢山会議的一支毒箭

毛主席教導我們說：“凡是要推翻一个政权，总要先造成輿論，总要先做意識形態方面的工作。革命的阶級是这样，反革命的阶級也是这样。”

反革命分子穆成寬的后台主子們，为了推翻无产階級专政，通过对穆成寬的吹捧，大造反革命輿論。从五二年穆成寬鑽进体育界以来，党内走資派在許多杂誌报刊上开展的对穆成寬的吹牛大竞賽，到一九五九年达到了最高潮。——彭眞通过范瑾控制的旧“北京日报”，賀龙、荣高棠、李凱亭控制的“体育报”、“新体育”，万张集团控制的

“天津日报”“天津晚报”，还有上海的“解放日报”，对外出口的“人民中国”“人民画报”以及“武汉日报”，等等，都大开宣傳机器，拼命地爭先恐后地吹捧反革命分子穆成宽，奉之为“蛙王”，“爱国主义的老游泳家”、“反帝民族英雄”、“游泳世家”，美称甚多，不厌其煩！

万张集团頗以此为荣，并别出心裁地把穆成寬請到电台去，在进行对台广播节目里，指定某記者专門为他写稿大吹穆成寬一通，然后叫这个連做梦都盼望着蔣匪卷土重来的反革命分子向台灣發表講演。

如此吹嘘，他們还嫌不夠，于是几經策划，精心炮制出了美化地主恶霸的反动影片《水上春秋》。

“既要当俵子，又想立牌坊。”这句話是对反革命頑固分子的眞实写照。反革命分子穆成宽及其后台主子們，就是这样的干尽了坏事却伪裝“善人”，妄想为他們自己立牌坊的一群坏蛋！他們彼此勾結，互为利用，狼狽为奸，精心策划而炮制了《水上春秋》这株大毒草！

反动影片《水上春秋》的出籠，完全是刘邓黑司令部在卢山会議后为进行反革命复辟而制造出的第一支毒箭！

二、刘、邓、賀、荣、周揚之流的反革命大合作

一九五八年，党内第二号走資派邓小平，为了利用电影宣傳工具进行反党反社会主义反毛澤东思想，阴謀指示旧文化部，下令在国庆十周年前赶拍七部“献礼”影片。

主子一声令下，忙坏了大小嘍啰，各路牛鬼蛇神借此良机粉墨登場大显神通。夏衍（旧文化部副部长）、陈荒煤（原电影局局长、后为旧文化部副部长）之流，馬上籌划，召开了各电影制片厂厂长参加的黑会，合伙确定了七部影片的題材内容。經阴謀策划，除了决定拍制歌頌反革命修正主义分子彭眞、陆平、邓拓、范瑾等黑帮的反动影片《青春之歌》等之外，特定拍制一部“体育題材”的。于是，美化地主恶霸汉奸特务奸商穆成寬的大毒草《水上春秋》，便被看中，列为重点。

反革命修正主义分子、大党閥彭眞，聞訊要拍制七部向国庆节献礼的影片，見有机可乘，便亲自出馬，指示旧北京市委文化部的黑帮分子陈克寒，叫北京电影制片厂把拍制七部影片这一任务通通包了下来。

陈克寒得令后，立即召集北京文艺界开会，要求迅速炮制电影剧本。

至于体育界的“老头子”賀龙和荣高棠之流本来与周揚、夏衍等是一丘之貉，早有勾結。为了吹噓他們在体育界的所謂“功績”，荣高棠曾多次向夏衍等提出拍制“体育題材”的影片，而且露骨至極地毫不知耻地提出拍制“乒乓球方面”影片的建議，以直接美化他自己，抬高身价，捞取反革命的“政治資本”。而《水上春秋》的出籠，荣高棠也卖了很大力气。因此，《水上春秋》的出籠完全是刘、邓、賀、荣、周揚之流的一次反革命大合作的演习。

三、精心炮制，毒上加毒

开始，由北京人艺的周正和徐洸繁为了写剧本《水上春秋》，到国家体委进行了訪

問。国家体委宣傳司的吳重远按照荣高棠的意图，故意歪曲历史，天南海北地吹了穆成寬一通，把他美化了一番；并通过荣高棠等介紹，周正找到了当时正在北京訓練的天津游泳队，訪問了穆成寬。穆成寬一听要給自己树碑立傳，喜出望外，吹牛本領大發揮。用穆成寬自己的話來說：“凡是能为我吹的，越吹我是越高兴。”在他吹乎之下，使周正全然信以为眞，于是为其歌功頌德的第一个剧本初稿便形成了。

剧本初稿一出，便受到了夏衍等的重視，馬上派北影岳野、謝添与周正合作，并叫謝添任導演，把剧本改編成为电影。由夏衍、陈荒煤、陈克寒、岳野、謝添等群丑合謀制定了炮制《水上春秋》的計划。計划交給了周揚，周揚一看，正中下怀，馬上批准，当即指示必須在国庆十周年前赶制出籠。

为了炮制《水上春秋》，周正等再次到国家体委走訪穆成寬大儿子穆××，穆××又是为其父大吹一番，无梗加叶，无中生有地胡編了一通。又增加了《水上春秋》的反动內容。初稿改后拿到国家体委給宣傳司討論，吳重远主持会，特召来了“体育报”的十几个人参加，与会者一致表示“很滿意”。

但由于《水上春秋》的原稿故事情节較为簡单，却不能完全滿足走資派的要求，于是又叫岳野和謝添再到国家体委，重新搜罗素材，特邀穆成寬参加座談，鼓励穆成寬吹上加吹，肆意糶造，胡言乱語。謝添等对穆成寬的“健談”很感兴趣。于是又根据新吹造的素材由岳野、謝添等重新酝釀了剧本提綱。

为了更好地美化穆成寬，謝添、岳野等按其主子周揚、夏衍、陈荒煤的指示，还亲来天津，进行所謂“实地考查”，他們找到了一向吹捧穆成寬的紀丕方、苏振启，紀苏合伙又为《水上春秋》添枝加叶，大吹穆成寬的“气功十三式”，并表示要为其出籠提供各种“便利条件”。

謝添等不放过机会，又一次登門拜訪了穆成寬。狐朋遇狗友，相見格外亲。穆成寬与謝添臭味相投，彼此吹捧，于是把穆成寬吹噓的伪造“光荣历史”，又加进了《水上春秋》的鏡头。当时为了显示穆家的“功績”，穆成寬把一些照片、奖状、奖杯及报紙上剪下来的吹捧他的东西都摆了出来，謝添等看了贊口不絕。又为之增添了一层“金色”。

謝添等这次来津“实地考査”，也到了天穆村。但是，当貧下中农控訴穆成寬的罪恶时，他們根本听不进去。几个深受穆成寬欺压的貧下中农一再告誡謝添等，“穆成寬根本不是打柴捕魚的受苦人，而是大地主恶霸，千万不能給他树碑立傳！”可是謝添等根本置之不理，并且再也不与天穆村貧下中农接触了，連原来訂好的找天穆村两个游泳好的去参加影片拍制的計划也抹了，生怕揭了他們的底！

謝添等对穆成寬却感情日益深，在他离津之际，特在起士林設便宴招待了穆成寬。穆成寬在就餐前假惺惺地說：“我是个回民，不能吃大教飯；旣然是你請，那盛情难却，可以破例，不过你千万別告訴別人。”裝出了一付伪君子相。然而这在謝添眼里，却認为是“謹謹愼愼”的“美德”，并为“华鎮龙”的形象添了新的光彩。

謝添、岳野从津返京之后，便在頤和園的南湖飯店里着手重写剧本。提綱拟定，由岳野执笔，写出了第一遍稿。稿交到北影討論，仍認为“情节松散”、“不夠集中”，不能滿足走資派的要求，于是由謝添、岳野再次动笔写了第二遍稿。此間謝添、岳野又找到了国家体委，黄中（国家体委付主任）亲自接見，表示支持，并答应可以借給北影游泳池練习与拍摄用。

第二稿又經北影討論，仍嫌“冗长”、“不紧凑”，但因时期紧迫，沒有再全面更动，只有由謝添等聚集些人在頤和園进行删节和添加場景，最后定了稿，同时进行了分鏡头工作。参加的有副導演史大千和演員罗国良等。定稿之后，于是备准开拍。

开拍前，北影厂长汪洋和艺术付厂长章明等共討論了六、七次之多，他們对穆成寬的出身历史“始終沒有怀疑过”，認为国家体委供給的材料“絕对可靠”，何况創作人員又“深入下层”，做了“实地考查”呢？在討論中，又从人物性格、情节發展、戏剧效果方面下了一番功夫，这只是为了把它打扮得更漂亮以能欺騙人而已。

夏衍更关心这株毒草的炮制情况，还曾亲自上陣，对剧本和分鏡头剧本提出了意見，帮助进行了修改。

在剧本审查上，也是十分“严格”的。当时旧北京市委为了国庆“献礼”，在彭眞指使下，組織了一个戏剧、电影审查委員会，由邓拓、陈荒煤、楊述、廖沫沙、高戈、趙鼎新等組成。在討論《水上春秋》时，陈克寒提出：片子里对“搞个人風头主义、錦标主义”不要太露骨了，也要乔裝打扮一番，以“刻苦鍛煉、为国爭光”的样子出現好。于是，根据陈克寒的意見，就把剧中华小龙因有了成績而驕傲和遇困难而恢心的情节改之为“父子誤会”的情节。

为了使《水上春秋》毒上加毒，在物色所謂适宜的演員方面，很下了一番功夫。謝添专程到广州寻覓，找来个运动員，結果不会說普通話也不会演戏，只得送回。又在北京找了两个运动員，仍演戏困难；又找職業演員，但不会游泳。还是反革命修正主义分子陈克寒的鬼主意多，在他的指使下，計划到香港去挑一对“美人魚”式的男女演員，花錢顧来；于是汪洋等就从电影局里抱来了大批画报，讓謝添等挑。为此，在北影还發生了一段“不愉快”的爭执，因为部分群众反对这样做。最后，才决定选舒适来扮演华鎮龙这个角，叫他到天津体院与穆成寬同住一个多月，“体驗生活”，熟悉穆成寬的性格”。又找了水球队員王××演工人运动員周惠良这个角。至于女演員，則几經寻覓，最后从云南借来个“烂桊花”式的人物舒迈来。

在所謂使影片艺术“过硬”的晃子下，还特地搜罗来几部外国的反动影片作“样板”，把美国的反动色情影片《出水芙蓉》找来大演特演，叫演員模仿其中的下流动作。——从这一点以暴露他們炮制《水上春秋》的罪恶用心了！

荣高棠为了使《水上春秋》达到美化反革命分子穆成寬的卑鄙目的，还特派穆成寬的大儿子担任影片的技术顧問，叫穆成寬的儿子們亲自上陣，去美化他的狗爹。

影片拍完，荣高棠参加了第一次审查，認为很“滿意”。

四、毒箭出籠，群妖称快

賀龙也来看了“样片”，他認为：“很不錯，不在《女籃5号》以下，可以出国”。

陈克寒后来也来看了“样片”，对于“父子冲突”一場不很滿意，建議修改，于是重拍了一場“父子誤会”而后通过了。

在“审查”影片过程中，他們一向避而不談穆成寬的出身历史，設法掩蓋过去。

片子"拷貝"后，曾在北京先农坛体育場和北京体育館放映两場，招待运动員。穆成寬聞訊片子已拍成，便通过天津体院原付院长三反分子王耀文及其爪牙黄文彬，派专人到北影把片子借到天津体院，大演特演，演了四場，为穆成寬大力吹嘘。穆成寬得意洋洋，見到謝添迫不及待地表示·"反映好，反映好"。

天津体委万张爪牙紀丕方、苏振启更不放过机会，別出心裁地搞了电影座談会，会上先吹捧穆成寬一通，然后叫穆成寬做"忆苦思甜"报告，最后放映《水上春秋》，眞是无耻至極！

五、流毒国外，充当赫修工具

《水上春秋》在国内流毒甚广，60年5月至6月份以彩色影片在各大城市發行。共制大考貝（35毫米）40个，小考貝（16毫米）210个。

不仅如此，在邓小平、周揚、夏衍指使下还大量出口国外。經夏衍提出、周揚同意、邓小平点头，仅60年62年，就由陈克寒經手出口到苏修、朝鮮、印尼、古巴、突尼斯、加納等十八个国家，使《水上春秋》不但流毒全国，而且流毒国外，正好适应了国际上現代修正主义进行反共反人民的反革命需要，充当了赫魯晓夫之流大肆美化資产階級的反动工具！

反动影片《水上春秋》，用心極毒地把穆祥雄的所謂"破"世界紀录的"功績"，完全記在反革命分子穆成寬的"功劳簿"上。难道这是穆成寬十三式的功績嗎？不是，完全不是！旣使穆祥雄有成績，也根本与穆成寬挨不上边，因为从53年穆祥雄就調到国家队去了。至于穆祥雄的所謂"破"世界紀录，其中有两次是賀龙、荣高棠之流弄虛作假，伪造出来的，他們用此欺騙伟大的領袖毛主席和周总理，欺騙全国人民，抬高他們的身价，其罪大如山，罪責难逃，我們一定要戳穿他們的阴謀！

六、不叫批判、大肆宣揚

《水上春秋》出籠后，尤其从65年以来，广大革命群众曾多次提出彻底批判它的要求，但全被荣高棠、閻欣、狗楊青、王拴标之流百般阻撓压制下去了。他們不但不叫批判，反而千方百計地打击敢于高举毛主席的革命批判大旗的革命小将。其用心何其毒也！

《水上春秋》一出籠，一些报紙杂誌又进行了一通吹捧穆成寬的大竞賽，"体育报"社总編李凱亨亲自跳了出来，大做文章，叫穆成寬一家上电視台，等等，等等，眞个花样翻新，吹捧离奇。

至于《水上春秋》出籠后，穆成寬又如何进一步受其主子的宠爱，与广大革命群众如何向穆成寬及其主子进行不妥协的斗爭，且待下章再述！

第五章：乘妖風圖復辟自取滅亡

一、卢山会議后反党丑剧的开场鑼鼓

一九五九年八月召开的卢山会議上，反党分子彭德怀在刘少奇、邓小平等反革命修正主义总头目的庇护下向党文起了猖狂的进攻。虽后，便糾集牛鬼蛇神大刮翻案風，企图通过各种途径以各种方式为彭德怀翻案，为反革命修正主义翻案。吴晗炮制了“海瑞罢官”，邓拓拖出了“李三才”，而为右傾机会主义者翻案的第一支毒箭、第一次嘗試，还要算《水上春秋》了。它出籠最早，于59年10月就已炮制成，它也最露骨，不加掩飾地直接把地主恶霸描繪成“正面人物”。因此，可以說，《水上春秋》是卢山会議之后的反党丑剧的开場鑼鼓！

二、大造輿論、以求一逞

賀、荣修集团在《水上春秋》才一出籠，便馬上給穆成寬增一头銜曰：“全国政协特邀代表”。于是，在賀龙、荣高棠之流的指使下，全国各地許多报刊杂誌爭先恐后地掀起了一个吹牛大竟賽。而首当其冲的就是荣高棠直接控制的《体育报》。荣的爪牙《体育报》总編李凱亭亲自出馬，写了一篇题曰“为了祖国的荣誉——《水上春秋》評介”的奇文，借吹捧反动影片《水上春秋》而公开在报刊上吹捧穆成寬，企图使穆成寬伪造的“光荣历史”完全合法化，大書特書反革命分子穆成寬的所謂“受苦漁民的遭遇”、所謂“听說殖民主义者要打他，他并沒有絲毫懦怯”、所謂与反动統治階級的“斗爭”，胡說什么从《水上春秋》中“可以看出鮮明的階級观点”，并恶毒至極地把毛主席横渡江河与反革命分子穆成寬之流相提并論，眞是混蛋透頂！

繼而各报尾隨而来，充当賀龙、荣高棠之流手下的吹鼓手。“中国青年报”专栏介紹了穆成寬的一家，大登穆氏一家的“全家福”照片，發表了該报記者严如平杜撰的“穆家将”一文，公开为地主恶霸穆成寬翻案道：“还在四十多年之前，幼年的穆成寬就常和小伙伴一起在家乡　天津市北郊区穆庄(即天穆村)的水坑、河塘里摸魚捉虾。”按其主子賀、荣集团的旨意把大地主恶霸描写成“摸魚捉虾”的“受苦人”。（見中国青年报1959年9月12日）还發表了穆祥雄亲笔签字的吹嘘其狗爹的文章，题曰“党給了我力量”（見中国青年报1959年9月18日），和严如平的“池边的欢腾”，并配上穆祥雄与穆成寬两人池边拥抱的照片（見中国青年报1959年9月18日），等等。

“河北日报”發表了由作者“瑞”写的“穆氏一家的水上春秋”，配發了穆成寬全家照片，文章开头便显示了吹牛本領：“諸位，請先看一看这幅照片上的九位游泳运动員，一个个体格健壮，精采奕奕，笑逐顏开，不論男的、女的、老的、少的、他（她）們的面庞風姿又是多么相象啊！这是一張別致的‘全家福’，这是天津市有名的‘穆氏一家’……”隨之逐个吹乎一通　尤其肉麻的是对穆成寬的老婆地主婆吳靜芝的吹捧，簡直到了空前离奇的地步：“她虽然不会游泳，但是有比較丰富的游泳知識，她是最小的两个儿女的業余游泳教練”。（見河北日报59年6月16日）

天津日报發表了該报記者李夫杜撰的“碧水池边看蛙游”，也登了一些照片。

上海解放日报發表了該报記者妤知的“碧水池中的蛙王”，大吹穆成寬为“游泳世家”，編造情节，胡說穆成寬曾“捉来蛤蟆放在盆里，叫当时才六岁的穆祥雄学蛙泳，把穆祥雄蛙泳的成績全然記在穆成寬的帳上！

天津晚报早有吹穆专栏，当然不甘落后，也發表了一系列的专題文章，吹上加吹，在“交流运动經驗提高技术水平”的报導中吹之为“著名体育家”，“优秀滓跤手”，在“河北区举行青少年游泳測驗”的报導中吹之为“游泳界的前輩”，在“体院游泳班加強技术訓練运动成績有显著提高”报導中无耻地說“学生們不怕吃苦不怕流汗”是由于“老游泳家穆成寬經常用自己过去学游泳的困难情况教育学生們”的結果，完全抹杀了党的教育与学习毛主席著作的巨大威力。在“老游泳家辛勤培养幼苗”的报導中吹之为“著名游泳老将”，并为之摄了照片。在該报記者戚长森写的“在水晶宮里”更是吹之不矣。

武汉晚报在国庆专栏中發表了“游泳世家两代人的遭遇”，歪曲历史地吹嘘穆成寬解放前如何与帝国主义及曹昆、张勛、袁世凱等游泳界“八大家”进行“斗爭”，此外《新体育》等許多刊物都参加了吹牛大竞賽。

在党內走資派及其御用宣傳工具的吹嘘之下，一时間蒙蔽了很多不明眞象的人。当时就有許多中学生被他們骗到天穆村去，进行“訪貧問苦”，找人介紹穆成寬在解放前如何“受苦”，不料，天穆村的广大貧下中农却向天眞的学生們訴起自己的苦来，当場控訴穆成寬的罪恶，領着学生参观了从穆成寬手里分得的房子。使一些中学生甚感莫名其妙，一时間不理解党报党刊为什么吹捧地主恶霸南霸天式的人物，产生了思想上的混乱，給党帶来了很大的損失。

穆成寬却得意无比，趁此时机曾到許多中学做过“忆苦思甜”的报告。

此間万张反党集团人物更加宠爱穆成寬了，来来往往極为密切。李定、馬瑞华、李守眞、李仲垣、白樺、石堅、罗云等万张爪牙經常出入于游泳池，每天必到者甚多，穆成寬对他們更加殷勤招待，为他們設立了专用更衣室。

六〇年邓小平为了大搞資本主义复辟，曾对万晓塘下过指示，叫万抓体育，万的得力干将李定、楊振亞、王金鼎、魯狄等便一古脑鑽进了体育界，指定李定为游泳队的“名譽領队”，从而使其在体育界的反革命复辟活动从組織上也公开合法化了。李定当上游泳队的“名譽領队”，第一步便提出要發展穆入党，好为彻底复辟資本主义打下基础。并經李定、魯狄等出謀划策把穆成寬一家請到天津大理道高干楼去住。

賀荣修集团也更加宠爱穆成寬，与新华社內走資派勾結，在对台广播节目里，大肆介紹“穆成寬的优秀事蹟”，胡說什么“他坚决拥护党的領導，听党的話，积極要求参加中国共产党組織”，說他在解放前“就立下了为中国人爭光、使我們民族体育抬头的心愿”。并无耻地把游泳事業上的一切功績完全記在穆成寬的身上，說他“培养自己的孩子穆祥雄三次打破世界最高紀录”，眞是混蛋透頂！

穆成寬也就越来越大胆地进行复辟活动了。把凡是知道他臭底和敢于揭露他老底的运动員教練員大批大批地排挤走，有的从事体育工作十几年的运动員教練員在他的打击陷害下被赶出体育界之后竟无業可投，只得倫为临时工。

旣使如此，李定、馬瑞华、魯狄之流却更加卖力气拉穆入党。六二年，李定、魯狄等第三次下令叫發展他入党，当遇基层群众反对时，李定、魯狄竟暴跳如雷地說：“你們要不介紹他入党，我可当介紹人了！”

虽然未得逞，但仍暗中叫穆参加一些党內的重要会議。如党內十七級干部才能听的一个重要报告，居然也叫穆参加。“双十条”下来之后，不叫党員干部講解，却叫穆成寬講解，而穆也不錯过机会津津有味地大講起后十条来，把后十条当作他大搞复辟的指南和依据，并反复叫队員把后十条学好。于是，穆成寬大吹“我虽然不是党員，我比党員还被重視，我是內部党員。”

三、那里有压迫、那里就有反抗

毛主席教導我們說：那里有壓迫，那里就有反抗、就有斗爭。

穆成寬在其后台主子們指使下大搞复辟，对无产階級实行专政，引起了广大革命群众的气憤。在其后台主子吹捧抬高他的同时，就有无数革命群众不間断地进行了針鋒相对的斗爭。

当《水上春秋》拍制过程中 天穆村的貧下中农就进行了揭露；当其出籠后走資派大力宣傳它时，天穆村貧下中农和革命群众便針鋒相对地作了反宣傳，并递交了很多控訴揭發的材料，如被穆成寬排挤走的原国家队老运动員后来的天津游泳队教練张家琛等，曾多次写材料揭發控訴过穆成寬的罪行。

当《水上春秋》六二年到天穆村放映时，貧下中农越看越气，群情义憤，一举造了反，打断了演出，差点砸了放映机和搗毁了片子，吓得放映人員赶快收拾起来逃之夭夭了。

六三年，在群众揭發了大量穆成寬的罪行之下，党內走資派不但不作处理，反而伪造材料，上报国家体委和中央，在賀荣修手下，批准了穆为全国群英会代表。

六四年在天津体院运动系开展了“命革化”运动，群众一举揭發了穆成寬数百条罪状，向賀荣修集团和万张反党集团的代理人反革命分子穆成寬展开了无情的斗爭。但是，楊青、王拴标之流却在穆成寬无处藏身之下仍然包庇他过关，想办法把矛头轉向群众，把一些稍有缺点錯誤的党团員群众的缺点錯誤无限上綱无限扩大，对比之下好在輿論上減輕穆的罪过。后来，在群众的压力下，楊青才把一份簡单的揭發穆的材料交到国家体委，这材料登在党內通訊上，被陆定一看見，他急忙找到荣高棠，并派人到天津所謂搞“核实”，实际只用一天功夫走了走过場，經与杜心波、周茄、李定等勾結一番，最后得出穆成寬問題天津市委早有了解的結論而不了了之了。其名曰“核实”，实为包庇，以借此封住革命群众的咀不讓繼續揭發而已！

旣使陆定一、荣高棠以及閻欣、楊青之流百般包庇，也不能压下群众对敌人憤怒的火焰！广大革命群众坚决要求把穆拉下馬严加法办。在此情况下，楊青按主子的意图又一計，将穆成寬“下放”到大明縣去抗旱，以搪塞耳目，待有机会再为之翻案。

四、敗走“大明府”、巧获“英雄杯”

楊青之流与主子合謀趁要人支农抗旱之机，把穆成寬放走了，使他逃避了群众的斗爭，跑到了水滸傳里楊志卖刀之处的大明府。

穆成寬到大明府后，仍不忘招搖撞騙和吹嘘之本領，見人就造謠說：“我是中央派来的，我在中央刚开完会，我和周总理是一个小組 周总理是我們組长。”并拿出其子与刘少奇握手的照片显示吹嘘，一时鬧得許多人不知眞相。在大明一年多的时間內，他不但沒有參加抗旱，反而干了許多破坏抗旱的活动。当时正赶挖机井，他却叫一些农民給他挖了两个大坑，以开展游泳为名，浪費劳力，当井挖好，把水都放进他的池內，鬧得庄稼无水浇灌。又赶上地震，他这个怕死鬼便叫人給他专門搭了一間木房，整日里不劳动，躲在木房里消遙閑处。为了撈取資本，还独出心裁地把毛选翻好放在桌上，但不看，若有人来时他才故作姿态地翻一翻裝裝样子。沒想到就这一手竟也大有所获，在大明府全縣学习毛主席著作积極分子的大会上，穆成寬也成了引人注目的显要人物。——所以如此，除了穆成寬大有欺騙之术外，走資派也大帮了他的忙，苏振启与之通信、紀丕方与之談話都有关系。

眞是：妖魔敗走“大明府”，行騙巧获“英雄杯”。

五、烈火熊熊、无处藏身、群丑現原形

毛主席教導我們說：“搬起石頭打自己的脚，这是中国人形容某些蠢人的行为的一句俗話。各国反动派也就是这样的一批蠢人。”

刘、邓、賀、荣、万、张反革命修正主义群丑們企图利用地主恶霸反革命分子穆成寬作为复辟資本主义的工具，却也如此，把这塊頑石搬起来，砸在了他們自己的脚上。

由毛主席亲自領導的无产階級文化大革命燃起了熊熊烈火，烧得牛鬼蛇神无处藏身，不但穆成寬被揪出来了，而且連同他的后台黑老板一起統統被揪出来了！

尽管敌人还疯狂地进行最后掙扎，妄图舍車馬保将帅以求秋后算帳，但終不能逃脫他們彻底灭亡的命运。

正如我們偉大領袖毛主席早已予言的那样：“社会主义制度終究要代替資本主义制度，这是一个不以人們自己的意志为轉移的客观規律。不管反动派怎样企圖阻止歷史車輪的前进，革命或遲或早总会发生，並且將必然取得胜利。”

讓那些党內走資派野心家們去哭泣吧！无产階級专政穩如泰山，是任何人也动搖不了的！

打倒刘邓陶！

打倒賀龙、荣高棠！

打倒万张反党集团！

无产階級专政万岁！

无产階級文化大革命万岁！

伟大的中国共产党万岁！

毛主席万岁！万岁！万万岁！

紅代会天津体院毛澤东思想紅衞兵

农代会天穆村貧下中农捍衞毛澤东思想眞理战斗队

干代会天津体院公社

紅代会天津体院附中毛澤东思想紅衞兵

三审：王光美

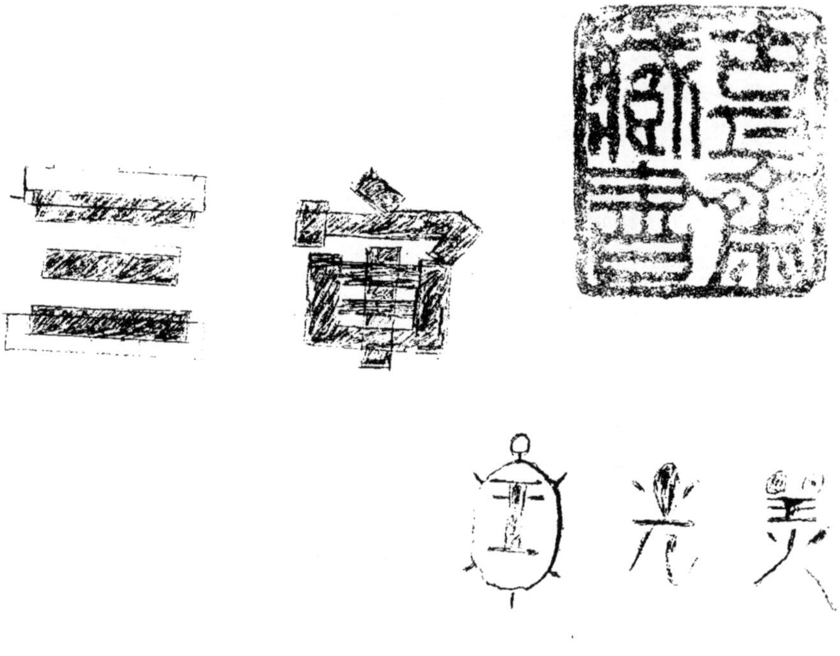

——转抄者按——

毛主席教导我们说："各种剥削阶级的代表人物，当着他们处于不利情况的时候，为了保护他们现在的生存，以利将来的发展，他们往往采取以攻为守的策略。或者无中生有，当面造谣；或者抓住[illegible]表面现象，攻击事情的本质；或者吹捧一部分人，攻击一部分人；或者借题发挥，"打开一个缺口"，使我们处于困难地位。总之他们总是研究对付我们的策略，"窥测方向"，以求一逞。有时他们会"装死躺下"，等待时机"反攻过去"。他们有长期的阶级斗争经验，他们会做各种形式的斗争——合法的斗争和非法的斗争。我们革命党人必须懂得他们这一套，必须研究他们的策略，以便战胜他们。切不可书生气十足，把复杂的阶级斗争看得太简单了。"

我们在这之前已翻印了王光美的第一、二次检查（翻案），现在我们将清华大学井冈山的革命小将三审王光美的材料翻印出来了，在这些材料里我们不难看出王光美的反动气焰何等嚣张，对于革命小将对她和刘少奇的批判，极力的为刘少奇辩护，妄想翻案。这是万万办不到的。刘王之流不投降就让他们灭亡。我们现将这份材料翻印出来，供大家分析批判参考，把他们批倒批透批臭，让他们一臭万年永世不得翻身。

——转抄者

一审

一审 王光美

地点：清华中央主楼

时间：晨六点半左右（已谈过好一会儿）

问：刘少奇为什么说清宫秘史是爱国主义的

王：我从来没听说过刘少奇同志讲这个片子是爱国主义的，少奇同志肯定没讲过，我相信毛主席总会调查清楚的。（同学们让他穿上去印尼的衣服，出丢丑，王光美不穿）

问：衣服一定要你穿！

王：不穿。

问：穿也得穿，不穿也得穿。

王：（软下来）指身上的衣服（这已经是会客的衣服了）

问：（严正）什么是会客，今天是斗你。

王：这衣服我不穿，穿不上去。

问：那你到印尼怎么穿的呢？

王：那时是夏天，又在雅加达。

问：那你到拉赫尔怎么穿的？

王：反正我不穿

问：告诉你，今天是斗你，不老实，小心点！

王：就是死了也没什么

问：死了？我们还要留着你这个活靶呢，穿上！

王：我们好好谈谈好不好

问：谁和你谈，告诉你，今天是斗你。

王：（翻脸）反正你们（不能）侵犯我人身自由

问：（哄堂大笑）你是三反分子老婆，反动的资产阶级分子，你自己分子，对于大民主，小民主也不给，一点也不给，半点也不给，今天对你专政，没你自由

王：难道我是三反分子老婆（打断）

问：就你！

王：反正我不穿，我犯了错误，斗批都可以。

問：你犯罪，今天就要斗你，穿上！

王：(沉默)(指指身上衣服)这已经是会客的了。

问：我们就要你穿去印尼的那一套。

王：那是夏天了，冬天有冬天的衣服，夏天有夏天的，春天有春天的，这是夏天的现在不能穿，要春天我可以派人去拿

问：去你的吧！什么冬天、夏天、春天、会客的、访问的资产阶级那一套，我们不懂。

王：毛主席说过，要注意气候，随时换衣服(大意)

问：(众笑)毛主席讲的是政治气候，按你的立场，现在穿皮大衣也冷死了。

问：我问你，你访问坦桑尼亚时更冷，怎么也穿了？穿上！只要冻不死就行，你穿不穿？

王：不穿。

问：好！给你十分钟，到六点四十五分再看，不穿你試試看，我们说话是算数的。

王：(不讲，沉默)

问：王光美，你对把刘少奇拉下马怎么看？

王：这是大好事，中国可以不出修正主义。

问：我们今天把你们揪出来斗，就有这一天的，你信不信？

王：你们斗吧，可以斗吧。……(沉默)

问：不理他！十分钟，到时候有你好看。

王：你们……我可以打电话叫人把春天衣服拿来

问：那不行！

王：这是绸子，太冷了。

问：你穿上再披上大衣吧。

问：冻死也嘛未足奇。

王：如果我真反毛主席和林彪也活该。

问：你就是反对毛主席。

王：我现在不反，将来也不反。
问：少跟她啰嗦，好了，还有七分钟（沉默）
王：我穿上鞋子好不好。（指带来的尖鞋）
问：少跟她啰嗦，好了，还有七分钟（沉默）。
王：我穿上这双鞋子好不好。（指带来的尖鞋）
问：不行，都穿上。
王：你们没有权力。
问：我们就有这个权力，"……是专政你，我们爱怎么干就怎么干……"没有你的自由。你那套真把面前人人不苦的理论还要收起来吧，我们是革命群众，你是反革命的臭老婆，你混淆不了阶级阵线，（时间到，把您的衣给王穿妖衣）
王：等会（大家不理她，穿。王光美要掀……衣服坐在……下让穿后终于还是被拉起来套上了）
问：这不是穿上了吗？（王曾说……穿不上）
王：你们武斗，你们违反毛主席指示（众念：革命不是请客吃饭……）
王：谁反对毛主席指示就……（被打断）
（众念：顽固分子实际上是顽而不固……）
（王光美无奈，只得自己动手，老老实实穿上透明丝袜和高根鞋大家给她带上特制项链照相）
王：你们用强制手段。
问：胡扯！是你侮辱我们。你穿上这套衣服去印尼与苏加诺吊膀子丢尽了中国人民的脸，你侮辱了全中国人民，你还想倒打一扒，对你这个反动的资产阶级分子，清华园里的头号大扒手，对你就是要强制。（众念：凡是反动的东西，你不打他他就不倒。
王：我是不是将来看看再。
问：怎么你想翻案吗？（众：揭她的罪恶勾当）
王：（抵赖）希望你们好好检查一下。
问：我问你，打击大大一片，保护一小撮是谁干的？
王：真正的革命者是勇敢的，是勇于正视事实的。"十大命令"，我批评过叶林，我说叶林让广播是做蠢事。后来我们打击面是扩大了，我们是反击假左派，当时我们认为是假左派……反正"打击一大片，保护一小撮"不是我干的也不是楠天放、谁是真革命的，谁干的谁自己承认。是谁说清华园是黑窝的，是谁说宁可怀疑九十九个也不放过一个黑帮……真正的革命者就要敢于站出来。谁干的谁自己承认。
问：（指出她在昨天晚上与刘少奇说："打击一大片，保护一小撮"是蒯大富）
王：根本没有。
问：是不是要对质，你们晚上大吴讲的？
王：（狡猾）我欢迎你们作我的家庭工作（因其它不愿与王见面未对质）
问：我们当然要做你的家庭工作。
问：我问你，大批辅导员拉出处是谁干的？

王　我是[illegible]做的"许克敏纪要"干的。
问　不对　你们把"许克敏纪要"打成"反党的纲领"，难道你会允许大家按"反党纲领"去做。明明是你自己干的，还要倒打一扒。
　　你说，为什么打击基层干部，而何东昌倒在香山修养，刘冰、胡健在北京饭店[illegible]会，蒋南翔同学提多少回，你们就是不斗
王：我不知道。北京饭店在开会　蒋南翔情况我是反映了。中央有同志批示（我不能说）不让拉回来斗。
问：派工作组的目的是什么？
王、同意派工作组，当时中央常委决定。当然毛主席在，刘少奇负主要责任，但真正派的只有我一个人。
问：就你一个人就打了"革命群众成反革命"？害了多少人。
王、我们决定一个反革命
问：你赖不了，打击一大片，保护一小撮的事实！
王：事实总是事实，应根据事实得出结论，这才是毛泽东思想。
问：不对。立场是主要的，你们站在反动的立场上　就是看革命群众的阴暗面，反对文化大革命。我们看的事实，收集的事实就是和你不同。
王、现在有人推卸责任——如果是真正的革命派，应敢于承认事实。
　　、怀疑一切是错误的，是谁提出的？
问：你们怀疑革命的一切，打击一切革命群众，王[illegible]。
王　反正"怀疑一切"不是我的思想，更不是刘少奇的思想，反正我们是反对"怀疑一切的"。
问　你们反对革命群众怀疑你们，你们对怀疑你们的得要死。
王　我是共产党员，我怕什么　舍得一身剐……
问　你要干什么？（呼口号）
王　你们这样总有一天　我……
问　（[illegible]）大扒手　反动资产阶级分子　给中国人民丢脸，
王　我认为我没丢脸。那天是告别宴会　他坐在我旁边　我是女主人……应尊重印尼习惯。
问、去你的吧！我们不懂那套洋规矩。和苏加诺这种坏家伙鬼混。
王：当时苏加诺还是有进步性的，　外交
问：你说，你把多少同学打成反革命，我们这里就有不少。
王：反正我只批过，没有打成反革命。
问：谁让你反"假左派"的？
王：不是刘少奇。是工作组问我，是叶林、杨天放，他们说蒯写了一个夺权的批语，还有反应了与现在根本不同的片面情况，我就根据这些同意了。
问、刘少奇做了什么指示？
王：刘少奇对清华指示很少。
问：那你桃园是谁让的，捞政治资本。
王：那是毛主席对刘少奇说"王光美为什么过去四清时二同，现在不二同了！……"主席说"可以参加劳动，……"这样可以接受批评。我们听了很感动，就去劳动了。

问　那你老々实々劳动啊？六位一二个一厂二贵宾。
王　是三个饭厅，不是因为接触不广吗？（众：大笑，揭其要实。
　　这件事刘涛也对我提过意见，我正在考虑。
问　（笑后又问）你回答，打击一大片，保护一小撮到底是谁推广的？
王　的确不是刘少奇。
问　蒯大富是谁定的反革命？
王　同刘少奇无关，也肯定沒定反革命。（在同学摆出事实驳斥后，王光美语无伦次，几次说法不一，先说肯定沒定，一会说："我对工作组说这样做法不好，（反蒯）一会又说："我说我们不要过早定反革命"）
问　"假左派，打着红旗反红旗，是由于世界观沒改造好，不能再反革命。
　　（众笑）王光美，我问你，反蒯的批判会你审查了沒有，所谓"练兵"是不是你审查的。
王：是我听过的。
问：会上有好多人骂蒯大富是反革命是你批准的吗？
王：我是听了他们讲的，我听了后，记下意见，晚上回去汇报。
问：你赖不了！发言中蒯被打成反革命，是你批的！你说刘指示很少，你不回去，可你又说晚上回去汇报，这里有矛盾！"
王：我觉得当时有很多人散布"怀疑一切"。
问　你说谁？
王：有，但人数不多。
问　你交待，保蒋南翔是谁指示的？
王：蒋南翔性质未定的话是我讲的，但你们前后的话都不讲，只讲这句话是断章取义。
问：同学们对蒋恨死了，你却说性质未定，不让斗，这不是保他是什么？你知道不知道？
王　我不知道。你们试々看，将来你们工作中不要犯错误。
问：你们的错误和我们犯错误有质的不同。
王　工作组当时一进校什么都不知道，对蒋不定是正确的。如果我们那时不积极收集材料，我们七月中旬的三次斗黑帮大会就开不成那样，就不会那样高的水平。
问：（大笑，讽刺地）那么你还有"功"了！是有"功之臣"了。
王：错误是由我负责。有成绩应归功于毛泽东思想。
问：你还有功呢？你的功就是镇压群众和干部，如果不是毛主席，我们都要诧死了，真是恬不知耻！
王：……
问：你对批判《修养》怎么看？
王：这本书是唯心的，不谈阶级斗争，我同意报上发表的红旗评论员文章的几句话。至于反毛泽东思想，主观上我不同意，是世界观沒改造好。
问：对戚本禹同志批《清宫秘史》的文章怎么看？
王：这部影片是彻头彻尾的卖国主义的，戚本禹同志批得很深很对这部影片刘少奇沒说是爱国主义的，我和他一起看的，当时只看了一半，以后天黑了看不清了，他什么也没说，这是肯定的，他没说过，我和他一起看的，我知道肯定没说过。

问：照你这么说刘少奇没错了？

王：刘少奇是有责任的，五二年毛主席曾对他说过，这片子是卖国主义的，做为一个负责人不组织批判这是很大的错误。

问：这算什么大错，仅仅是失职的错吗？

王：是失职或大的错。

问：照你这么说戚本禹同志是在造谣了？

王：是不是有另外人假借刘少奇的名义说过句话。

问：好！你昨天晚上说"戚本禹同志曾经和我一个支部"，我知道后来在我们逼问下才说"戚本禹是好同志"。现在原形毕露了。

王：(恬不知耻)你们造谣，不是你们逼问，我自己主动讲的。

问：你觉得这文章写得对不对？这是毛主席看过的。

王：是吗？是主席看过的吗？我觉得还是从革命利益出发，从事实出发，如实向毛主席反映情况。

问：戚本禹同志的文章针对是谁你清楚吗？

王：那他提的的确是刘少奇。

问：你对戚本禹同志提出的问题怎么看？

王：有的是刘少奇的责任，有的不是刘少奇讲的。

问：那么《红旗》上在造谣？刘少奇不是走资派？

王：相信毛主席，相信群众，过去就是相信不够才犯了错误。我在刘少奇身边工作了十几年，我觉得有出入，反正有许多不是刘少奇的事，说他是最大的走资派，我直接没有感到这点。

问：所叫叛徒集团自首是怎么说的？

王：这不是他指示的，是一个负责同志提建议他同意过的。

问：是谁？

王：我不说！

问：你包庇！快说。

王：(沉思一会)是柯庆施建议的，刘少奇同意的。

问：(气愤)不许你诬蔑柯老！

王：反正我说话你们不相信，你们可以去调查好了。我告诉你们，王前是个坏人，他造谣，泄私愤，你们不要上当。不相信我算了。

问：王光美，你说，你对刘少奇是党内最大走资派怎么看？

王：我主观上还认识不到这个水平。反正在八届十一中全会以前，主席许多事委托刘少奇、书记处处理发生的事他要负责。但现在他靠边站了，不负责了，不当权了嘛。在反动路线时，他是走过一段资本主义道路。

问：就按照你的这种说法，你说说看刘少奇走过哪些资本主义道路？

王：山西老区互助组的批示是错误的，是他批的。合作社发展太快，他求稳，说要慢一些，六二年、他对困难的估计过份。但"三自一包"、"四大自由"谬论他是不赞成的，单干也是不赞成的，他那种是许多关键时刻还是坚持社会主义的——这些错误发展下去，中国就要走向资本主义了。

问：照你这么说，刘少奇是个有错误缺点的走社会主义道路的当权派王：他主观上是要走社会主义道路的，但世界观没改造好，又是负责地位，会把中国引向资本主义的。发展下去是危险的。

问：刘少奇宣扬"红色资本家"说剥削好，也是主观上走社会主义道路吗？

王：刘少奇是讲了很多的错话，你们是指五〇年他在天津的讲话，当时我也在，我知道的，有很多话是很错误的。当时天津有一种过左的情绪，不少人要消灭剥削阶级，是毛主席派他去纠偏的，这一点话是纠偏讲的，现在大字报上的一些话与他讲的有出入

问：这么说讲"工人就得受剥削"是对的？

王：有些是错误的。有的这样讲是对的，有的这样不好。这不能脱离环境。比如一个资本家与他座谈说剥削是罪恶的，那开一个厂就大罪，再开一个厂罪就更大了。刘少奇说，只要对国富民强有好处，开厂剥削，这样的剥削是需要的，工人也需要这样的剥削；这是特定条件下讲的，现在有人砍头去讲这句话。

问：那鼓吹"和平民主新阶段，散布对蒋介石的迷信是谁呢？

王：那不止他一个人。根据报纸上的报导，绝不是一个人的责任，停战协定（协议）上写"和平民主"很明显嘛。他现在把责任担起来，勇于承担责任（众笑：这么他还是英雄了）就是勇于承担责任吗。

问：还你说还有谁？

王：不用说了吧。

问：不行！迷信蒋介石的人要查查

王：我属中共工作人员，要保密，你们可以去查々报纸，有关开文章的。

问：那刘少奇贪污金皮带圈，金鞋拔子呢？

王：金皮带圈、金鞋拔子是有这么回事，他做白区工作随时有被逮捕的危险，是应该身上带些东西的。谢飞同志虽然我不认识，我觉得他很好，临走什么也没带，王前这个人就不好，把这样东西带走了，当时许多人赞成离婚，王前污蔑少奇同志工作……

问：你又来挑拨离间！

王：反正我听王前不好，你们不信任我就算了。

问：红色资本家是谁提的

王：不知道，反正不是刘少奇，他只说进步资本家。

问：你是否说王光英这个大资本家好，还要拉他入党？

王：王光英不是大资本家，最多是中产阶级，民族资本家，他剥削是剥削，可是……你们可以调查一下，他是否可以起进步资本家的作用，他不愿当资本家，说资本家名声太臭，要求入党，党给他任务，叫他做资本家工作"

问：什么党？你们的刘邓党！玩说你妈々是干什么的？

王：她开幼儿园的，不是剥削，是集体福利，是好事，带出来的孩子比我们自己养的还好。

问：胡说！她雇一个孤儿是干什么的？这孤儿被折磨死了。

王：她没有剥削孤儿，我知道。没有剥削，后来有病照顾得很好。

王：主席不是说要认真吗？现在明々干的是好事，都说成坏事，你们

要认真调察。（众骂："反动资产阶级分子""本性不改"阶级异己分子"）

问：你现在对刘少奇到底怎么看？

王：说他一辈子反革命，不反资本主义，我没有充分材料。（同学让她带上项链）

问：你说！江青同志叫你出国不要带项链，你为什么非要带上？

王：江青同志是要不要带别针，没说项链的事，但问题是一样的。

问：胡扯！你是三反分子！

王：我不是！

问：你对打碎王槐青墓碑怎么看？

王：我赞成！我立碑是错误的。

问：你对你工作组问题怎么看？

王：一分为二嘛！我在清华犯了错误，忠实执行了带引号的创造性的执行了刘邓反动路线，主持了对王铁成、蒯大富的辩论会。

问：一分为二，你是顽固不化，又是纸老虎，终要变成不齿人类的狗屎堆。什么辩论会？有限制自由的辩论会！

王：没有，六·二七会我主持，没有限制蒯的自由。后来限制自由是蒯大富自己要求的，说要保障人身安全，当时我还批评叶林这样做不对呢！

问：过前你说红旗调察员的文章怎么样？

王：红旗调察员文章……（不语，同学吵，通有大声嘶叫）就是有很大的片面性！

问：好，说下来！

王：说就说。我说的，怕什么？"怀疑一切"肯定不是工作组搞的，更不是刘少奇搞的。清华：我们的问题肯定是右倾主义是路线错误我们是右倾，不是形左实右，反正这"怀疑一切"肯定不是工作组搞的。我没有这个思想，刘少奇也没有这个思想。

问：那你说是谁？

王：反正有人，蒯大富不是"怀疑一切"，他就没有怀疑刘少奇。他要去中央，他是让我送他去的。他是信任我的。

问：无耻！欺骗人家还嘻跃，现在谁都看透你这个反动的资产阶级分子的本质了。

王：我不是反动资产阶级分子，我是毛主席的共产党员、真理就是真理，可能是资产阶级反动路线的影响。

问：你敢否定革命小将？

王：（眼、斜眼用眼角看人）真正的爱护小将应该是什么就是什么。不能歪曲事实来爱护革命小将；……（被打断，众：你放毒！）如果你们罢事实讲道理，就让我把话讲完。毛主席说：坏话、好话、反对的话都要听，要让人把话讲完。你们要不摆事实，不讲道理，那我就不讲了，你们斗吧！

问：我们就是要斗你，你这个反动的反动的资产阶级分子，清华园里的大扒手。

王：我不是，我是共产党员。

问：你不要给我们的党脸上抹黑。干的丑事还少吗？桃园四清你干了些什么？

王：对四清材料你们了解多少？你们找什么人了解？你们下去五天我待了一年了，比你们了解，你们要认真调察。

问：去你的，桃园经验臭透了，你会么你听々。

王：桃园经验是好的，不是坏的。但有缺点和错误。

问：（大家耻笑她）有功，有功！那么后十条看来也是好的。有缺点有错误吧？

王：根据第一个十条许多人下去搞试点摸情况。彭真搞了好几个省的试点，根据一些情况，搞了好多政治政治界限，看来清规戒律是多了一些。我们下去的时候都是双十条，中央规定的。后十条是刘少奇改的 有些清律戒律，但精神是好的。是毛主席叫他修改的。

问：这么说后十条糟板了？

王：后十条有好的部分，但有形而上学、繁琐哲学，一些政策界限强调得过多，清规戒律束缚了群众运动。

（群众气极，给她"打扮"后照像）

王：谢々你们。你们不应该侮辱我。（喊革命不是请客吃饭）

问：对你就是要专政。让你现々原形，你不舒服吗？你不舒服就说明我们是革命行动。

王：我承认我犯了右倾机会主义的错误。

问：你是形"左"实右，打着红旗反红旗。

王、我是右倾。

问：你还右呵，再左 点我们都要追究了。"打击一大片"你还有坂呵？

王：那个材料我看了。有很大的片面性。我们 当去就蹲点，对干部就往不管的。

问：（举许多事例）你说把精子灵、基层干部挂起来是谁干的？

王、刘少奇根本不同意。他批评了。

问：杨天放揭发了。

王：杨天放不可靠。

问：刘少奇是无产阶级文化大革命的罪魁祸首 你认为怎么样？

王：（闭而不答）他是负主要责任的，六 七月是他干的，但以后就不能怪他。

问：怪谁？你说！

王：他路线错误有影响，不能全归他，他有责任。

问：那蒯大富反革命很久翻不过来，谁负责。

王：蒯大富反革命不是刘少奇定的 刘少奇没跟我说过蒯大富是反革命。

问：刘少奇七二九讲话反毛主席。（李世权 事）

王、李世权的那件事，毛主席这样说可以。刘少奇这个时候、地方这样说是不恰当的。

问：什么不恰当？他反毛主席。

王：少奇同志从来没反对过毛主席。 他从没主观上要反对毛主席。

问：刘克思是谁说的？

王：刘克思是王前造谣，他不是个好人。
问：他在修养中大骂有人要全党尊重他……是谁？
王：那是什么时候出版的？也不是骂王席，那指的是洛浦。
问：那六二年再版时候为什么不修改反而把斯大林都删了？
王：那不知道。他是坚决反修的，他改的地方有档案在，你们有条件施查。毛主席要出刘选，他不积极，后成立编辑委员会，要他修改他书 他看过 遍，有的是编辑委员会改的，他没注意，你们可以查嘛。我知道他是不反斯大林的，"九评""二论"他参加起草的。
问：戚本禹同志的文章你怎么看？
王 批这电影很对 该批！
问：不对，要害是揭开老革命的画皮，暴露了假革命、反革命的本质。
王：言者无罪闻者足戒。
问：胡说！你顽固到底死路一条。我们就是要把刘少奇拉下马！
王：拉下马我同意，别人领导比他领导更有利。
问：王光美，你对戚本禹同志提的几个问题怎么看？（喻戚本禹同志的文章的最后几个问题）
王：(1)没讲过。我不知道（指老革命遇到新问题、疯狂地进行资本主义复辟，猖狂反对毛主席的三个问题）(2)尊待毛主席讲话，等毛主席讲最后一句话 刘少奇并不是梦寐以求资本主义；他是想搞社会主义的，说猖狂复辟不是那样，愿意搞社会主义的，他特别谈了一些防修、反修、反资本主义复辟的 些问题，他经常想，但想不出办法，无办法、没有水平，无魄力像毛主席那样搞文化大革命，他是考虑避免资本主义复辟的。我认为他最大的错误是没有提倡全党全民大学毛泽东思想，从他的地位、重要性、毛主席对他的信任来看他应该早就提出，但他六六年才提出，这是最大的错误。(3)他没有反对到毛主席 更没有什么猖狂。他有违反毛泽东思想的地方，有不少是世界观问题。(4)他没有大肆宣扬，他是想保存革命有生力量。当时白区损失很大，日本人又要进攻，因为一些人不知名，影响并不大，就让他们自首了，北京六十一个，天津几十个人，至于刊登启事，什么坚决反共"他不知道的。(5)起草的文件 中央是看过的，当然他要检讨，但同一个文件他提出过放松练兵。当时这些是可能造成不好的影响。(6)他反对资本主义改造？没有！在天津讲话是错误的，但改造资本家他是积极赞成的。合作社问题他是同意过 些同志的意见，主要是邓子恢干的。(7)~~在报告~~八大报告是有错误的，但是这并不是他一个人的问题。八大决议好像也有错误 、 主席没有到场 这也是反对的，刘少奇决议好像看过 没有引起，不过文件出来很久了，毛主席党中央未表态。(8)这不是刘少奇说的，他只是把困难估计过分了。可能会增长黑风。(9)刘选编委会叫他审查的 他对此不积极。（王光美对论修养大量翻印、流行外国、不敢回答。）(10)他是过分强调了阶级斗争 过分强调了扎根串连，有些话使人感到农村漆黑一团。(11)对六七月之前，我同意毛主席大字报的观点，六七月后，他也要负责任

。是不是都要他负责任，那我就[illegible]。（王光美被带下去
我和[illegible]反正你们[illegible]。
本来就是这样，你们自己搞的[illegible]做的，还搞什么[illegible]，这叫还你本来面目。（王光美准备坐下将毛巾、手帕什么都带来了。）
王光美，说怕不怕？（一天一次换一遍换衣服，手发抖、东西拿不好。）
王：我要喝开水。
问：下面有。
王：喝完开水我可要小便去。
问：去吧。（坐下喝水、[illegible]都[illegible]了，喝了水，上厕所下楼时[illegible]一步，[illegible]，到楼下。）
王：解放军同志呢？[illegible]，我要吃镇静剂。
问：你不是不怕吗？
王：我心里是挺镇静的，我吃药是[illegible]不好。（手发抖，喝[illegible]这东西都放不好。）
问：王光美你手发抖了。
王：我这手有毛病，我不[illegible]心里很镇静。（王要两粒镇静剂，解放军只给一粒）
王：好，听你的，吃一粒（[illegible]，一步一步地挪了，要吃镇静剂）
解放军同志呢？我还要吃药。
问：你不是不怕吗？紧张吧。
王：我不怕，我就是怕大会坚持不完，我几天发烧，刘少奇也有病，我做好几天[illegible]，[illegible]手[illegible]，[illegible]拉出王前门
问：你现在有什么想法？
王：（低声）我现在接受群众对我的批判斗争。

第一次审完

二审王~~光美~~

时间：4月10日下午1:00
地点：清华主楼
问：你对戚本禹同志的文章怎么看？
王：戚本禹同志写得很好，旗帜鲜明，根据我知道的事实，刘少奇是假革命、反革命的结论我得不出。一九五〇年我同刘少奇一起看这部电影时，他没有讲什么。主席要批判，他没批判这是错了。反正我没有听他说过这片子是爱国主义的。戚本禹同志文章出来后，我很气愤（刘也很关心，毛主席说我们要关心国家大事嘛，我又问了刘少奇一次，与他回忆了很久，他也说没说过。我们相信毛主席，伟大的毛主席会弄清楚的。
问：照你这么说刘少奇还是老革命？文化革命只不过是"老革命遇到新问题"。
王：刘少奇在文化大革命中犯错误不是偶然的，他自己也说不是偶然的，他的世界观没有根本改变，不可能不违反毛泽东思想，他是负"主要责任。他没有毛主席的胆量和魄力来发动领导这场史无前例的无产阶级文化大革命。过去，我的错误是相信党、相信毛主席不够，相信群众不够，现在我愿意交真心给你们，我对"假革命""反革命"的确没有认识到。
问：够了吧！你的立场决定你的认识。问你，你对今天斗争会怎么看？
王：今天大会表现了群众的愤怒。我个人受一点委屈也没啥。毛主席教导我们要经风雨见世面么。我希望你们给我听录音，我听到的太少了 我应知道自己犯了什么错误，也应让刘少奇知道。
问：你自己干的事情自己不知道？
王：我在清华是犯了错误，我什么时候也不翻这个案。
问：犯罪！王光美告诉你老实点。你不翻这个案，那还有什么案要翻的？话中有话，老实告诉你，你这辈子也甭想翻了，别做梦了。
王：我是说我不翻案，没说要翻案。
问：狡辩！我问你，桃园经验到底怎么样？
王：我认为桃园经验成绩多缺点少。
问：喝！还有成绩呢？你倒成了有功之臣了。
王：成绩不是王光美的 是毛主席的 是毛泽东思想的。当时就毛主席支持我去。
问：毛主席要你下去改造改造 我问你 23条 16条的核心是什么？群众运动核心是什么？
王：是相信群众 依靠群众
问：可是你 大整社员 大整同学 毛主席支持吗？
王：……那 人的认识有个过程 这是符合毛泽东思想的 不然正确思想从那里来？
问：（笑王理屈词尽）我再问你 刘少奇在天津讲的反动话你怎么看？
王：天津的话有好的 有不好的 有错误的 他是毛主席派去的 一是

针对一些"左"倾情绪纠正的。他说的话是有些很不好的。但"红色资本家"不是他讲的。我知道。我不说是谁。刘少奇只讲过进步资本家，资本家有进步的，落后的。
向：谁说的红色资本家？
王：我是中央工作人员，要保密。
向：不行！你是专政对象，说！
王：我还是不说的好，我知道你们要揪
向：你想陷害人，我们不上你的当，快说。砍合作社又是哪个干的？
王：砍合作社是邓子恢提出的。他说砍十万，实际上砍了廿万。
向：这是什么行为？反革命行为？
王：当时只想慢一点，稳一点……
向：滚你的吧！毛主席当时批什么？主席在合作化问题上批判谁？你们是对抗毛主席！
王：毛主席的话是针对刘少奇的吗？我一直是以为是邓子恢的。
向：算了吧！谁不知刘少奇是老机会主义者。
王：是的；是有人批评他老右倾，立三路线时批评他右倾，王明路线时也批评他右倾……（打断）
向：恶毒！你说现在是什么路线！不许赖！
王：我是说过去。
向：王光美，你手又发抖了。
王：身体不好，手有毛病。
向：你对《论修养》怎么看？
王：我同意《红旗》評论员的话。
向：戚本禹同志的文章呢？（念戚文章）
王：避而不答。
向：快说！
王：我要再看一看，以后再谈好不好？
向：你想回去和刘少奇对口径吗？
王：怎么对口径呢？最近刘少奇病了一场，我又做护士又做……自己也差点病倒了，没有时间看。刘少奇他也说要拿几个版本对照看看，（下面谈到反斯大林问题，反对個人迷信问题）
王：刘少奇配合赫鲁晓夫反斯大林了吗？刘少奇不反斯大林的。（两论斯大林问题）他是参加写的他对斯大林是三七开的，刘少奇从来没说过根本否定斯大林的话，中央里面……（打断）
向：谁要你讲这么多？
王：主席说要认真，你不是要刨根问底吗？
向："三自一包"是哪个混蛋搞的？
王："三自一包"不是他提的，他认为这是历史大倒退是反对的。他的錯误是没向毛主席提出来，提晚了。
向：刘少奇是走资本主义道路当权派，是三反分子，你同意吗？

王：刘少奇与彭陆杨罗不一样，他根本不是两面派，他根本不是这样人，他提出与我结婚是把革命性格、缺点都告诉我的。

问：臭味相投，刘少奇不是，那中央还有谁搞资本主义呀！

王：中国有人搞资本主义，谁，我不知道！

问：你对中央文革怎样看！

王：中央文革小组在这次运动中建立了不朽的功勋，他们的大方向是正确的，不可否定的，但这并不是说一点错误也没有，列宁说过，做工作不犯错误是不可能的。

问：你不是说这并不是说一点错误也没有吗？那你说说错误吧！

王：你不要歪曲，我是肯定中央文革的，我在家教育孩子是一直是遵重中央文革的。

问：你谎什么，赶快交待你和刘少奇攻击中央文革的罪行。

王：刘少奇没罪行，叫我交待什么？

问：少耍赖，你对中央文革到底怎么看？

王：越是做工作多的，缺点错误是不可避免的。真正的革命者要自我批评，中央文革是经常检讨自己工作的，我从讲话上看到过，大字报上也有提意见的吗！

问：什么大字报？大概是一小撮联动吧？

（王光美一直狡辩对此避而不谈）

问：你对今天大会怎么看？

王：我感到群众对资产阶级反动路线很气愤，这些情绪我听到一些，看到一点，可惜没有全听完，希望你们把材料或录音带给我，对小青也应该知道这些情况。

问：你放心，我们会把刘少奇拉来斗的。

王：刘少奇来我也同意，不过我不同意这种动手的作法。

问：对你这种死不低头认罪的家伙就一要专政。

王：不对，我向群众低头了，我还向群众鞠躬了，这不是你们让的，是我主动的。

问：真无耻，不是人捺你你低头？还你主动哩群众主动一点早把你揍死了。

王：你们可以做阶级分析吗，分析我到底是什么人？

问：什么人，你是三反分子的老婆、反动资产阶级分子，我们要打倒刘少奇你同意不同意

王：我同意打倒，打倒他可以更好地领导革命。

问：不是更好的问题，是保卫毛主席。

王：我是非常遵重毛主席的，无限热爱的。

问：撕开"老革命遇到新问题的画皮，露出假革命本质。

王：假革命反革命我没认识到。老革命也谈不上，但唯心观点，唯心世界观是正确的，这次遇到新问题的人还真的不少。！

问：（讽刺地）光美同志是不是革命的你们可以考虑么。

（六六年七月廿九日晚讲）

王：考验到现在，可能添下结论。

问：三反分子的臭老婆，我们要宣你……（被打断）

王：中国的妇女，中国的女共产党员是独立的，不能因为丈夫

错了，老婆就一定错、老婆错了丈夫就一定错

问：你们俩本来就是臭味相投，你是什么共产党员，你是刘少奇拉入党内的阶级异己分子。

王：我入党不是拉进来的，我有手续的。

问：你介绍人是谁，

王：反正不是徐冰、外面是谣言。

问：谁？

王：一个姓孙，一个姓赖，

问：叫什么名字，在哪工作，

王：不说，我的历史我全部向组织汇报过了，你们可以通过组织调查，这些没有什么要说，

问：我们就要你说，谁看你档案，你对刘少奇对戚本禹同志文章怎么看，

王：文章发表后，他很好地，仔细地看了两遍，我想他不会承认假革命反革命的。刘少奇说他从来没有说过爱国主义的我们一起同解过这件事，那到是谁推荐的，什么过程我都忘了，反正是读到一半就睡了。看不清，我们什么也没说

问：你不是说戚本禹同志《红旗》口头造谣？

王：戚本禹同志我一向认为是好同志，是不是有人造谣，我不知道，反正刘少奇没说过。

问：激流，你这个中国头号的糖衣炮弹给刘少奇出过什么坏主意，

王：刘少奇不太听我的意见，他根本瞧不起我的，老婆的话不太听。

问：你不认罪以后要斗你，

王：你们可以狠狠地整我，斗争我，我等着。

三审王光美

时间：4月10日 5.40 —— 10.05
地点：主楼 207

问：王光美，你上次态度极不老实，要你这次老实交待，首先交待家庭出身！
王：家庭出身是民族资产阶级，本人是成分学生，家里房子半多间，有些××公司，扬威公司的股票，当时本人占领后……
问：说具体数目！
王：说不上来，不多的，卯是三七年，家里很少，靠卖房子过活为什么还定为民族资产阶级呢？因为卖房子，存钱入银行，父亲起初是职员，后来教书于中学，后来又到日本早稻田大学学法律，由职员升中商司司长。
问：你父亲当学什么财产保证他？
王：父亲及他哥哥交书权钱，他在北京基督教会……
问：为什么他成得那么快？
王：职员当了好几年呢。
问：……他后来干什么？
王：当……解放后的底高 在家休息，院子里种菜什么的……。
问：挺勤俭的。
王：不是……是消遣，但是没落的成分民族资产阶级，我参加过土改工作，我也问过其他同志。
问：这么说是你自己吗？
王：不是的。
问：你父亲为何变得那么快？
王：不太清楚。
问：解放后拿多少定息？
王：拿过一二年定息，我未过问拿多少，一年约三三百元，从走自来看够不上大资本家，真的。
问：解放后表现如何？
王：开始办托儿所，为父母都是职工的带孩子，他同意了，给之我生刘萍之，后来逐渐扩大，本来一开始想交房子，又因为儿女幸福，就想办婴儿托儿所，因为当时没有婴儿托儿所，一生下来就进的婴儿托儿所。
问：挺好挺慈善的。
王：我父亲是要求上进的，是办集体事业的。
问：资本家工厂也是集体事业？
王：所有制不同。
问：那托儿所是什么所有制？
王：他可是没有剥削，为人民服务，是私人办。他那未开工厂也：未开商店，股票是后来的……股票是息开始去领。
问：那么好，股票还不是剝削
王：你们可以查的。
问：那你父亲想进步喽！
王：他是接近共产党的。
问：是接[illegible]还是接近谁？
王：文化大革命以前，[illegible]代表共产党。
问：[illegible]
王：我[illegible]
[illegible]，有错误[illegible]的。
问：[illegible]
王：[illegible]
[illegible]，而是[illegible]
问：[illegible]求高……
王：我是这样[illegible]的。
问：你祖父[illegible]是干什么的？
王：是[illegible]可以查么。
问：你父亲干什么？
王：[illegible]
问：又是教员又是[illegible]，哪儿来的钱？
王：[illegible]，在日本入基督教，曾
[illegible]又说不是。祖父据说有不少全
[illegible]。
问：据说，你父亲靠什么上学？
王：[illegible]，我不了解。
问：为什么不老实交待情况，[illegible]大字报上揭露的情况？
王：我知道[illegible]。你们大概也看大字报来的。
问：[illegible]
王：股票[illegible]，解放前卖了房子，存入银行作为吃用，
在解放前[illegible]，我家有医生，有職员……。
问：父亲何时[illegible]的？
王：大约是当工商司长，是北洋军阀的时候。他自己說过，还
代理过工商部長，官僚当然不会說自己是贪官，从那时说
是反动官僚，但后来靠资本主义剝削，所以应该是民族资
产阶级我哥々是填反动官僚的。
问：父亲是哪一年死的？
王：大字报上説是五六年死的，
问：你认为你是革命的吗？是共产党员吗？
王：对，是共产党员
问：你父亲碑又写了什么？
王：我本来认为他是统战对象么，还可以说[illegible]是要求進步的，

碑文是那一年立的，我不知道，我从传单々看到，你们井岗山造反派砸了碑，砸得好，我完全拥护，完全赞成，我认为父亲[illegible]是斗争的对象。

问：[illegible]前后矛盾，父亲究竟是干什么？

王：人们思想本来是进步的吆

问：那你父亲[illegible]是革命的吗？是[illegible]资本家？

王：[illegible]家，刘少奇[illegible]带头作用，[illegible]去做还有[illegible]

问：[illegible]以后每十天送一分检查，下次检查中[illegible]逐问题回答、把数目码送来，否则[illegible]无论？

王：好，不过我现在调查没有你们方便，你们自己调查一下……

问：什么不方便，你还不知道，我们就要你说，我们当然会去调查，两者属实，下面谈々你的社会关系

王：只知一个大伯父，姓名叫不来，当教员，父亲的弟々是王道冒

问：是否资本家

王：只知是教员，教中学不知道，父亲的弟々是枣庄工程师没有当汗奸，在二七年七七事变前到上海，当然他的朋友是有些不好的，如有袁世凯的孙子，不过他到死没当汗奸，只有一个女儿，是嫁给汉奸的此事他很生气、是气死了。

问：有无姨妹(指他父亲的)

王：没有。

问：兄弟二人都没有当汉汗？

王：没有，因为当了汉奸子女都会……

问：难道父亲不当汉奸是为了子女？

王：他多少有点民族爱国心吆，

问：他爱什么国？爱的资本主义国还是[illegible]殖民地的国？

王：当然爱资本主义国家，他肯定不可能爱社会主义的国。

问：别扯皮，你父亲肯定[illegible]不是民族资产阶级，而是反动的资本家、讲々你的兄弟姐妹。

王：我六个哥々四个妹々，大哥王□德，早就死了，眼睛瞎了，没做什么时，二哥王光琦，是外贸性投研究所的。

问：什么时后进去的：

王：在银行集中后，王光琦受批判，此后分配哪儿去的，解放前他在青岛银行当[illegible]……后又到北京银行办事处，后又在燕京大学讲经济学。他老婆是[illegible]资本家的女儿，他留学美国，因为钱是银行出的，所以归来后在银行工作。

问：银行是谁开的？

王：……从重庆回来是这样，他岳父兄弟俩是大资本家，一个逃之香港，

[illegible]一个[illegible]……是他[illegible]王光琦介绍给李宗仁的，李宗仁[illegible]在我家，李宗仁来看小孩我[illegible]。

问：[illegible]呢？

王：[illegible]王光超[illegible]在[illegible]医院，[illegible]转入北大医院，[illegible]科主任；[illegible]妇产科主任，他们都是[illegible]，都[illegible]后才回天津的。

问：[illegible]哥呢？（接续）

王：三[illegible]杰，现在叫王光杰，是燕京清华无线电系毕业，参加过“一二九”运动；“七七”事变之后，清华大学南迁，他留下参加地下党，搞无线电；在哪年入党，同于[illegible]党[illegible]有何关系，我不知道。后来，他在天津搞地下电台，三九年四十年搞无线电。现在是四机部付局長，文化大革命中[illegible]揪出来，现在不清楚。

问：还有两个呢？

王：王光复进通成中学，学校校董国民党空軍，后在徐州当空軍中队長，后来逃到台湾。他愿意学空軍，也出于和光杰闹对立，他没有认识到国民党是反动的。

第六个是王光仪，原来也是仁辅大学毕业。在四二年毕业。开始在貌々肥皂厂当技师，进了一年研究院，后在天津搞个化工厂，当工程师。这个厂子是人家合办的，人家出钱，他出技术，他自己是否也出了钱，我不知道。当时，並非大资本家。日本投降时，他由同学介召，也参加工厂，接受工作。蒋经国反贪污，他被捕一次。除此，他还被捕一次。……

问：老实交待，別啰嗦！

王：我全部交待。（擡直起身，要喝水）解放后，王光仪有些小工厂，我去看过，慢々参加了工商联工作。

问：下面交待你自己的臭历史，不是流水帐。

王：这许多还是要讲的，大学四年，研究所二年，后当二年助教。我考仁辅大学物理系。这是天主教办的学校，我信神无关。王光英是入天主教的。我当时的社会交际不多，埋头读书，不过虚荣心很重。

问：埋头读书？先说你有几个干爸々吧！

王：我没有干爸々。只有在小时候，我得了病快死了，一个医生把我救活了，我父亲把他做我的干爸々。

问：快说正经事！

王：你们说的干爸々可能是王叔铭（音），他，我认识，只知道是空軍，……有个王光复的同事×××来送信，…… 我父亲曾带我去吃饭（王府井××），参加过几次宴会，其它没有什么联系。

问：解放后有何联系？在武汉你干了些什么？王叔铭教你办了些什么事？

王：我，没有，没有肯定没有通信，自四六年进軍调部工作，就没联系，（又皺着要喝水）政治上肯定没有…… 我没有什么臭历史，我是共产党的人。

问：没有政治性的联系？

王：没有，就几次，都没有什么政治上东西。

问：王光美，我们问你，你是如何混进革命队伍的？

王：我不是混入的。是与地下党有联系的。首先是崔月犁、王世光（即王光杰）让他送信到我家。第一次我还没见他。王光超起初想到解放区去。……

问：快说，如何混进軍调部的？

王：王光杰捎信欢迎王光超去解放区，后来因结婚了，王光超被老婆拉住了，没去成，在北京开诊所。后来便与崔月犁有关系了过着给解放区送药等东西。这时王光英的店掌柜被抓押送北京，我写家信保了出来，并介绍给徐自華。“一二九”运动，我参加了宣传，后来就去参加[illegible]。三七年七七事变后，学校内迁（师大附中，我师大一附中）在家里受王光美影响，[illegible]年起，就入有进步的学校……一直到后来通过王新[illegible]王光英[illegible]介绍到徐自華那里，以后便通过徐自華与党联系……。刚才说了，我与李果仁、王光英有联系，什么联系，目的[illegible]。以后大约四六年暑假有介绍我进解放区。刘利给我接头的[illegible]，[illegible]四六年刘利回去解放区[illegible]我也去，刘利比我早一点去了。以后，因我学过英文，就叫我当翻译。后由北京解放报介绍到叶剑英、李[illegible]那里去，到解放报换介绍信，到了执行部，任在……四六年[illegible]当翻译……

问：谁的翻译？

王：当[illegible][illegible]宋[illegible]文。

问：还有谁？

王：陈士[illegible]，[illegible]程[illegible]。

问：还有。

王：还有雷英夫。现军委作战部长，当时执行处长，我在四六年十一月一日到延安。

问：与美方有何关系，老实交待！

王：没有什么关系！与美方是这样，有个[illegible]人员，他送过我一盒粉，我也送他点东西，没有政治关系。另外美方处长，因于我去延安，他请我吃顿饭，这个向执行部报告过的，不带政治性的。

问：向谁报告的？

王：当时叶剑英还在，可能是报告给雷英夫了，可能是柯柏年（音）……

问：不要可能可能，确定究竟是谁？

王：具体不太清楚，可能是柯柏年

问：别耍赖，快讲有什么关系，为什么请你吃饭？

王：当时谈的也有在宴会上谈判的……

问：你去吃饭的有谁？

王：就我一人去，不是谈判，美方是执行部长Stanin（音）的老婆，还有一对夫妇。

问：国民党有吗？

王：没有。在场就五个人

问：讲些什么？

王：就说了一句“你到解放区去就没人来了！”敬酒话，其它都是一般的

问：怎么会单请你一个人呢？

王：又是送行的意思，也有点讲友谊。

问：什么友谊！侵略者也和你讲友谊。

王：当然他们是有目的的……当时去的还有执行部的汽车司机，我向领导请示了才去的。

问：请示谁了？

王：不知是不是柯柏年，还有……反正一定报告的，九个人中的一个吧。（请客吃饭）没有什么非同小可的。

问：谈的是友谊，送行是真的吗？究竟请示谁了？

王：的确是请吃饭，第一天没答应，第二天才答应的，当时没有想
到政治任务。
问：我们没有向你政治任务，但你不打自招，是否心虚了？
王：他们只说了一句坏话，就那一句，他们故意接些非政治性的话。
问：美国强盗讲话，在我们看来都是坏话，你怎么看？只有一句坏
话？现在美国强盗有没有请你去吃饭？
王：现在当然不进能，那次的确讲的家常，有时正式谈判时也有……
问：说了些什么？什么好内容？这是大事。
王：就是吃饭，如拿什么菜等等，别的什么问题也没谈，所以也没
放在脑子里，当时执行处每天会谈，我要去的，有几次我当翻
新手（不清）
问：别拖，就谈一个，讲了些什么内容？
王：无说些什么，他们只说了一句，你去解放区，去了就回不来了
，我是有觉悟的，我说会解放的，一定会回来，其它都不记得
了，都没有政治意义。
问：何时去解放区的？
王：四六年十一月是带执行部介绍信去的。
问：谁开的介绍信？
王：是叶剑英给我的，飞机是搭乘的美国飞机
问：为什么去解放区？
王：当然为革命。
问：当时对蒋介石抱有幻想？
王：不抱幻想，"对和平民主新阶段"，当时在北京我没有见此文，
这是五四年才接触到的，这个词到是听说了的，早在四六年吧
问：到了解放区怎么与刘少奇认识的？
王：四六年十一月到延安，胡宗南匪帮进攻，我们非军事人员撤退，
在瓦窑堡呆了三个月，调回当过总理、朱德翻译，与刘少奇认
识是在给朱德做译员，与刘少奇第一次见面，后来第二次撤退
在枣园到刘少奇家去过，后他与我谈过一次话。四七年三月间
问家庭情况，讲上政治课。就这样四七年三月八号胡宗南又进
攻，后来西北搞土改，刘少奇路过，见一面，什么没说，土改
搞完了，又回军委办事处，到西柏坡。
问：怎么入党的？谁拉你进去的？是不是刘少奇？
王：不是，是我提出过好几次申请，在延安、土改中，土改搞一年
，与王炳南提过，他说我在土改中受到锻炼，回到军委办事处
，又提出……根据表现她：土改、延安还有可能调查了地下
党对我的看法，他们接受入党的。我土改时在晋绥边区的姚家
庄和宋××谁。
问：谁是介绍人？
王：（沉默不语，后又说）陈少敏当时马列学院第二期学员，丈
夫是陈香山原外交部新闻司王×祖烈（中直部即中央办公厅，
现在是黑帮）。
问：你与安子文的关系。
王：没有什么关系，只是在结婚之前，刘少奇介绍我与安子文谈过，

这与王前讲的完全不一样，我认为刘少奇挺老实的，很好的，什么都对我讲，譬如年纪，不象王前说的瞒十年，他还说，我比你大许多请你考虑，还有，有几个小孩子，结了几次婚了……王炳南、柯柏年、薛梓镇……鼓励我的。柯柏年和我谈的最多。
问：什么时候入党的？党小组同意吗？
王：四八年八月入党，党小组是同意的；我是参加了党小组后才结婚的，申请书是三、四月提出的。
问：和刘少奇认真谈是几月份？
王：大约是五、六月间。
问：此时党小组已同意你入党了吗？
王：我不知道，我是没有参加会议的。
问：刘少奇拉你入党够条件吗？
王：当时是有很多人评论是不错的。
问：究竟谁反对，谁赞成，说清楚。
王：鼓励的人不少……叶剑英说过（关于土改）还有李克农，叶剑英当面与我谈过。当时在一个机关里……我现在不是评功摆好的时候。
问：谁给你摆好真不要脸！
王：因为我原来是资产阶级小姐……后来我在延安……群众关系比较好……
问：土改执行的什么路线？
王：开始我什么也不懂，只知念文件……当然没有充分发动群众、信任群众……
问：别废话，再说还有谁说不错？……
（王光美又闹解放军要药吃）
问：别怕死，死不了！
王：（怒气冲冲）我视死如归（又现出内心空虚的神情）我们摆事实讲道理。（要一个小绿药片，一个小白药片吃了。）
问：那位首长关心你的结婚。
王：（不语）……支书是陈立，过去他也在外事处工作。
问：那么多首长关心你，为什么？
王：他们是我的上级么，当然他们找我谈吗！
问：安子文对你入党问题怎么看？
王：入党之后，结婚之前与安谈过，他叫我注意保密。我与李克农谈的较早，在下决心与刘少奇结婚之前。与安子文谈是在下决心与刘少奇结婚之后。
问：老实说，入党是否刘少奇拉入的？
王：刘少奇不会这么干，我是要求领导调查的，他们怎么干，我不清楚。刘少奇在结婚问题上受的挫折很多，我同情他。
问：你看从入党到结婚，你有那么多事要做时间来的及吗？几十几天？
王：刘少奇并没拉我入党，如果他认为我不合乎共产党员，他就不会要我做他老婆。我今天对刘少奇还这么看，我也是共产党员么。
问：还算共产党员呢？
王：（泼妇怒目）不要欺人太甚！

问　(怒吼)就要欺你太甚！……不要发狂，太心虚了！
王　我在结婚前，同志们找我谈，要帮助刘少奇，不想在一些问题上帮了倒忙，如清华大学的问题反映的不确切，使他下了决心，桃园经验有缺点，也帮倒忙。……是我害了他。还说不上。他自己《修养》是五九年写的，我们还没有结婚呢，表明他自己世界观有问题，没有改造好。我自己当然也没改造好，我同意《红旗》文章对《论修养》的评价。
问　你是怎样学修养的？
王　学修养学的不好，毛选也学的不好，我在清华以来也没有学习学修养，
问　你说《红旗》文章你同意
王　说修养是唯心主义还可以，是否认无产阶级专政等，我还想不通……如果刘少奇不改，会发展成为赫鲁晓夫式的人物，刘少奇在反赫鲁晓夫时，很多不同意赫鲁晓夫观点。
问　修养和赫鲁晓夫是否一样？
王　有某些方面一样，也有合子
问　哈，这不是修正主义吗？我
　　六二年大量印发出版是谁定
王　可以查么，不是刘少奇亲自抓的，不知道。
问　戚本禹文章好得很还是糟得很？
王　从批《清宫秘史》和南河刘少奇影响是好得很，但有些事实我有保留。是假革命、反革命我未认识到。刘少奇从来没讲过是爱国主义
问　周扬文件了是刘少奇说的。
王　可能周扬捣鬼，我等待毛主席说话。
问　难道《红旗》文章不符合毛泽东思想吗
王　我不知道毛主席亲自看过的
问　你相信不相信中央文革？
王　中央文革在文化大革命中建立了不朽的功勋，总的来说是相信的每个成员是否都相信，那我有保留……
问　那个成员你有保留，这是反动观点。
王　陶铸、张平化不也是中央文革的吗？现在坏了吧！
问　这是刘少奇的罪恶。戚本禹文章的结论是中央文革的你拥护中央文革吗？
王　那为什么不以中央文革的名义发表呢？
问　《人民日报》前几天(即8号)社论同意吗？如果同意，那你认为有什么罪状？
王　我以为(1)世界观没有改造好；(2)毛泽东思想用的不好，违背毛泽东思想。(3)放着《论修养》不少，(4)检查中的错误都……
问　刘少奇是怎样下台的？
王　(长久不答)
问　刘少奇是修正主义总根子，好好列列罪状，不是你同意拉下马吗？
王　提出了反动路线……

问　为什么提出？
王　当然不是偶然，我答不上来。戚本禹文章中的事实材料激发起群众起来批判，是好的……
问　要把你批倒、批臭！桃园的发言控制了你！
王　是谁在发言？
问　不告诉你，告诉你看嘛？
王　我了解么你干吗不敢告诉我，说我是反革命，我不承认，刘少奇不是蒋介石。
问　是不是六月十九日刘少奇叫你来的？
王　是……
问　刘少奇看了戚本禹文章什么态度？
王　掉了几滴眼泪，他们（指它的孩子）应该和我划清界限
问　你说刘少奇不等于蒋介石，那是在赫鲁晓夫？
王　我也没有这个考虑……如果发展下去……
问　最后你记下几点

(1) 八天十天送份检查
(2) 如何对待陈里宁、刘格平
(3) 刘凯安如何？

清华井冈山

本志社整理　六七、八、二十九

中学红代会　天津农机校

红色农机兵、天拖小分队翻印

六七、九、一、

刘少奇已平反
夫人王光美已故
审人者今何在？

砸烂修正主义文艺黑綫

大批判专栏选稿 （之四）

天津市文化系統批判修正主义文艺黑綫联絡站　　６７年９月７日

向中学没毕业的孩子学习！

在革命的大批判中 向文化革命的旗手江青同志学习！

文化革命的英勇旗手江青同志，坚决貫徹毛主席的革命文艺路綫，始終站在斗爭的最前綫，为工农兵成为社会主义舞台的主人而英勇战斗，同文艺黑綫的总后台刘少奇、总头目周揚，进行了針鋒相对的斗爭。

早在１９５１年批判《武訓传》的伟大斗爭中，江青同志根据毛主席的指示，为把这株大毒草彻底批臭，亲自率領“宋景詩历史調查組”，深入山东各地农村，进行广泛細致的調查。並指示戏曲研究院依据調查材料編演了京剧《宋景詩》，讓这位农民起义的領袖登上了舞台，把武訓这个历史小丑踩在脚下。

可是，周揚之流对此恨之入骨，极尽誣蔑攻击之能事；並在１９５２年第一屆戏曲觀摩演出大会評奖时，竟把什么《貴妃醉酒》《拾玉鐲》等一批坏戏評为“一等奖”，把《宋景詩》貶为“三等奖”，並且不許繼續排演。

１９６２年，在京剧《白毛女》演出之后，受到广大工农群众的支持，周总理也給予极高的評价。而周揚之流又跑出来，胡說什么“現在有一种风气不好，演一个戏，好象就是方向。”“哪有那么多方向？”在这一片狂吠之后不久，他們就把卖国主义的反动影片《清宫秘史》原封不动地搬上戏剧舞台，演出了京剧《珍妃》把《白毛女》赶下了舞台。

"梅花欢喜漫天雪，冻死苍蝇未足奇。"江青同志蔑視这些恶犬的狂吠，坚定不移地领导文艺革命的伟大实践。在江青同志亲自指导創作革命現代京剧《海港》时，刘少奇迫不及待地跳出来叫嚣："过去我在上海領导碼头工人罢工时，工人生活有問題，地下党筹划錢发給工人，发現有的冒領、重領，后来就凭杠棒領"。对工人阶級進行不能容忍的污辱，妄想以此来破坏《海港》的演出。这"几只苍蝇"的"嗡々叫"不过是灭亡前夕的"几声凄厉"而已。《海港》的演出获得了空前的成功，毛主席的革命文艺路綫再一次取得了伟大胜利。

江青同志就这样披荆斩棘，冲破重重阻碍，率領革命的文艺工作者奋勇前进，終于树立了京剧《智取威虎山》《紅灯記》《沙家浜》《奇袭白虎团》《海港》，芭蕾舞剧《紅色娘子軍》《白毛女》和交响乐《沙家浜》等革命样板剧和舞蹈，为文艺革命立下了不朽的功勋，为无产阶級文化大革命打响了第一炮。

向江青同志致敬！向江青同志学习！

肉麻的口号！戏子的结局是自殺，你们也向她学习吧！

砸烂修正主义文艺黑綫
大批判专栏选稿 （之六）

天津市文化系統批判修正主义文艺黑綫联絡站 1967年9月7日

“主要是排些戏”，排什么戏？

一九四九年，刘少奇在天津大发議論：“宣传封建，不怕。几千年 了，我們不是胜利了？和尚、尼姑都不禁了，还禁戏？”

时过十三年，一九六二年，白樺对其主子的“教誨”依旧不忘。这年三月，白樺在一次会上說：“《在延安文艺座談会上的講話》发表二十周年可以安排，也不要为紀念而紀念，主要是排些戏，整理一下节目。”排些什么戏，整理些什么节目？他說：“戏剧上，是否搞些喜剧，越剧团的《王老五搶亲》还是可以排，《乔太守》可以排評戏；《馬朗伦換妻》也可以搞一搞。”

万張集团干将白樺，用此等剧目“紀念”毛主席的光輝著作《在延安文艺座談会上的講話》发表二十周年，眞是十恶不赦，罪該万死！

砸烂修正主义文艺黑綫
大批判专栏选稿 （之七）

天津市文化系統批判修正主义文艺黑綫联絡站　　67年9月9日

斩断艺术团出国演出中的黑綫

中国的赫魯晓夫刘少奇，在派遣艺术团出国演出这一重要的宣传工作上，积极推行了一条与毛主席的革命外交路綫和革命文艺路綫相对抗的，为“三降一灭”修正主义外交路綫服务的文艺路綫。

1958年，对外文委建立。刘邓黑司令部急忙把反共老手張致祥派来把持一切大权。他自恃有刘邓这样的黑后台，便赤膊上陣，大干起来，为艺术团出国制定了大堆“理論”和“方針”。什么“面向上层”，“不刺激上层”，“不面向劳动人民”，“請点和緩”等等。張致祥为了迎合西方資产阶級老爷們酒足飯飽后的消遣，京剧可以改成一句唱詞也沒有的哑剧，为了“不刺激”某国修正主义分子，“一个共产党員的‘自白’”等节目不准演，“毛主席派人来”改成了“共产党派人来”。

在这条黑綫的指导下，这些年来，我国的出国艺术团体，在世界六十多个国家和地区舞台的近万場演出中，帝王将相、才子佳人、神妖鬼怪、牛鬼蛇神无所不包，反映现代生活的戏曲仅占百分之五。歌舞节目中，輕漫漫、软綿綿、低級庸俗的节目如《三月三》《版納月夜》《孔雀》《荷花》《魚美人》《聽情郎》《丢戒指》等，还有用洋文唱的洋歌等等烏七八糟的破烂，大量充斥对外宣传陣地。

1964年，張致祥被揪出来了。刘邓黑司令部慌了手脚，一面由邓小平、彭眞保張致祥过关，一面急忙把黑帮分子李昌塞进对外文委，步張致祥的后尘，繼續推銷黑貨。李昌咬牙切齿地說："国外有人一見毛泽东思想这几个字就害怕"，"毛泽东思想的宣传不要和国內一样，不要过分強調"。黑帮头子彭眞，也亲自上陣抓起艺术团出国工作来。彭贼千方百計地诋毁准备出国演出的、由江青同志亲手扶植的《紅灯記》等革命样板戏；亲自督排一个《战洪图》，並恶狠狠地砍掉剧中所有的"毛主席万岁""毛主席在关怀着我們"等台詞。並向李昌发出黑指示說："今后派出艺术团，要多演与自然斗爭的节目，电影也要这样办！"李昌就在出国节目中，把歌頌毛主席、歌頌三面紅旗的节目一律砍掉，妄图把出国的艺术团体搞成供外国資产阶級混蛋們消遣的"娛乐班子"。眞是反动透頂，丧心病狂！

在文化革命的英勇旗手江青同志領导下，文艺大革命开始了。革命的样板戏紛紛問世，得到了国內外革命人民的热烈欢迎。无产阶級的百花，进入了盛开的季节。刘邓之流以及李昌、張致祥等的罪行也已昭然若揭。出国演出中这条黑綫必須彻底斬断，彻底清算！

砸烂修正主义文艺黑綫
大批判专栏选稿　（之八）

天津市文化系統批判修正主义文艺黑綫联絡站　　６７年９月９日

所謂与香港合作拍片
是不折不扣的投降主义

就在一九六二年国内外阶級敌人甚嚣尘上的反华大合唱声浪中，反革命修正主义分子夏衍、陈荒煤为了配合他們的主子刘少奇在中国复辟資本主义阴謀，不但在电影界大拍反动影片，而且还提出与香港合拍影片和为香港代制影片。他們和周揚提出了“五不要”：不要共产党，不要毛主席，不要天安門，不要紅旗，不要国际歌。在故事片厂长会上正式宣布将与香港合拍片列入国家計划，規定每年拍摄８～９Ｐ。于是，电影这个为政治服务的有力武器成了为香港資本家服务的工具。

在合拍片的制作中，夏、陈之流对香港制片商可以說是“有求必应”。在剧目上，完全照香港制片商提出的“家庭伦理、悲欢离合、滿台美女、恋爱故事、情节曲折离奇、抱打不平”的要求安排选題。導演职員也任凭香港資本家挑选，眞是百依百順。　如，香港邵氏公司（一个与美蔣有密切联系的反动影片公司）提出要拍《穆桂英大破天門陣》，並且必須要拍上穆桂英把楊六郎打下馬来的情节，夏、陈之流就馬上照办。

不但在内容、人选上如此，甚至連片名、宣传也想方設法去迎合香港大老板的口味。当夏衍和香港的一名代表看了《野猪林》之后，就根据香港一般小市民和遺老遺少的口味，亲自将片名改成了《林冲雪夜歼仇記》。並且还批評厂里編輯的該片宣传画册，說編者不懂香港行情，不適生意經，編得太老实，应該用扮演林冲老婆的女演員的便装近影作封面。还要編画册的人把香港編的黄色影星李丽华作封面的电影画册作范本。

更为恶毒的是反革命修正主义分子夏衍打着"紅旗"反紅旗，亲自作报告，动員拍好合拍片。大肆販卖其"为国家賺取外汇，占領香港电影陣地"的謬論。並以文化部党組书記的身份号召摄制人員說："有良心的共产党員，伸出手来为国家賺取外汇，热心去和香港合作。"他們就是这样来欺騙、麻痹电影工作者，拉人下水，为其主子复辟資本主义效劳，为香港資本家卖命。

和香港合作拍片，实际上是地道的阶級投降主义路綫。夏、陈之流完全成了香港資本家在我們党和国家机关中的代理人。他們把社会主义的电影事业变成了香港制片商的分公司，炮制毒草，去毒化国内外的革命人民，为資本家寻欢作乐提供材料。这不是不折不扣的投降主义是什么？这笔賬必須向他們彻底清算！

（請交換　請批評）

清王朝美化楊四郎，宣传投降变节，是适应当时清朝統治异族、鎮压人民反抗，特別是农民革命运动的需要。

日寇通过《四郎探母》，鼓吹叛国投敌，目的是收攬汉奸，招納卖国賊，以挽回其敗局，妄想长期占領中国这块殖民地。

刘少狗为楊四郎重整旗鼓，为《四郎探母》大敲开場鑼鼓，是为了替他的叛徒哲学从历史上找根据，是为他招降納叛制造輿論，是为他組成以叛徒为中心的資产阶級司令部，以达到篡党、篡軍、篡政的目的。

历史是无情的。伟大的毛泽东思想是战无不胜的。用毛泽东思想武装起来的革命羣众，透过楊四郎的三次被起用，刘少奇究竟是哪个阶級的代表人物，就赤裸裸地暴露在众目睽々之下了。

真是"羅卜青菜各有所爱"。叛徒爱叛徒，自然合乎邏輯。楊四郎的鬼魂附在刘少奇身上，刘少奇身上散发着楊四郎的尸臭，从楊四郎可以看到刘少奇的影子，从刘少奇又可以看到楊四郎的面目。

（請文摘　請批評）

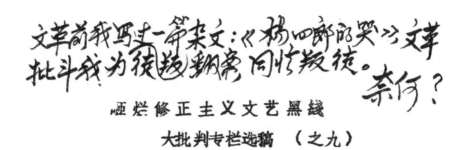

文革前我写过一篇杂文：《杨四郎的哭》，文革批斗我为叛徒翻案同情叛徒。奈何？

砸烂修正主义文艺黑綫

大批判专栏选稿　（之九）

天津市文化系統批判修正主义文艺黑綫联絡站　　６７年９月９日

楊四郎与刘老修

看看楊四郎，可以从一个側面帮助我們看清刘少奇。

楊四郎被辽兵俘虏，投敌变节，是个老牌叛徒。从宋到今，风云变幻，但在人民心目中，他始終是个“狗屎堆”的人物，臭得很。

可是，在反动統治阶級中，楊四郎竟是个“香”得很的人物。在历史上，楊四郎就曾三次被起用。

清代道光、咸丰、同治、光緒年間，正是捻軍、太平天国等农民运动风起云涌，清王朝的統治摇摇欲墜的时刻。于是，頌揚叛徒楊延輝的《四郎探母》应运而生。楊四郎从此就带着一身棺材板味儿，登上舞台，开始出头露面了。

日本帝国主义发动侵华战爭中，占領了中国大片土地。中国人民在毛主席的英明領导下，奋起抗击，节节取得胜利。这时，《四郎探母》又成了一演再演的剧目，楊四郎也一跃成为舞台上盛极一时的人物。

中华人民共和国建立以后，楊四郎又被刘少奇起用。一九四九年四月刘老修来到天津，公然号令：“《四郎探母》可以演”。于是，楊四郎这具叛徒的僵尸，又在舞台上迈着方步，大唱“多蒙太后不斬之恩”。

楊四郎先后三次狗运亨通，原因並不难找。

砸烂修正主义文艺黑綫

大批判专栏选稿 （之十）

天津市文化系統批判修正主义文艺黑綫联絡站　　1967年9月14日

彻底摧毀刘邓黑司令部

批臭吹捧他們的一批毒草！

刘邓黑司令部，为了实現其篡党、篡軍、篡政的阴謀，制造一系列反革命輿論。在他們亲自策划下，这些年来，一大批吹捧这伙无耻之尤的大毒草先后出籠。什么小說、工矿史、歌劇、电影等等，形式繁多，五花八門。

我們必須高举革命的批判旗幟，以战无不胜的毛澤东思想为武器，彻底摧毀刘邓黑司令部，彻底批臭这批流毒甚广的大毒草！

为刘少奇树碑立傳的《紅色的安源》

安源的革命工人运动，是毛主席一手发动和領导的。震动世界的安源路矿大罢工，是毛主席亲自决策和部署的。但是工矿史《紅色的安源》，却是秉承刘少奇的意旨，顚倒黑白，篡改历史，把推行右傾机会主义路綫的工賊，胆小如鼠的怕死鬼刘少奇，美化成"一身是胆"的"英雄"，党的"决策者"和化身。甚至胡說什么"刘代表身上有十三块金牌保險，敌人決不敢动他"，把历史的小丑神化。

这部黑书有意貶低毛主席，突出刘少奇。在书的首頁登載了刘少奇用中央人民政府的办公信箋写給煤矿党委的信，下一頁又是刘少奇和彭真接見煤矿工人的像片；而我們最最敬爱的偉大領袖毛主席的象片却没有一張。

这部毒草的炮制，是刘少奇本人精心策划的。他事先写信給安源煤矿党委会，自我吹嘘一番，授意为他树碑立傳。后来又把这部书的执笔者召到北京，待之以上賓之礼，专車迎送，並喚至密室，面授机宜，指点他什么該写，什么不該写。写出后，原稿和校样也都送刘少奇亲自过目。刘少奇要为自己树碑立傳，为他篡党篡国作輿論准备，这部黑书，就是罪証。

为刘少奇唱贊歌的《青春之歌》

《青春之歌》，是彭眞、巴人、楊述等反革命修正主义分子大肆吹捧的大毒草。先后印行二百余万册，譯成几种外文，拍成电影，在有的地方还編成戏劇，流毒极广。

"一・二九"运动，是在毛主席的革命路綫指导下取得胜利的。但是，《青春之歌》这株毒草，只字不提毛主席的革命路綫，不提毛澤东思想的偉大力量；相反，却千方百計地突出以大叛徒刘少奇和彭眞为首的北方局的"領导"作用，並把他們的右傾投降主义路綫吹捧为"正确路綫在白区工作中的代表"，惡毒地篡改历史，顚倒黑白，为刘少奇、彭眞之流唱贊歌。

大叛徒陶鑄和大毒草《小城春秋》

《小城春秋》，是以１９３０年５月由陶鑄領导的廈門大劫獄事件为背景写成的。

陶鑄一直吹噓的这次劫獄事件，其实，正是陶鑄忠实执行李立三"左"傾机会主义路綫的产物。作者高云覽为了达到其不可告人的目的，偷天換日，有意把这次劫獄的时間写成１９３６年１０月，一方面是为了美化陶鑄，替陶鑄执行"左"傾路綫开脫罪責；另一方面，更惡毒地把李立三的錯誤路綫硬栽在我們偉大領袖毛主席的身上，把在立三路綫指导下的这一盲动主义行为，硬說成是在毛主席正确路綫指导下的革命行动。这是对我們偉大領袖毛主席和毛主席正确路綫的极大誣蔑，是我們絕对不能容忍的。

这部黑书对陶鑄故隐其名，也説明其中有鬼。原来在大革命失败后，陶鑄忠实地执行了三次“左”傾机会主义路綫；並在1933年5月，陶鑄在上海被捕不久，就向国民党反动派叛变自首。小説把他1930年干的事情硬改在他叛变后的1936年，就是为了对这个叛徒的罪恶历史进行粉飾，为这个叛徒树碑立傳。小説的反党性質不是十分露骨的嗎？

这部黑书，还通过书中人物，大肆販卖刘少奇的白区工作的投降主义路綫及其活命哲学。书中曾两次引用刘的黑話，什么“向那些愿意同我們合作的同盟者作必要的让步，吸引他們同我們联合”，“在形势与条件不利于我們的时候，暂时避免和敌人決斗”。就这样，书中所写的“共产党員”和“英雄好汉”，几乎个个都是不敢坚持斗爭的怕死鬼。他們在敌人追捕时，不顧同志和难友的安危，只顧自己逃跑活命，还忍辱丧节地陪敌人飲酒作乐，甚至听任敌人当面咒罵共产党、大肆吹捧人民公敌蔣介石，而不予以駁斥。

这是对偉大的中国共产党和一切共产党員的莫大污辱。

就是这样一部大毒草，十多年来，被一伙反革命修正主义分子一直吹捧为“优秀作品”，多次再版，并譯成英文流毒国外。广东、上海、北京等地电影厂党內一小撮走資派，还爭相改編，为爭夺拍摄权，打得不可开交。可見，这群反革命修正主义分子为了給資本主义复辟制造輿論，給陶鑄等人树碑立傳，何等卖力！

吹捧彭德怀的大毒草《保卫延安》

《保卫延安》是彭德怀的忠实走卒杜鵬程，嘔心鏤骨地美化吹捧大野心家彭德怀的一部大毒草，也是彭德怀反革命政变罪恶活动的一个組成部分。

1947年3月到1948年4月的延安保卫战，由于毛主席亲自指揮，在中国解放战爭史上写下了光輝的一頁。早在1948年11月18日，即蔣匪帮进攻延安的四个月前，毛主席就英明指出："蔣介石日暮途穷，欲以开'国大'、打延安两項办法，打击我党，加强自己。其实将适得其反。"宣判了蔣介石的必亡之命运。1947年，我軍剛主动撤出延安后，毛主席就判定了《关于西北战場的作战方針》。在整个延安保卫战期間，毛主席始終坐鎮陝北，亲自指揮西北战場和全国解放战爭。

然而《保卫延安》，竟公然歪曲历史，顚倒事实，把我們偉大領袖毛主席的不朽功勳，一股脑儿归在彭德怀的头上。

我軍主动撤出延安后的第一个大胜仗——青化砭战斗，完全是毛主席亲自部署的。毛主席指示我軍之一部，公开向安塞方向轉移，以調动敌人主力到西北方向，我軍則在延安东北青化一带布下了天罗地网，使敌人完全服从了毛主席的指揮，走进我包圍圈，敌三十六旅全部被歼。而《保卫延安》却明目張胆地顚倒历史，説什么在青化砭战斗中，"彭付总司令，开滿天大网"，"彭总註敌人服从了他的指揮"！

羊馬河大捷后，毛主席又具体指示西北野战軍利用敌人"現已相当疲劳，但未十分疲劳；敌粮已相当困难，尚未极端困难"的心理，用少部兵力把敌主力誘往綏德地区，使它不上不下，孤悬于楡林、延安之間，然后集中主力，夺取敌人的战略补給站蟠龙鎮。而《保卫延安》又睜着眼睛胡説什么"敌人急于寻找我軍主力决战，彭总就按敌人的胃口下箸。……要把这里——蟠龙鎮地区的敌人主力部队向北引四百里，引到綏德、米脂县一带。"

对保卫延安和整个西北战場具有决定意义的沙家店战斗进行时，毛主席两天两夜不休息，一直守在电話机旁，亲自指揮战斗。而《保卫延安》这部黑书說："彭总計划好了"，"一切都在彭總的意料中”，纂改历史竟到如此瘋狂的地步，实在令人发指！

这部大毒草，还用了整整两节近两万字，专門給彭德怀大唱頌歌。把他吹捧为“天才的軍事家”、“人民的勤务員”，說什么“在彭总的头脑中，該藏有多少战胜敌人的智慧”……簡直把人間一切美好的詞汇，都堆在了彭賊的身上。眞是不知天下有羞耻事！

《洪湖赤卫队》是賀龙纂党篡軍的先行鑼鼓

反党歌剧《洪湖赤卫队》于1959年10月出籠；1961年拍成电影；剧本又在同年出版。它的出籠，一班反革命修正主义分子馬上跳出来捧場：陆定一为之題詞；周揚下令頒发“百花奖”；何长工为剧本出版作序；王任重大唱贊歌……撕开画皮，就暴露出它为賀龙篡党篡軍制造輿論的恶毒居心。

《洪湖赤卫队》公然歌頌李立三的“左”傾机会主义路綫，並把賀龙这个李立三的追隨者打扮成“一貫正确”。实际上，由于賀龙忠实地执行立三路綫，放棄根据地的斗爭，把紅二軍团拉出去配合一、三軍团进攻中心城市长沙。結果，革命力量遭到巨大損失，紅二軍团約三万多人損失了約两万人。而《洪湖赤卫队》，却胡說賀龙带紅二軍团离开洪湖，是为了“集中主力，扩大苏区”，甚至歌頌执行立三路綫的賀龙說：“賀龙領导闹革命，紅旗飄揚打胜仗。”为立三路綫翻案，也把反党分子賀龙打扮成了正确路綫的执行者。

《洪湖赤卫队》还用吹捧死人、抬高活人的手段，为賀龙树碑立傳。它的主人公韓英，是影射賀龙的姐姐賀英的。賀英其人，並不是什么“雄才大略”的“党的領导者”，也不是什么“英勇不屈”的“坚强战士”。而是个封建势力的維护者，是个杀人不眨眼的大土匪，是个“哥老会”的“凤头大姐”，她丈夫也是个土匪头子。《洪湖赤卫队》嘔心沥血地歌頌这个女土匪，本来已經罪大难赦了，可是“醉翁”之意不在賀英，而在賀龙。賀龙的外甥、三反分子廖汉生写的回忆录《緬怀先烈忆賀英》就說：“龙胜于英”。把賀英捧上天，賀龙岂不比天还高嗎？

反党歌剧《洪湖赤卫队》还毫不掩飾直接为賀龙大唱贊美詩。剧本中共有五处八次出现賀龙的名字，並且都出現在緊要关头。如赤卫队要轉移时，軍民同唱："賀龙領导鬧革命，紅旗飄揚打胜仗"；在赤卫队处在艰苦环境时，队員合唱："决心跟着賀龙走……"等等。

它为什么如此顛倒是非、混淆黑白？很明显，就是企图把賀龙抬在我們的偉大領袖毛主席之上，打出这面黑旗，公开呼号人們"跟着賀龙走"。狼子野心，昭然若揭。是可忍，孰不可忍！

（注：为了集中火力，集中目标，彻底搗毁刘邓黑司令部，份材料如欲在大批判专栏选用，最好一次采用；如限于字数篇幅选擇其中某一部分也可）

打倒罗瑞卿

按：

罗瑞卿是一个大野心家、阴谋家，是軍内的走资派，是彭罗陆杨反革命修正主义集团的干将。罗瑞卿一貫敌視和反对毛泽东思想，排挤和打击我们伟大的领袖毛主席，一貫抗拒毛主席和林付主席的領导，企图篡党篡軍，实行资本主义复辟。

罗瑞卿在主持总参工作中頑固坚持推行反动的资产阶级軍事路线，反对毛主席的軍事路线，擅自决定在全軍搞大比武，以此来冲击政治，对抗林付主席的突出政治的"四个第一"的指示。在公安工作中秉承其主子刘少奇的旨意，大搞"十无运动"，宣扬阶级斗争熄灭论，妄图消灭无产阶级专政，与苏修一唱一合，明目张胆地同毛主席关于阶级阶级斗争的英明指示唱对台戏。

罗瑞卿妄图实行资本主义复辟的阴謀破产了，罗瑞卿被揪出来了。但是毛主席教导我们：敌人是不甘心失败的，是不会退出历史舞台的。罗瑞卿在1966年3月12日的所謂"检查"里，拒不交待其反对毛主席、对抗林彪付主席的罪行，拒不交待其伙同彭陆杨等反革命修正主义分子企图篡党篡軍的罪恶活动，更[illegible]，嫁禍于人，把罪责推在别人身上，并安了許多钉子，进行反扑，准备翻案。

无产阶级革命派的同志们！让我们奋起千钧棒，发扬鲁迅痛打落水狗的精神，把罗瑞卿斗倒斗垮斗臭！

下面把罗贼六六年三月十二日的"检查"拿出来示众。

立东批判彭罗陆杨联络站

19[illegible].9

罗瑞卿三月十二日的检查

在建軍问題上我犯了路线错误，还犯了严重的破坏組織紀律的錯誤。我的錯誤性質是严重的，是反党性質的錯誤。

根据[illegible]、小平、彭真同志几次对我的批评和教育，和一天半几位同志对我的面对面的揭发和批判，現作检討如下：

(一)关于一九六四年全軍大比武的问题

从查証的材料看，这次大比武是我个人擅自决定的。現在看来，召开一次那样兴师动众的南京現场会议，就是一个错误的决定，而且把軍委主管训练的叶劍英同志撇在一边，在这个会议上又随意提出要在当年实行全軍比武运动大会，更是一个错误。对于这样一件牵涉了全軍的大事，不同各大区、各軍兵种同志好好商量，经过酝酿，就提出自己带肯定性的意見，这已经违背了主席历来教导的我党我軍应有的民主的群众路线的工作方法。特别严重的是不经过軍委办公室会议的充分討论，不請示训研委員会，不請示軍委常委正式作出决定，不請示林彪同志，就迫使全軍都动了起来，这即违反了我们的集体領导，又破坏了组织纪律。

我为什么要这样干呢？除了自己喜欢独断专行、不讲民主的恶劣作风外，还有个人的好大喜功，想在軍事训练上搞一点突出的成绩来，以便向主席、向党、向軍委、向林彪同志邀功报捷，动机是很不纯的。自己到处跑，到处看，跑了十三处之多，也证明了这一点。

大比武带来的严重恶果，刘志坚同志归纳八条，×××同志归纳了四条全軍比武资料上归纳了十条,郭全作同志特别讲了经费、物资、弹药的惊人浪费,在軍内外造成了恶劣的影响。其中很多材料虽然我过去有一些知道,有一些不知道,但是客观实践則已证明,足見它给軍队建设带来多么严重的损失。这些恶果如:大大助長了单纯軍事观点,冲击了政治;资产阶级思想泛滥,歪风邪气上升,弄虚作假,败坏了部队作风,削弱了部队基层,使好好连队不仅没有上升,而且大幅度下降;提拔基层干部、专長党团员也不把政治条件放在第一,而把技术条件放在第一;大比武造成了惊人的浪费;大比武也冲击了部队正常的軍事训练,形式主义、锦标主义大发展,影响軍内团结,尖子分队脱离群众;大比武之风还扩展到了民兵等等。这些恶果中的最主要的一条,就是大大冲击了政治,其它恶果都是冲击政治的连锁反应和必然结果。冲击了政治就冲击了我軍建设的根本,就冲击了毛泽东思想中伟大的建軍思想、建軍原則的根本,就不能不使軍队的战斗力很大的削弱,这是极端严重的错误。它使一九六四年的軍队建设发生了又一次方向性的错误。这个错误的责任,应该由我担負。

(二) 关于反对突出政治问题

林彪同志关于突出政治的指示,是很英明、很正确的。他的这种建軍思想是一貫的,这不仅是他对于毛泽东建軍思想创造性的运用和发展,而且是针对一九六四年由于全軍比武大比武冲击了政治所带来的恶果适时提出来,以便迅即纠正错误的。论理我是应该坚决拥护,并应迅速布置坚决执行才对,同时还应当很好地进行严格的思想检查和执行认真的自我批评,主动地到林彪同志的面前去检讨错误,承认错误,并迅即改正自己的错误,才是一个共产党员应有的对革命事业負责的郑重态度。但我不是这样,一开始就有抵触,形式上是对刘志坚同志工作组反映情况的抵触,实質上是对林彪同志指示的抵触。我的这个错误,在上海会议时总理、小平同志同我谈话时没有承认,回到北京时也没有承认,总以是认识问题,这有认识上的原因,但主要的不是,主要的是个人主义的原因。这说明了我不是采取坚持真理、随时修改错误的正确态度,而是采取的坚持自己的错误的顽固的恶劣的态度。就这件事来说 (看不清)是不能饶恕的。全党全国現在都在大抓活学活用毛主席著作,把毛主席的书当作各項工作的最高指示,都在大抓特抓突出政治,都在反对折衷主义(即机会主义),这对我震动很大,教育很深。特别看到了主席关于五十五师专电的批示和林彪同志给主席的信,总理、小平、彭真同志的再次教育和批评,还看到了中央批准的肖华同志在政治工作会议上的报告和政工会议的兩个文件,以及同志们这次所揭发的大量材料,我如果还不有觉悟,在真理面前低头认罪,就太不象样子了。

第二頁

我的反对突出政治的错误表現:

第一,对于林彪同志指示的修改。(1)……气可鼓不可泄,是我加的。(2)……相反政治可以冲击其它一句后面加了"当然这是指的必要的,也不能乱冲击"一句,也是我加的。(3)对于一九六四年的軍事训练和比武,林彪同志的指示已经有了分析和估计,可是我还嫌不足,还加上"什么比武对軍事训练确实起了推动作用,以及一九六四年的軍事训练发动了广大官兵的积极性,貫彻了以我为主的軍事训练的方针和方法,进一步打破了教条主义的框框,创造了许多先进经验……"

(4)特别是对于一九六四年军事冲击政治的严重情况的估计，一改再改，原来指示说是带有全军性的问题，一改为相当普遍性的问题，再改为一定普遍性的问题。原指示是肯定性的语句，却改为"可能是"的不肯定的语句，原来指示……但有新的苗头，对军事训练搞的太突出，时间占得多了，却改成有的部队……有的搞的过于突出，时间也占得多了一些。(5)……军政比例有些失调……使军政比例正常化，要恢复一九六二、一九六三年的正常训练情况，纠正一个时期出现的失调现象。……一搞比赛大家就"拼死拼活"……简直象演戏，从解放军报》的宣传，明年要把军事适当压缩一下，等等，都是我删去的。(6)在原指示"明年的军事训练一定要搞好"的下面，加了要普及所谓真正的尖子的所谓经验，巩固发扬所谓先进的成绩……等一大段。原指示说要切实控制军事训练的时间，改为一定要给军事训练必要的时间，但是又要加以切实的控制。(7)有些连队战士每天集体活动十一个钟头，效果不好，把人搞得很疲劳，还有的过分要求"整齐划一"也是形式主义，加了军队还是要要求紧张，要求讲一定的整齐不能松垮。如此等等。

所有这些都是想方设法为自己的错误辩护。都是对坚决贯彻突出政治指示制造障碍，都是大大减弱原指示纠正错误偏向的坚定、明确、尖锐、有力的程度。虽然有什么形式上的报告、请示和批准，但所有错误思想都是我的。军委遵照毛主席的指示重印林彪同志的指示对我的批评是从轻的，广州炮兵部队讨论重印的林彪同志的指示时所归纳起来的那些意见，都是很好很正确的。同志们说我对林彪同志的指示作了反复的篡改，也是可以这样说，应当这样说的。

刘志坚同志在发言中所说的我对陶铸、杨成武、梁必业同志说了那些话，我都是说了的，类似的话，还同刘亚楼说过，这些都是绝大的错误。只是有一点要说明一下，即"罗授意肖向荣同志向我提出，建议林彪同志将原稿掐头去尾。"这是没有的。因为原来决定把指示张贴到连队去，我在成都同杨成武同志打了一次电话，建议张贴去连队的指示，把人名改为总政工作组，以后他来了一次电话说，林彪同志说不张贴到连队去了，只发给干部。人名在发到上面有，张贴到连队去又没有了，上下不一致，反而使人感到奇怪。以后我再没有说什么了，我的这个建议也是错误的。

第二，散布了很多折中主义（即调和主义）的谬论，为自己的错误辩解，实质上是不相信突出政治，对于突出政治阳奉阴违。

印发我的三次讲话纪录稿，都是一些错误的讲话，特别是那些黑体字标出来的更有严重的错误，有的是把一九六四年的工作作了错误的估计，特别是对军事训练成绩的估计，是荒谬的，说它是建国以来最好的一年。说它进一步打破了教条主义的框框，搞起了群众运动，说它是在大学毛著四个第一的基础上搞起来的。有的是把政治军事并列，否定了政治统帅军事，军事只是完成政治任务的工具这一条毛泽东建军思想的最根本的原则。有的是不要大保证，只要小保证。总之，就是想方设法为自己的错误百般辩解，实质上不承认一九六四年军事冲击了政治和它所造成的严重恶果。

我在军委扩大的办公会议上的讲话，即第一次讲话记录稿，整个倾

(三)歪曲毛主席刘主席关于阶级斗争的论述，散佈右倾机会主义的谬论，引起部队的严重的思想混乱问题。

关于警卫团的宣讲，我手中没有材料，也没有看过他们的记录，是讲的有一些农民的自发倾向离开社会主义道路想走资本主义道路，要当作人民内部矛盾来处理，还是讲的有一部分自发势力不是阶级矛盾而是人民内部矛盾，如果是那样讲的，那我是错误的。

关于刘少奇指示军队中也有阶级斗争，我理解错了和传达错了，事情拖了十个月之久，在1965年1月，总政宣传部已经作出了正确的解释，本来就应该依照这个解释来纠正我的错误。但由于自己的个人主义的思想作怪，而没有这样作。在三米会议上的表态也是错误的。

关于宣传部的解释，我记得只说了要在办公会议上议一下，并没有说要查查马恩列斯的原著。对于主席在庐山会议的那篇指示我的理解也是错误的。这是没有认真学习和研究的结果。

李曼村同志发言中说军队内有阶级斗争，有时甚至是严重的斗争。这个意见是正确的。但是整个军队内部是否存有阶级对抗，整个过渡时期，军队中的主要矛盾或基本矛盾都是阶级矛盾，这个问题我没有把握。如果存在阶级对抗，如果整个过渡时期在军队内部的主要矛盾或基本矛盾都是阶级矛盾，那我在学空军会上的讲话和在海军的讲话都是错误的。

不管怎样，在阶级斗争学说这个问题上，我也是犯了严重的错误的，歪曲了毛主席刘主席关于阶级斗争的论述；

(四)关于在文艺工作上散佈的错误言论

驻京文艺工作者座谈会的材料我手上没有。根据李曼村同志的揭发在那个会上不传达刘主席小平同志的指示是严重错误的。我从把部队文艺工作的方向已经解决或基本解决的这个估计出发，强调艺术加工也是严重的错误。1964年6月27日毛主席对文艺界的批示，我是读了的，以为是对地方文艺界讲的，不很好研究，不建议对部队文艺~~工作者传达~~，这都是极大的错误。对八一制片厂，我是几次向他们说过，政治方向问题解决了，要注意艺术技巧上下功夫。《红叶题诗》我向他们说，这片子内容不好，但艺术技巧上有一些也值得借鉴。对《夺印》我也说过电影不如戏感人，内容好，但艺术上太粗糙。这些都是错误的。对于《水兵的光荣》，我是提过，说要唱那些毛主席(转抄稿如此——翻印者)也唱一些毛主席，周党联保起来。有同志说，我这个是跟主席的感情有问题，应该这样批判我。要演员唱马儿慢些走的旧词，也是我的错误。我还主张过九九艳阳天的歌子也可以唱，今天来看也是错误的。在这个问题上有两点说明。(一)李曼村同志批判的在全军文艺座谈会上的讲话的那一段，是刘主席在观看我们三届文艺会演时给我指示说，革命性战斗性很强是必要的，但光有这些不够，劳动人民在紧张劳动之后，还要有一些轻松愉快的艺术享受，不然不能满足要求，当然也要是革命的，健康的(大意)。因为他是在剧场指示的，原话我记不全了，所以就写了这样一段。可能我对刘主席的指示也理解错了，写得不对，错误在我。但是这次讲话中倒是讲了主席在延安文艺座谈会上所讲的艺术方向，讲了政治标准第一，引了主席当时对文艺部门的批评(不是李曼村同志所说的那次批评)，讲了要保证党对文艺工作的绝对领导，批评了"迎春晚会"，批评了对《夺印》等片子的怪论。对所谓《贵妃醉酒》、《锁麟囊》，那是在说我们的歌舞好的节目应该保留下来打比喻说的。并且还说了我们好节目的生命力难道还不如这两出戏？如果比喻得不恰当，我承认错误。关于这篇讲话可能还有很多错误，现在还没有来得及检查。(二)对江青同志诬蔑和攻击的问题。我对李伟同志说的，正是说她对京剧、电影等文化革命有很大功劳，《沙家浜》她自己写自己改多次，管得很仔细。只是她身体不好，看一场戏都出很多汗，会累坏的。我们劝她有些小事可以不管，如演员某些小动作等，并无诬蔑攻击之意。至于《江姐》，我听吴法宪同志说过江青同志转达了主席的修改意见。我告诉吴法宪同志照主席意见改，并未多次催促八一制片厂把《江姐》拍成电影。也没有背后布置文化部的同志不执行江青同志的意见。江青同志对《带兵的人》提出了毛病，说是红旗进。但来不及大改了，只对王小龙那个人物打击过份，并把偷人证章照像那个镜头剪掉，我已告制片厂改了。对于"雷锋"电影，她也看出了毛病，几个主席像出现的镜头不好，我重看了一次，确是如此，我曾建议《雷锋》电影重拍。

五、超越总政党委对"解放军报"进行瞎指挥，妄图把报纸控制在自己手里，为个人捞取政治资本的问题。

唐平铸同志揭发的，我除了应当承认对报纸并无什么重要的建设性意见，好见报，登照片题词等等以外，其他的我说不清楚。请求专门审查。审查出是什么性质的错误，我都承担责任。

关于1960年十二月24日我的有关林彪同志宣传那两讲话以及1961年春我让秘书整理的材料中那一些讲话，我大部分全记不得了，可否把材料给我看看，以便检讨。我只记得军事科学研究院有一位同志，同我说过要编辑林彪同志的论文集，（时间我记不得了，可能是1960年）我告诉过他，林彪同志很谦虚，你们专门出他的书，他一定不同意，是不是把军委别的元帅的也编一点，再报告他。是63年还是以后，林彪同志对我说过，当时好像还有别的同志在场，"报纸宣传不要突出我，要突出主席。并要我连同其他事报告主席。"（大意）我是在一次中央常委开会列席时报告了主席和常委的。《评〈海瑞罢官〉》的文章，我用电话报告了彭真同志，并经他指示同《北京日报》同天发表。编者按语是报纸自己写的，我同唐平铸同志打电话说过这篇文章是一篇毛泽东思想的文章，我们军队也有人对海瑞有崇拜思想等。

六、关于在三个连队宣讲双十条，李曼村同志揭发的那些材料。我这样一个干部去讲那些东西，当然会带来很大的消极作用。我承认这个错误。但是那是不是在讲阶级斗争情况严重和讲具体政策时举例子举得不妥当讲的，还是故意去散布那些东西，请把材料核实一下。

七、李曼村同志批判我对叶剑英同志不尊重，我完全接受。这个问题以后连同对军委领导同志的关系问题，我还要作检讨。

八、关于建议考虑是否在军队中可以不用后进战士这个名称的问题。几个同志都批判了，肖华同志在政工会议上也批判了，这是完全违反毛泽东思想的，我完全承认错误。

九、小平同志所讲的五条：关系、工作、个人作风、思想意识、组织纪律，我以后再作检讨。

我其所以犯了这样严重的错误，除了自己不好好学习，理论水平低，政治上落后，高高在上，脱离实际，工作能力与自己所担负的工作极不相称，不学无术，不懂装懂以外，最根本最致命的原因，乃是自己资产阶级个人主义恶性发展的必然结果。这样必然把自己抛向一条推行资产阶级军事路线的危险道路上去，这样就不能不使自己堕落成为一个可耻的反党分子。李曼村、唐平铸同志揭发我的极端个人主义的东西，诸如抢出风头、好照相、好用个人名义发表文字、好表现自己……等等，都是事实或者基本上是事实。一个有严重资产阶级个人主义的人，是不会不有这些恶劣品质的，是不会不爱好这些庸俗、低级趣味的东西的。因此这些对我的批判斗争，是路线斗争，是两种建军思想的斗争，是坚持无产阶级建军思想反对资产阶级建军思想的斗争，是坚持毛泽东思想的建军路线所必要进行的斗争。是一场阶级斗争。综上所述，我的错误是十分严重的，有的同志讲是犯罪，也并不是过分。党给我什么严厉处分，我都应当并愿意接受。至于野心家、阴谋家、要篡军篡党、篡国，同志们这样看是有理由的。但请查党严格审查，我坚信毛主席党中央是会作出公正的结论的。请求党重新宣布撤销（不是调免）我有关军事工作的一切职务，撤销我党内外的一切职务，把我放到领导强的基层单位去改造我，考验我。我下决心脱胎换骨，重新做人，用伟大的毛泽东思想改造自己，作一个革命的螺丝钉，站到毛泽东思想伟大红旗下，革命到底。

最后我还要作几点申述，在有些申述中也作些检讨。

（一）"公开攻击林彪同志提出的'把毛主席的书当作全军各项工作的最高指示'，胡说这'不符合我们国家的体制'，林彪同志当即驳斥了罗的这种谬论"的问题。这是根本没有的。情况已在一次唐平铸同志发言时说明了一些，现在补充点情况，即十一月廿日我回到北京，大家商量用军委决定发出林彪同志的关于突出政治五项原则的指示，十一月二十五日下午请刘志坚同志分别到在京军委常委处去请示征求意见，"记得还经过主席批示同意"的句子，是我付主席提出加上的。在北京时，大家还商定了时贴到连队去的大样，定了登报的稿子，这些都已由刘志坚同志报告林彪同志同意了的。二十六日晚上在上海接到唐平铸同志的电话，说新华社对于发消息的意见，我的态度也是军队报纸照我们原定的稿子发，新华社由他们请示自己的上级决定此点，上次也已说明。二十七日登了报，我是二十八日去××看林彪同志的，说到五项原则指示时，情况如上次唐平铸同志发言时候所说明，怎么能有"公开攻击"和所谓"胡说"呢？这个问题我坚信是会查明白的。

（二）报社起草的社论"突出政治就是在一切工作中用毛泽东思想挂帅"，第一个小标题是"毛泽东思想是当代最高最活的马克思列宁主义"。罗在审稿时把"最高最活"四字删掉了。一九六五年再版"毛主席语录"时，我们根据林彪同志的指示，在前言中写了"毛泽东思想是当代最高最活的马克思列宁主义"，在讨论时罗反对写上这句话说："……"的问题。实际情况是：第一次我打电话给康生同志，他说，这是新提法，如果这样提恐怕应问问中央常委，甚至恐怕还要问问主席自己。我问他的意见，他说用原来的提法，也不减低实际意义，对外也谨慎一些（大意）。这样才改为"毛泽东思想是当代伟大的马克思列宁主义"。讨论语录时，是刘志坚同志提出可以不可以这样提？我又去打电话问田家英同志，"次高""次活"都是田家英同志的原话。他并说，他们几个人（有伯达、任重、陶铸等同志）在长沙为主席几篇历史文章作一些修改斟酌时，曾经对"活马克思主义"、"死马克思主义"、"香马克思主义"、"臭马克思主义"这样对衬的句子，建议考虑不用，因为只有真马克思主义才是活的。……（大意）唐平铸发言中的某些话，我是打了电话回来后才讲的，才不是如括号中的那些话。"毛泽东思想是当代马列主义的顶峰"那次并没有写，怎么我又反对了呢？前一句话可以问康生、田家英同志，但不管怎样我有错误，东问西问为什么不直接请示林彪同志？或建议总政同志请示林彪同志呢？今天对毛泽东思想这两个提法已经公开正式提出来了，就更证明我的错误。但是否要像唐平铸同志发言中结论那样高，我请求党审查。

(三)为林彪同志起草在七千人大会上的发言稿的事是有的，但唐平铸同志所说我与叶群同志的争论怎样我也回忆不起来了。主席在实践论中已经讲了马、恩、列、斯的天才条件，当代最多最活的毛泽东思想，为什么不应加上"伟人天才"这个意思呢？如果唐平铸所说的了情况是这样，我承认是一个大错误。

(四)关于卅本书的问题，不是我向主席建议送给主席阅定而是主席指示，要我从三十本书中选读十来本，在军队高级干部中提倡一下，也是主席提倡的。先一个书目与前略有不同。一九六四年春，中央发了指示，主席也有批示。我从来也没有说不以学毛著为主，而只是学马恩经典著作多学了。多学院试办三个月的读书班是我建议的。以后中央有新的指示，学主席四篇哲学著作，我也是拥护的！我是不是实际上为了"抵制毛泽东思想"，专门提倡学经典著作，请予审查！

(五)关于《解放军报》刊登主席语录的问题，记去年一月我看了《解放军报》社关于毛主席语录宣传的总结时批了那些话，宣传总结是怎样，我不记得了。我批的那几句话，当然是很错误的。

(六)唐平铸同志在他的发言一段中说的第六个问题，我的错误是不应当乱传这件事。什么会上传的，是否在讨论要不要减去警卫什么时讲的，我也记不得了，但绝非"公开散布污蔑毛主席的话"，绝没有恶意诽谤伟大领袖之意。

(七)唐平铸同志在他发言的一段中说的第七个问题，我的错误更大！话的全部都是听主席说的，但我为什么这样乱传呢？我随便乱传话的错误特别太大，太严重了，但绝无"把毛主席和蒋介石相提并论"的意思。

(八)唐平铸同志在他的发言三段中说的第一个问题，他的意思是我在攻击林彪同志。"这究竟指的是谁，难道还不明白吗？"这就是断语式的猜测性结论，我怎么能受得了呢？实际是前一段话的第一句不是"主席说了"，而是主席"在一个文件上的批示"。"形而上学盛行，辩证法抛到九霄云外"，最后一句不是"我们这些大老爷也无例外"，而是"包括某些大老爷在内"或者"包括某些大老爷也不例外"，是前一句话或是后一句话我记不清了。他在引号内引的我的话也决非我的原话。我决没有这样说：这些大老爷是谁呀？我们这些人够得上大老爷吗？顶多是个中老爷！"我的原话大意是说，我们就称个中老爷吧，也要注意不搞形而上学……。而且这件事是在林彪同志关于当前部队工作指示出来以前，两件事怎么能连在一起呢？事情是可以核对清楚的。

以上是我的第一次检讨发言，请同志们继续批判我，揭发我。

以罗瑞卿为首的篡軍反党集团的罪行

罗瑞卿是彭、陆、罗、杨反革命修正主义集团的~~主要~~头目，是一个阴险毒辣的反革命修正主义分子，资产阶级的大阴谋家、大野心家，十足的伪君子，是埋藏在我党我軍内部的定时炸弹。罗瑞卿是一个彻头彻尾的反党反社会主义反毛泽东思想的三反分子，典型的党内走资本主义道路的当权派。现在把这个大坏蛋揪出来示众。把他们彻底打垮，斗倒斗臭，使他们永世不得翻身。这是无产阶级文化大革命的伟大胜利，是毛泽东思想的伟大胜利。

反党分子罗瑞卿干了许多坏事，铁证如山，他是罪恶滔天的。

1、他敌视和反对毛泽东思想，诽谤和攻击毛主席

毛主席是当代伟大的馬克思列宁主义者。毛主席天才地、创造性地、全面地继承和发展了馬克思列宁主义，把马克思列宁主义提高到一个崭新的阶段，毛泽东思想是在帝国主义走向全面崩溃社会主义走向全世界胜利时代的马克思列宁主义。毛泽东思想是全党全国一切工作的指导方针，是反帝反修的强大思想武器。中国要兴旺，要依靠毛泽东思想；世界革命要胜利，也要依靠毛泽东思想。一切反对革命反对人民的人，首先就是把矛头指向毛主席，对准毛泽东思想，极力反对和宣传和学习毛主席著作，极力贬低毛泽东思想的伟大意义。林付主席指示："要把毛主席的书当作我们全軍各项工作的最高指示。"罗瑞卿却说什么"不能这样讲""难道还有次高次低的马克思列宁主义吗？""难道不能再高了吗？""最高最活不好理解，外国人也不好翻译呀！"林付主席说："毛泽东思想是当代马克思列宁主义的顶峰。"罗瑞卿还反对宣传和介绍林付主席提出的"读毛主席的书，听毛主席的话，照毛主席的指示办事，做毛主席的好战士。"这几句话，林付主席指示《解放军报》刊载毛主席语录，他却嫌摘多了。总政执行林付主席指示，把毛主席、党中央、军委有材料（文件）编成教材，作为干部战士的必修课，罗瑞卿却借口发到连队的东西太多了，不准印发。林付主席指示在民兵中开展学习毛主席著作运动，罗极力反对说："不要单纯给民兵布置学习毛著任务。"

歪曲和反对毛主席关于阶级和阶级斗争的理论。竟说什么："我们军队本身不存在阶级矛盾，但是存在立场要坚定，阶级觉悟要提高，要抵制资产阶级，封建思想的侵蚀，以及政治问题要有辩证方法分析问题。"在罗瑞卿当公安部长时就否定毛主席关于社会主义社会存在阶级和阶级斗争的学说，搞什么"十无运动"胡扯做到无反革命无盗窃、无流氓阿飞、无小偷、无车祸等等，鼓吹在苏联内部已没有阶级斗争了，这是典型的阶级斗争熄灭论，而且接着又放出了一

个无产阶级专政消亡论。五八年十一月他竟公然说过："现在基层政权在开始消亡，专政的工具也要消亡。现在反革命更少了，我们的基层政权主要的不是搞阶级斗争，而是搞经济建设，文化建设，就这个意义上讲，它是在开始消亡。"

罗在新疆地区反对苏修颠覆活动的斗争问题上，违背和反对党中央和毛主席的方针和指示。他还诬我们在中苏边境上"制造人为紧张"，对中苏边境的纠纷为苏修开脱罪责，说什么"不能说多数是他们挑起的，要做具体分析。"

他还反对毛主席的人民战争思想，反对我们的武装力量，主力军、地方军和民兵游击队相结合的传统体制。阻挠和反对建设地方武装，忽视民兵工作，不执行毛主席关于建立和加强地方武装的指示。毛主席多次提出，民兵工作三落实，第一是组织落实，第二是政治落实，第三是军事落实。罗瑞卿篡改成：首先是政治落实，在政治落实的基础上再做到组织和军事落实。（原文如此）

罗瑞卿还极力反对毛主席的文艺方针。说什么"光搞政治性战斗性很强的东西，太单调，太枯燥，不光读毛选就行了。"这和反革命修正主义分子彭真、陆定一、周扬完全是一个腔调。

四、反对林付主席，反对突出政治，推行资产阶级反动路线

一九六四年，罗瑞卿擅自决定搞全军大比武，反对突出政治，力图把我军拉到脱离无产阶级政治的资产阶级轨道上去，力图以资产阶级的军事路线代替毛主席的无产阶级军事路线。大比武是比军事，比技术，是军事第一，技术第一，一搞大比武就否定了四个第一，冲击了政治，削弱了部队政治工作。一句话，就是要政治服从军事。那时在连队不管什么原因，只要打靶不及格，不管政治思想多么好都不能评五好战士。更令人气愤的是有些连队的好干部因于上不了单杠，竟被撤换或降职。

第五頁

六四年底，林付主席根据毛主席一贯的军事思想，提出了突出政治的指示，严肃地批评了大比武的错误。对这个指示，罗不但不执行，反而千方百计的反对，歪曲，篡改。十天之内对林付席的指示篡改八次之多，极力抽掉其中革命精神部分，塞进了他们的许多私货。还到处讲话散布折中主义的谬论，说什么反对空头政治等等，反对林付主席的指示。

六五年十一月林付主席提出突出政治的五项原则之后，立即就遭到了罗的反对和歪曲。

为什么公安部队比解放军落后两年呢？就是反党分子罗瑞卿搞的，这是他执行资产阶级军事路线的恶果，也是他篡军夺权的一个铁证！他窃据公安部的领导时，就极力实现他这个野心，把由解放军改编

的武装警察卩队继续实行垂直领导，实际上取消了党对这支卩队的绝对领导，把几十万武装警察卩队弄得军不军、民不民，几十万武装卩队遍布全国各省，直接在他的控制下。他为什么要控制，就是想实现他反党篡军的个人野心。

3、反党分子罗瑞卿还推行一条反革命修正主义的组织路线

他结党营私，阴谋篡夺党和国家领导权，大会上所揪出的肖向荣、梁必业、王尚荣、史进前、雷英夫、陈鹤桥、郝治平等就是他们一帮。原公安卩队付政委宋烈就是罗瑞卿安插在我军的一个定时炸弹。长期以来宋烈忠实地执行了他的黑主子罗瑞卿、徐子荣的反革命修正主义路线，是罗瑞卿、徐子荣的忠实走卒。在罗徐的安排下，宋烈窃据了公安局四局局长的重要职务，后来罗徐又一手把宋安插到公安卩，掌握着几十万武装卩队，企图进行复辟活动。

4、目无组织纪律，个人专断，搞独立王国，破坏党的民主集中制。罗瑞卿这个反党分子一贯专横跋扈，独断专行，目无组织纪律，对于军事工作的许多重大问题往往不向军委汇报情况，也不允许别人去军委请示工作汇报情况。

破坏主席的崇高威信，在下级面前用各种机会散布流言蜚语。一次他到××开会，因没和毛主席同坐一个飞机就说毛主席不相信他，到处说，不在中央干了，要到上海当市长去。

他当公安卩长时，把北京的两个中央公安总卩擅自划归公安卩领导，这受到了主席的批评，但他以后还不断扩大公安队卩。

罗瑞卿典型的一言堂，听不到半点反面意见，老虎屁股摸不得，谁摸他就寻机打击报复谁。就是在军委付主席参加的会议上，他也随便打断别人的发言，表现自己。

5、公开向党逼迫林付主席让位，进行篡军的阴谋活动。

罗瑞卿篡军反党活动中首先把矛头指向林付主席，罗瑞卿长期对林付主席进行封锁，受到林付主席批评，但未悔过自新，反而怀恨在心，变本加厉对林付主席进行造谣诬蔑，把林付主席当敌人看待。在林付主席住院期间，他喊"什么病号嘛！要有个病号的样子吗，要让贤嘛！"还通过×××向林付主席提出要林付主席让位，企图把林付主席气死，以达到他篡军的目的。

罗瑞卿除攻击林付主席外，还从中央到地方到处伸手，越权越位。乱批文件，乱做指示，瞎指挥。

林付主席病好后，他对×××说"想不到这个人还会东山再起"。在林付主席有病期间，他搞突然袭击，不向林付主席汇报，有时一汇报就是几小时，甚至一天，想拖垮林付主席。

6、品质恶劣，投机取巧称霸，想尽一切办法争名誉地位，争

头条消息，争拔头版五，不择手段捞取政治资本，一贯忙々在上，当假做老爷，脱离群众，脱离实际，从不下基层调查，工作极不负责任，在战备紧张时照常看戏，跳舞，钓鱼，游山玩水。他生活腐烂透顶，老婆是地主，他自己也是地主，虽然入党三十多年，但剥削阶级立场始终没有变。

7、李寿公开说：[illegible]我每天十二小时工作。毛主席教导我们：要特别警惕像赫鲁晓夫式的野心家和阴谋家，防止这样的坏人篡夺党和国家的领导。彭、罗、陆、杨就是赫鲁晓夫那样的野心家和阴谋家。他妄图在中国搞资本主义复辟，使我们党和国家改变颜色。我们千万不要忘记阶级斗争，千万不要忘记毛主席的教导。我们要把彭罗陆杨这四个赫鲁晓夫式的混蛋斗倒斗臭。

仅供参考
严禁外传

篡军反党分子罗瑞卿在国防工业系统的罪行

一、敌视和反对毛泽东思想，极力反对突出政治

罗瑞卿在国防工业系统一贯反对毛泽东思想，从来不原原本本地传达主席、中央、军委的指示。对林副主席关于突出政治的指示和关于突出政治的五项原则，嗤之以鼻，一有机会就肆意攻击，散布他那一套折中主义（即机会主义）的谬论。

早在一九六一年底，他给二机部工作会议讲话中就特别强调：“无于[illegible]四，孔[illegible]没有，过了很长时间之后，[illegible]马列主义是不行的！”

他对主席关于全国学习解放军，在国民经济各部门加强政治思想工作，从上到下，建立政治工作机构的指示，阳奉阴违，消极抵制。他身为国防工业党委第一书记，从来没有认真过问国防工业的政治工作，在每年的工作会议和政治工作会议上，也只谈业务，不谈政治工作，散布了不少折中主义的谬论。

一九六五年七月国防工业党委扩大会议，学习和讨论主席当时提出的“备战备荒为人民”的指示，在这次会议上赵尔陆等同志就如何学习、领会和贯彻主席的战略思想作了发言，但罗瑞卿却别有用心地说：“赵尔陆等同志讲了对主席思想的领会，这个问题要说我也可以说一些，如果大家有兴趣的话，以后还可以议论。”会议就结束了，以后再没有议论。可见他对毛泽东思想是非常敌视的，想方设法加以抵制。

一九六五年初，毛主席为了纠正当时四清运动中形“左”实右的错误路线，亲自主持制定《二十三条》，林副主席针对罗瑞卿的资产阶级军事路线，做出了突出政治的指示。就在这个时候，罗在国防工业系统中连续疯狂地攻击，对突出政治恶毒进行影射攻击，抵制“二十三条”，取消阶级斗争。

一九六五年初，罗在对一個文件的批示中提出："以产品設計革命为突破口"，"把其他方面的革命带动起来"，公开抵制《二十三条》，和林付主席突出政治的指示，阴谋把社会主义教育运动引到邪路上去，使部分单位的四清运动受到冲击，走了弯路。

一九六五年一月五日，罗瑞卿在国防工业党委会议上说："要实现革命，就要搞出成果来，不然就是空话。"他还说："×院革命革好了，但××结果没搞出来，那叫什么革命？是革财政部的命，×机部革命革好了，但是×××不××，那也是革财政部的命！"一九六五年一月，他在×机部在京领导干部会上，以反对所谓空头政治为名，恶毒地诬蔑突出政治。他说："只讲空话，脱离业务，脱离技术，那是空头政治，不是真正的红，空头政治是不能统帅业务的，是不能指导技术的，是不能引出好的结果的。"明目张胆地散布他那套折中主义、机会主义的谬论，反对林付主席的指示，同突出政治唱对台戏。

二、阳奉阴违，贩卖私货，篡改和取消中央、军委的方针政策，冲击中央、军委的方针政策的贯彻执行。

新军委成立以后，林付主席根据毛主席、中央历来的指示，对国防工业建设及时提出了一整套方针政策。实践证明，这一整套方针政策是完全正确的，这是使国防工业沿着正确方向迅速向前发展的根本保证。

但罗瑞卿在一九六二年十二月十九日国防工业会议的总结发言中却别有用心地说："新军委成立以后，中央、军委、林总对国防工业提出的一系列方针，以及总在三级干部会议上总结的十七条经验教训，凡是正确的一定要坚持；部分或大部分正确的，加以修改；不正确的取消。"罗瑞卿认为中央、军委的方针并不是完全正确的，有的只是部分正确，有的则根本不正确；而且这些方针指示，不管是中央、军委、林付主席提出的，凡不合他的口味，他都要修改和取消，狂妄之极！

林付主席在一九六〇年二月的军委扩大会议上提出了"××××，×××"的方针。军委一九六〇年国防建设纲要中对这个问题又一次加以肯定，并明确提出："国防工业建设的方针，在建立独立完整的国防工业体系的目标下，应以×××，××××为主，而应以××为第一，同时注意发展电子技术。""从一九六〇年起，应以最大的努力，集中一切人力、物力、财力来着手研究和解决这个问题。"但是罗瑞卿在一九六一年八月北戴河国防工委工作会议上却提出："××方面要工厂承担的试制件的制造任务，工厂能安排的则安排，不能安排的则坚决不安排。"并且威胁说："安排不安排，工厂有权力"，"硬要安排影响了其它任务你们负责。"此后，有的工业部门一度放松了对××产品的试制推迟了时间，浪费了国家资财。

一九六三年一年中，当国防工业广大职工正按照中央、军委规定的任务奋勇前进，并取得重大胜利时，罗事前未与任何人商量，就在六四年一月九日国防工业办公室会议上突然提出："在今后七年内（一九六四年至一九七〇年）要着重抓航空工业，选择空军装备作为突破口"的错误口号，这是不符合实际情况的，因为在实际工作中也是行不通的。一九六五年十月国防工业会议上，他又自作主张地提出五个狠抓："狠抓大小××建设，狠抓××，狠抓航空工业，狠抓电子工业，狠抓常规武器的补缺配套"，这是一个毫无重点，面面俱到的错误口号。他想怎样，就怎样地提出方针，说来说去完全是一套折中主义的货色，这同中央、军委××、××第一的方针唱对台戏。

关于造船工业的方针，主席在一九五八年指示："在我国现代工业、现代农业、现代科学文化发展的基础上，国防力量的建设，一方面要作好积极防御的准备工作，同时还准备一旦帝国主义向我国发动侵略战争时，在打败敌人进攻之后，实施战略反攻和战略追击，把侵略者赶回他们的本土，坚决、干净、彻底全部消灭之，解放那里的人民，以使侵略战争永远不再发生。"为此，除了继续加强陆军和空军的建设外，必须大搞造船工业建立海上铁路，以便在今后若干年内建设一支强大的海上战斗力量。而罗瑞卿却一再叫嚣要造船工业"很强"，说什么造船工业"最好自然很强，否则就是被迫很强"。说什么建立造船工业是"打吗啡针"。在一九六五年十月国防工业工作会议上他还说："对海军装备要照顾一下，搞多了不行"。按他的这一套行事，海军建设和造船工业就只能消极等待，无所作为，建成一支强大的海军将遥遥无期。显然，这是反对主席思想的。

廿七頁

罗瑞卿还采取偷梁换柱的办法，对聂荣臻同志提出的海军装备要"先搞×××，后搞×××和××××××"的正确方针进行篡改。他也说要"先搞××××，后搞××××"，但是把内容换了，在拖住造船工业和海军建设的后腿，推迟建设速度。罗还经常说："多的不如少的，少的不如现的"，指责造船总想靠大的、洋的、尖的，搞小的他们不通，给造船工业职工泼冷水。

关于兵器工业发展方针，主席中央已有指示，重点是很明显的。

一九六四年、六五年两年兵器工业职工在主席伟大战略思想鼓舞下，奋勇前进，并已取得了重大成果时，罗却提出什么狠抓常规武器的补缺配套"这一严重错误口号，幸而不久的罪恶阴谋被揭发，否则兵器工业的发展必将受到挫折。

三）目无组织，独断专行，伸手抓权，个人主义野心膨胀嚣张罗瑞卿在一九六二年十一月国防工业办公室会议上，借题发挥，气焰嚣张地说："元帅比我们站得高，看得远，要让他们有时间考虑和掌握大问题大事情，关于具体工作，在他们的指示下，我们就多搞一些，多做一些，要注意不要把什么事都推给他们"。他的目的就在于把军委付主席和国防工业各部门隔开，不让各部门向各位付主席直接反映情况汇报工作，不让各位副主席管事，由他一人独揽大权，把个人凌驾于军委之上。

罗瑞卿对军代表制度经常表示不满，想方设法取消这个制度。他既不调查研究，又不请示中央军委，就多次提出取消军代表制度。他在六五年五月一次党委会议上说："军代表制度是不相信党，不相信群众的表现，是违反毛泽东思想的"，引起了许多军代表的思想波动，一度影响了军代表工作的开展。林副主席和贺龙等同志多次指出，军代表制度的改变应当慎重考虑，在未弄清情况以前暂时不动，而罗瑞卿却轻妄地说："有人说取消军代表制度是歪曲思想，我就要闯这个风险"，可见罗瑞卿目无组织纪律，违抗中央军委领导同志的指示，到了多么严重的程度。

在军区政治部设立国防工业政治部的问题，军委、常委和政治部都不知道。

关于造船工业建设方针这样重大的问题，罗瑞卿没有提交军委常委或国防工业办公会议讨论，就以个人名义于1963年9月向中央写报告，并未经中央批准，就决定海军和造船工业部门照此执行。

罗瑞卿作为国防工业党委第一书记，同党委委员的关系极不正常。他主持召开的党委会议往往就是他一个人讲话，他讲完后，会就散了，没有别人发言的机会。

罗的手伸得很长，经过或越过国务院或其他口的领导，向工交、财贸各部门布置任务，给这些部门造成很多困难。

四、工作极不负责，处处突出个人，抢功表功，铺张浪费。

罗主管国防工业工作几年，从来没有系统地听过一个部门的汇报，认真地研究过那个单位的问题，很多重要问题都是靠文件来往，他的什么"指示"往往是由秘书转达。但是他把很多时间花在跳舞、钓鱼、看戏、看电影，同文工团打交道方面。 第八页

罗瑞卿在许多会议上宣扬国防工业这几年的成绩很大，只有他自己把功劳记在自己身上。有关国防工业的重要报告，他都要以他个人的名义向中央报告。他在会议上的讲话都要整理出来，经过加工向下印发。在原子能事业方面罗从来不做实际工作，却竭力要显示自己是原子能工业的直接领导者，抢功表功的丑事很多。在第一次原子弹试验后，以他个人的名义请科学家和技术人员吃烤鸭。在第二次试验后，总理宴请参加试验的有关科学技术人员，罗瑞卿把到会的几位军委付主席都排在次要席位，把自己排在主要席位，炫耀自己，并且洋洋得意地向陈毅同志祝酒说："陈总，你要的两弹一机都搞出来了"。之后，他又以个人名义请了很多中央领导同志看原子弹试验的电影，自己陪看，说东道西，指手划脚，似

原子弹研究、设计、试制、试验成功，全是他实际主持的功劳。

~~罗瑞卿~~破坏四清运动的滔天罪行

1965年1月，我们伟大领袖毛主席亲自主持制定的《二十三条》是我国城乡社会主义教育运动的最高纲领，它宣告了刘少奇形"左"实右反动路线的破产。罗瑞卿这个反革命修正主义分子，对二十三条极为仇视，他为了继续维持他们的反动统治，为复辟资本主义鸣锣开道，就迫不及待的在1965年2月抛出了对抗二十三条、破坏四清运动的黑纲领。这个黑纲领里说："国家经济建设都要革命，但想，要从设计工作的革命入手，把这个作为突破口，可能把其他方面的革命带动起来，也可能收到立竿见影的效果。"这胡说什么为了经过设计革命的开展就会出现马列主义更为毛泽东思想领会更深的那样敢想敢干的形势"。罗贼的这个黑指示，是全面否定"二十三条"，彻头彻尾反毛泽东思想的。

在1965年1月，当四机部的四清运动全面展开的时候，他再次发出黑指示，要求在四清运动中大搞反浪费，并把它作为四清运动的突破口，又一次把四清运动引入歧途。

更为严重的是，罗瑞卿亲手扼杀了南京七二〇厂的四清运动。1964年10月，七二〇厂四清运动掀起了鸣放高潮，迅速揭开了阶级斗争的盖子，千万张大字报揭向了党内一小撮走资本主义道路的当权派，把厂党委书记、厂长段俊揪了出来。这一下惊动了省市委，震动了四机部，以王诤为首的一小撮走资本主义道路的当权派出于阶级本能，预感到群众革命的烈火就要烧到自己头上，于是惊慌失措，急忙采取一切手段残酷镇压。

1965年2月24日，刘少奇专门对七二〇厂四清运动作了一个颠倒是非、混淆黑白的黑指示，说什么"工作队要对段俊同志（按：段俊是厂长兼党委书记，七二〇厂牛鬼蛇神总根子）撤职反省，上面不同意就不撤嘛"，还诬蔑群众揭发材料"不一定可靠"、"不完全确实"，公然说什么"不是事实的承认了允许翻案"。

在刘少奇黑指示下达后，1965年3月，罗瑞卿在国防工业的常务会议上点了七二〇厂工作队的名，他紧跟着他的黑主子刘少奇，大喊大叫要把七二〇厂的运动立即打下来，说"工作队象中国旧社会的媳妇，小时候受压迫，大了又压迫人"，诬蔑工作队发动群众揭发党内走资本主义道路当权派是"把别人的问题搞得越多，他自己的成绩就越大"，罗瑞卿把四清运动中对走资本主义道路当权派的揭发和批判说成是"工作人员的品质问题"。这完全暴露了他的反革命嘴脸，也完全暴露了他和刘少奇是包庇党内走资本主义道路当权派段俊，一手扼杀七二〇厂四清运动的罪魁祸首。

（摘自四机部121革命造反兵团揭发材料）

南开大学、卫东 批判彭罗陶联络站

《红凌燕》印

67.9.9.

事实俱在不准翻案

关于《政法公社》炮打陈伯达同志的

調 查 报 告

★

红代会天津十六中大联合《砸烂天津政法公社》战斗队

一九六七年九月二十二日

前　　言

当全市革命造反派全力促进大联合，积极巩固、扩大革命的三結合，向万张反党集团夺权的时候，《四．一革命委員会》頻繁活动起来，全面地为万张反党集团的复仇軍——《天津政法公社》翻案，他們迴避要害，抹煞本質；信口开河，大肆宣传；顚倒是非，混淆視听，竭力为《天津政法公社》洗清罪責，狂妄吹捧这个地地道道的反动組織，妄图以此来攻击革命造反派，誣蔑革命領导干部，全盘否定天津駐軍，破坏三結合夺权，进而炮打无产阶級司令部，居心何等險惡！这就是万张反党集团翻案的輿論准备，正如陈伯达同志八月二十三日所指出的“給天津政法公社翻案，这是复辟，是逆流。”是“又一次想把我打成反革命。”横扫这股翻案妖风，痛击这股逆流是一切革命造反派义不容辞的責任，我們也就政法公社在七〇三厂和小站地区炮打陈伯达同志的問題进行了調查，下面就是我們的調查报告。

说　　明

本材料中所引用我們伟大导师毛主席的語录，本应用黑体字，但因排字条件限制，未能如愿，特此說明，并向讀者致歉。

編　者

最高指示

敌人是不会自行消灭的。无論是中国的反动派，或是美国帝国主义在中国的侵略势力，都不会自行退出历史舞台。

凡属倒退行为，結果都和主持者的原来的愿望相反。古今中外，沒有例外。

我們站在那一边？站在占全国人口百分之九十五的人民群众一边，还是站在占全国人口百分之四、五的地、富、反、坏、右一边呢？必須站在人民群众这一边，絕不能站到人民敌人那一边去。这是一个馬克思列宁主义者的根本立場問題。

一切狡猾的人，不照科学态度办事的人，自以为得計，自以为很聪明，其实都是最蠢的，都是沒有好结果的。

中央首长談小站问題选录（中央首长关于小站問題指示很多，仅选两段作为前言）

小站是搞过四清的，是伯达同志在那里搞四清。你們派去的人不是支持貧下中农、搞过四清的干部，却支持个别地富反坏右。什么《巴黎公社》还夺了权。中央不是講要保卫四清成果嗎？不是按照前十条、二十三条办的嗎？不要說是伯达同志搞的，就是普通干部搞的要是按主席路綫办的，也不能反。（謝副总理三月二十日下午在人民大会堂接見北京政法公社代表时講話）

一进門很生气地对政法学院代表說：你們英雄！搞复辟！你們又一次想把我打成反革命。去年你們到天津小站去翻案，搞資本主义复辟，現在又去給《天津政法公社》翻案，这是复辟，是逆流。你們是搞专政的，你們学习国民党方法对我們进行专政，把我們打成“反革命”。

去年听說你們有个长征队，說是到井岡山去，到井崗山为什么跑到天津小站去了？你們說是上井崗山，連当地农民都不信，你們就是去搞复辟，去天津小站犯了严重错誤，后来批評你們……你們态度看来是誠恳的。現在你們又去为《天津政法公社》翻案，这是逆流。你們知道《天津政法公社》是什么組織？我可以断定《天津政法公社》是反动的，它們是被万张反党集团操纵的。和万张反党集团联系很大，（伯达同志談了《天津政法公社》罪行，略）你們去为它翻案，这是严重的错誤。

天津小站的問題，不是我陈伯达一个人的问題，如果只是我一个人的問題，你們可以把我抓到那里去斗爭我。（陈伯达同志八月二十三日召見北京政法公社代表时講話）

关于《政法公社》在小站地区炮打陈伯达同志的調查报告

下面是我們的調查报告：

一

《四·一革命委員会》說：《北京政法公社》的同学是怀着对陈伯达同志“无限敬仰的心情”到西右营大队的。是来学习陈伯达同志执行无产阶級革命路綫的好經驗的。

我們的回答：不对。毛主席教导我們說：“真理的标准只能是社会实踐。”讓我們看一下他們的实际活动吧。

1.一进村就大肆宣揚陶鑄“怀疑一切，打倒一切”的反动口号，为炮打陈伯达同志，为他們以后的行动作輿論准备。

他們打着《燎原》长征队的旗号进村，宣称去井崗山，路过西右营，要向陈伯达同志蹲过点的地方学习。他們一进村就大肆宣揚反革命两面派陶鑄的“怀疑一切，打倒一切”的破烂貨。胡說什么除了毛主席和林彪以外都可以怀疑，可以打倒。还大量印发陶鑄講話的小册子，为了达到他們的罪恶目的大造輿論。

2.对貧下中农招搖撞騙，妄图抬高自己的身价，騙取貧下中农的信任，获得所謂炮打陈伯达同志的材料。

①他們有人說：“我們是江青同志派来的，搞关于四清問題的。回去直接找江青同志談話，連陈伯达也不报。”还有人胡说什么：“我們是江青、陈伯达、陶鑄派来的。他們信任我們，我們出来长征，陈伯达挑着行李送我們二十多里地。”另有人洋洋得意地炫耀：“我們是陶鑄派来的，陶鑄是我們的总根子。”

②刚进村他們假装长征队，中央关于农村文化革命五条指示公佈以后，应該暫停文化大革命（在农村）和串联，应突出生产。于是他們自封为中央派来的工作队，以領导姿态出現，讓生产队停产搞革命。后来中央公佈了农村文化大革命十条，决定一般情况下不派工作队，他們又狼狈地自称是“中央派来的少而精的观察員”。他們早晨姓张，晚上姓王，欺騙貧下中农，影响极坏。

3.他們就是把矛头指向陈伯达同志的：

①他們进村后的第三天，就向北閘口公社党委書記王凤春同志定下了全盘否定西右营四清运动成果的調子。他們下了五点結論：（1）西右营四清搞得不好。（2）一个多月就揪出张凶琴这是什么政策？（3）揪出张凶琴以后，貧下中农情緒不高，要高，为什么六六年减产？（按：六六年每亩八百五十斤，比四清前超产。）（4）四清运动形“左”实右，把老干部都换下去了。（5）工作队应該否定，派工作队本身就是刘、邓路綫，别管是誰的点，执行了資产阶級反动路綫也得算。

②他們有人說：“我們在北京和陈伯达的人打了个三进三出。我們是少数派，陈伯达組織一帮人搞我們，把我們从楼上推下来摔坏了四十多人。他在哪儿蹲点，我們就有人，把他蹲点的地方的干部先搞垮，搞黑，再到北京搞陈伯达。”这就一語道破了他們来西右营的目的。

③他們进村就了解四清情况，一次王××和社員談僵了，社員气憤地質問他們：“你們到底調查誰来了？”王××气急敗坏地說：“我們就是来調查陈伯达的。”眞是不打自招，一語就洩露了天机。

④他們說四清派工作队本身就是資产阶級反动路綫，无中生有地宣传：“派四清工作队，毛主席不知道。”“江青同志講过，誰要說毛主席派来的工作队，誰就是反革命。”貧农刘××問他：“你說毛主席沒派工作队，那么陈伯达是偷跑下来了嗎？”他們面紅耳赤，无言对答。他們甚至公然煽动群众說：“西右营四清执行的是刘、邓路綫，不管是陈伯达还是别人，只要是資产阶級反动路綫都要反。”

4.为小站地区四清翻案，炮打陈伯达同志：

①《北京政法公社》一小撮人自称向陈伯达同志学习，然而当貧下中农向他們介紹怎样在陈伯达同志支持下与张凶琴黑帮斗爭的时候，他們心不在焉，毫无兴趣，劈头就問村里有多少下台干部？有多少地富反坏子女？有多少地富反坏子女与貧下中农結婚等。凡是了解张凶琴黑帮的人，他們都要費尽心找，以此来了解张凶琴的情况。如四清工作团长、工作队长、一般队員、留用干部等。甚至进行逼、供、信。他們还专門找和陈伯达同志接触过的人搜集伯达同志的工作情况，最为露骨的是他們审問了許多四清工作队員。最后一句都要問：“老实交待吧！陈伯达給了你們什么指示？”

②他們到处索要陈伯达同志亲自处理的张凶琴、张玉侖、姜戰玉三个黑帮集团的档案材料。曾多次到当地派出所，四清办公室和市四清办公室，要黑帮集团的档案。如果不怀疑陈伯达同志領导的四清成果，为什么要千方百計审查黑帮集团的档案？

开始，他們全班人馬到西右营分五个队平均使用力量。后来，他們把一、二、四队的人調到了陈伯达同志蹲过点的坨子地和小站。声称：“三队，五队四清下台干部最多，政治情况复杂，問题最大。三、五队革命群众要我們留下来。”并明目张胆地說：“四清搞翻了，我們就是来翻案的。”

③他們为了进一步寻找翻案根据，趁大队干部不在，冒充“王書記批准的。”欺騙貧协組长，以审問为名，找张凶琴进行秘密談話。张凶琴对他們連連喊冤。为他們炮打陈伯达提供了炮弹。

④他們得到了黑帮头子提供的炮弹以后，就去質問大队长孙××，当孙××向他們介紹給张凶琴定为黑帮的根据时，他們一点也不耐煩，說到张凶琴搗卖发貨票时，他們竟然說：“这算不了什么，錢不是給大伙分了嗎？”这完全是张凶琴本人的話。

他們还对社員徐××說：“你們看給张凶琴定富农成份根据可靠嗎？”当人家給他們介紹了她家剝削情况及中央政策以后，他們滿不在乎地說：“这算什么玩艺儿？”

⑤他們对黑帮集团滿怀感情。对陈伯达同志亲自发現、培养、提拔的好干部，貧下中农的代表王凤春同志恨之入骨，曾十多次地围攻他。一月二十五日还召开了全公社的斗爭大会。两千多人的大会，他們基本群众不过200多人。再从主席台上的成員来看一看他們支持的都是些什么人吧。

张××：大慣窃，蹲了五年监獄。积极发言斗爭王凤春，被王凤春駁得哑口无言。

张××：两条血債的反革命子弟。

郭××：替富农翻案的四清下台干部。

眞理是屬于貧下中农的。貧下中农是斗不倒的。张××叫王凤春低头，他們見王凤春态度强硬，无計可施，就罵道：“王凤春就是抱着陈伯达的大腿不放”“王凤春有后台，有根子，揪出后台，根子，貧下中农会明白的。”“王凤春的后台是以严政为首的南郊区委，天津有方紀等，往上追还有一个根子，王凤春你能証明西右营四清搞彻底了嗎？”他們还在大会上命令把全公社十九个大队的党支部書記全都看押起来，立时地富子女，下台干部抖起了威风。把十九个党支部書記全部看押，这不是資产阶級专政又是什么？由于广大貧下中农拥护王凤春同志，痛恨一小撮为四清翻案的混蛋，大会开始不久就变成了广大貧下中农对一小撮混蛋的控訴。揭露了他們为黑帮集团，地富反坏分子翻案，炮打陈伯达同志的罪恶。真是搬起石头打自己的脚。

⑥他們蛊惑群众說：“王凤春的根子是杜清、顧明（紅旗杂誌記者），把他們揪回来就好了。”他們到北京去揪杜、顧二人，限令他們五天之內作檢查。幷声称要揪出杜、顧的后台，貧下中农看透了他們包藏祸心，質問他們：“你們說杜青、顧明的后台是誰？”他們吞吞吐吐，不敢正面回答。在再三逼問下，他們才說出：“可能是陈伯达。”（紅旗杂誌总編輯）

⑦他們操纵的《巴黎公社》凈是些烏七八糟的人物，白天睡大觉，晚上打、砸、搶到处乱窜。听墙根，煽阴风，点邪火，造謠言，散布反动复仇情緒。制造白色恐怖，破坏生产，扰乱治安。向貧下中农反攻倒算。公开叫嚷：“豁着十个脑袋，也要跟他們（貧下中农）拚。”“要不是政法学院来了，不能讓他們（四清留守組）囫囵尸首回去。”原大队会計貪污犯董××說：“四清寃枉了我，我沒有那个事，硬給我扣，我沒办法才承認的。”《政法公社》张××馬上給他打气說：“我們坚决給你翻过来。”在他們支持下，翻案风越刮越凶，后来公开为张囟琴黑帮集团翻案。胡說什么要对张囟琴一分为二，不能一棍子打死。”他們誹謗四清运动中发展党員是“招兵买馬。”狂叫“这是什么共产党？这是什么建党方針？純碎是国民党的建党方針。”“国民党支部”。广大貧下中农对他們煽起的这股翻案风极为不滿，向中央作了汇报。他們知道后就威胁道：“你們交給周总理的黑名单我們知道了，周总理打电話給《政法公社》，讓我們領导頂回去了。”眞是无耻以极，猖狂已极。

《四·一革命委員会》的先生們，这些事实难道能說明“沒有为四清翻案”“沒有炮打陈伯达同志”嗎？难道这些就是你們对陈伯达同志“无限敬仰，”“学习陈伯达同志执行无产阶級革命路綫的好經驗”嗎？你們这些完全都是詭辯，掩盖大量的事实，迴避要害問題，抓住皮毛大作文章。辯来辯去，把本質东西辯沒了，倒也使人詫异。然而事实总是事实，只会欲盖弥彰。正如毛主席所說的：“隐瞞是不能持久的，总有一天会暴露出来。”你們在西右营的所作所为是藏不住的，西右营的貧下中农就是活的見証。請你們再去調查吧，可是你們要注意，不依靠貧下中农就会越調查心眼越偏，站得越偏。毛主席批評一种人說：“他們是瞎子……他們有时簡直要鬧到顚倒是非混淆黑白的程度。”希望你們千万不要作这种人，不要学“閉塞眼睛捉麻雀”“瞎子摸魚”的調查方法。

二

《四·一革命委員会》說：“北京政法公社的錯誤是在西右营支持了一派貧下中农，其中包括少数四不清干部夺了王凤春的权。”

“支持了一派貧下中农，其中包括少数四不清干部，”这是发高燒，說胡話。我們亲身体会到：西右营广大貧下中农对张囟琴黑帮集团恨之入骨，坚决反对南郊区委以刘景峰为首的修正主义集团复辟。坚决拥护陈伯达同志执行的毛主席的无产阶級革命路綫，坚决捍卫四清运动的伟大成果。从来是一派，不是二派。而且这个“少数”用得更是尤其巧妙，他們把黑帮集团及其亲信换成了“四不清干部”，似乎他們支持的主要是貧下中农，而不是张凶琴集团。显然，黑帮集团加上一般四不清干部总是少数，然而难道可以即支持黑帮集团这个“少数”，又可以同时支持貧下中农这个“多数”嗎？

“革命的根本問題是政权问题”讓我們从“北京政法学院政法公社《燎原》长征队”在西右营地区夺权的事实經过，来看一看他們支持的是些什么人在夺权、在掌权？在夺誰的权？从中就可以肯定地指出：北京政法学院《政法公社》在西右营地区沒有分清敌友，沒有依靠广大貧下中农，夺的不是資产阶級当权派的权，而夺的是陈伯达同志培养提拔的革命領导干部王凤春的权，实行的是資产阶級专政。

1.支持的是些什么样的人？

他們曾一手操办了《驅虎豹》《紅色造反团》《荣复轉退兵团》等組織，最后成立了《巴黎公社》。我們仅以《巴黎公社》为例，看一下他們到底支持的是些什么人夺了公社和六个大队的权。

《巴黎公社》全盛时期，在全公社不过200多人。（而只西右营一个大队就有一千多人，全公社共十九个大队）《巴黎公社》絕大部分成員都是本人有問題或家庭历史有問題的。其中包括黑帮分子，黑帮亲信，下台干部，盗窃犯，坏分子，貪污犯，汗奸，土匪子弟，反革命家属等等。有名有姓，有人証明，例不胜举。最典型的如：李××两兄弟的四大伯是載帽的反革命分子，他們长期在一起生活。李××参加《巴黎公社》后一个老貧农問他：“李××，你为什么参加《巴黎公社》是不是想給你四大伯翻案？”李答：“我不是要翻案，我是为了把四伯的問題弄清楚。”一句話就暴露出他的眞正的目的，就是要为反革命分子翻案。另外青年张××，在四清中表現还較为“积极”，而四清过后，馬上就提着点心去給地主培礼道歉，被撤消了团籍，青年們都叫他甫志高。这样的人也成了《巴黎公社》的积极分子。商业資本家，黑帮分子关××与黑帮分子刘××也是《巴黎公社》的成員。张凶琴的爱人于××也参加了《巴黎公社》。真是魚找魚，虾找虾，癩蛤蟆专找癩蛤蟆，臭味相投，聚在一起。絕大部分成員（95%）都是烏七八糟的人。毛主席教导我們說：“誰是我們的敌人？誰是我們的朋友？这个問題是革命的首要問題。中国过去一切革命斗争成效甚少，其基本原因就是因为不能团結真正的朋友，以攻击眞正的敌人。”《北京政法公社》的同学违背了毛主席的教导，沒有分清敌友，站錯了立場，依靠了这样一些人夺了权。而对广大貧下中农不但不依靠，不支持，而且連貧下中农的意見也听不进去。貧下中农找他們談話，他們公然声明“不跟你們談，跟你們沒有什么可談的。”他們說大队广播站不好好宣传毛泽东思想，于是就夺了权。然而他們在广播中天天对着貧下中农破口大駡什么：“保皇派一小撮混蛋們，豎起你們的狗耳朵听着……”什么“土匪”“暴徒”“你們絕沒有好下場”他們就这样天天罵不絕口，然而他們对坨子地黑帮头子姜鄂玉的儿媳妇一口一个大嫂。他們对什么人亲？对什么人恨？！对貧下中农罵不絕口，对黑帮分子儿媳妇格外亲热，这是什么阶級感情？毛主席說：“世界上絕沒有无緣无故的爱，也沒有无緣无故的恨。”他們的爱恨又是从何而来呢？

2.夺的是誰的权？

无产阶級文化大革命就是要夺党內一小撮走資本主义道路当权派的权，把他們的权統統夺过来，牢牢掌握在无产阶級革命派手中。而《巴黎公社》一小撮人夺的不是党內走資本主义道路当派的权，而夺的是在四清运动中成长起来的，陈伯达同志培养的好干部王凤春同志的权。他們之所以这样做，正如《紅旗》杂誌一九六七年第四期社論中所說的：“农村人民公社，工矿企业，事业单位的各級干部，大多数是好的和比較好的，特别是四清运动搞得好的地方，大多数干部立場坚定，工作积极，带头参加劳动。一小撮坏人要打倒他們，就是要对四清运动反攻倒算，打击群众，阴謀实行反革命复辟。一切革命的同志，对四清运动成长起来的好的和比較好的干部，应当爱护，应該支持。”社論一針見血的指出了他們的要害，要打倒王凤春同志，就是要对西右营地区的四清运动反攻倒算，打击貧下中农，阴謀实行反革命复辟。

3.依靠什么样的人掌了权？

《巴黎公社》团长董××是反革命黑帮分子张幽琴的亲信，表侄，原大队会計，貪污犯。

《巴黎公社》副团长，大管家张××是反革命杀人犯子弟。

另外杀害我革命干部的反革命分子张××居然也当上了他們的参謀。可想而知这是一个什么样的参謀了。他們就是依靠这样一些人掌了权，难道这是“支持了一派貧下中农”嗎？难到这是貧下中农掌权嗎？

4.为誰掌权，行使的是什么权利？

①他們支持《巴黎公社》夺了公社和六个生产大队的权。究竟誰掌权呢？是替反动富农分子翻案的四清下台干部郭××和土匪子弟赵××掌握了公社大印。

②他們掌权后，胡作非为，目无法紀，收贿办事，把公社搞得个烏烟瘴气。在西右营，郭××在《政法公社》支持下与张幽琴黑帮的大管家徐××一起掌了大队党、政、武装三大权。半夜把民兵强行赶走，把夺来的十二枝枪交給了反革命分子子弟张××，真是地地道道的反革命夺权。

5.《北京政法公社》一小撮人这样作决不是偶然的：

《北京政法公社》一小撮人这样干决非偶然的。他們的組織原則就是要讓那些“受打击，受迫害，沒有政治地位的人”起来造反。大队选文革委員会时，王凤春同志宣講十条（农村文化革命），强調以貧下中农青少年为骨干成立紅卫兵，他們說这是“奴隶主义”。認为形形色色的人，“只要观点相同就可以組織起来”，根本抹煞了人的阶級性，与王凤春大辯了一場。这就是他們的搜罗社会渣滓，排斥貧下中农的思想基础和組織原則。毛主席說：“沒有貧农便沒有革命。若否認他們便是否認革命，若打击他們便是打击革命。”不难看出，《北京政法公社》的同学在西右营根本违背了毛主席的教导，他們的所作所为完全錯了。

三

《四.一革命委員会》說：“北京政法公社的同学經过調查研究，发現王凤春同志在領导文化大革命的过程中，执行了資产阶級反动路綫。”

这是混淆視听，为他們翻四清案寻找借口，开脫罪責。正如毛主席所指出的：“他們往往采取以攻为守的策略”“或者抓着若干表面現象，攻击事情的本質，”“或者借題发揮，冲破一些缺口”事实是他們并沒有在王凤春是否执行了資产阶級反动路綫这个問題进行調查研究！他們所說的資产阶級反动路綫不外是以下三件事：

1.运动初期，貧下中农自发地給一些問題严重的人貼了大字报，打击面較大，上綱較高，王凤春召集党支部会談了这个問題，要求制止这种現象，但是沒有完全制止住。就此問題，王凤春早已作过多次检查。

2.去年十二月一天，王凤春給留在西右营的《政法公社》的同学講了西右营四清斗爭全部过程，指出了他們的錯誤。几个同学当場承認了依靠错了人，并說：“砸死我們也沒有怨言。”然而第二天，他們給坨子地的三个同学打了电話，那班人馬回来后全不認帐，馬上找王凤春同志辯論，围攻他到一点多。王凤春同志見他們出尔反尔，死不認錯，就写了一张大字报指出他們为四清翻案，炮打陈伯达同志的錯誤。劝他們回头。这就是所謂“矛头指向革命小將”的大字报。

3.一月二十五日批斗王凤春的大会上，他們理屈詞穷地脚踢王凤春同志发泄仇恨，台下的貧下中农看了非常气憤，要揍那些家伙，王凤春几次劝阻，最后还是沒有拦住。这就是：“王凤春挑起的严重武斗事件”。

很显明，說王凤春同志执行了資产阶級反动路綫不过是后来寻找借口，以此来掩盖翻四清案和炮打陈伯达同志的要害問題，为他們开脫罪責。

四

《四・一革命委員》說北京政法学院在南郊的活动与《天津政法公社》“毫无关系”。《四・一委員会》的先生們一方面竭力否認北京政法学院炮打陈伯达同志的罪恶事实，为他們开脫罪責。同时又做賊心虛地說：《天津政法公社》与他們的錯誤“毫无关系”，这就暴露了他們內心的一个秘密：要想替《天津政法公社》翻案必須替北京政法学院的一伙人先洗清罪責。这也就暴露了他們二者之間同命相連的血肉关系。眞是不打自招，欲蓋弥彰。

毛主席說：“我們看事情必須要看他的本質，而把它的現象只看作入門的响导，一进了門就要抓住它的实質。”根据毛主席的这一教导，我們应該看到小站問題的发生絕不是偶然的，天津市炮打陈伯达同志的逆流是有历史根源的。

伯达同志早在一九六〇年就十分关注天津，发現了姜興玉的問題，在四清中（1964—1965），伯达同志发动广大的貧下中农群众，揭出了张凤琴、姜興玉、张玉伦三个反革命集团。揭出后，广大的貧下中农革命热情十分高涨。一个貧农老大爷激动地說：“解放这么多年了，我一直到六四年才眞正翻了身，我才看到了眞正的共产党！”通过四清，陈伯达同志亲手培养了一批象王凤春同志那样的貧下中农骨干力量。这些貧下中农积极分子，就是陈伯达同志一手栽下的紅根子，伯达同志四淸的几个点：小站、西右营、坨子地是伟大的二十三条的发源地。

在那时，中央两个司令部的斗爭也是十分激烈的，毛主席和刘少奇进行了坚銳的斗爭。刘少奇主张“打击一大片，保护一小撮。”什么“扎根串連”，死蹲点，蹲下去，沉去下……特別鼓吹其臭妖婆王光美的“桃园經驗”。并胡說什么：“我們主席的調查研究方法过时了……。”伯达同志遵循着我們伟大領袖毛主席的教导搞四淸。进行了深入細緻的調查研究，发現了张凤琴这个黑帮分子是“貧农不貧，劳模不劳。”鼓励广大貧下中农揭发她的罪行。广大貧下中农的阶級觉悟空前提高，主动检举了张凤琴隐瞞的黑地多亩，彻底打碎了党內一小撮走資派妄想复辟資本主义的物質基础。而且伯达同志指示：“将南郊北閘口和小站公社領导机关迁至西右营和坨子地，以保証公社干部每年至少能够有三分之一的时間參加体力劳动。”对于这个完全符合毛泽东思想的、非常革命化的建議，万曉塘却亲自指示“公社不要搬家”，公然和伯达同志对抗。万张反党集团多年来一直对抗陈伯达同志指示，誣蔑陈伯达同志是“書生”，他蹲点是“搞搞研究”而已，陈伯达同志的話“不算指示”。并揚言：“对陈伯达这样的，要小心点。”相反，把王光美的“桃园經驗”却奉若神明，大量翻印，大力宣传。

在四淸运动中，广大貧下中农在无产阶級司令部領导之下，狠狠地冲击了万张、刘邓資产阶級司令部，取得了伟大的胜利。然而万张反党集团并不甘心自己的失敗，他們更加变本加励，向我們反攻倒算，向貧下中农施加压力。在万曉塘亲自布置下，財貿系統的耿習亲自出馬找西右营要“帐”（本来在张凤琴統制时期，黑市委經常大量貸款，現在却迫不及待地要。）在万曉塘的授意下，粮食局也是百般刁难，竟讓会計一下子塡写十二种表格（实际根本沒有必要）塡不好，就休想分粮食。面对着資本主义势力的猖狂反扑，陈伯达同志亲手主持召集了一个有关“秋收分配問題”的座談会，在会上，坚决給貧下中农掌腰，根据貧下中农提出的問題，馬上制定解决办法。并严厉批評、制止了天津黑市委的极端錯誤的做法。貧下中农非常滿意。这些具体的解决方案以后被主席集中总結納入“二十三条”。

在西右营两个司令部的斗爭十分明显，一方面是刘少奇、万曉塘、刘昱峰（南郊区委）张凤琴（西右营）从上到下的資产阶級反动路綫；一方面是陈伯达同志、王凤春同志坚持貫彻的无产阶級革命路綫。

在四淸前后和四淸过程中以至文化大革命中，这两方面的斗爭一直沒有間断，而且非常激烈。在文化大革命中，这次为小站四淸翻案砲打陈伯达同志的这股逆流，就是这种斗爭在新的形势下的繼續。

文化大革命一开始，万张反党集团就把四淸中下台干部陈韋荣、于毓田調回南郊，不仅安排工作，而且指示他們要“造反”，这就留下了为四淸翻案，砲打陈伯达同志的毒根。

值得严重注意的是在北京政法学院《燎原》长征队十二月三日来津以前（十一月份）

張𧫴曾在北京政法学院住了二十多天。反革命两面派谷𠃍亭也曾在《天津政法公社》的骨干分子楊××，刘××带領下光临《北京政法学院》住了好几天。联系北京政法学院同学一进西右营就調查陈伯达同志在这里四凊的情况，不是値得我們深思嗎？

另外《天津政法公社》的吉普車、摩托車也經常到西右营光临。一进来就扎到北京政法学院一手操纵的《巴黎公社》中談問題，拿材料，到了夜間，更是常来常往，怎么能說二者沒有联系呢？而且北京政法学院向《天津政法公社》叫車随叫随到。

二十七日夜間，貧下中农被《巴黎公社》一群混蛋攪得睡不了覚（他們經常是白天睡大覚夜里瞎胡鬧，打砸搶）起来端了他們的老巢。同时，把北京政法学院批了一頓。于是一个电話，調来《天津政法公社》的吉普車，大卡車。一下子要抓王凤春，到王凤春家又是乱搜又是乱砸。找了半天，仍沒找到，就把公社武裝部长、干事和群众共四人带走了。事后，《天津政法公社》在北閘口貼出了"誓作北京政法公社坚强后盾"的大标語。这怎么能說二者"毫无联系"呢？为了查淸此事，我們特走訪了那天被他們无理逮捕的《东方紅》总部的王洪全同志及有关联的其他人。最后証实：这件事是北京政法学院和《天津政法公社》紧密勾結的鉄証。下面公布我們調查来的事情的簡单过程：

一月二十七日下午4：00左右，"北政"王××正在公安局治×处，他讓《天津政法公社》成員孙××給×处《天津政法公社》核心陈××打电話，要汽車到北閘口去捉拿"打人兇手""联动分子"（其实是四名革命干部和革命群众）（当时"北政"《燎原》长征队伙同《巴黎公社》的《驅虎豹》无理逮捕了王学全和另外三个人，把他們押在北閘口小学进行非法审訊。）

陈××又和"天政"常委馬××联系派車之事。（車还沒派出）半小时以后，"天政"常委馬××和公安局治×处联系車（車仍沒派出)。晚7：00"北政"王××又給"天政"陈××打电話要車。并問車号和司机。晚8：00，由"天政"核心陈××調了一輛車，并从公安×处抽調了五名"天政"成員押車开到北閘口，将王学全等四人在北閘口进行批斗和非法审訊。然后到晚上約11点多鐘一輛大卡車、一輛小吉普車将这四人押到当时"天政"指揮中心：郑州道10号，在这里对王学全等四人又一次进行了非法审訊。遭到强烈抗議，最后只得到警司去解决，警司把人放了。在場进行非法审訊的就有"天政"的人。这天晚上"北政"的王××刘××等人就睡在郑州道十号。

另外还一条重要的綫索：一月二十五日"北政"和《巴黎公社》开了一个批斗王凤春同志大会。它們在会上实行資产阶級专政，揚言要追出王凤春同志的根子，一手挑起了武斗。会后他們复制了一份批斗王凤春的大会录音，《巴黎公社》把录音通过张××，包××，李××，韓××等人送到了市里，据包××揭发，这份录音送交"北政"然后再轉交"天政"的。虽然这件事还沒有彻底查淸，但已經能够明显看出，它們狼狽为奸炮打陈伯达同志的大阴謀！

还有一次"北政"刘××給"天政"打电話說："别的材料都带去了，陈伯达的材料我們自己带去。"当时有三个組織的三个人听到，不可抵賴。

今年二月十三日夜，"北政"刘××又打电話向"天政"要車，对方回答："政法公社已被取締了，公安局軍管了。"于是他大罵一声，把电話摔在了桌上。第二天清早他們就急急忙忙要走，被附近的貧下中农拦了回来。于是十七日半夜，他們連行李都不带，摸黑逃出了西右营。后来还是《巴黎公社》的人把他們的行李送到市內。我們要問："如果"北政"这一伙人与"天政"不是一对难兄难弟，为什么一取締《天津政法公社》，"北政"就仓皇逃走呢？难道不是命运相关嗎？"

"北政"一伙登台表演，"天政"幕后坐鎮，这就是結論。"天政"繼承万张衣鉢，炮打陈伯达同志的罪行是絕对賴不掉的。

任何人想为下台的阶級敌人翻案，是絕对办不到的。西右营广大貧下中农阶級覺悟、政治警惕性都非常高，他們对以毛主席为首的无产阶級司令部有着极深厚的阶級感情，对毛主席的好学生，坚定的无产阶級革命家，我党杰出的理論家，毛主席的亲密战友，毛主席无产阶級革命路綫忠实执行者——陈伯达同志非常尊敬，非常爱戴。他們坚决保卫四清成果，誓死捍卫我們伟大領袖毛主席的革命路綫。对妄图炮打无产阶級司令部的阶級敌人深恶痛絕，任何坏人想到那里去搞反革命活动，都絕沒好下場！

"社会主义到处都在胜利地前进，把一切絆脚石抛在自己的后头。社会就是这样地每天在前进。"

关于《天津政法公社》在703厂炮打陈伯达同志的調查报告

最 高 指 示

人民靠我們去組織。中国的反动分子，靠我們組織起人民去把他打倒。凡是反动的东西，你不打，他就不倒。这也和扫地一样，扫帚不到，灰尘照例不会自己跑掉。

毛主席教导我們說："盘踞在大部分中国土地上的大蛇和小蛇，黑蛇和白蛇，露出毒牙的蛇和化成美女的蛇，虽然它們已經感覺到冬天的威胁，但是还沒有冻僵呢！"万张反革命修正主义集团，当他們感到冬天的威胁，为了挽救他們即将死亡的命运，他們一手炮制和操纵了《天津政法公社》。反动組織《天津政法公社》一成立，就以死保万张反革命修正主义集团为宗旨，干下了种种坏事，他們甚至丧心病狂地阴謀陷害陈伯达同志，炮打无产阶級司令部，犯下了不可饒恕的罪行，軍管后，反动組織《天津政法公社》虽被取締，但一些坚持反动立場的頑固分子，硬是要抱着花崗岩的脑袋去見上帝，公开跳出来为反动組織《天津政法公社》翻案，他們矢口否認《天津政法公社》炮打陈伯达同志的罪行，眞是"搬起石头打自己的脚"墨写的謊言掩盖不了鉄的事实。

一、黑市委操纵“批宛战斗組”（天津政法公社骨干成員）砲打陈伯达同志罪該万死

无产阶級文化大革命以排山倒海之势，雷霆万鈞之力猛烈地冲击着資产阶級司令部，正如毛主席所指出的敌人是不会自行退出历史舞台。以刘少奇为首的党內一小撮走資本主义道路的当权派并不甘心他們的失敗，他們每日每时企图在中国复辟。刘少奇在天津的代理人万张反党集团秉承他主子的意图，以极“左”的面貌出現炮打无产阶級司令部。看来“左”的出奇，实际形“左”而实右。其目的是混淆无产阶級司令部和資产阶阶司令部的界限，把矛头指向以毛主席为首的无产阶級司令部。他們耍阴謀，放暗箭，派出亲信，蒙蔽不明眞象的群众，以整走資本主义道路当权派为名，而行炮打无产阶級司令部之实，鉄証如山，抵賴不掉。

1.炮打陈伯达同志黑市委蓄謀已久。

伯达同志屡次对天津的工作提出严厉的批評，因而万张反党集团对伯达同志恨之入骨，当伯达同志来津視察工作时，他們就恶毒地說：“叫他吃了好的，他还在中央反映咱，陈伯达就是不如薄付总理好伺侯。”甚至嚣张地說：“以后对陈伯达这样的注意点儿。”他們两面三刀，表面是人，暗中是鬼，对伯达同志对天津工作的指示，拒不执行。他們絞尽脑汁，寻找机会，等待时机，发泄对无产阶級司令部的不滿，由此看来黑市委蓄謀炮打陈伯达同志的狼子野心不是昭然若揭了嗎？！

2.借四淸之机，妄图陷害陈伯达同志。

在63年伯达同志曾到703厂視查工作与703厂宛吉春談过电子工业問題，黑市委認为时机已到，借四淸之机，派出其亲信郭暈貞（路攵老婆，三反分子，万张干将），带領工作队到703厂追查陈伯达同志与宛吉春的关系，一进厂郭暈貞就給工作队員作报告，提出挖根子問題，并說：“你們敢不敢挖根子？”

有一次，郭暈貞对路攵講可能宛吉春的問題涉及到陈伯达同志。路攵說：涉及到誰就搞誰。于是郭暈貞就在全厂职工大会上，讀臭名昭彰的后十条时，揚言要挖根子，根子在那里就挖到哪，从地方到中央，涉及到誰，就搞誰。万张反党集团对挖根子极为重視，三番五次地出主意想办法，幕后操縱。王亘如不止一次地給郭暈貞出主意說：“可以給江靑写信，叫江靑同志轉給毛主席。”路攵也說过，可以給江靑同志写信問問。这件事王亘如抓得很紧，吃飯时遇到郭暈貞也談这个問題，王亘如还讓郭摸摸底。于是郭便亲自追問宛吉春：“你和陈伯达有什么关系？去过信送过礼沒有？为什么陈伯达对你如此感兴趣？陈伯达与你談了些什么？”問的非常細緻，甚至連陈伯达同志說話时的表情也要問到。眞是狗胆包天，竟明目张胆地把矛头直指无产阶級司令部！

3.操縱反动組織《天津政法公社》，炮打陈伯达。

在四淸中他們阴謀沒得逞，但他們賊心不死。阶級斗爭的深入，无产阶級文化大革命的深入，迫使敌人不断地改变自己的斗爭策略，当一种反革命阴謀被識破后，敌人又会伸出另一只手，交替而用之。在文化大革命运动中，万张反党集团得力干将郭暈貞，王亘如等

为了达到炮打无产阶級司令部，实現其反革命的目的，他們“呼风喚雨，推涛作浪，或策化于密室，或点火于基层，上下串联，八方呼应，以天下大亂，取而代之。”在文化大革命中，黑市委通过郭暈貞左右着七〇三厂的文化大革命，她利用四清时培植起来的亲信也就是天津政法公社的骨干分子，成立了一个批宛战斗小組（名为选出来的，实是党委任命的）批宛战斗組在黑市委的操纵下，以搞宛吉春为名而行炮打陈伯达之实，九·二信件的产生就雄辯地說明了这点。8月27日，批宛战斗組核心人物，再次到郭那里去談宛的問題，郭便利用此时大力滲透引导說：“宛吉春根子很硬，宛吉春有名气，陈伯达知道他，接見过他。”当核心人物×××談到宛在历次运动中都搞不垮，而且根子越来越深，靠山越来越大，郭便煽动說：“对宛的問題可以向中央反映嘛”，“郭的几句話交待了她的意图，而其亲信便理解了其主子之意，于是一封誣告陷害陈伯达同志的黑信产生了，信中他們狂妄地提出：“宛吉春大肆販卖修正主义貨色，陈伯达应負什么責任？請主席据我們审查是盼”，尽管此件起过三稿，而后又将露骨之地划掉，但万变不离其宗，一直是受命万张反党集团，矛头直指陈伯达同志。九·二信件由批宛战斗組核心人物送往北京后，便立即到郭家去，汇报了这个問題。

当《天津政法公社》宣布为反动組織之后，那些热衷于追根子的人却怕得要死，他們警告宛吉春不許叫他談別人如何向他追根子之事，如果这些人不是作賊心虛，又能做什么解释呢？

以上事实雄辯的証明万张反党集团操纵《天津政法公社》骨干分子，批宛战斗組炮打陈伯达同志，事实俱在，鉄証如山，是絕对賴不掉的，任何人想为反动組織“天津政法公社”翻案是絕对沒有好下場的。

二、703厂批宛战斗組实为《天津政法公社》組成部分

毛主席教导我們說：“我們看事情必須要看它的实質，而把它的現象只看作入門的向导，一进了門就要抓住它的实質，这才是可靠的分析方法。”但是有些人却违背毛主席的教导，他們繼續坚持反动立場，声嘶力竭为《天津政法公社》翻案。他們罗列一大堆表面現象，不看事情的全部，隔断历史孤立地去看問題，大嚷什么“批宛战斗組炮打陈伯达，与《天津政法公社》无关，批宛战斗組組长是自由兵”等等。乍看起来似乎是眞有道理，可只要稍有头脑的人，只要进行过調查的人，这种論調便不值一駁。有調查就有发言权，事实胜于雄辯。首先讓我們看看事实吧！

不錯，是“批宛战斗組”炮打陈伯达，但是“批宛战斗組”并不是一个孤立的組織。“批宛战斗組”起初是党委指名任命的，群众“选出来的”，后来又在厂文革的領导下，当一部分人因为同意公安局多数派观点而退出厂文革，剩下的人大部分同意公安局少数派观点，这些人成立了“联造”，厂文革的人，批宛战斗組大部分人都参加了“联造”，其核心人物不仅全部是“联造”的并且是重要人物，当《天津政法公社》成立后，“联造”就成了《天津政法公社703厂联造》。后来天津政法公社和一些学生組織成立了“联合調查組”，又繼續在小站調查陈伯达，703厂“联造”有二个人加入了这个組(此二人是原批宛战斗組成員）有人說：“批宛战斗組組长是自由兵”果眞如此嗎？經我們調查，他根本

不是什么自由兵，而是一个不带《天津政法公社》袖章的《天津政法公社》特别人物，《天津政法公社》骨干开会他参加，研究去“联合調查組”几人之重大問題时也請了这位大人物光临，这不是給堅持这謬論的人一响亮的耳光嗎？当《天津政法公社》被取締后，原“批宛战斗組”核心×××（9·2信件起草者之一）又跑到北京，二月十四日火綫入社，并写血書以表示加入《天津政法公社》的决心。这些事实雄辯地証明政法公社炮打陈伯达同志鉄証如山，妄图以表面現象去掩盖其实質是办不到的。我們正告那些堅持反动立場的人，認罪是可以的，想賴掉是办不到的。

三、公布一些材料：

毛主席教导我們說：“一切狡猾的人，不照科学态度办事的人，自以为得計，自以为很聪明，其实都是最蠢的，都是沒有好結果的。”万张反革命修正主义集団他們挽救不了自己灭亡的命运，他們操纵《天津政法公社》炮打陈伯达同志已成为鉄証。下面公布一些材料，这些材料給那些至今还为《天津政法公社》翻案的人当头一棒。

讓我們提高警惕，坚决粉碎阶級敌人以极“左”的面貌出現动搖无产阶級司令部的恶毒阴謀詭計，紧跟毛主席的伟大战略部署胜利前进，誓将文化大革命进行到底！

《天津政法公社》是地地道道的反动組織！

坚决砸烂《天津政法公社》！

彻底砸烂万张反党集团！

无产阶級文化大革命胜利万岁！

伟大的領袖毛主席万岁！万岁！万方岁！

附件一、（原件見附图照片）

按語：

毛主席教导我們說：“我們站在那一边？站在全国人口百分之九十五的人民群众一边，还是站在占全国人口百分之四、五的地、富、反、坏、右一边呢？必須站在人民群众这一边，絕不能站到人民敌人那一边去。这是一个馬克思列宁主义者的根本立場問題。”《四·一革命委員会》根本否認《天津政法公社》炮打陈伯达这一罪行，他們大嚷什么：“九·二信件中絕大多数是写的宛吉春的問題”言外之意就是九·二信件沒有炮打陈伯达的意思，果真如此嗎？恰恰相反，在九·二信件中，写宛吉春的問題却很少，而用大部分写的是有关陈伯达問題，信件完全是在黑市委操縱下写出来的，并且做了三次修改，在第三次修改中把十分露骨的話“宛吉春大肆販卖修正主义貨色，陈伯达同志应負什么責任呢？請主席据我們审查是盼。”刪去。而且把“我們認为陈伯达同志对十二条的态度不明朗，作为一个国家領导人对“十二条建議”本应用无产阶級的政治标准和阶級分析的观点来衡量，奇怪的是陈伯达同志却抱如此不明朗的态度，这样不能不使人联想到陈伯达对宛吉春

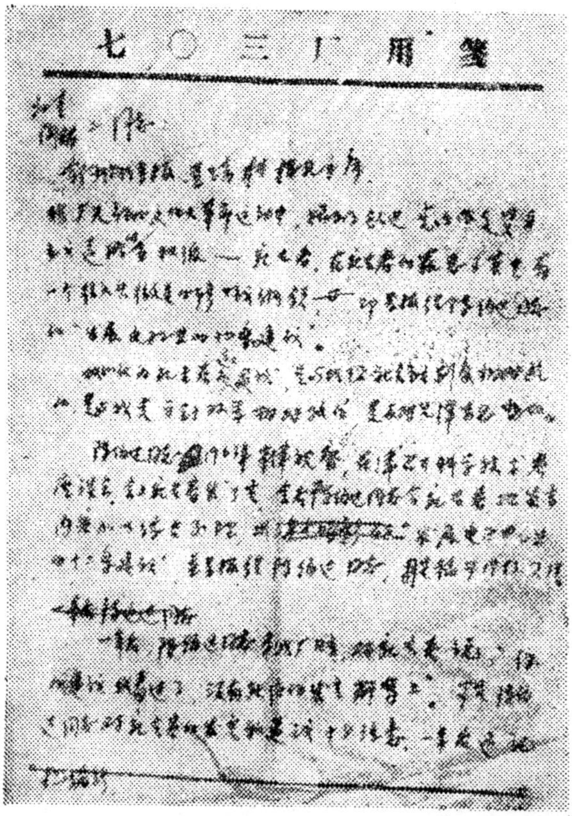
七〇三厂用笺

【此图系附件一原件照片】

的“十二条”到底抱什么态度，这句話的“奇怪的是”給刪掉，这些事实充分地說明了《天津政法公社》九·二信件是射向无产阶級司令部的一支毒箭，而《四·一革命委員会》却为之翻案，他們究竟是站在那个立場上不是显而易見的了嗎？希望《四·一革命委員会》不要再受蒙蔽了，回到主席革命路綫上来吧！我們也正告那些頑固坚持反动立場，混淆是非，造謠惑众的人决无好下場。

江青 陶鑄 二同志：

今向你們呈报，并請轉报毛主席：

我厂无产阶級文化大革命运动中，揭出了鑽进党內走資本主义道路的当权派——宛吉春。在宛吉春的罪恶事实中，有一个彻头彻尾的修正主义綱領，即呈报給陈伯达同志的“发展电子工业的十二条建議”。

我們認为宛吉春的这个“建議”是与我国社会主义制度相对抗的；是与我党方針政策相对抗的；是反对毛泽东思想的。

陈伯达同志一九六三年来津視察，在津召开科学技术界座談会。会上宛吉春发了言。会后陈伯达同志令宛吉春把发言內容加以綜合整理成了臭名昭彰的“发展电子工业的十二条建議”，幷呈报給陈伯达同志。脫稿于1963·7·13轉陈伯达同志。

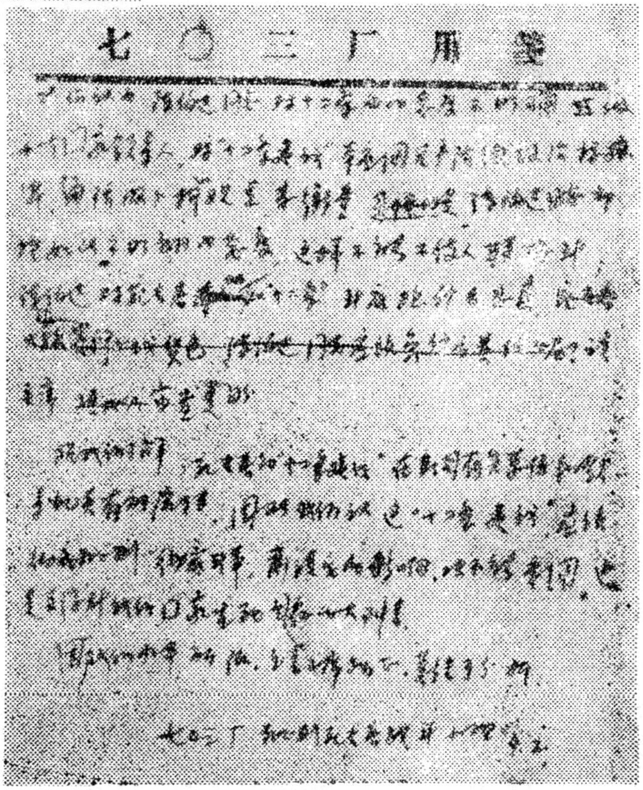
七〇三厂用笺

一年后陈伯达同志来我厂时，对宛吉春说："你的建議我看过了，沒有把你的发言都写上。"可見陈伯达同志对宛吉春发言和建議十分注意，一年后还記忆犹新。我們認为陈伯达同志对十二条的态度不明确，做为一个国家領导人对"十二条建議"，本应用无产阶級政治标准和用阶級分析的观点来衡量。奇怪的是陈伯达同志却抱如此不明朗的态度。这样不能不使人联想到陈伯达对宛吉春的"十二条"到底抱什么态度。宛吉春大肆販卖修正主义的貨色。陈伯达同志应負什么責任呢？請主席据我們审查是盼。

据我們了解，宛吉春的"十二条建議"在全国有关单位和領导机关有所流传。因此我們認为这"十二条建議"应該彻底批判，彻底斗争，肃清它的影响，决不能采用。这是关系到我們国家生死存亡的大事情。

因我們水平所限，請主席指正，并給于分析。

九月二日

七〇三厂批判宛吉春战斗小組

附　件二、

按語：

《天津政法公社》这个反革命組織，早在二月份就被英雄的无产阶級革命派彻底砸烂，揪出了其幕后操纵者——万张反革命修正主义集团。

"树欲静而风不止"阶級敌人是不甘心灭亡的，随着极"左"思潮的泛滥，又有《天津政法公社》的一小撮死硬分子企图翻案，他們妄想倒轉历史的車輪，掩盖罪恶的事实。現在公开叫嚷："《天津政法公社》与万张反党集团沒有关系""《天津政法公社》从来沒有調查过陈伯达"……。鉄一般的事实，想賴是賴不掉的！讓我們看看：万张反革命修正主义集团的黑爪牙，反革命修正主义分子郭犨貞，在运动初期是如何糾集牛鬼蛇神，蒙蔽应攏群众，用反革命的两面手法，組織了703厂《天津政法公社》的骨干分子写黑信，策划了把矛头对准无产阶級司令部，炮打陈伯达同志。其罪恶滔天，是可忍，孰不可忍！下面是路平的臭老婆，反革命修正主义分子郭犨貞的自供：

郭犨貞的答案　　六七年三月八日上午

問：几天来，想到的主要問題談一談。

郭：最大的問題是跟厂（703）的几个人研究給江淸同志写信轉給毛主席的問題。

問：是給江靑一个人写的？

郭：給一个人写的。

問：对不对？

郭：对。

問：內容是什么？

郭：信的內容我沒有看，不是我写的，記个大概意思，中心意思是反映宛吉春写的十二条（因十二条联系到陈伯达同志，說給陈伯达汇报过，指十二条）因此給江青写信。

問：向陈伯达汇报的什么？

郭：汇报十二条，那天談的也是十二条（指研究給江青同志写信的事）

問：給江青同志写信，主要反映什么問題？

郭：中心意思是反映陈伯达同志的問題，因宛吉春这么个人，十二条是修字号的，陈伯达怎么欣儻这个东西呢。

問：写信給江青同志的目的是什么？

郭：目的是告陈伯达同志。

問：怎么提出給江青同志写信？

郭：703厂韓××提了四清沒有搞十二条，还記得××以前也提过十二条沒有搞，是修字号的。

参加会的有韓××、××、曹××、×××，曹提出給中央写信，我說别給中央写信，还是給江青同志写信轉毛主席。

問：以前有沒有說过？

郭：簒如說十二条有問題，你們怎么不搞他呢？話中好象××說向他反映过。

在四淸时，×××不同意搞十二条，簒如讓我跟宛談談，开始談时，随便談的，与他弟弟相識。陈伯达同志为什么支持咱这个厂子呢？陈伯达同志为什么欣儻这个厂子呢？宛說咱厂是尖端厂子，还說給陈伯达同志汇报过（可能是十二条）电子化問題。

問：王簒如还講过别的嗎？

郭：他鼓励我去搞，有問題就搞，他还說过×，×沒做过基层工作，讓我在厂子里大魄力抓工作。（这是研究十二条时他說的）

問：叫你大魄力抓什么？

郭：抓十二条的問題。

問：給江青同志写信是誰說的？

郭：簒如說十二条有問題，你們是不是写信給江青同志，叫江青同志轉給毛主席，这个問題在飯厅說的。对703厂的問題，差不多在吃飯时只要碰到就談。有时吃飯在道上也談，他抓的很紧。

我和路×也說过，写宛三个材料（指十二条这个材料和陈伯达有关，可能宛給陈伯达汇报过）有問題，我們在四淸中沒搞，厂子要搞。路×：叫他們搞去吧，实在不行給江青同志写封信問問。

問：記得怎样？

郭：記得对，在飯厅与簒如說的，在家和路×說的。

問：王簒如还說过什么？

郭：×不同意搞十二条时，簒如要我向宛摸摸底，陈伯达欣赏宛什么？我向宛談了。开始談时，随便談，与他弟弟相識，問宛"陈伯达为什么支持这个厂子。陈伯达为什么欣赏这个厂子。"宛說：这个厂是尖端厂子，宛还說，向陈伯达汇报过。可能是指十二条。

問："你找宛談了些什么？怎么談的？

郭：談了，先是拉近乎的。談了以后，就說陈伯达同志挺支持这个厂为什么欣赏这个厂子，宛說：这个厂是尖端厂子，还說，他向陈伯达同志汇报过，还說什么电子化問題，指墻上图。（指电子发展規划图）

問：你发現什么問題嗎？

郭：沒有。

問：向誰汇报过？（指宛吉春問題）

郭：向路㕍、冀如都汇报过。

問：給江青写信意見出在哪里？

郭：出在路㕍和冀如意見，摸底出在冀如。

問：写信还有别人参加嗎？

郭：冀如抓得最紧，有时乒眞在吃飯时也在旁边，是知道这个問題的。冀如个别也跟我說过这个問題。

郭畢貞

六七年三月八日

附件三、

对宛吉春那十二条批斗問題我的罪恶（抄件）

我首先向毛主席和以毛主席为首的党中央和革命的群众請罪。

有一天，韓××和曹××还有我那机关的××同志，到疗养院都看我去了，他們和我商量批判宛吉春过去写的一个材料十二条，曹和韓說，这十二条，你們在四清中沒有搞，是个修字号的，他們把十二条原文也說了，我現在想起的其中一条，“对工程技术人員用聘請的制度”在我头脑中好象××或是×××也說过“十二条有問題，咱們在四淸中未搞”他們說完了，××說，这十二条是有問題的，四淸中未搞，可能給陈伯达同志汇报过，我說了有問題你們就搞吧！不管牵連誰（說这话时自己想的搞的是宛的材料和問題）有錯誤嗎？大家商量怎么搞法呢？我說了可以先把条文研究一下，或是分分类，按性質去搞，也可一条一条的搞，你們先統一一下思想，也可能在这个会上，或是另一个会上想不起，是那个同志提出給中央写封信吧！如果是这样說的，我就是說給中央写信不如江青同志轉給毛主席。如果他們其中有人提出給江青同志写轉給毛主席就是我同意的，关于信如何写的，我沒有看見，过了几天以后我記得是×××和××是到我家呢？还是到疗养院呢？他去了說我和誰誰去北京了（那个人我想不起来了）我問你們去北京干什么去了？他說了一个㸃方，我現在想不起来了不是中央文革就是到中央接待站給江青同志送信去了，叫江青同志把信轉給毛主席，內容可能他也說了是关于宛吉春的問題具体說法我想不起来了，开始是商量事是研究宛吉春的問題，我們过去确实为宛的問題下了不少工夫，也遇到一些困难又由于受上边人的蒙蔽对王耀光、江枫不滿，非搞宛不可这是用感情代替政策去搞别人，实际是最蠢的人搬起石头砸自己的脚，尤其在文化大革命中办出反党行为也可以說是現行反革命罪行。我这錯誤是人民不可饒恕的，去告陈伯达同志，我給陈伯达同志去請罪，这也是我阶級出身和我現在地位决定的，就象主席教导說的："在阶級社会中，每一个人都在一定的阶級地位中生活，各种思想无不打上阶級的烙印"真是千眞万确的。自己出身于地主又沒有得到改造，害了同志挖了社会主义的墙角我再次向毛主席向人民請罪我这罪恶是要专无产阶級的政，我要求政府能寬大处理。

无产阶級文化大革命万岁！

伟大的中国共产党万岁！

伟大的領袖毛主席万岁！万岁！万万岁！

犯罪者　郭暈貞

3月5日

附件四、

問話笔录　一九六七年四月一日

被問话人：曹××

問：在文化大革命开始后和郭暈貞的联系？

答：我和郭暈貞的認識是郭到703厂搞四清認識的。从文化大革命开始后，根据我的記忆和推确，前后由七月份至十二月份找过郭暈貞十六次。找她有的是在水上疗养院，有的是在她家，有的是在市监委，找她有的是我本人，有的时候是和厂里的同志去，有时也和我爱人找过她，多数是我一个人找她的时候多。我記得在第一次去她家找她时，給她介紹了厂里几个人运动的态度。誰积极、誰不积极等。……当她介紹到宛吉春是技术騙子时，郭暈貞說："文化大革命以前我們要求清除宛吉春出党，向書記們汇报，不表示态度。現在他們表态了，只差一个会議程序了。宛吉春的根子很长很硬啊！"郭頓了一会儿又說："宛吉春有名气，陈伯达知道，他接見过他。謝部长在抗州也接見过他。我們四清刚出厂时宛与宋树績給我們介紹：大树是他們画的，送給了陈伯达同志了。陈伯达还說他画的好，……"当我給郭說到大家学习主席著作，覚悟提高了，看問題一針見血，宛吉春的技术核心小組与十二条尤其是其中的聘任制大家看的都特别清楚，你們四淸时为什么不搞呢？郭說："有大字报提出来沒有？"我說："有呀"。郭說："我看了以后准备搞的，但是以后就不行了，阻力太大就沒搞了，这次文化大革命是广泛深入的群众运动，你們搞吧！"在这次談話郭还是大講市委是革命的，要跟市委走，要相信党，跟党走。第二次找郭暈貞是在七月中旬，一天下午，我去的目的是告訴她我們已經組織了宛吉春問題小組，韓××是組长等問題……郭說："韓××来找我了，他来借材料。在我講到孙勃包庇宛吉春时，我的声音比較大。这时郭暈貞把門关上說："小声点，这里有公安局干部在养病……"在我走时幷說："以后还来看我，告訴我情况，这里不要紧，不是公安医院，这里是市委的。"

在七月下旬我一个人到疗养院找过她一次，这次去主要是向她談小組（批宛吉春战斗組）情况，在談到批宛吉春时，郭說："宛吉春的保护人从中央到703厂都有。"

在八月上旬我到郭暈貞家去找她。到她家后，×××，×××已經在她家了，他們正在談厂里的情况，在談到宛吉春是技术騙子，十二条是修正主义綱領，領导上就是包庇他，保护他。×××說：“現在这种革命合情合理的小鞋很不好受，打击报复受不了。”这时郭暈貞很激动地站起来，在屋里来回走动，勃然大怒大声地說：“現在比过去还困难，过去在白色恐布下，要杀头，要坐牢，多危险。比那时还困难嗎？許多先烈都不怕流血犧牲，杀头搞革命。”郭还說：現在再困难，也沒有杀头的危险，有市委，市委也打击报复嗎？难到市委你們还不相信嗎？有問題可到市委甚至到中央反映嗎……。”

在八月下旬二十七日有我和××，×××三人从市委四清办公室出来到的郭暈貞家去的。目的是要郭暈貞代队回703厂复查，談到了回厂复查一些問題后，又提到宛吉春的十二条問題，我們介紹了十二条的主要內容：3、5、7、11、12条其中突出了十一条聘任制，我說十二条是彻头彻尾的修正主义綱領必須严肃批判。郭暈貞說：“十二条陈伯达同志有問題是63年伯达来天津召开科技座談会上的发言，搞的这个东西我們四清时准备搞，沒有搞成，你們这次要好好搞搞。”

郭暈貞还說：“确实宛吉春的問題很严重，应該好好的搞，不然的話我們国家就变顏色。”韓××說“宛吉春这个人历次运动都搞不倒他，而且是越来地位越大，根子长，靠山硬。”郭暈貞說：“对宛的問題可以写信向中央反映嘛！”

問：你把你們九月二日写信的情况談一談。

答：給中央江青同志和陶鑄写信反映12条及陈伯达对12条的态度問題是韓××提出来的，是在九月一日晚上事先找到×××、×××、×××、×××和我开会研究組內工作最后把写信的事和大家說了一下，在九月二日上午全体小組写的这封信，起稿是由×××起的，写完后給大家念了下，（在×××起稿时，他說咱們这信写給江青，陶鑄轉給毛主席）大家有分歧，有的同意×××这样（其中有我和×××），不同意的有韓××，×××，×××，×××，他們說写的不明确，沒有直接提出来对陈伯达同志的怀疑（指的是12条的态度上不明确）这时韓××过来說：我来写，你們这些大学生沒有我这个老工人直爽。等韓××写完第二稿后，給大家又念了一遍后，还有分歧，突出的是×××比較激动，他說：有什么不能怀疑的，陶鑄还講过，除了主席和林付主席不能怀疑，别人都可以怀疑，貼大字报。当时大家听了都沒有說什么，这时他說我来写，韓××就交給了×××写第三稿。写完后，又給大家念了一遍，写的很激烈，大家提了意見后又去掉了一些比較激烈的话，后交給×××抄写。（盖沒盖章，自己不清楚）。抄后是在当天下午由×××和×××去北京的（听他二人回来后和我們說的）到北京后第一次沒有交上，在中央文革挂了十五日的号就回来，等十五日又是他两人去的北京，在十八日交給了中央文革接待站的叫×××同志（交信和反映情况回来和大家談一下）当时回来后我們問他俩：“中央怎样对这些事？”他們說，中央接待站的对他俩說：“看效果吧！”

問：把信交上回来后又作了哪些工作？

答：我們繼續搞批判12条的問題，提宛吉春批判时，×××說，你和陈伯达是什么关系，我記忆我在批判宛吉春时，我問过宛，宛自己說在陈伯达同志在休息时和我談过話我就問宛，陈伯达同志和你談了些什么？　　　　（附件完）

紅代会天津十六中大联合《砸烂天津政法公社》战斗队

彻底追查叛徒張淮三领导的地下組織

—挖出敌人埋下的定时炸彈

天津工人联合調查团

1967.10

最高指示

过去說是一批單純的文化人，不对了，他們鑽进了政治、軍事、經济、文化、教育各个部門里。过去說他們好象是一批明火执仗的革命党，不对了，他們的人大都是有严重問題的，他們的基本队伍，或是帝国主义国民党的特务，或是托洛斯基分子，或是反动軍官，或是共产党的叛徒，由这些人作骨干組成了一个暗藏在革命陣营的反革命派别，一个地下的独立王国。

对于叛徒，除罪大惡极者外，在其不繼續反共的条件下，予以自新之路，如能回头革命，还可予以接待，但不准重新入党。

党政軍民学、工厂、农村、商业内部，都混入了少数反革命分子、右派分子、变节分子，此次运动中，这些人大部自己跳出来，是大好事。应由革命羣众認眞查明，徹底批判，然后分别輕重，酌情处理。

目　　录

前　　言

《彻底追查叛徒张淮三领导的地下组织》是砸烂万张反革命修正主义集团的重要环节之一，因为张淮三是一个心怀叵测极为阴险的叛徒头子。他的黑手控制天津市的党群组织和工交口近20年的时间，他怀有不可告人的目的，招降纳叛，结党营私到处按插培植亲信，在党内外流毒最深最广。

他领导的地下组织。有的支部是在敌特组织的基础上建立起来的，有的反革命分子、投机分子通过私人关系混入党内，有的自首叛党分子在张淮三的包庇下仍任领导骨干。这样使某些党的组织成了党员、特务、国民党员、叛徒搅在一起的大杂烩。对这样组织不能不使人发生敌我谁属的疑问，再加上张淮三的被捕叛党和可疑的释放，以及联想到敌人“破案留根”的政策。大大的增加了我们怀疑的依据。种种迹象表明，敌人有极大可能在我们党内埋下了定时炸弹。

我们为了彻底砸烂万张反革命修正主义集团，清除党内潜伏的隐患，争取无产阶级文化大革命的胜利，为此，郑重提出《彻底追查叛徒张淮三所领导的地下组织》挖出敌人在我们党内埋下的定时炸弹。以保卫毛主席，保卫党中央，保证我们的党和国家永不变色。

彻底追查叛徒張淮三領导的地下組織

挖出敌人埋下的定时炸彈

張淮三是天津的叛徒头子

（一）张淮三被派到天津工作的经过：

張淮三，出身于資产阶級家庭。抗日战爭后期，在北方分局城工部工作。一九四五年日本帝国主义投降，冀中区党委准备接管天津，成立了天津工作委員会（簡称津委会）。各地区在天津的地下組織：如北方分局；冀东，渤海等都集中于津委会領导。当时的北方分局城工部长刘仁，即把張淮三派到津委会来 任津委会的委員，負責領导刘仁过去直接領导的天津地下中学中党的組織工作。

（二）张淮三接管的地下组织概况：

当时，張淮三接管的地下組織，都是刘仁直接領导时扎下的根子。其中多数是中学学生党員和部分社会青年，以及个别派遣的干部。組織情况极为复杂，甚而有的根扎在日特和国民党的身上。茲将其概括情況，分别介紹如下：

（1）刘文領导的支部。

1. 支部的成員：支书刘文，組織委員賈萱，宣傳委員赵珙，党員王文源（后任組織委員）秦良。

2. 該支部的前身。

該支部的前身是国民党C.C分子張卓然、董铁生組織的“忠社”“讀书会”。其中一是一九三八年国民党特务董铁生組織的一个“讀书会”（即忠社）幷介紹赵珙参加这个反动組織。一是一九三七年国民党員“忠社”分子刘文組織的“讀书会”，在一九三九年先后吸收了王文源、秦良、廖夫。后来两个讀书会合幷，由刘文負責。最初归国民C.C分子陈仲賢領导，后改为日特郝寿彭領导。他們經常活动的地点是在刘文和秦良家。

3. 刘文、赵珙是怎么钻进党內的？

由于“讀书会”的活动在秦良（眞姓穆）家中，被秦良的哥哥穆增茂发觉。穆认識一个地下党員么德斋。在一九四一年春节时穆将刘文介紹給么德斋。当时刘文伪装进步，二月即被么德斋发展为共产党員。刘文入党后很快就把赵珙、賈萱、王文源拉入党內，幷非法擅自成立了支部。刘文自封为支书，指定賈萱任組織委員、赵珙任宣傳委員。一九四二年初夏，么調离天津，該“支部”遂与領导失掉联系。同年秋刘仁派刘愼之接上关系，从此这个支部，就披上了合法的外衣。此后王文源、赵珙先后到北方分局直接向刘仁汇报。幷决定赵珙为政治交通員，負責刘仁和刘文的联系。

要知道一个地下支部的建立和新党員入党，均须經領导干部批准。而刘文支部的建立和吸收的党員均未履行正式手續，純属非法，为党章所不許。我們用么德斋的話給支部所屬党員作出結論："我可以肯定的回答，我在天津工作期間，我的下属关系，根本沒有成立支部"。"当时芦（刘文眞姓）有个"讀书会"，但是关于其成員的名字我都記不淸了。我沒有和他們見过面，也不认識他們，芦沒有和我談过吸收他們入党的問題"。"当时党員批准的权限，在点綫委員会，其他人沒有批准的权限"。"芦当时是个新党員，他根本沒有权力发展和批准党員"。

（2）楚云、康力、左健等分别領导地下組織。

1．这些人是怎样入党的？

一九四三年左右，楚云、康力、左健、苏更（女）辛冬（女）和两个社会青年林青与胡萍，据他們自己談："为了抗日到解放区找八路軍"。約在夏秋之交，来到十分区胜芳附近，找到了当时地委书記兼軍分区的政治委員曠伏兆。由曠将他們介紹到北方分局組織部。当时的組織部副部长刘仁，把他們看成是开展地下組織的宝貝。随即对他們进行了訓练，并在訓练中将他們发展为党員。訓练期滿后，即将他們派回天津市，分别开展中学和工厂的工作。

2．張淮三接管时，几个主要干部的情况：

楚云：学生，父亲是伪警察局的职員。

康力：学生，父亲是胜芳一带的大恶霸地主，有地百頃，血債二十条，一九四四年去北方分局向刘仁汇报。回去时在路上被捕。据他自己談："被三个特务押送到北平，下火車后特务們边走边問，'誰是你的領导人？'我当时指一个走路的人，說'那个就是'。我趁三个特务去捉那人的时候逃跑的。"

左健：学生，日本投降后国民党統治初期，他为了討好敌人，使自己处于"双保險"的地位。划了一張反党漫画，內容是'扫除建設中的障碍'。

（3）岳亭，广东人，家庭关系复杂。哥哥有政治問題，并和澳門的亲属保持联系。他是刘仁直接派到天津的干部。岳到天津后，在某洋行任职員，在地下工作期間，被敌特逮扑，接受了任务，并給敌人送过情报，得奖金一百五十元，他領导的关系不多。

（4）另外在一九四六年由渤海和冀魯豫轉給他的地下干部文又生（叛徒）和李克簡、刘金夫妇。

（三）张淮三接管组织的发展和存在的问题。

張淮三到天津后，乘日寇剛剛投降和我軍居于优势的大好形势下，在一九四五年底和一九四六年上半年党的組織有很大发展。截止到他被捕前約发展了近二百人。另一方面也暴露了刘仁和張淮三在政治上犯有严重的錯誤。

（1）日本投降后，刘仁把大叛徒娄凝先派来天津，做上层統一战綫工作。直接介紹給赵琪。由赵琪将娄带到秦良家，并与刘文領导的支部一起活动。发生了横的关系，違反了地下党的組織原則。

（2）張淮三到津后，一头就扎在秦良和刘文家，并到楚云、王文源等家去乱串。这样不仅張与娄集中在一个点上，而且使学生工作与統战工作交織在一起，給地下党制造了潛伏的政治危机。

（3）怀有政治野心的張淮三，迫不及待的进行招降納叛結党營私，树立私人势力，以作为他个人向上爬的政治資本。把家庭关系复杂的楚云，有重大叛党嫌疑分子康力，和变节叛党分子左健、郭华、岳亭，以及混入党內国民党員，中統的“忠社”分子，刘文、赵琪、王文源等人包庇重用，树为学运工作的領导骨干，享受干部待遇。

一九四六上半年，領导上为了加强学运工作的領导，和減少多头关系，严密党的組織。决定成立学委会，張淮三任书記，張即选拔了楚云、康力、刘文、左健，并让楚云任副书記。

（4）为了扩大私人势力和向上級邀功，在发展党的工作上犯了严重的“拉伕”的錯誤。因而不仅暴露組織，而且使一些有重大政治問題的人和投机分子乘机混入党內，造成了組織上的严重不純。甚至有的支部属敌属我，尙成极大疑問，如市妇联的部长吳瑰，是一个日本专司暗杀的特务。在南郊区工作的張光淼是个三青团，經委处长于允当过伪警察所长。市总医院专职书記莫鈞是通过她姐姐毛潤珊拉入党內的假党員。市文化局的罗眞被捕叛党。又如“忠社”分子、国民党員刘文、赵琪、王文源所領导的地下組織，是属于不知敌我誰属之例。如此組織，有极大可能是敌人在我們党內埋下的定时炸彈。

（5）吳硯濃亲自掌握，通过張淮三无目的无原則地进行打入敌人內部工作。使打入工作与学运、市民工作、互相牵連。这样不仅使地下組織，处于牵一发而动全身的危險，而且更严重的是給敌人开了“拉过去”“打进来”的方便之門。如赵琪領导下的党員李士桐(女)打入軍統，楚云、康力領导下的党員×××打入国民党三青团部当干事。王文源領导下的連士儒打入美国新聞处。打入伪軍的郎維华在日本投降后，随着伪軍又轉到国民党国防二厅电台工作等等。

（四）张淮三被捕叛党，加深了地下党的危机

（1）張淮三是怎样被捕的？

当时天津的地下工作，共分工运、学运、市民、統战四大系統。工运系統的干部曹东于1948年1月被国民党伪警察四分局逮捕叛党，出卖了地下三人領导小組的主要負責人于致远。当特务們去于家捕于时，正值于回解放区汇报工作，幸免于难。当时捕去了于的爱人金爽。敌人把金押走的同时，在于家留下了“卧底”的特务，以便继續逮捕与于有关的人員。在这期間張淮三来于家給于送經費——黄金。即被“卧底”的特务逮捕了，并随即捕去他的老婆宋捷。

（2）張淮三被捕至被釋的經过。

張淮三被捕，敌人視为破获共产党的重要政治犯。随之大事逮捕，共捕去八十三人之多。并在伪报上公布被捕的人名单，和通令嘉奖“破案有功”单位。

張淮三被捕后，当即押送到伪警察四分局，經过初审，先后解到伪十一分局，伪警备司令部、伪警察总局、軍統稽查处，最后押解到伪北平行轅。

在伪北平行轅审訊張淮三的是一个高級特务——特种审訊組长毛惕园，足見敌人对張案的重視。审訊結果，是“不以政治犯論”，于同年五月写了“悔过书”举行集体宣誓后釋放。

張淮三被釋后，回到天津逗留将近一个月。先后找到楚云、王文源等，最后由王文源找到政治交通員張甲送到华北中央局城工委員会。

（三）張淮三出獄后的自述。

張淮三到机关后，由城工委員会的书記刘仁找他个别談話。两个人談的什么，其他委員一概不知。后又由城工委員会的委員，負責天津工作的楊英、丘金、于致远等找張座談，張的談話內容主要有以下几点。

1．“前几天刘仁同志找我，把被捕的經过，都对他談了，他叫我写的书面材料也交給他了。”

2．“我被捕后是以商人面目出現的”，“未暴露政治身份和組織”，“被捕的同志除曹东外，表現都好”，“我挨了一些打”，“政治犯的依据不足”，“以群众身份写了悔过书”、“举行集体宣誓后，就宣布释放”，“我要求敌人发还我的金子，他們給我写了取金子的信，就回天津了。”“把金子如数要回来了。”

根据張淮三的自述和敌人“破案留根”的方針，进行分析，初步得出以下結論。

第一、肯定張淮三已自首叛党，沒有一絲一毫否定的余地。

第二、“未暴露政治身份”純系騙人的鬼話，因为有叛徒曹东、胡萍作证。

第三、“未暴露組織”是“此地无銀三百两。”他以为他領导的組織未遭到任何破坏，以騙取領导对他謊言的信任。而事实上他是心怀鬼胎而散发的烟幕。

第四、“政治犯依据不足而释放”。也是人說鬼話，难道还有比叛徒证明更可靠的根据嗎？这是极大可能是敌人埋下定时炸彈的方式。

第五、敌人发还張淮三的金子，有极大可能是敌人为掩护埋下的定时炸彈，而复盖一层伪装。否则那里有这样“善心”不爱財的特务。

第六、張淮三被捕后，領导上馬上通知市內各干部：“要立即切断与被捕人一切可能的牽連，以防事态扩大”，而家有伪警察局職員依靠的楚云，和混进党內的国民党員，“忠社”分子王文源，竟然未按照党的指示执行。而叛徒張淮三回津又来往于楚、王处，值得令人深思！

另外我們再举張淮三本人的两件事，来給他自己作結論，事情发生在一九五六年审干时期。

第一、身为市委組織部长、兼审干委員会付主任的張淮三，遇到他領导下的几个干部有关自首叛党的結論問題。使他憂心重重举棋不定。因为若按組織原則处理，无异于給自己被捕問題下了結論。若不按組織原則处理，职权所在又不好出口。因而忐忑不安的張淮三，当时給他的臭老婆写的信中，道出了他那迷惘的心情：“有几个干部問題，使我感到苦恼，我要求調动工作到边疆去。与其将来被开除党籍离开，还不如早点离开得好”

第二，对自首叛党分子郭华的工作調动問題。（郭是張的地下老部下）

張淮三对郭說：“因为你被捕問題，不适宜作目前的工作，市委决定将你的工作調动一下”。郭华听了气憤的反問：“你呢？”当时問得張淮三面紅耳赤，啞口无言，只好收回市委的决定了事。

（四）是誰包庇了叛徒張淮三，給他作出正式的錯誤結論？

据我們看到过的資料，对此問題的說法不一，有的归咎于刘仁，有的归咎于刘仁和楊英；有的归咎于黃火青吳硯濃和万曉塘。对此我們不加以評論。只提出正确处理問題的原則，究竟应該是誰的責任自然就清楚了。

1．解决有关干部党籍問題，其权限属于党的委員会。絕不允許某某书記或一两个党委委員，作出超組織的决定。既便是委員会有权作出結論，还需根据干部的条件，經过一定的党委批准，否則不能生效。

2．張淮三被捕問題，在一九五五年以前肯定沒有作过結論。

天津解放前，华北局中央局以刘仁为首的城工委員会，把張淮三的問題，从来也沒有提到委員会上討論，这是刘仁的“一言堂”老子說了算的一貫作風。对此委員会都有責任。不过刘仁应負主要責任。我們姑且不談刘仁和張淮三的談話，仅举几个具体例证說明如下：

第一、刘仁与楊英的談話。

刘仁对楊說：“張淮三問題，只是一面之詞，沒有旁证材料，一下子作不了結論。根据他（指張）自己談的材料看，是属于群众性的自首。現在他要求过組織生活和工作，过生活还可以，工作問題不好办，以后再說。”楊英对刘仁的这种叛徒哲学虽未置可否，但在思想上却默默同意，这就說明了当时楊英的立場观点是錯誤的。

第二、天津解放后，論資历張淮三本应担任青委书記，但由于他被捕問題尚未作結論，所以才任付书記。书記由李志担任。不久市委組織部付部长楊英，派組織科长馮东昇協同公安局查閱有关張淮三等人被捕的敌伪档案，沒有查出有关叛党字样。但是沒有查出問題，絕不能得出張淮三等沒有問題的結論。因为：

一、档案找的不全；

二、張淮三的終审，是在伪北平行轅；

三、敌人若是“破案留根”在我党內埋下定时炸彈，張淮三等叛党口供，敌人絕不会不消灭。

3．对張淮三包庇和作出錯誤結論，是以黃火青为首的前天津市委。

一九五四年天津市党代会期間，对張淮三的自首叛党問題，在黃火青、吳硯濃、万曉塘的包庇下，非但沒有追究，反而破格提拔張为市委常委、市委組織部长。一九五六年审干委員会，对張的問題組成专案小組，进行較为广泛而深入的調查。专案組根据材料分析，认为張淮三是自首叛党，报黃、万后，认为太重，专案組又改为“自首分子”，仍不同意，因为万曉塘认为張是群众性自首，属于“政治动搖”性质。当黃、万在提拔張淮三为市委书記处书記前，把最后修改的“政治动搖”結論，征得刘仁的同意和安子文、刘瀾濤的支持，这样就給張淮三打了保票，成为天津市合法存在的位高权大的叛徒头子。

二、彻底追查叛徒張淮三領导的地下組織，挖出敌人埋下的定时炸彈

叛徒張淮三領导的地下組織和存在的問題，詳情已如上述諸如有的支部建立在敌人領导的“讀书会”和“忠社”成員中骨干分子的身上，有的領导骨干被捕自首个别的接收了敌人的任务，有的在“邀功”的动机上发展党、拉进和混入一些特务分子和投机分

子，再加上可疑的打入敌人內部工作和張淮三的自首叛党，种种迹象表明敌人有极大可能在我們党內埋下了定时炸彈。同时他領导下的党員解放前后都成了干部，分布在六、七个省市，由中央到地方、党、政、軍、群、財、文各界。我們为了徹底砸烂万張反革命修正主义集团，保证党和国家永不变色，认眞追查叛徒張淮三所領导地下組織，挖出敌人埋下的定时炸彈，是极为重要的一环。同时，为了便于追查工作的进行，除另附《天津地下党領导机关的沿革》外，特将叛徒張淮三所領导的地下党員共一百二十二人（不完全的）的姓名、职务、和分布的概况列下：

（一）在天津的共七十七人：

楚　云：第二教育局局长

康　力：市科协秘书长，被捕不清，畏罪自杀而死。

刘　文：河北大学党委委員，宣傳部长，国民党員，"忠社"分子。

赵　琪：市文化局办公室主任，"忠社"骨干分子，画过"大东亚战图"得到敌人的奖金。

王文源：第二机电局局长"忠社"領导骨干。

岳　亭；市人委二办办公室主任，自首叛党，接受敌人任务。給敌人送情报，曾計得奖金一百五十元。

左　健：历史研究所所长，变节分子。

王　左：市委办公厅主任，利用职权反攻倒算。

苏　更（女）：和平区付区长，被捕不清。

辛　冬（女）：市总工会工作。

林　青：已死。

胡　萍：現在劳改，叛徒。

王金鼎：市委文教部部长，写过反动文章与特务夏景儒关系甚秘。

孔昭慈：天津电台工作。

李　桐：市二中工作。

赵　炎：在楊柳青农場劳改，右派分子。

秋　晨：第二教育局工作。

金永清：区文教部工作。

郑　群：在紡織部門工作。

郎維华：宗教事务处工作，曾打入伪軍，在国民党国防二厅电台工作。

郭　元：人民銀行工作。

路克文（女）：天津日报工作。

吳　璁（女）：市妇联部长，日特。

肖　岳：在水产学校工作。

郭　华：市文委文教处长，叛徒。

石　中：市委机关党委副书記。

欧阳吉：在市委宣傳部工作。

薛　云：在市委办公厅工作。

王　仁：团市委副书記。
張先淼：在南郊区工作，三青团
齐　先：市委党校工作。
張　星：团市委工作。
楊逵成：市委宣傳部工作。
联　雁：河西区团委工作。
刘保瑞：河北大学工作。
季　达：在十六中工作。
于　允：經委处长，变节分子，当过伪警察所长
王子淸（女）：天津师范学校党委书記。
刁淑芳（女）东风大学工作。
刘铁純：市科协工作。
肖　梅（女）：河北大学工作。
左风岐：十一中校长。
赵　楷（女）：河北大学工作。
罗　眞：市文化局处长，变节分子。
李士和：天津钟表厂工作。
王淑娥（女）：市委办公厅工作。
王　輝：同上。
陶正熠：市委办公厅副主任。給万曉塘写《言論集》，万曉塘培养的接班人。
杜　力：市委宣傳部工作。
董　輝：市委文教部工作。
馬　俊：同上。
祖伯苓：同上。
楊金荣：市委某部工作。
董小勤：市委統战部工作。
王新月：同上。
周胆勤：市經委工作。
聶必初：同上。
刘金苓：市监委工作。
刘　霞（女）：市委农村工作部工作。
宋　謙：东风大学工作。
王良海：同上。
江　海：同上。
罗燕君：和平区人委工作。
連士敏：在美国新聞处工作。
連士儒：
李亚倩（女）：印刷公司监委书記。

戴景倫：一九四八年被捕不清。
宋　捷（女）：市总工会工作。叛徒。
王世麟：統战部工作。
田　俊：市总工会工作。
陶宗玲：卫生学校工作。
李　鐸：輕工业設計院副院长。
毛潤珊（女）：天津市妇联工作。
徐　均：市政协工作。
莫　君：假党員。
居士深（女）：赵琪姑。
叶　欣：市总工会工作。
（二）在北京的共二十二人
方　青（女）：全国妇联或北京妇联工作。
徐　卫（女）：北京党校工作。
楊　华：中国人民大学总务科主任。
曾常宁（女）：在北京某大学工作。
李士桐（女）：中央統战部工作，打入过軍統內部。
龔　偉：国际部工作（駐天津）。
大　朱：
林　青：北京日报工作。
伍　英（女）大朱爱人。
吳木：团中央团校工作。
赵××（女）铁路局工作。
刘文雁又名刘子安，中国青年报工作，右派分子。
沈　毅：区委宣傳部长。
王　培：北京市委組織部工作。
苏　軍：中国科学院某办公室工作。
陶　夷（女）：铁道部工作。
張　兰：陶夷爱人，铁道部工作。
王　洋：北京大学工作。
庄　严：地质学院工作。
彥　宁：全总工校工作。
王　濤：国家体委工作。
邓　祥：民族学院工作。
（三）在河北省的共四人：
王　健（女）：河北省党校工作。
高天視：河北省宣傳部工作。
甄建民：社会科学研究所工作。

朱　琪：河北省石家庄某中学工作。

（四）在东北的共四人：

陈　穎：沈阳某工厂工作。

王昭徽：原名王宝珍，东北局宣傳部工作。

吳　芳：辽宁省委黃火青秘书。

刘　庸：同上。

（五）在其他各省市的共六人：

于之明（女）：又名張老，广州公安局工作。

苏　飞：广州公安局工作。

秦　良：宁夏回族自治区。

秦　明（女）：同上。

王振远：江西南昌二商局工作。

苏　敏：江西南昌統計局工作。

張向丽（女）：在福建某部队当軍医。

（六）其他工作地点不详的共九人：

張丽丽（女）：張向丽的妹妹。

白　津：

朱湘琴：

陈云华：

郭玉琪：空軍某部工作。

刘平娟：

刘　琪（女）：

刘　×（女）刘琪的妹妹。

×××：打入市三青团的姓名均不詳。

总之，追查工作是一項艰巨复杂的政治任务。不仅有关部目要均实負起責任来，而且要动員有关党員和群众继續扩大綫索，对每一个重要綫索要一追到底。同时还要各地区各部門相互配合。另外在追查工作中还必须掌握住有問題則追，无問題則罢。防止漆黑一团的看問題。允許人主动的交代問題，允許人改正錯誤，对于揭发重大問題而立有特殊功績者，不仅可以赎罪，而且要予以表揚。必须时刻注意毛主席的教导，正确掌握党的政策，有重大問題的人，只是极少数，切忽打击一大片的作法。只有这样，才能胜利完成此項艰巨复杂而重大的追査任务。

打倒大叛徒張淮三！

彻底砸烂万張反革命修正主义集团！

彻底挖出敌人埋下的定时炸彈！

保卫毛主席！保卫党中央！

无产阶級文化大革命万岁！

战无不胜的偉大的毛澤东思想万岁！

偉大領袖毛主席万岁！万岁！万万岁！

《天津地下党領导机关的沿革》

在无产阶級文化大革命中为了便于追查天津地下党员中有关問題，特将領导地下党的机关介紹一下，以供調查工作的参考。

“七七”事变以前的不加追述。重点写一九四五年前后的情况。当时的領导机关住在解放区，通过派遣干部領导地下党的工作。現将領导机关不同时期的組織机构的实况和工作布置，以及存在的問題簡介于下：

一、一九四五年前

一九四五年前开展天津地下工作的主要机关是，中共中央北方分局。开始时是由組織部副部长刘仁兼管。約在一九四二年又建立了城工部，刘仁任部长。当时派到天津的干部有么德斋。

一九四三年县以上党委均增設了城工部的机构，开展天津工作的地区，主要是冀中、冀东、渤海其次是华中、太行亦派遣了干部。如华中的李志、魏克，太行的李克簡。

二、一九四五年日本帝国主义投降后——一九四六年三月。

一九四五年日本帝国主义投降后，冀中区党委为了接管天津成立了专門机构——天津工作委員会。各有关地区的地下工作，統一移交給天津工作委員会領导。

当时領导机关的主要負責人：

书　記：金城　区党委副书記兼

副书記：陈鹏、吳硯濃、張之生、郭芳（兼組織部长）

委　員：李振剛　管工运。

張淮三　管学运。

秘书长：路达。

娄凝先宣傳部兼报社社长，不久派到市內。另外，在市內的領导干部，有原刘仁派遣的張淮三（管学运）周鳴（管市民工作）由冀东派遣的唐伯，冀中派遣的何毅、程毅、張守义、張葛、李誠、曹东（管工运）李鈞、李杰、王郁文、耿玉瀛、刘福来、馬曠行、刘亚（管市民工作）宋罗歧、高万德（管統战工作）。

在此阶段发生的几件大事。

第一、吳硯濃在天津被扑，未弄清。

第二、刘文領导下的支部，是建立在国民党中統領导的“讀书会”“忠社”骨干分子身上。这个支部属敌属我需要查清。

第三、由吳硯濃亲自掌握，通过張淮三打入敌人內部的党員。如李士桐（女）打入軍統，×××打入市三青团任組織部的干事，連士敏打入美国新聞处，郎維华打入伪軍，日本投降后，轉国民党国防二厅电台工作。这几个人打入后，未起任何作用。他們究竟給誰做工作须要弄清楚

第四，学运工作发动一次“反甄审”斗爭。利用敌人內部的矛盾，取得了胜利。另一方面大大的暴露了組織，給敌制造“黑名单”和个别逮捕，創造了条件。

三、一九四六年四月——一九四七年初

这个阶段主要負責人。

书　記：吳硯濃　兼管統战工作。

副书記：楊英，

委　員：赵铁夫　組織部长，不久即調走。

干　事：馮东升、彭青、王杰和周鳴的爱人×××。

李振剛、管工运

于致远、宣傳部长，不久派到市內，宣傳干事罗云。

秘书长：路达

当时地下的工作方針是“长期埋伏，积蓄力量，以待时机，准备里应外合，解放天津。”

为了加强地下工作的領导建立了两个組織。

一、是成立三人領导小組負責全面工作。于致远任組长，張淮三、王郁文为組員。

二、是建立学委会，統一中学工作的領导。书記張淮三、副书記楚云，委員刘文、康力、左健。

另外将地下工作明确划分四大系統，充实各系統的干部。

工运主要負責人于致远。在他領导下的干部有：何毅、程毅、李誠、張守义、張葛、曹东，和由学委系統調来的林青、胡萍、苏更。

学运：主要負責人張淮三，在学委領导下的干部有赵琪、王文源、岳亭、龔偉、方青、王健、王左、秦良、辛冬、大朱、吳木、王金鼎、文又生、李克簡。

市民：主要負責人王郁文，在他領导下的干部，有李杰、李鈞、赵鈞、耿玉瀛、刘福来、唐伯、馬曠行、刘亚。

統战：負責人娄凝先、張雨时、宋罗歧、高万德和娄領导下的任樸。

在此阶段主要工作布署和发生的問題。

在工作上开了一次大会，內容是布置整頓地下組織。

工作上发生的問題。

第一，在娄凝先系統，开設“知識书店”出售进步书刊，該店負責人很复杂。另外通过張树德开了一个报館、出版中国新闻，不久即被查封。

第二、由吳硯濃与冀中貿易部門，通过娄凝先开了一个地下黑銀号，負責人張擎天，不久遭敌破坏損失很大。

第三，在学委系統中，通过王文源开了一个照像館。

第四，派在市內干部，开了些掩护的商业。

上述商店問題，应向有关干部从經济上、政治上查清。

四、一九四七年初——一九四八春

天津工作委員会与冀中平委会合并，改为冀中区党委城工部，部长由区党委副书記金城兼，副部长楊英，秘书长路达。其他干部有：

負責天津工作的李振剛（工运）干事馮东升、学运干事罗云。市民和統战干事王杰、宗哲毅，地下干部除宋罗歧、高万德、刘文、康力等撤出，送冀中党校学习外，其他无变化。負責北平工作的李珍，干事李英等。

在此阶段发生的問題。

第一、貫彻土地会議，进行三查。自上而下发生了左的偏差。发生了严重的逼、供、信和冻人的現象。中央发觉后，由楊英在全体干部大会上作了檢查。

第二、一九四八年一月天津組織遭到破坏，曹东被扑叛党，出卖了張淮三、于致远、胡萍。胡萍又出卖王俊臣等，最后結案于伪北平行轅，个个自首叛党，有极大可能是敌人在我們党内埋下了定时炸彈。

五、一九四八年春——一九四九年天津解放

晋察冀分局改为华北中央局，分局城工部与冀中城工部正式合并，改为华北中央局領导下城市工作委員会。主要負責人如下：

书記：刘仁　負責平津全面工作的領导。

委員：張秀岩（女）蕭明（已死）丘金、荣高棠、于致远、楊英。

委員会下設分管平津工作的两个办公室。天津办公室負責人楊英、丘金、于致远。其他委員負責北平工作。路达任秘书处付处长，其他干部馮东升、丁一、管天津工运。罗云管天津学运。王杰管天津市民和統战工作。

在此阶段存在的較大問題。

第一、刘仁的作风粗暴，极端不民主，是名符其实的“一言堂”。从委員会成立到天津解放，只开过一两次会議，委員們对他意見很大，但又不敢当面提，只是背后議論。为此解放初期，中央派賈震来天津調查，其結果不詳。

第二、張淮三的問題，刘仁不仅未提交委員会討論，而且擅自恢复張的党的生活，和分配了張的工作。其他委員未提意見，也有一定的責任。

天津市反修綿綸厂紅卫兵联合指挥部
天津市电车公司紅旗兵团
天津市机车车辆厂毛泽东主义紅卫兵总部
劳二半八·一八紅卫兵
棉一造反总部
河大井崗山兵团
联合调查团

一九六七年十月

刘、邓、彭、罗保刘少奇反毛主席的又一罪証

——揭开陈里宁反革命案件真相

刘、邓、罗、彭包庇縱容陳里宁大反毛主席罪責難逃

(二)《反毛主席罪責難逃》

陈里宁昨日"四人邦"座上客
今天却成了"四人邦"阶下囚。

首都医革会《在险峰》战斗队
紅代会中国医大紅旗公社《前哨》战斗队
北京红卫医院毛澤东思想战斗兵团
《驅虎豹》战斗队

一九六七年十月十九日

目　录

林副統帅的"指示"是：
自己为自己写的黑話！
古月斋题

林彪同志指示

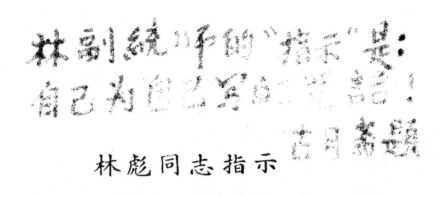

毛主席……是我們党的最高領袖，他的話都是我們行动的准則。誰反对他，全党共誅之，全国共討之。

刘、邓、彭、罗

包庇縱容陈里寧大反毛主席罪責难逃

伟大的无产阶级文化大革命像汹涌波涛，滚滚向前。亿万革命群众组成的革命洪流，沿着伟大統帅毛主席所指引的方向，奔腾呼嘯，所向无敌，把旧世界打得落花流水，把资产阶级司令部冲得土崩瓦解。形势好极了！

以刘邓为首的资产阶级司令部伸向各部門的黑手暴露在光天化日之下，被一个一个地揪了出来，这是毛泽东思想的光輝胜利！

刘邓伸向公安部——无产阶级专政工具里的黑手被斬断了。这是毛泽东思想的又一曲胜利的凱歌。这一小撮党內走资派、反革命修正主义分子与中國的赫魯晓夫互相勾结，狼狽为奸，始終把矛头指向毛主席和以毛主席为首的无产阶级司令部。他们对党、对人民犯下的不可饒恕的罪行，必須彻底揭发，彻底批判。

陈里宁反革命案件的审理，又一次暴露了刘、邓、彭、罗及其党羽死保刘少奇，大反毛主席的狼子野心。现在是彻底清算这一小撮坏蛋的时候了。

这个陈里宁，因为写了一封表面上攻刘少奇，实际上反毛主席的反动信件，被刘、邓、彭、罗及其党羽发现抓了起来。这一小撮混蛋，为了抬高资产阶级司令部的黑头目刘少奇的地位，贬低我们最最敬爱的领袖毛主席的威信，大耍阴謀詭計，压制，不許陈里宁反刘少奇，包庇縱容他反毛主席，犯下了滔天罪行。文化革命运动中，正因为他們制造了陈里宁反刘少奇的假像，又瞞騙了领导和群众，使陈里宁有机会冒充革命左派，登上无产阶级文化大革命的政治舞台，放肆放毒，继續他的反革命事业。

但是，毛泽东思想是威力无比的，用毛泽东思想武装起来的革命群众，眼睛是雪亮的。反动傢伙尽管可能蒙騙人于一时一事，而他們自己写下的历史是怎样也无法涂改的。刘、邓、彭、罗及其党羽在陈里宁案件上保刘少奇、反毛主席的罪证如山、不容抵赖的。陈里宁猖狂反对毛主席的罪行也是铁证如山，不容抵賴的。他們的罪行必然要得到应有的懲罰。

在今天无产阶级文化大革命已经取得决定性胜利的日子里，在广大无产阶级革命派开展革命的大批判，彻底摧毁资产阶级司令部的重要时刻，我們揭发刘、邓、彭、罗及其党羽在陈里宁反革命案件上所玩弄的阴謀，作为我們为保卫毛主席、党中央、中央文革，保卫无产阶级司令部而射向刘、邓资产阶级黑司令部的一顆憤怒的子弹！

一、一封虚反刘少奇实攻毛主席的反动信

一九六四年十月十三日，湖南省湘潭市人委有个名叫陈剑鳴的人，給林彪同志以及刘邓資产阶级司令部的头目罗瑞卿写了一封用心极为恶毒的反动信件。

在这封信里，这个陈剑鳴表面上反对刘少奇，骨子里攻击毛主席。全信是一顆反党反社会主义反毛主席的大毒箭。我們本来不願意在这里公布。只是为了便于广大无产阶级革命派战友和革命同志們分析批判，同时也因为它已经被当作“英雄的事迹”广泛传播，极需肃清其流毒，我們还是将它拿出来示众，见见阳光。下面就是这封信的全文：

“我有一个事情向您反映一下，近翻《解放战爭回忆录》见《美蔣和平阴謀的破产》这一文章说：毛主席去重庆談判期間，有人在党中央一次会议上，‘挾天子以令諸侯’，主持把南方的一些部队调駐北方，这样既可巩固北方的解放区；又可使这些部队在内战一旦发生后，不致孤懸敌后，被人吃掉；同时对談判也有好处。云云，我仔細想过此問題，认为与毛主席的战略战术思想是根本对立的，实质是与蔣介石遙相呼应，摧残有生力量，布置一次围剿，使偉大的工农红军集结一处，便于在半路拦击，暴露我游击队目标。这是一种犯罪行为。我认为：全国都是工农革命人民的天下，游击队应当在这些地方扎下根子，与群众有如魚水关系，不断壮大，迎接主力红军的到来，长期隐蔽，待机破敌。

我觉得琼崖纵队孤懸敌后23年，红旗不倒，是一个典型的例子，安徽、江苏游击队也坚持得很好。但是有些却复沒了，如洪湖赤卫队，……有些被敌人破坏，如新四军等。这些事情决不是偶然的。现在东风絕对地压倒西风，我建议中

央军委和您是否能听取这个意见，派人专题調查研究一下这些事件的眞相，则无产阶级事业幸甚。

我认眞看过您的書，知道您对于党和毛主席的事业是忠誠的。我祝您身体健康。順致布尔什維克式的敬礼！”

陈剑鳴在信中所引用的吳玉章同志的《美蔣和平阴謀的破产》一文，是提到了那个在抗日战爭胜利以后大搞民族投降主义和阶级投降主义路綫的刘少奇，一九四五年在党中央一次会议上，曾经“提出要把南方的一些部队調往北方，这样旣可巩固北方的解放区；又可使这些部队在內战一旦发生后，不致孤懸敌后，被人吃掉；同时对談判也有好处。”但是作者紧接着就指出：“这个意见在征得毛泽东同志的同意后实行了。”而且在这一段文字的前面三段，淸淸楚楚地告訴了讀者：毛主席在一九四五年八月二十八日亲自到了重庆，領导了我党代表和国民党代表的談判。幷说明了：“为了爭取和平，为了爭取广大人民群众，特别是中間人士的同情，以击破国民党反动派的造謠污蔑，我党在談判中也作了一些必要的让步。我们同意让出广东、浙江、苏南、皖南、皖中、湖南、湖北、河南（豫北除外）等八个解放区，……”这个陈剑鳴故意歪曲这篇文章的原意。文章中写的明明白白，是毛主席同意，并且領导我党跟国民党談判的代表作出了这个必要的让步，击破了国民党的阴謀，取得了談判的胜利。而这个陈剑鳴对这些却假装看不见，硬说成这是刘少奇主持实行。接着便破口大駡起来，一个“犯罪行为”，一个“调查”，这一笔就把他骨子里对党和毛主席的切齿仇恨，清楚地刻画了出来。这也可謂精彩的自我“表态”吧。

为了进一步搞淸这个問題，现在让我們重溫一下毛泽东选集第四卷《关于重庆談判》这篇光輝著作吧！这篇文章是毛主席一九四五年在重庆跟国民党談判之后，十月十二日回到延安，五天之后在干部会上作的报告。在这个报告中，毛主席教导我們說："有些同志問，为什么要让出八个解放区？让出这八块地方非常可惜，但是以讓出为好。为什么可惜？因为这是人民用血汗創造出来的、艰苦地建設起來的解放区。所以在讓出的地方，必须和当地的人民解释清楚，要作妥善的处置。为什么要让出呢？因为国民党不放心。人家要回南京，南方的一些解放区，在他的牀旁边，或在他的过道上，我们在那里，人家就是不能安心睡觉，所以无論如何也要来争。在这一点上我们采取讓步，就有利于击破国民党的內战阴謀，取得国内外广大中間分子的同情。現在全国所有的宣传机关，除了新华社，都控制在国民党手里。它们都是謠言制造廠。这一次談判，它们造謠說：共产党就要地盘，不肯讓步。我们的方針是保护人民的基本利益。在不損害人民基本利益的原则下，容許作一些让步，用这些让步去换得全国人民需要的和平和民主。我们过去和蔣介石办交涉，也作过讓步，并且比現在的还大。在一九三七年，为了实現全国抗战，我们自动取消了工农革命政府的名称，紅軍也改名为国民革命軍，还把没收地主土地改为减租减息。这一次，我们在南方讓出若干地区，就在全国人民和全世界人民面前，使国民党的謠言完全破产。"在这一段最高指示里，毛主席把他自己到重庆领导談判，同意讓出八个解放区，以及为什么要讓出这八个解放区的道理講得清清楚楚、明明白白。每一个无产阶級革命派战友和革命的同志，都是一千个拥护，一万个贊成的！

但是，这个陈剑鳴，虽然一再标榜自己，声称什么一九五二年就得到了一套《毛澤东选集》，并且認眞学习，不断地用毛泽东思想来观察事物，分析問題。也恰恰就是这个陈剑鳴，却在那封毒信里，大反毛主席、大反毛泽东思想，明目张胆地胡说什么毛主席亲自同意采取的这些措施，“跟毛主席的战略战术思想根本对立”，恶毒攻击这“是与蔣介石遥相呼应，摧残有生力量，布置一次围剿。”，“是一种犯罪行为”。这一句句恶毒的咒罵，陈剑鳴还不觉消恨，竟狂妄地建議专題调査研究一下这些事件的眞相，竟敢狗胆包天要调査毛主席采取的英明决策。看，陈剑鳴反毛主席的面目是何等猖狂！反毛主席的气焰又是何等嚣张！！

二、刘邓彭罗制定方案保刘少奇反毛主席

陈剑鳴的这封毒信寄到北京以后，落入反党大军閥罗瑞卿手里。罗贼指示军委总政治部把它转交給公安部。于是，这封反革命信件就到了罗贼死党、公安部常务副部长徐子荣和罗贼的另一个党羽、副部长凌云手里。

要問这个徐子荣是个什么人，誰个不知，他是彭罗陆杨反党集团的一員干将。在毛主席身边按窃听器，他是参与者。为了保刘、邓、彭、罗、陆、杨篡党篡政篡军，他是什么事情也干得出来的。眞可謂反革命事业中的有功之臣！

这个徐子荣接到这封毒信之后，不顧問題的实质，硬說是反刘少奇的。为了討好黑主子刘、邓，在反党事业中立新功，他立即伙同凌云，决定派人偵察。

与此同时，徐子荣决定立即給反党集团的大头目彭眞打报告，送材料。也可听得主子的几声誇奬，又可达到抬高他们资产阶级司令部的狗头目刘少奇的地位，大反毛主席的罪恶目的。在这封由凌云起草，徐子荣签字的信中写道：

“总政保卫部转来一封署名湘潭市人委陈剑鳴发出的反

动信。信中恶毒的攻击少奇同志。我們准备立即派人去湖南会同省公安厅进行調査，现将原信送上，請一閱。”

彭眞在上边批了：刘邓閱。刘邓则分别在自己的姓上画了圈圈，表示同意追査“攻击刘少奇同志”的罪犯。

当偵察員从湖南打来电話，报告湘潭市人委确有一个曾经用过陈剑鳴这个名字，平常叫陈里宁的人之后，徐子荣立即报告了罗瑞卿。罗瑞卿又調閱了陈里宁这封毒信。十二月二十五日，罗瑞卿通过秘書，用电話指示：“应即逮捕起来，防止自杀。根子可在捕后追查”。

値得注意的是：不论是凌云、徐子荣、还是彭眞、罗瑞卿、刘少奇、邓小平，都是十分清楚一九四五年国共重庆談判期間我党同意讓出八个解放区是毛主席决定的。陈里宁反对刘少奇是假，攻击毛主席是眞。但是，他们不顧这鉄一般的事实，为了压制革命人民起来反对刘少奇，妄图提高黑司令刘少奇的地位，縱容反动傢伙恶毒攻击毛主席，妄图削弱毛主席在全国人民心目中不可动摇的威望，合謀定下了陈里宁反革命案件的审訊方向：追査“攻击刘少奇同志”問題，並且揪后台，刨根子。

三、陈剑鳴——陈里宁到底是一个什么人

为了弄清此案，首先讓我們介绍一下陈剑鳴——陈里宁何許人也。

陈里宁，就是属名陈剑鳴的那一位，湖南湘潭人。他出生在一个伪官吏、地主、反革命的家庭。他的祖父陈亩先，地主，还曾在反动军队里担任过特务长，后来又在伪兵工厂为反动派服务。他的父亲陈紹平，国民党員，长期在国民党军队为蔣匪帮服务，最后担任了伪联合勤务总司令部少校参

諜。陈里宁就是跟随他的反革命父亲在国民党军队中长大的。

陈里宁跟我党有杀父灭亲之仇。土改的时候，他的祖父和祖母都被我們斗了。他的祖母为抗拒土改运动，畏罪自杀。他的父亲解放时候逃回湘潭，隐瞞了反动历史和罪恶。一九五八年，当地政府因为他隐瞞反动历史，包庇反革命分子，并且造謠誣蔑我党“杀人放火，无恶不作”等等，判处管制三年。在管制期間，这个反革命傢伙仍不老实，一九六〇年七月，又因为带头搞地下搬运队，詐騙盗窃国家资財，判处了十五年徒刑。一九六一年八月底病死獄中。

陈里宁还有一些关系密切的反动亲戚：大姨夫周××，地主，土改时畏罪自杀。另一个姨夫蔣××，蔣匪军官。五姨夫万××，曾任蔣匪衡阳市警察局局长，做过中美合作所特务，一九五〇年鎮反运动时被枪决。

这个陈里宁跟他的反革命家庭，反革命亲戚，不但划不清界限，而且长期隐瞞、包庇，对党对人民犯下了罪行。早在一九五〇年，他窝藏了他反革命父亲、五姨夫和另一个姨夫的国民党委任状、穿国民党军官服的照片等等反动证物十多件，妄想变天。並且亲自听到了五姨夫跟他父亲商談上山打游击搞反革命暴乱而不检举。第二年开展了鎮反运动，他害怕窝藏反革命证物罪行敗露，才迫不得已烧毁了这些罪证。陈里宁在一九五〇年入团，五一年初中毕业参加湘潭市委机关工作和五四年入党的时候，不但沒有向组织交待家庭的反动历史，自己包庇反革命亲属的罪行，反而謊报家庭出身为“貧民”，还替他反革命父亲編造历史，瞎说是我党地下党员，后来失了联系。经过组织调查，根本沒有这回事。陈里宁长期不跟反革命父亲划清界限，保持密切联系。一直到一

1954年参加共产党：

九六一年陈绍平病死獄中，他还瞞过组织，四处借錢，买了棺材收屍埋葬，尽了他的孝道。至于他窝藏反革命亲友的反动证物，包庇反革命亲友的反革命活动的罪行，一直到一九六三年有人检举之后，才被迫陆續吐露，作出交待。陈里宁隐瞞反动家史和自己包庇反革命的罪行达十几年之久。

其父死在狱中

值得注意的是，这个陈里宁，在今年一月間调到北京某单位工作，塡写干部登記表时，仍然把家庭出身写作“贫民”。对于反动的家庭成員和社会关系含糊其辞。在塡写他父亲情况时，只说在国民党的军事机关做过事，而拒不交待是国民党員、国民党军少校參謀以及所犯的一系列罪行。对于自己过去窝藏反革命证物，包庇反革命亲友的罪行，更是絕口不提。这就充分暴露了陈里宁至今仍然死心塌地地站在反革命父亲一边，坚持与党与人民为敌的反动立塲。

这样一个頑固坚持反革命立塲的陈里宁，他在政治生活里，在阶级搏斗中保持沉默是很困难的，不表演也是不可能的。下面的事实将告訴大家，陈里宁的反革命爱憎是何等分明，反革命立塲是何等坚定。

陈里宁对于那些修正主义分子、反党分子、国内外的人民公敌，是一往情深的。

也許有人会說，他不是“反刘的英雄”，“直搗刘邓老巢的闖将”嗎？的确，在刘少奇是党內头号走资派这个問題彻底暴露之前，陈里宁在湘潭市委、市人委某些同志经常議論刘少奇的影响下，曾经批判过他。但是陈里宁为什么批判刘少奇？只要看看他的自画招供就十分清楚了。陈里宁在被捕后招认：“对刘少奇的攻击，是因为当时在湘潭市人委工作时，听到市人委××处处长×××、××室主任×××、科长×××、市长秘書×××及办公室干部等经常談論刘的問題，由于自己对党怀有仇恨不滿，就借机发揮攻击。”这一席供詞，再清楚不过地說明了陈里宁之所以反对刘少奇，原来是因为把他当作了党的代表，攻击他，来发洩自己对党的滿腔仇恨。实际上，陈里宁对中国的赫魯晓夫——刘少奇的修正主义的东西，是十分欣賞的。你要知道这个陈里宁怎样拜倒在刘氏門下嗎？不須多看，取其一小部分“精华”就够了。他曾经肉麻地說：“我要学刘少奇的才”。他甚至在一九六四年九月三十日給红旗杂志編輯部的第二封信中，公然吹捧刘少奇和他的黑《修养》。他写道：“正是刘少奇主席在《論共产党員的修养》中所批判过的‘……总是喜欢投机取巧，双方讨好，到处奉迎。‘看人看势說話’‘順风转舵’，毫无原则，就是这种人的特点。有时候，他簡直象寓言中的蝙蝠一样，看那一方面行时，他就投到那一方面去。这种非驢非马’‘两面三刀’的人，在我們队伍中並不是完全沒有的。这种人具有旧商人的特性。’刘少奇主席說的眞是一針见血呀！”請看，他对他的刘少奇主席和黑《修养》是种什么样的感情！

对于那些已经被揪出来的修正主义分子、反党分子、以至國內外的人民公敌，陈里宁是压抑不住爱戴之情，放肆吹捧歌頌。陈里宁吹捧反党分子彭德怀，替他鳴寃叫屈。他胡说什么：“彭德怀生活樸素，平易近人，沒有元帅的威风。一九五九年变成右傾机会主义分子。昨日功臣，今日禍首。”他吹捧反党分子黃克誠，跟党对黃克誠的结論大唱反調，说什么：“我过去看过黃克誠的文章，1959年成为右傾机会主义分子，这个人立场比較坚定。”并在黃克誠的文章上批上什么：“立场坚定，沒有問題。”陈宁里如此为反革命分子、右傾机会主义分子喊寃叫屈，足证他与这些狗东西是同呼吸共命运的。他竭力支持反革命修正主义分子杨献珍的"合二而一"的謬論，胡说什么"应当合二而一，才能一条心干事情。"他十分欽佩现代修正主义的重要代表——赫魯晓夫，公然嚷嚷："我认为赫魯晓夫说的'全民党'和'全民国家'和'三无世界'有点道理。"贊扬："赫魯晓夫说話很生动，写文章长篇大论。"大言不慚地宣称："我很崇拜他，赫魯晓夫对我影响很深。"他对人民公敌蔣介石也十分忠誠。他公然責問道："蔣介石是那样坏嗎？"妄图替蔣介石翻案。看，他对这些人类的蠢賊又是一种什么样的感情！

与对待人民的敌人的态度截然相反，陈里宁对待我們的党、社会主义、我們敬爱的革命领袖恨之入骨。

也許有人会说，陈里宁不是口口声声喊"毛主席万岁"嗎？的确陈里宁是说了不少表白自己热爱毛主席、热爱党的話，但这都是表面文章，为的是掩盖他的反动面目。不唱几句好听的，不是太露骨了嗎？实际上，他猖狂地反对我们最最敬爱的领袖毛主席，反对世界革命的导师和領袖馬克思、恩格斯、列宁、斯大林。

就是这个陈里宁，在一九六四年十月发出那封恶毒攻击毛主席的反革命信件以前和以后，还放肆篡改世界人民的革命导师马克思、恩格斯、列宁、斯大林的著作，特别是他把革命宝書——毛泽东选集四卷拆散之后重新編排，把他們跟毛主席的其他著作一起，大加批改，眞是罪该万死！

毛主席是世界人民心中最红最红的红太阳，毛泽东思想是当代馬克思列宁主义的頂峯。林彪同志英明地指出："毛主席的話水平最高，威力最大，句句是眞理，一句頂一万句。"可是陈里宁这个反革命分子，极端仇視毛主席和毛泽东思想。他先后篡改了毛主席著作和詩詞几十本，眞是反动透頂。下面就是陈里宁纂改毛主席著作的几个实例：

毛主席的光輝著作《反对本本主义》，陈里宁竟用大右派丁玲的口吻，篡改为"提倡一本主义"。

"中华兒女多奇志"这一气魄豪迈的詩句，陈里宁竟打上"？"号。他对中华儿女的"奇志"有怀疑，公开对抗毛主席思想。

"不爱紅装爱武装"这一充满无产阶级革命精神的詩句，被陈里宁歪曲为"不，爱红装，爱武装。"否定了毛主席詩句的原意，从而取消了革命，反对把革命进行到底。

"春风楊柳万千条，六亿神洲尽舜尧"这一雄偉的詩句，陈里宁却恶毒地攻击说："舜尧是奴隸主，是吃人的，六亿人民怎能与舜尧相比，这种比拟是根本错誤的。"猖狂攻击伟大的毛泽东思想。

陈里宁在毛主席《答友人》一首詞中批道："既然湖南人民革命，为什么有人要搞根据地，真是岂有此理，这是什么創作，簡直是造反。"恶毒咒罵我們伟大领袖毛主席，眞是反动透頂。

《星星之火，可以燎原》是我們伟大領袖毛主席写的一篇通訊，是为批判当时党内的一种悲观思想而写的。陈里宁竟改为"心灵之火，可以了愿"。

《东风压倒西风》是我们伟大領袖毛主席的英明论断，今天世界形势，特点，完全证明了我們伟大领袖毛主席英明论断是絕对正确的。但陈里宁却对毛主席这一英明論断进行歪曲，胡说什么："东风是春天的风，西风是收虫的风，西风吹一下也有好处，可以把害虫杀死。"不难看出陈里宁幻想西风吹来，幻想着美帝國主义卷土重来，幻想着帝國主义来屠杀中國人民和世界各国革命人民，眞是反动已极。

毛主席的光辉哲学著作《实践論》，被陈里宁篡改为“实践理论教条论”。这里关鍵在于“理论教条”四个字，将《实践論》污蔑为“理論教条”。我們知道苏修叛徒集团很早就说：“时代发展了，馬克思列宁主义过时了，不适用了。”攻击我們偉大領袖毛主席坚持马克思列宁主义原則是“教条主义”，陈里宁这不是和苏修叛徒集团在一唱一合嗎⁉

在毛泽东同志《論帝国主义和一切反动派都是紙老虎》等著作，陈里宁把許多書頁上凡有毛主席名字都全部粗暴地涂去了！

毛主席的光輝著作中，凡是提到“帝國主义”，特别是“美帝國主义”时，陈里宁竟把“帝国主义”及“美帝国主义”改为“老天爷”。不难看出陈里宁对帝国主义、特别是美帝国主义还怀着敬畏的心理，眞是混蛋透頂。

类似对毛主席著作恶毒篡改，对毛泽东思想疯狂攻击的例子还有不少，在此不便一一例举。这里必須严正指出，有人为了达到不可告人的政治目的，对陈里宁恶毒地大量篡改毛主席著作不但不感到气憤，相反还说：“陈里宁沒有恶意，改的比原来更好了。”难道这样说不觉得太露骨嗎？！

不仅这样，他还用恶毒的语言咒罵馬克思、斯大林和其他革命領袖，用恶毒的语言咒罵中国共产党、人民解放军、社会主义制度和我們最最敬爱的领袖毛主席。在这里我們再拿出一小部分来示众。他胡说什么“社会主义不好，社会主义人民沒有自由”；“共产党好，共产党好，就是粮食吃不飽”；“共产党成了国民党”；“共产党不講理”；“你們共产党太厉害了”；“我要打倒共产党，我到台灣去”。他辱罵解放军战士是“王八旦”；“狗腿子”；“非杀他媽几个不可”。他恶毒地攻击三面红旗，胡说什么“三面红旗不好，搞糟了”。他配合赫鲁曉夫恶毒的咒罵斯大林，胡说“斯大林有精神病”。更令人不能容忍的是，他用极其恶毒的语言咒罵我們心中最红最红的红太阳毛主席，他胡说“世界不是毛主席的了”；“杀了人的沒有事啦，不杀人的倒关起来，这是毛主席的好領导”，等等。还有更多的十分恶毒的语言这里不便例举。

无产阶级革命派的战友們，革命的同志們，反革命分子陈里宁这样猖狂反对伟大的社会主义祖国和光荣的中国共产党，反对人民解放军和我们心中最红最红的红太阳毛主席，我们能容忍嗎⁉我们是一千个不能許可，一万个不能答应。

誰反对毛主席，反对毛泽东思想，就是反革命，我们就坚决打倒誰！

四、彭罗党羽按指示死保刘贼大反毛主席

刘、邓、彭、罗及其党羽对待陈里宁的态度跟我們截然不同。陈里宁猖狂反对毛主席，正好符合他們的主观愿望，所以他們竭立包庇纵容。他們所恼怒的是陈里宁有时竟也反对他们奉为神明的、资产阶级司令部的头号人物刘少奇，虽然是表面上反对，他们也竭力追求压制。

在第一次审訊陈里宁的过程中，这个反革命分子心中也明白反毛主席是最大的政治問题，因此也不得不主动招供了大量篡改毛主席光輝著作和马、恩、列、斯著作的滔天罪行。随后，偵察員到湖南取来了陈里宁拆散和篡改了的毛主席著作和马、恩、列、斯著作。

面对着这堆侮辱我們敬爱的领袖毛主席，攻击光焰无际的毛泽东思想的罪证，办理审訊的罗贼的爪牙、反革命修正主义分子朱沙竟认为陈里宁篡改毛主席著作沒有恶意。多么

鮮明的立场啊，眞是反动之至！眞是混蛋透頂！具体領导陈里宁案件审訊工作的罗贼党羽、公安部×局局长苏宇涵、×局局长慕丰韵、×局付局长姚伦更不把这些罪证当一回事，有的草草翻閱，有的连看都不看。反革命修正主义分子、付部长凌云翻閱了极少一部分被纂改的毛主席著作，反党集团干将、常务付部长徐子荣則只是听取了簡单的汇报，连翻都懶得翻。这些人看过罪证或者听了汇报之后，就把这些被纂改的毛主席著作退还給审訊人，旣沒有表态，也沒有指示，还是要他們按照旣定的审訊方向，旣定的审訊計划：撇开反毛主席的問題，追查"攻击"刘少奇的問題。这样就赤踝踝地暴露了他們死保刘少奇，大反毛主席的反动面目。

这一伙反动傢伙，把陈里宁恶意纂改的毛主席著作和马、恩、列、斯的著作的罪证，包起来塞到档案室擱置起来。另外除了在前一两次审訊中听取了罪犯交待纂改毛主席著作的一些情况，在第一次簡报里簡单地提到了这些情况以外，在以后的五十多次审訊中和多次簡报上，再也不提陈里宁纂改毛主席著作的罪行了。

令人更加不能容忍的是：反革命分子陈里宁在看守所里，当着监視他的解放军战士的面，无数次地用恶毒的语言咒駡我們中国共产党、社会主义制度、人民解放军，还有我们最最敬爱的领袖毛主席，甚至書写反动标语，負責看守的战士如实作了记录，按时汇报到审訊人和他們的領导者那里。但是，罗贼党羽对于反革命分子陈里宁这样猖狂囂张的反党、反社会主义、反毛主席的言行，竟充耳不聞，若无其事。是可忍，孰不可忍！

相反的，他們对中国的赫魯晓夫——刘少奇，眞是一片赤誠。为了死保刘少奇，你看他们費尽了心血，挖空了心思。他們审訊陈里宁为什么反刘少奇，以及怎样反刘少奇，前后达五十多次。他们忠实地按照罗贼的黑指示办事，追后台，刨根子，並且还布置他们的爪牙，迫害湖南湘潭陈里宁周圍眞正反刘少奇的革命干部和革命群众。

这帮罗贼党羽和爪牙他们的反革命爱憎又是何等分明！他们的反革命立場又是何等坚定！

平地一声春雷，我们英明的领袖毛主席亲自发动和领导了无产阶级文化大革命，彭罗陆杨反党集团被击破了，资产阶级司令部的头号、二号人物刘少奇、邓小平被揪出来了。公安部的大权被无产阶级司令部夺了回来，掌握在謝富治同志、杨奇淸同志等人的手里了。

过去，刘邓彭罗的党羽徐子荣、凌云之流，背着謝富治同志、杨奇淸同志等人，搞了許多反党阴謀活动。处理陈里宁反革命案件就是一个例子。他们只是在开始的时候、簡单地告訴了謝富治同志他们有陈里宁一案。而具体材料、审訊情況，都沒有汇报，特别是对謝富治同志他们严密封鎖了陈里宁猖狂反对毛主席，放肆篡改毛主席著作的滔天罪行。因此，謝富治同志他们根本不知道陈里宁反毛主席。在八屆十一中全会揪出刘少奇之后，到了这时候，罗贼的一些爪牙眼看保刘少奇不行了，不敢再追査陈里宁反刘少奇的問題。但是，出于顽固的反革命立場，同时也为了掩盖自己反毛主席的罪行，他们竟狗胆包天，继續对謝富治同志和杨奇淸同志他们封鎖陈里宁反毛主席罪行的消息，拒不汇报，继續包庇纵容反革命分子陈里宁反对毛主席。

一九六七年一月六日，一些红卫兵和革命群众前来公安部，造了审訊陈里宁案件的坏蛋的反。他们要求接管陈里宁案件的全部材料。罗贼的爪牙孙××、李××，被迫向謝富治同志和杨奇淸同志請示。就在这个重要时刻，他们仍然不向謝富治同志他们汇报有陈里宁反毛主席的材料。謝富治同志和杨奇淸同志不了解陈里宁有反毛主席的問題，认为红卫兵和革命群众前来造反，索取陈里宇的材料是革命行动，同意把陈里宁案件的材料交給红卫兵和羣众组织手中。于是，一大批经过陈里宁篡改过的毛主席著作和记載有陈里宁恶毒咒罵共产党、社会主义、解放军和毛主席的哨兵记录等材料，就转到了某些红卫兵和羣众组织手中。

在审訊陈里宁的过程中，罗賊的党羽不仅瞞过了謝富治同志等无产阶级司令部的領导人，也对公安部的革命群众严密封鎖消息。一直到一月七日晚間要移交陈里宁案件材料給某些红卫兵和群众组织的时候，公安部有些革命羣众参加淸点，才发现了陈里宁猖狂反对毛主席的罪证，感到十分惊訝，万分气憤。一月九日，他们揪了陈里宁案件审訊人找謝富治同志和杨奇淸同志汇报了陈里宁反毛主席問題和审訊人隐瞞了这样重要的情况等，謝付总理、杨部长得知后，非常生气，严励斥責了审訊人，幷且明确指出，他们这样干，給領导造成很大被动。

公安部革命羣众一月七日发现陈里宁猖狂反对毛主席的大量罪证，第一次揭开了刘邓彭罗及其党羽在陈里宁案件上死保刘少奇、大反毛主席的黑幕。从此，公安部內外无产阶级革命派和革命群众，乘胜追击，穷追猛打，終于弄淸了陈里宁的反革命眞面目，戳穿了刘邓彭罗及其党羽在陈里宁案件上所玩弄的阴謀詭計。

但是，刘邓彭罗的忠实走卒、审訊陈里宁案件的某些坏蛋，及社会上了解眞相，窝藏材料，欺騙上級，蒙蔽群众的个别人至今仍然坚持他们原来的立場，掩盖自己罪行，继續包庇纵容陈里宁反对毛主席。看来，他们对反革命分子陈里宁要一保到底，死不回头了。

五、反革命陈里宁带上了紅袖章四出放毒

反革命分子陈里宁被某些人所利用，被吹捧为反对刘少奇的英雄。参加了群众组织、帶上了红袖章。他一再在有成千上万羣众参加的大会上发表"演說"。有关他的事迹的宣传品数以万計，向全国广泛传播，流毒甚广。

陈里宁是不是从此幡然悔悟，背叛反革命家庭，改变反革命立场，决心干革命了呢？沒有！

他对自己解放以来隐瞒反动家庭出身，包庇反革命家属，特别是大量篡改馬、恩、列、斯和毛主席著作，咒罵毛主席的滔天罪行，连一字都不提、半点认罪的意思都沒有，相反的，还反咬一口，說是有人造謠誣蔑他。这不是頑固坚持反革命立场又是什么？！

在"演說"中，在宣传品中，他大肆吹噓自己反对刘少奇的"功蹟"，往自己脸上涂脂抹粉。但是，假的終归是假的，而且越装越露出马脚。

也是在大量发行的宣传材料中，某些人竟然冒天下之大不諱，公开发表一九六四年十月十三日給林彪同志以及反党大军閥罗瑞卿写的那封虛反刘少奇，实攻毛主席的反动透頂的反革命信件，只是作了一点伪装，偷偷地涂掉了罗贼的名字，有时发表全文，有时发表影印的片断內容，流毒全国。

不仅这样，陈里宁还在"演说"中大肆造謠、誣蔑、攻击革命的医务人員和解放军战士。胡说医务人員"监視我、恐吓我、迫害我。""有人多次威胁要枪毙我。"胡说看守所解放军

战士“经常用墩布棒子重重地打我。”“把大便多次塞入我咀內。”“有三个人把我一脚踢倒在地上，用脚践踏我，站在我身上，发出凶狂的笑声。使我数次吐血满地。”“要我在晒得滚烫的柏油路上光着脚走路，跳秧歌舞給他们看，並把我用繩子吊到禁闭室的厕所铁杆上，离地一丈多。”他这样无中生有地把医务人員和解放军战士描写成法西斯匪徒，来发洩他对党、对人民的阶级仇恨！

更为可恶的是，陈里宁竟敢在“演說”中造謠誣蔑謝富治同志領导的公安部，明明早在去年七月份就已由无产阶级司令部的人謝副总理等人主持公安部工作。但是，在“演說”中，陈里宁还是硬說：“去年十一月，公安部某局走资本主义道路当权派见势不妙，还想派人把我‘勾掉名字，搞到边疆劳改算了’，企图借此消灭罪证。”狗胆包天，明知此案处理必須经过部党组，而却竭尽造謠之能事，借揭发某局走资派之名，把矛头指向公安部的新領导謝富治同志等人，指向无产阶级司令部，用心何其毒也！

无产阶级革命派的战友们，革命的同志們，这就是刘邓彭罗及其党羽，利用陈里宁反革命案件，死保刘少奇、大反毛主席滔天罪行的眞相。这一小撮阴謀篡党、篡政、篡军的反党野心家，反革命修正主义分子，对陈里宁疯狂反对毛主席，他们可以视而不见，听而不聞，縱容包庇。在处理这样一个明目张胆地猖狂反对世界人民心中最红最红的红太阳、我们最最敬爱的领袖毛主席的反革命案件的过程中，他們也不放过死保刘少奇，大反毛主席。由此可见，他們的反革命立場是何等頑固，反革命手段是何等卑鄙！

也正是刘邓彭罗及其党羽这一小撮坏傢伙，在陈里宁反革命案件上大要阴謀詭計，包庇他反毛主席，突出並伪造他反刘少奇，混淆了視听，造成了陈里宁是反刘英雄的假象，給陈里宁披上了“坚定革命左派”的外衣，而那几个坚持反动立場的彭罗爪牙，支持某几个掌握材料、了解眞情的人，继續歪曲事实，瞞騙领导，宣扬陈里宁“批判”刘少奇的功蹟，包庇纵容陈里宁反对毛主席的罪行，结果把水搅混，以致許多羣众至今还不了解陈里宁反革命案件的內幕，流毒全國，产生了极为恶劣的影响。

刘邓彭罗及其党羽、爪牙，采用了欺上瞞下的卑劣手法、制造了陈里宁是反刘英雄的假象，这样既可洗刷掉他們过去在审理陈里宁案的罪行，又得以重新掩盖他們包庇陈里宁反毛主席的反革命嘴脸。他们摇头翘尾自以为得意！但是，用毛泽东思想的照妖鏡照一照，伪装的画皮立即被剝去，站着的就是一群恶鬼。

林彪同志教导我們：“毛主席……是我们党的最高領袖，他的話都是我们行动的準则。誰反对他，全党共誅之，全国共討之。”我們坚决执行林彪同志这一英明指示。猖狂反对毛主席的反革命分子陈里宁当然要給以应得的懲罰，利用陈里宁反革命案件死保刘少奇、大反毛主席的刘邓彭罗及其党羽的罪行必須彻底清算！不达目的，誓不罢休！

当前，无产阶级文化大革命已取得了决定性的胜利，毛泽东思想更加深入人心，广大的人民群众充分发动起来了，一切坏事都隐藏不住了。玩弄阴謀的人决沒有好下場，反对毛主席、反对无产阶级司令部、反对毛主席的无产阶级革命路线的一小撮党內走资派和反革命修正主义坏蛋們必然垮台，这就是历史的判决。

陳里宁昨天是"批刘"英雄 今日是阶下囚。悲哉！

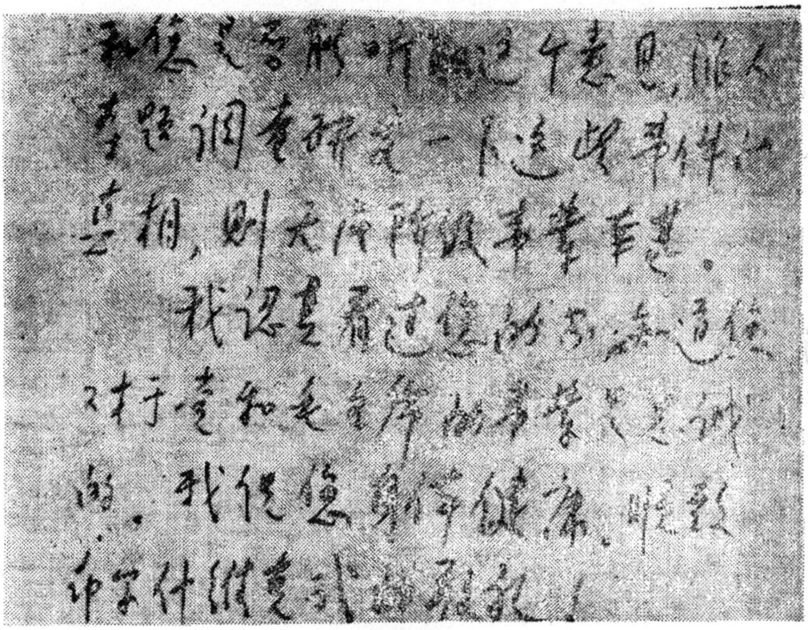
我想您会能够听取这个意见，派人
去认真调查研究一下这些事件的
真相，则无产阶级事业幸甚。
我认真看过您的书和您的信，
对于党和毛主席的事业是诚
恳的。我祝您身体健康。此致
布尔什维克的敬礼！

（图一）

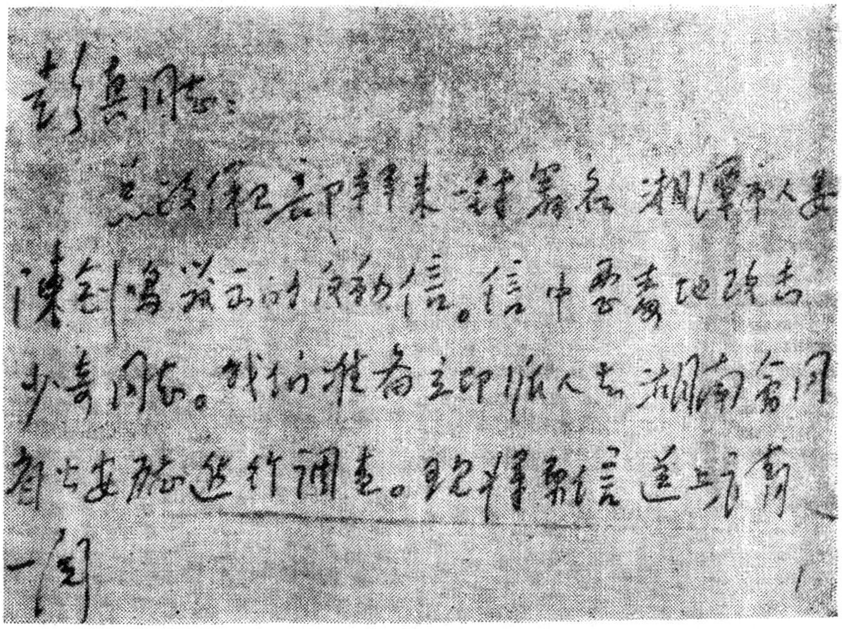
彭真同志：
兹将[illegible]部转来一封署名湘潭市人姜
陈钊鸣签名的反动信。信中恶毒地攻击
少奇同志。我们准备立即派人去湖南会同
省公安厅进行调查。现将原信送上请阅
一阅

（图二）

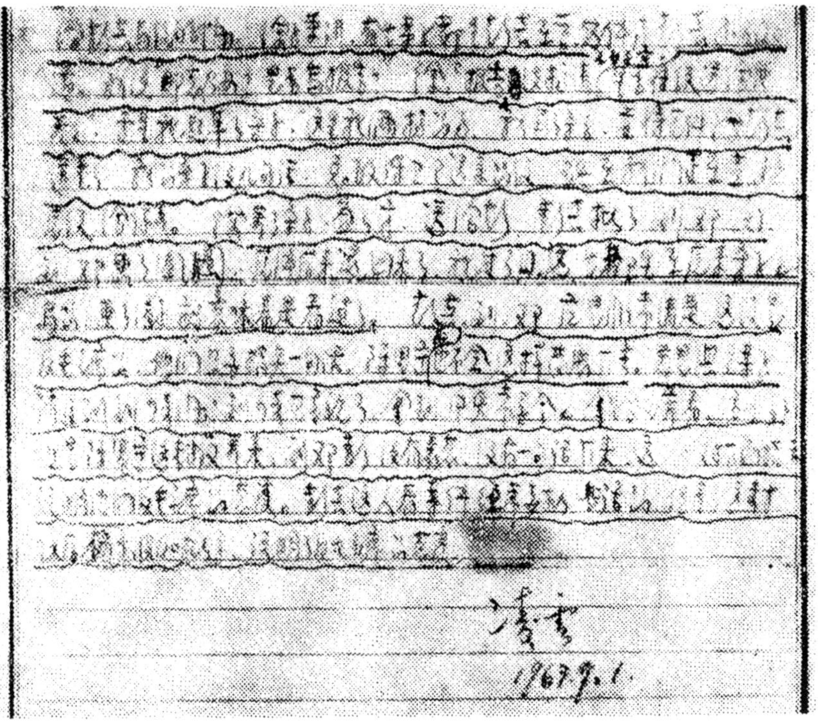
凌云
1967.9.1

（图三）

图一：这是反革命分子陈里宁给林副主席及大军閥罗瑞卿一封虚反刘少奇实反毛主席的反动信件中的最后一段。

图二：反党野心家大军閥罗瑞卿通过总政把陈里宁反革命信件交给他在公安部的党羽徐子荣、凌云。徐、凌不顧該信中虚反刘少奇，实反毛主席的事实，硬定下“恶毒攻击少奇同志”的审訊方向，写信向反党集团头目彭眞請示。彭眞閱后批上“刘、邓閱”，刘、邓各自在自己姓上画了圈，批准这个保刘少奇反毛主席的审訊方向。这就是徐、凌给彭眞的請示信。

图三：这是反革命修正主义分子凌云交代刘、邓、彭、罗参与陈案，批准保刘少奇反毛主席经过的記录。

·供批判用·

张春桥一九三八年三月发表的 一篇反动文章《韩复榘》

昨日被封侯
今日階下囚

一九七六年十一月

张春桥一九三八年三月发表的一篇反动文章《韩复榘》

注：这是张春桥写的《韩复榘》一文，一九三八年三月发表在汉口出版的《战地》杂志第一卷第一期上。

韩 复 榘

张 春 桥

韩复榘是个什么人

去年，上海文艺界的同志们集体的写过一册小说：华北事变演义。在里面，我把韩复榘写成一个对抗战有决心的人，我也就在这种信任底下，回到山东。当然我更相信的是山东的民众。但是，我错了：韩复榘使山东落在敌人手里。

我是了解韩复榘这个人的。他脑子里很复杂，有时候是农民的天真，有时候是腐烂与愚蠢。本来他是从农村出来的人，“老粗”，很天真的；加上以后生活给他的思想，就成了这样：他很简单也就很容易地上敌人的当。并且一直上当到底。

有一件事情表现出他很天真，一种农民的习气很象苏联的英雄却派也夫同志（注：即夏伯阳）。不过，却派也夫同志得到了正确的领导，而韩没有得到。事情是这样的：

有一次，一个济南师范的学生酒醉以后闯进山东省政府，要见韩结果被韩打了一个嘴巴。第二天，韩把济南师范校长找来，“进行谈判”，认为自己是错了，“心里很难过”。要这位学生打他一个耳光。不然，就得接受韩的二百五十块钱。（在山东打嘴巴叫作打二百五。）

这就是他原来的面目。学“施公”“包公”底“私访”，自称“韩青天”，是这一根性的发展。所以，他可以用很多钱征求飞檐走壁的人材；相信梁作友那样的人了；相信相面的，自己也给人相面，所以他常常闹很天真的笑话，遇到复杂的环境就头晕脑涨，也就因为这样，他上了日本帝国主义底当。——当然，还有许多别的因素促成的。

可惜的是，我从济南退出来的时候。没有带出更多的材料，更充实我底说明。只能在下面补充。

山东在全国抗战以后的环境

我们都知道山东和日本帝国主义的关系，是异常密切的。

“九一八”以前，每年成群结队的人“下关东”，根据邮局的统计，只是旧历年十一十二两个月，就有三百万元从东三省寄回来；（带回家的不在内）使得山东很“富足”。

山东过去是在敌人底支配下，铁路，工厂，矿山，……底股票多半操在日本帝国主义手里。没人用最低的工价购买被农村破产推出来的劳动力，又用引诱人们吸“海洛英”等等手段把工人完全变成奴隶，而且使得劳动者一代一代的被奴役。

为了镇压中国的革命，日本帝国主义也曾经直接用武力屠杀山东同胞，造成五卅惨案。

“九一八”事变以后，山东在接连的水灾里，人民底生活就更苦了。一个农妇告诉我说：神不保佑我们，叫我们受苦，弄得没钱烧香，他能怪谁呢？

如果在这里作民运工作是可以展开的。因为敌人底侵略给我们造成了许多有利的条件。虽然，北伐军到山东的时候，因为国共两党分裂民运工作没有作得好．虽然，山东过去离皇帝很近，后来是被军阀统治着，被麻醉得很厉害，虽然因为这些原因山东民众失去了“强有力的”自动性。

“八一三”后全国抗战发动了，韩复榘不应当起来准备作战吗？——青岛随时都有发生战争的可能的。自然，应当准备的，就是一个封建军阀吧，为了保守自己底地盘也应当准备作战的。何况韩复榘有过很好的表示，象对西安事变表示愿意和平解决，优待东北大学南下请愿的学生等等。又何况这时候全国上下都在蒋委员长领导底下对日作战了呢？

韩复榘怎样办的

敌人在河北作战的时候说：只打二十九军。进攻太原的时候说：只打山西以便进攻红军。自然啦，是不打山东的。你看，青岛是平安无事的。据说：敌人还答应韩复榘他存在日本银行的钱，在中日战争结束以后仍旧归还。

于是，韩复榘就平安地在济南作皇帝。他好象不知道这话是假的，而且非常相信。冯玉祥先生去津浦线指挥作战的时候，他不听指挥，李宗仁先生要求换防也未能圆满解决。

我们住在济南的人，真是“幸福”，敌人底飞机不断地来，却从来没投过弹。去年九月中我从淞沪战场退出来，到济南的时候，我很“恐怖”：济南很和平。到后来，我对于山东军政当局不敢信任了，不但我，都知道韩复榘已经成问题。虽然，韩在自己底报纸上怎样宣传自己底决心。

这时候，韩把少爷送往香港，太太送往西安，并把没带走的衣物等等，送往曹县，派国术家保护著。

像连阴天样倦人：韩复榘预备怎样办呢？

飞机来，不轰炸。有一次，丢下一枚手榴弹，济南防空司令部底高射机关枪向敌机射击，事后，韩发脾气：越打越轰炸！敌人更聪明：当晚北平广播电台向韩道歉！以后，敌机真没有轰炸过，丢下来的不是炸弹，而是传讯的铅筒，内容据说是“荒谬的信件。”另外，土肥原贤二，这个日本流氓到过济南没有，也是值得注意的。

敌人尽量的玩手腕，来骗他。他也是被骗到底。

已经到沧州了，政训工作还不曾作，韩说：战事到鲁境还不迟！已经到禹城北部徒骇河了，他相信敌人只打山西，不打他：津浦线只有敌人几千人，他放着自己底十几万队伍不反攻。等到敌人占领太原后来攻他，他就会把四五万人丢在黄河北岸炸毁洛口铁桥。这时候，该知道敌人不是不打他了吧，他却又相信起敌人不过黄河！听说，他每天请一位著名的算命先生替他算卦，结论是“敌人绝不会过黄河！”好吧不过来就好。

“政训处长是共产党！”是济南各机关的人都知道的。为了防止政治工作人员的活动，他一方面派人下去监视，一方面下命令说：不准作任何党派活动。政治工作人员到农村去受到各方面的阻碍，不是无因的。这里，他是皇帝，国民党的同志们也不能自由地工作。别的人．一直到后来枪毙人的时候，连汉奸在内一律称为“反动分子！”

政训处的同志们把济南的日本财产没收并分配给民众了，韩说：他不负责。北平广播说：济南侨民财产被抗日分子及共产党没收了。

“天下太平！”

隔着黄河双方互相攻击着，炮声每天不断。敌机来，不轰炸，所以也不发警报。“幸福”的人们，每天在街头逛戏院里人挤不动!

济南是太平的。所以连保安队也用不着了。韩为了补充自己在黄河北岸的损失，缴了枪改编成他底补充团。他忘记了济南距离前线只有十几里，汉奸随时都可以暴动，使济南陷落这还不算．他把几县的人民自卫枪支也没收了。那些带枪来的壮丁呢，放在最前线，他自己底实力却调在后方休息。

民众们都想起来，在最初。后来，他们想说："日本人来了，也不过这样吧!"他们日日夜夜地受着扰害。虽然他们也知道还有好的军队，也是中国军队。他们有自己枪枝，在鲁西，每县平均有五六万枝枪，很多是过去从军阀军队中里夺来的。但是，有些作政治工作的只是为了吃饭，逃难，（跟着军队容易跑）他们眼里没有群众，他们把群众看得一钱不值。有的想作，又怕"党""派"的帽子落在自己头上!

大家只是等着敌人来，他来，咱们就走!

我想起普里波衣底小说"对马"来，普里波衣同志写出了沙皇海军的腐败，我觉得第三集团军的某一部份人比他们还腐败些，怎么能够跟敌人作战呢!

果然，在我退出济南一个礼拜的时候，济南失守了，而且一直退到兖州，使敌人威胁到战略的中心——徐州。

枪毙韩复榘

退出济南的时候，我是知道济南要失守的，除非枪毙韩复榘，彻底改造第三集团军或由别的有力部队接防。这是经验冀察政权存在的时候，冀察两省的同胞不能进行武装对日战争，现在却可以了。同样的，在韩复榘这样的汉奸卖国贼底统治之下，民众也不能进行武装对日战争，事实也证明了我底话：合众社底消息说：山东已经发展了一百万人民自卫军！

现在韩复榘是枪毙了！这一点证明了蒋委员长领导下的国民政府抗战的决心，也证明了蒋委员长为了对日战争最后的胜利决心改造已有的军队，就是说在现在军队的基础建立统一的国防军！我们拥护军事委员会军事法庭底判决，并且要求把同韩复榘一样的汉奸卖国贼处决，不要使他们混在我们底阵线里！

我们想一下，芦沟桥事变以后因为政治上的问题，使军事失败的事实吧，宋哲元，刘汝明，刘多荃，万福麟，……等错误底，是我们最痛苦的回忆。我们不应该再犯同样的错误了。

我们主张：“甲，在各部队中建立政治工作制度，以达到下列目的：（一）加强军队的战斗力；（二）改善军民的关系；（三）改善官兵的关系。乙，实行统一的军事指挥，统一的作战计划，统一的教育与纪律统一的装备与供给。丙，改善军事技术与指挥。丁，培养大批军事政治干部，改善与扩大军事处政治的学校。戊，建立国防军事工业”（洛甫：巩固国共合作争取抗战胜利）。

希望继续韩复榘领导第三集团军的孙桐萱先生和新任山东省政府主席沈鸿烈先生将军队和政府机关提高得更适合于战时，把山东已失的地方收复过来。

一九三八年二月十五日

·供批判“四人帮”参考·

江青两次来大寨干了些什么？

（王　金　籽）

一九七六年十一月

江青两次来大寨干了些什么？

（王　金　籽）

我完全拥护以华国锋同志为首的党中央对王、张、江、姚反党集团所采取的坚定、正确、及时、果断的措施。粉碎这个反党集团，是亿万人民的共同心愿，是一件大快人心的大事。

这个“四人帮”反党篡权的主将江青，曾经于一九七五年九月七日至九月二十日，一九七六年九月三日至九月五日两次来大寨。我都陪同她。对于她不少的言行，陈永贵同志以及郭凤莲同志是明顶暗斗，作过坚决斗争的。作为我，对于她的不少言行，当时也是看不惯、想不通，有抵制，但又不好明说。现在真相大白，那是她阴谋篡党夺权的表演和暴露。现把当时目睹耳闻的事实揭发如下。

她反对毛主席

毛主席对电影《创业》作了重要批示，批评了江青。

去年九月，江青一来大寨就翻这个批示的案。她叫来《创业》的作者张天民、吉林省委书记王淮湘及长影的几个领导，还叫来《山花》的作者马烽、孙谦、导演桑夫，在一次座谈中，她对张天民说："小张，你过来。你告了老娘一状啊，你不要以为通了（天）就了不得了，就翘起尾巴了。他们是逼着主席表态批示的。我要重新组织一个写作班子，重拍一部新的《创业》电影。所列八条罪状，是文化部给你提的，我只给你提一条，就是艺术水平不高。"当下，她就气势汹汹地命令孙谦去重写《创业》。

今年九月五日，她上了虎头山，在大寨公社牧场的小房内休息，大寨公社宣传队准备为她演出文艺节目，先奏《东方红》乐曲，她说："你们奏《东方红》我就不出去，很快给我停下来。"后来，她见到红小兵戴着红领巾，便动手恶狠狠地揪了下来，还说："戴这个干什么，要戴红小兵臂章"。毛主席曾经多次和少先队员、红小兵在一起，戴着红领巾照相留念。江青竟这样厌恶红领巾，更有甚者，对《东方红》乐曲也反感，她对毛主席究竟是什么感情，不是很明白了吗！

特别是今年九月来大寨时，她已知主席病重。来大寨后，却准备在中秋节大摆宴席，别有用心地请大寨贫下中农都来玩月。陈永贵同志严肃地回绝了她，对她说："中秋是什么节日？正在农忙季节，摆酒请客，我不理解。要是叫几个贫下中农，开个座谈会，那还可以。"后来事实证明，毛主席在中秋次日逝世。她要在这时候大摆宴席，实在令人怀疑。

九月五日晚，中央电话通知主席病情恶化，要她速回。陈永贵同志立即组织人作好了返京的一切准备工作，她却悠闲自得，若无其事地在房间里打扑克。她心里到底有没有毛主席，她到底是什么居心？实在令人气愤。

分裂党中央

去年九月，她来到大寨后，对人说："我在北京心情不舒畅，到这里来很自由，我身体不好是他们迫害的。"又说："你们听到有人攻击我的谣言了没有？在北京可多哩。他们不骂我，他们不能活。我没有他们骂，我也不能活。"

又一次会上，她说："有人造谣说，主席批评了我，说我犯了错误了。主席没有批评我，政治局有些人是凭造谣过日子的。”有一天中午，江青带着文化部等单位的工作人员及一些名演员去团结沟，在路上浩亮大肆吹捧江青的一次讲话。浩亮对江青说：你的讲话太好啦，我听了很高兴，还录了音。江说：“我这是和他们对着干哩，政治局有些人说文化大革命后电影拍得不多，戏也演得少了。”浩亮接着说：“这是对江青同志的污蔑。”

在一次吃饭时谈到了评《水浒》，江说：“《水浒》的要害是架空晁盖，现在政治局有些人要架空主席。”

去年在大寨时，有两个女解放军和她照像，江要她们摘去帽子，江说：“我就不爱那个鬼帽子，是从外国搬来的，是修正主义的服装。我这样讲，他们又要说我干涉国务院的工作，插手军委工作了。”一天晚上，她请电影界的一些人看了外国影片《斗牛》，看完后大加赞扬，随后就说到《创业》，她说：“有些话本来是王铁人的话，为了给自己树碑立传，把死人的话安到活人身上，我这样说，他们国务院有些人又不高兴了。”

大造反革命舆论

今年九月四日晚上，江青在大寨供销社买了四十多件东西。买起后，她拿出钱来说："我有钱，山西人会算账，我这个山东人不自私。"随后，她就让售货员郭和妮等人写自己的名字。郭写下了自己的名字和父亲的名字。不料，这一下触犯了江青，她批评郭和妮："为什么不写妈的名字？你们不是妈生的？没有母亲你从那里来的？这是大男子主义、孔老二。你们要把妈放在父亲上面，造他们的反。将来女的要掌权，社会就是从母系氏族来的。"

九月五日，她到虎头山上大寨公社牧场。到牧场后，一批男社员来迎接她，她又生了气，说："怎么都是男的，没女的？给我找几个女的来！"又说："女的要掌管天下。"

江青来大寨后，一再强调女的要掌权，当时，我们不清楚她葫芦里卖的什么药，现在清楚了，就是为她篡党夺权制造反革命舆论。

打着毛主席的旗号招摇撞骗

江青两次来大寨，每到人多的场合，都要说毛主席没有来，我来了。她"代表毛主席向大家问好。"去年九月来大寨时，有一次上了虎头山，在水池旁边拿出她的高级糖果来吃，一面吃一面说，这是毛主席给我的，给我带来吃的。人们厌恶她的这种作风，不接她的糖果，她就说：“这是毛主席的糖，你不吃？”用拉大旗作虎皮的办法，进行招摇撞骗。有一次被她叫到大寨来的张永枚写了八句诗，她马上叫好，并让张永枚抄出来，说什么我回去就送给主席看。

请客照相笼络人心

去年，江青到大寨住了只有十几天，就举行了两次宴会，一次请文艺界，一次请新闻界，每次都是一百多人。

她把照相也当作笼络人心的手段。凡是要求和她合影的人，几乎是有求必应，既宣扬了自己，又可以收买人心。

她用这些手段拉拢人，有的人就上了钩。有一次她和文艺界的人一起在狼窝掌照像，照完后，江青唱起了辛弃疾的《水龙吟》，一群演员围着她，也唱起了“我们永远跟着江青，随时准备战斗。”

砍 大 寨 红 旗

去年九月江青来大寨时，要在虎头山上挖条“战壕”，她选了个地址，正选在规划为新村和猪场的地方。陈永贵同志不同意，她硬要在这里挖。其实她根本没干什么活，只是扎了个八角毛巾，照了个像。“战壕”是警卫战士挖成的。她大肆宣扬她参加劳动，并在农业会议上说她参加劳动，手上都磨起了泡。后来，因为盖猪场平了这条壕。这条壕不过三尺深，也不知她的用意何在，根本没有什么用。要是说备战，大寨的地下涵洞可放几千人。所以大寨贫下中农对此不满，就把这条壕平掉了。但知道她今年来后必然要问此事，所以，大寨社员另给挖了一条。今年九月三日来大寨后，江就问她的“战壕”，四日到现场去看，发现不是原来的，就大发雷霆，说：“这是假的，是伪装的，你们为什么不给我打个报告。这是有关中央政治局和八三四一部队的问题，不是我一个人的事。你们不听我的，就是听邓小平干的。”接着，她指着自己的鼻子说：“你知道我这次来是干什么来了，我是和邓小平斗来了。邓小平是反我的，你们的猪场是邓小平让修的。修的时候陈永贵在不在？”当时郭凤莲同志回答说：“大寨从来是听毛主席的话的。你那样说，我们接受不了。”江当即用手捂住耳朵说：“我不听，我不听，我不给你吵，我不给你吵，你要写检查，陈永贵也要写检查。”从猪场到了菜园，江青又要看油莎豆，因为这个种子是她去年带来的。来到地里她问：“这油莎豆是怎样种的？”郭凤莲同志回答：“是技术人员按照首长留下的说明书的规格种的。”江又问：“下种时陈永贵在不在？”“你在不在？”凤莲回答说：“我们忙别的，都没有来种。”当她知道陈永贵、郭凤莲都不在时，就怒气冲冲地指责他们不重视油莎豆。并说：“为什么永贵不来种，你小郭是书记，为什么不亲自种呢？不象话。”从菜园出来，又到了玉茭地，她把每株玉茭上的小玉茭穗扳下，扳下一篮子，逼着郭凤莲说：“这就是你们大寨种的试验田，这就是你们的大玉米？”并让跟她的人看，又说：“你们好宣传大寨的玉米有多大。种这干什么？拿回去让贫下中农讨论讨论。这是邓小平让你们种的试验田。”郭凤莲同志说：“我们有什么缺点错误，首长可以批评。你说是邓小平让我们干的，我们接受不了。”江说：“你们太骄傲，说什么也不听。”

江青口口声声说是邓小平让干的，就是妄图把大寨和邓小平拉在一起，达到砍倒大寨红旗的目的。因为大寨人听毛主席的话，不听她的话，她就说郭凤莲："你们太骄傲了，一点批评也不接受。"

下午，她批评大寨种的果树太多了，要砍掉一些果树，栽文冠果。还要大寨和昔阳派几个人到辽宁学习种文冠果的技术。其实，大寨早已有了这种植物，只不过不叫"文冠果"，而叫木瓜，或叫木本油料。郭凤莲同志告她说大寨有文冠果，叫她去看，她不去，并让凤莲派社员给她把文冠果树砍下一半拿来让她看。结果一样，名字不同就是了。但她却说："这不是文冠果树，你们到辽宁去学习，马上派人去，县里也去人。"

江青为什么要滥用权威给油莎豆、文冠果争地盘呢？看来这并不是选择作物的问题。只要和她在供销社自我介绍她只有一个亲人，就是侄儿毛远新，就知道他的用心了。原来油莎豆、文冠果是毛远新在辽宁的"杰作"。江青还说过，大寨也是"她"的"点"，在她看来，种了油莎豆、文冠果就等于听了她的话，大寨也就变成了她的"点"，毛主席亲手树立的大寨红旗也就不存在了。

九月四日晚上，江青只带了随身警卫员和司机，突然进了狼窝掌。我们知道后，她已经提着一大篮玉茭穗回来了。原来她把凡是一株两穗玉茭上小的穗都扳掉，还在供销社和陈永贵同志说："你们有多少玉茭？我要把凡是小点的统统取掉。"陈永贵同志说："不少，有五、六百亩啊！"她要把所有玉茭上的第二穗、第三穗小的都扳掉。陈永贵同志说："那样不行．组织劳力干，六、七天也扳不完。"而且告诉她："那样会造成严重的减产。"但她还要坚持她的主意，并说："我也不白用人，我有钱，可以出钱买扳下的玉茭，可让我的马吃。"她还滔滔不绝地讲扳掉小玉茭，可以集中力量长好一个大穗。但不论她怎么说，大寨的同志都没有听她的。实践证明，有的扳了穗的玉茭，很快就枯死了。收打结果表明，扳玉茭穗的作法确实是要减产的。

批邓另搞一套

九月四日，江青在大寨接待站要搞一次所谓批邓会。她把她的随从人员和接待站工作人员叫到一块，她要讲话。她讲话时，不批邓小平的修正主义路线，却大讲邓小平怎样迫害她。还说邓小平到法国去时带她的侄儿走。要随她来的邬处长发言证实这件事。邬处长说："我不了解此事。”她反问：“为什么不了解？”郄说：“我不了解就是不了解。我怎么能知道?”这次批邓会不中她的意，她准备第二天还要开，要陈永贵同志发言，她来出题目。陈永贵同志说：“我发言就从老少组讲起，要讲和刘少奇斗争，和李雪峰斗争。要讲大寨是怎样同资本主义修正主义斗争的体会，不需要再出题目，大寨斗争经验题目有的是。”江说那也算，你讲你的，但别的人由我来出题。由此可见，江青搞的所谓批邓，只不过是个幌子，实际是她划框定调，她出题，别人答卷，以达到她不可告人的目的。只是因为五日晚中央来电话催她急回，这次会才没有开成。要按她所出的题是很难答的。

宣扬封、资、修文艺

江青两次来大寨，每次都带着两大卡车电影片。她看的是《断桥》、《打金枝》、《红娘》。西方影片《斗牛》、《冷酷的心》、《鸽子号》，还有一些诲淫诲盗的影片。她听的戏和音乐是《二进宫》、《斩黄袍》、《斩子》、《白蛇传》、《空城计》等。不仅自己看，自己听，还要请文艺界、新闻界的人看。去年九月，她让名演员给大寨社员组织一次晚会，演奏、演唱的节目，大部分是帝王将相，才子佳人，妄图利用这些封资修毒素，毒害大寨人的灵魂，玷污大寨红旗。她在吃饭时或是让她叫来的“艺术家”吹奏演唱作乐，或是播放旧京剧，旧昆曲等唱片，她还情不自禁地手舞足蹈，随声和唱，真是丑态百出。

贵族老爷态度

江青去年九月来大寨时，要陈永贵、王谦同志陪同她骑马上虎头山。王谦同志如实告她：“我不骑马，可以步行陪你上山。”不料，她却大发雷霆，大骂王谦同志：“胆小鬼，你骑上去！”今年来到大寨后，一下车就骂大寨接待站的负责人，连连追问：“你给我盖的窑洞呢？”原来去年来时，她不住平房，要住窑洞，选好了十孔窑洞，却不进家。要我连夜动工，把十孔窑洞的窑腿都拆去，打通变成一大间。这是无法办到的事，我给她解释，不行。还是陈永贵同志给她说：“那不行，那么一拆，十孔窑洞要塌毁，连窑洞上面楼房也要塌下来。”江说“十孔不行先搞六孔”，陈永贵同志回答一孔也不行。这才勉强作罢。但临走时，又要大寨接待站另外给她盖一个院子，盖六至十孔窑洞，相互打通。陈永贵同志以及我们都认为这个要求太荒唐，根本没有安排盖，因此今年来大寨后一下车就骂。

当时你作者为啥不站出来批江青？

腐朽透顶的资产阶级生活方式

江青两次来大寨，乘着专列，随从五十多人。带的东西是上自冰箱水柜，下至大小便盆，一个人用毛巾一百多块，一块毛巾用一次后就要洗涮、煮沸消毒，才能再用。她住在大寨国际旅行社大院，占用十孔窑洞，三个套间，能住一百五十多名外宾的大院全被她占了。她的住房分作休息室、卧室、会客室、餐厅、打扑克的娱乐室。她没有占的房间也不许别人住，连她的警卫战士也不准大声走步。她住在大寨后有几不准，不准参观、不准车子进院、不准开有线广播、不准开水管、不准用吹风机、二十里以内不准放炮。群众气愤地说：这那里还象共产党，真比资本家还厉害。

一九七六年十月二十一日

阴暗角里有毒蛇！

——江枫、楊英与大联筹坏头头

天津市反修錦綸厂大联合反修兵公社

1968.1

最 高 指 示

任何时候都不可忘記阶級斗爭，不可忘記无产阶級专政，不可忘記依靠貧农、下中农，不可忘記党的政策，不可忘記党的工作。

有些地方前一阶段好象很乱，其实那是乱了敌人，鍛炼了群众。

引　　言

我們伟大領袖毛主席、中央文革以及中央首长对天津市文化大革命极为关心，这是对天津四百万革命人民巨大的支持和鼓舞。中央首长在接見天津赴京代表团时曾經数次指出：“大联筹有大石头”“反复辟是搞复辟”“要把大联筹的群众同坏头头区别开来。”这些結論是科学的、是有根据的。經調查証实确有走資派在幕后操纵坏头头，大搞复辟活动，恶毒地把矛头指向人民解放軍，干扰毛主席伟大的战略部署。

楊英就是躲在阴暗角里放毒箭的一条黑蛇，藏在大联筹的石头。現将万张老根——楊英在文化大革命中所干罪恶事实印发出来，公布于众。

一、反党老手楊英眞面目

楊英早在一九二八年就投身美帝，成为基督教的传教助手。以后又投身国民党成了大軍閥吳佩孚部下一名連长的司书。于一九三八年隐瞒个人历史摇身一变混入我党。后又伪造历史，虛报党令（一九二八年入党虛报为一九三二年），并与黑帮头目刘仁勾結青云直上爬上华北城工部要职。

张淮二叛变出狱后先找到楊英的小老婆罗云（此人系国民党員），在刘仁、楊英一伙包庇下接上了关系。他們出于不可告人的目的相互勾結、狼狈为奸，千方百計地包庇以张淮二为首的叛徒集团，因而使得这伙叛徒、特务长期潜伏在党內进行罪恶活动。

楊英任市委組織部长时继續招降納叛，由他推荐将张淮三安插在团市委任书記。黃火青任市委书記时，楊英因怀有个人野心想夺市委大权便提拔张淮三任組織部长、万晓塘任市监委副书記，后又勾結路达，馮东生、王郁文（叛徒、原南开区长）等搞馮楊事件，反黃失利后，調双林农場任場长。

楊英下台后从不甘心他的失败，千方百計图謀东山再起，曾写詩发泄对党的不滿。在双林农場十二年中极力推銷修正主义貨色，狗胆包天要我們党的干部向地主資本家学习。肉麻地吹捧刘少奇說：“中国出了刘少奇眞了不起，水平眞高这是对馬列主义宝庫的大貢献（指黑修养）”。

一九六三年楊英反对工人学习毛主席著作。他說："工人学习毛选！，干部都鉆不进去还学嘛！"。他反对工人貼出宣传毛泽东思想的标語。他說："你們搞这些干嘛？弄多了是浪費"。反党黑話举不胜举，上述事实不难看出楊英狼子野心，猙獰的面目。所有阶級敌人他們在反党反人民这一点上都是一致的。楊英下台前的检查稿是万张干将康力（叛徒、現在畏罪自杀）亲自修改的，（有原稿可查）。康力在科委任秘书长时、罗云亲自写信給工业部李村夫，为康力晋升一級。楊英形式上离开了市委，其实与万张反党集团是深情厚意的一丘之貉。十几年来当官作老爷大搞修正主义，揚言："紅楼梦是我的催眠曲、每晚要讀一段"过着資产阶級糜烂生活，唯恐天下不能"修"。1964年四清运动中，楊英問題被群众揭发出来，工作队在万张的授意下包庇楊英下了楼，当时群众很气憤。文化大革命开始后，配合万张集团疯狂地鎮压群众运动，反对以毛主席为代表的无产級阶革命路綫。万晓塘死时、楊英在农場"追悼会"上讲："万晓塘同志我是最了解他，他对人誠朴、謹愼，是一个好书記，是党的好儿子，他的一生是光荣的一生……这是完全折磨死的，一天不給水喝……"。万张反革命修正主义集团的盖子被揭开后，他为了轉移斗爭目标恶毒地把矛头指向軍队，对双林农場副場长和支部委員說："要起来造反，成立一个导弹队，井司有問題，先炸天津，后炸北京、上海。"

随之，鉆进反复辟，大联筹中的名牌組織，神出鬼沒地来往反修錦綸厂"紅联指"和电車紅旗兵团等处，操纵以张承明为首的坏头头，轉移大方向，破坏伟大的长城——把矛头指向人民解放軍，干扰毛主席伟大的战略部署。

二、楊英在秘密黑窝的来龙去脈

逃离农場

一九六七年五月廿日"反复辟"的发起单位——反修錦綸厂紅卫兵联合指揮部、电車公司紅旗兵团等四个单位乘一辆中吉普車前往双林农場，进农場后找到楊英說了几句話、楊英假借上厠所之机，偷着坐上汽車逃走了。从此农場革命群众无法批斗这个反革命修正主义分子。

到那里去了？

楊英自五月廿日来往反修錦綸厂"紅联指"和电車公司紅旗团二家。活动很秘密，鬼头鬼脑經常在夜里出入。双林农場革命群众聞訊楊英的下落后，派人到反修"紅联指"找张承明要人，张蛮不讲理，死保不放。

电車紅旗兵团曾多次派人到双林农場索要楊英的工資。楊英也曾派岳荣（楊英在城工部的通訊員）到家里找罗云联系。罗云已供认："楊英住在反修錦綸厂张承明那个組織里"。

干了什么？

（1）专門收罗牛鬼蛇神，窥測方向，侍机待动。

楊英到了反修錦綸厂"紅联指"后，随着把他的亲信岳荣（楊英在城工部的通訊員、进城后是路达的警卫員、后调紡織研究所任干部科长，一九五九年因搞反党活动被制。“那里有压迫那里就有反抗”，因而发生全市性的支持与反李（雪峰）的斗爭。

总之天津本来的命运“問蒼茫大地，誰主沉浮”？是造反派的我們！我們！我們！一定是我們的！

（3）大反人民解放軍、破坏偉大长城

双林农場革命群众在去年七月份再次到反修錦綸厂，叫楊英回农場接受群众监督，而楊英很狂妄很傲慢地說：“要我回去可以，得六十六軍垮了以后才能回去”。

在棉紡一厂召集开会专門研究对付軍队的計划。楊英揚言：“六十六軍搞复辟”，并当場指派王殿臣（反修）、韓风林（棉一）到刘政家乡調查刘政同志的历史。回来后散布許多謠言攻击軍队干部。楊英又在另一次会上咬牙切齿地說：“打不倒刘政，我不回去！”

在楊英公开召集会議和个别密謀进行反軍活动后，頓时在天津市出現了一系列矛头指向解放軍的政治謠言，轉移了当时对准万张的斗爭大方向。例如：

大字报：“天津告急”
内　容：“监獄已經騰空、准备碗筷、舖板很多、要大量捕人”

造謠传单：“北京三軍院校批斗鎮压天津造反派劊子手刘政”
内　　容：天津支左問題

大 字 报：刘政当軍长的来历。六十六撤出

«以上均有原件可查、众所皆知»

相继貼出“枪毙刘政”的巨幅标語，形成全市揪軍內一小撮高潮。这些政治造謠都是来自窩藏楊英的地方——反复辟、大联筹发起单位反修錦綸厂紅卫兵联合指揮部。而又都是在我市运动关鍵时刻发出的，在社会出現后，天津滿城混乱，武斗成风，一片白色恐怖。

（4）挂羊头、賣狗肉，妄图逃脫长期包庇叛徒集团的罪恶：

反修錦綸厂“紅联指”、电車公司紅旗兵团、河大井崗山兵团等单位組織了一个名叫“工人联合調查团”。楊英任組长，所有材料都經过楊英审閱。去年十月份这家“工人联合調查团”出版过“深追张淮三的叛徒集团”的材料，明眼人一看是来自楊英的手笔，在关鍵問題上都以迴避的詞句，掩盖楊英长期包庇张淮三的罪恶，这个材料实为瞞天过海、挂羊头卖狗肉的貨色。例如：

1.1948年张淮三为首的叛徒們出獄后到泊鎮城工部，楊英去村外迎接，在生活上百倍照顾，伙同刘仁給张淮三恢复組織关系，并指使馮东生給张淮三被捕作結論，让这个大叛徒集团重又鉆进党內的滔天罪恶为什么不談呢？

2.1949年天津解放后楊英掌管市委組織部时，接收下来的被捕人員口供，为什么把这些叛徒变节行为，做为一般历史問題处理呢？

3.金荚家中的敌档是怎么回事？

4.1949年多次召集叛徒集会，为叛徒定調子，涂脂抹粉的伎俩是誰策划的？

5.当时天津日报吹捧张淮三在獄中英勇斗爭是誰虛构的？

6.张淮三的叛党問題沒有弄清以前，为什么迅速处决特务头子张培英？公安局是如何配合的？

上述問題有鉄的事实，它完全能够說明张淮三叛徒集团的老根和庇护者就是楊英。

楊英精心泡制的“深追张淮三的叛徒集团”初稿印刷出来后，楊英派反修“紅联指”×××等人去科委找罗云核对，他們完全是用“地工”的手段对付科委革命造反派。現摘录罗云供认材料如下：

“十一月廿三日来了两个人，有一个說是反修錦綸厂的，另一个我沒注意，其中有一个戴眼鏡，他們拿出两份材料（一样的）放到我面前，我感到他們是叫我看看，他們把这两份材料放下把其他材料收起来了，說以后还有些事要找你核对。我看了看，与現在了解的情况有些出入，我随手改了一些（有十处）……”。

罗云 （签字）

事实俱在，鉄証如山。由此可見万张党羽与反复辟大联筹坏头头密切到何等地步就不言而喻了。

（5）官架到处摆、无法又无天

楊英住在电車紅旗兵团有专人給他购买高級食物，每餐都要用香油小灶炒菜，炊食人員对他很为憤恨，不願为“老爷”作飯。

去年六月他到棉紡一厂大摆官架，給他准备好的飯菜他不吃，把饅头扔掉都发了霉长了毛，一位老工人张××看到楊英如此浪費粮食，非常气憤当面斥責說：“你要再这样浪費，我給你开个展覽会让工人下班都来参观”。楊英对张恨之入骨，第二天到反修錦綸厂“紅联指”就指使岳荣下毒手“干掉张××！”。

楊英一貫辱駡，打击下級干部，早在十分区整风时就对干部吊打非行，引起公憤。至今仍是如此。例如：市委干部×××退出大联筹，楊英就把这个干部視为眼中釘，在一次大联筹几家头头开会时他布置說：“把这个人抓起来，放棉一审他，弄清他在五代会的活动，他要交待把他暫时看起来，如果不交待，就干掉他！”請看这个罪恶滔天，十恶不赦的害人虫对待人民是多么毒辣啊！

三、大联筹坏头头张承明之流为楊英翻案！

以张承明为首的一小撮坏头头背着大联筹中的广大群众将楊英长期窝藏起来，与万张老根，牛鬼蛇神結为死党并积极为反党老手楊英翻案，极力想把他扶上台，曾派閻振林等人二次跑到上海找馮文斌，要求馮写为楊英翻案的材料，准备在第十次接見前遞交給陈伯达同志。

馮文斌是犯有严重錯誤的干部，但在这个問題上，拒絕了他們的要求。他們达不到目的，竟逼馮写材料，还揚言要批斗馮文斌，最后在上海市革命委員会的革命組織阻止下，他們才灰溜溜地回到天津。現附录馮文斌写的材料如下：

关于楊英問題

最近九月底到十一月初反修錦綸厂闞振林也来找过我，他們希望我写一份材料，趁第十次接見遞上去，我說我不写，过去我对毛主席的指示执行的不好，今后不能这样，凡是不利于毛主席指示的，我不作。

据說天津分几派，現在要大联合，凡是不利于大联合不能作，如果現在我写材料，引起天津市里一場辯論，那怕反对派只有一个人也是不利于大联合，不利于毛主席战略部署的。关于我个人的問題，我相信党，相信群众，問題是一定能够解决的，不应該利用文化大革命捞稻草。

反修錦綸厂他們四家的意思是要树楊英，他們找了江枫，江枫让他們来問我，我不好讲該树不該树，第一取决于天津市四百万人民的态度，第二取决于天津市革命委員会的态度。

馮文斌　（签字）

毛主席教导我們：**世上决沒有无緣无故的爱，也沒有无緣无故的恨。**在对待楊英問題上也是这样。我市絕大多数革命群众是坚决打倒楊英，必須予以制裁。但是以张承明为首一小撮死不悔改的坏头头死抱楊英大腿不放，其中必有不可告人的秘密和暧昧的裙带关系。

四、楊英不会放下屠刀，立地成佛

我們在去年十二月将楊英問題的部份材料公布于众后，楊英在张承明之流保护下已逃跑轉移了。至今不見楊英回双林农場，他必然要玩弄新的阴謀手段破坏我市文化大革命，望全市革命人民提高警惕！密切注視这一事态的发展。

楊英虽不露面，但他的活动幷沒停止。最近因为楊英問題双林农場打死一人，反修錦綸厂张承明之流綁架欧打各群众組織負責人。今后也很难說这些感到灭頂之灾的瘋狗不咬人！在此我們希望軍管会立即采取必要的措施。希望搞武斗的地方立即停战，阶級兄弟不要相互残杀，打死同志是痛心的。你們要認破敌人詭計，把他們揪出来示众！

我們深信文化大革命形势越来越好，再过几个月的时間将会更好！对一撮走資派和坏头头所干的坏事，天津市的人民决不会饒恕他們的，总会有一天要清算他們的。天津市革命委員会的成立，必将加强无产阶級专政，对于混进紅色政权的野心家和阴謀家他們的日子越来越不好过，不会維持很久的。

无产阶級专政万岁！
以毛主席为代表的革命路綫胜利万岁！
全面落实毛主席的伟大战略部署！
毛主席万岁！万岁！万万岁！

天津市反修錦綸厂反修兵公社

1968.1.26

《文革史料叢刊》 李正中 輯編

古月齋叢書3-8

文革史料叢刊 內容簡介

《文革史料叢刊第一輯》共六冊。文革事件在歷史長河裡，是不會被抹滅的，文革資料是重要的第一手歷史資料。其中主要的兩大類，一是黨的內部文宣品，另一是非黨的文宣品，本套叢書搜集了各種手寫稿，油印品，鉛印文字、照片或繪畫，或傳單、小報等等文革遺物，甚至造反隊的隊旗、臂標也多有收錄，相關整理經過多年努力，台灣蘭臺出版社，目前已出版至第三輯，還在陸續出版中。

蘭臺出版社書訊 文革史料叢刊（第一輯—第五輯）

第一輯共六冊，圓背精裝

ISBN：978-986-5633-03-5

第一冊	頁數：758
第二冊	頁數：514
第三冊	頁數：474
第四冊	頁數：542
第五冊	頁數：434
第六冊	頁數：566

第一冊：最高指示及中央首長關於文化大革命講話

第二冊：批判劉少奇與鄧小平罪行大字報選編

第三冊：劉少奇與鄧小平反動言論彙編

第四冊：反黨篡軍野心家罪惡史選編

第五冊：文藝戰線上兩條路線鬥爭大事紀

第六冊：文革紅衛兵報紙選編

9 789865 633035 30000

古月齋叢書 3 定價 30000元(再版)

第二輯共五冊，圓背精裝

ISBN：978-986-5633-30-1

第一冊	頁數：188
第二冊(一)	頁數：416
第二冊(二)	頁數：414
第二冊(三)	頁數：434
第三冊	頁數：470

第一冊：文件類

（一）中共中央文件 11

（二）地方文件 69

第二冊：文論類（一）

第二冊：文論類（二）

第二冊：文論類（三）

第三冊：講話類

9 789865 633301 20000

古月齋叢書 4 定價 20000元

第三輯共五冊，圓背精裝

ISBN：978-986-5633-48-6

第一冊	頁數：239
第二冊	頁數：284
第三冊	頁數：372
第四冊㈠	頁數：368
第四冊㈡	頁數：336

9 789865 633486 25000

古月齋叢書 5 定價 25000元

第一冊：大事記類

第二冊：會議材料類

第三冊：通訊類

第四冊（一）：雜誌、簡報類

第四冊（二）：雜誌、簡報類

第四輯共五冊，圓背精裝

ISBN：978-986-5633-50-9

第一冊	頁數：308
第二冊㈠	頁數：456
第二冊㈡	頁數：424
第三冊㈠	頁數：408
第三冊㈡	頁數：440

9 789865 633509 35000

古月齋叢書 6 定價 35000元

第一冊：參考資料、報紙類

第二冊（一）：戰報類

第二冊（二）：戰報類

第三冊（一）：大批判、大學報集

第三冊（二）：大批判、大學報集

第五輯共五冊，圓背精裝

ISBN：978-986-5633-54-7

第一冊	頁數：468
第二冊	頁數：518
第三冊	頁數：428
第四冊	頁數：452
第五冊	頁數：466

9 789865 633547 30000

古月齋叢書 7 定價 30000元

第一冊－第五冊：

大批判、大學報集

第六輯即將出版

購書方式

書款請匯入：

銀行

戶名：蘭臺網路出版商務有限公司

土地銀行營業部（銀行代號005）

帳號：041-001-173756

劃撥帳號

戶名：蘭臺出版社

帳號：18995335

100 台北市中正區重慶南路1段121號8樓之14

TEL：（8862）2331-1675 FAX：（8862）2382-6225

E-mail：books5w@gmail.com

網址：http://bookstv.com.tw/

國家圖書館出版品預行編目資料

文革史料叢刊第五輯（共五冊）/ 李正中　輯編. -- 初版. -
臺北市 : 蘭臺, 2017.4
面 ;　公分. -- (古月齋叢書 ; 7)
ISBN　978-986-5633-54-7 (全套 : 精裝)

1.文化大革命 2.史料
628.75　　106003983

古月齋叢書 7

文革史料叢刊第五輯（共五冊）

編輯委員：李正中、張春津、張加君
美　　編：高雅婷、林育雯
封面設計：諶家玲
出 版 者：蘭臺出版社
發　　行：蘭臺出版社
地　　址：台北市中正區重慶南路 1 段 121 號 8 樓之 14
電　　話：(02)2331-1675 或(02)2331-1691
傳　　真：(02)2382-6225
E—MAIL：books5w@gmail.com 或 books5w@yahoo.com.tw
網路書店：http://bookstv.com.tw/、http://store.pchome.com.tw/yesbooks/、
http://www.5w.com.tw、華文網路書店、三民書局
總 經 銷：成信文化事業股份有限公司
電　　話：(02)2219-2080　　傳　真：(02)-2219-2180
地　　址：台北市中正區重慶南路 1 段 121 號 5 樓之 11 室
劃撥戶名：蘭臺出版社　帳號：18995335
網路書店：博客來網路書店 http://www.books.com.tw
香港代理：香港聯合零售有限公司
地　　址：香港新界大蒲汀麗路 36 號中華商務印刷大樓
C&C Building, 36,Ting, Lai, Road, Tai,Po, New,Territories
電　　話：(852)2150-2100　　傳　真：(852)2356-0735
總 經 銷：廈門外圖集團有限公司
地　　址：廈門市湖裡區悅華路 8 號 4 樓
電　　話：(592)2230177　　傳　真：(592)-5365089
出版日期：2017 年 4 月 初版
定　　價：新臺幣 30000 元整（全套精裝，不零售）
ISBN：978-986-5633-54-7